EL ENCUENTRO DE CUATRO IMPERIOS

EL MANAGEMENT DE ESPAÑOLES, AZTECAS, INCAS Y MAYAS

Javier Fernández Aguado

**KOLIMA
BOOKS**

Categoría: Directivos y líderes
Colección: Biblioteca Javier Fernández Aguado

Título original: *El encuentro de cuatro imperios.*
El management de españoles, aztecas, incas y mayas

Primera edición: Abril 2022
© 2022 Editorial Kolima, Madrid
www.editorialkolima.com

Autor: Javier Fernández Aguado
Dirección editorial: Marta Prieto Asirón
Maquetación de cubierta: Beatriz Fernández Pecci
Maquetación: Carolina Hernández Alarcón

ISBN: 978-84-18811-67-8

Este libro se ha publicado con el apoyo de las siguientes instituciones y empresas:

A Marta, Sofía y Enrique, aventureros incansables.

A quienes desde el presente se proponen atrapar un trozo de eternidad.

«La nación más fuerte del mundo es sin duda España. Siempre ha pretendido autodestruirse y nunca lo ha conseguido. El día que dejen de intentarlo, volverán a ser la vanguardia del mundo».
Atribuido a OTTO VON BISMARK

ÍNDICE

PRÓLOGO

¡Lo ha vuelto a hacer! Esa es mi conclusión tras la lectura de la nueva investigación de Javier Fernández Aguado que sigue a estas líneas. Al igual que con *2000 años liderando equipos* (Kolima, 2020), el autor ha elegido un tema conocido solo por especialistas de la historia y la antropología y ha aplicado un microscopio innovador, el del *management*.

El profesor Fernández Aguado nos presenta, en forma y fondo novedosos, un océano de conocimiento que resulta de gran interés y aplicabilidad. Muchos han visitado ruinas de civilizaciones prehispánicas –aztecas, incas o mayas–, pero pocos conocen que en aquellas culturas se tomaron decisiones de formación, selección, creación de equipos, se diseñaron estructuras de gestión, etc. de relevancia para el presente. Lo descubierto por el autor resulta en muchos aspectos fascinante, porque nos permite visualizar personas reales que, en sus circunstancias, orquestaron los sistemas de gobierno que consideraron más adecuados. Bastantes de alto interés. Otros nefandos, en cuanto que incluían una conculcación de la ley natural, comenzando por el asesinato institucionalizado y el canibalismo. Esos hechos, sin embargo, no deben ocultar otras realidades como la preocupación por el trabajo bien hecho, el respeto a la propiedad ajena, el desarrollo de un escudo social para que nadie quedase atrás, la formación de los hijos o la neta diferenciación entre el amor y el sexo.

Por si esto no fuera suficiente, el profesor Fernández Aguado ha llevado a cabo una puntillosa discriminación de la conocida como «Leyenda Negra», analizando el escrutinio moral llevado a cabo por los españoles, que diferencia radicalmente su llegada a América del desembarco de otros europeos –alemanes, holandeses, franceses, y sobre todo británicos– en sus colonias. Algunos tantearon camuflar sus nefastas actuaciones embarrando el obrar de los españoles. En este texto muchos descubrirán hechos tan sorprendentes como que, en décadas, protestantes alemanes masacraron, solo en mujeres acusadas de brujería, al triple de condenados a muerte por la Inquisición española en tres siglos. No es que eso excuse determinadas actuaciones de nuestros ancestros, pero sí induce y consiente juzgar con objetividad sucesos que en numerosas ocasiones nublan comportamientos sublimes de muchos que entregaron su vida por la mejora de los indígenas de las tierras descubiertas.

Este es un libro, en fin, repleto de descubrimientos bien fundamentados. Entre otros, el sistema de retribución pergeñado con particular inteligencia y visión estratégica por Hernán Cortés en su llegada a México, con elementos fijos y variables. Este punto, como es evidente, me resulta de particularísimo interés como CEO de CEINSA, firma especializada en esas cuestiones.

Proclamar que los españoles llegaron a América con afanes genocidas es no solo una falsedad, sino una estupidez. Entre otros motivos porque el anhelo era convertir a aquellas almas a lo que muchos recién llegados consideraban la única fe verdadera, y otros precisaban de mano de obra para sus afanes. Ninguna causa había para eliminar pues a los indígenas.

Solicitar, en fin, que España y la Iglesia católica pidan perdón por la llegada de Colón a aquellas tierras manifiesta escasas luces. Entre otros motivos, porque quienes se comportaron de forma inicua –que los hubo– fueron los ancestros de quienes claman ahora incongruentes fanfarrias. Mis predecesores, sin ir más lejos, quedaron en España. ¿Por qué habría de solicitar disculpas por algo que nunca hicieron en un lugar al que nunca acudieron?

Un libro, en fin, para aprender, para disfrutar y para obtener enseñanzas innumerables sobre cómo hemos de comportarnos para diseñar un mundo mejor.

Josep Capell
CEO de CEINSA

PRESENTACIÓN

En 2020, Marcelo Eduardo Servat, fundador y primer CEO de EUCIM Business School, prologó el libro *2000 años liderando equipos* (Kolima), la anterior obra del pensador Javier Fernández Aguado. Marcelo había conocido al intelectual español algunos años antes, quizá en 2015, en su incesante búsqueda de los mejores profesionales del mundo para arracimarlos en torno a EUCIM Business School, cuajando entre ellos desde el inicio, una amistad y una admiración mutuas profundas.

En EUCIM, nuestra escuela de negocios, estamos comprometidos con la urgencia de promover una formación de excelencia, tanto en forma como en fondo, sostenida por las mejores herramientas tecnológicas y los mejores autores de cada área de conocimiento.

El inopinado y muy llorado fallecimiento de Marcelo, en 2021, a causa del Covid-19 no ha quebrado el trato entre el profesor Fernández Aguado y EUCIM. Más aún, si cabe, ha sucedido lo contrario. De una parte, y para honrar la memoria del fundador, EUCIM creó el Premio Marcelo Eduardo Servat a la Innovación y Excelencia Académica, que fue en votación unánime concedido al autor de *2000 años liderando equipos*, muy especialmente por esa investigación. De otra, el profesor Fernández Aguado seguirá desempeñándose como director de Investigación y Management en EUCIM Business School.

Es para mí un motivo de orgullo prologar el libro que tiene ahora entre las manos. *El encuentro de cuatro imperios* es una nueva y apasionante obra en la que aborda a los países que formaron parte de España entre los siglos XV y XIX, porque nunca estas tierras fueron tratadas como colonias, sino más bien como virreinatos, es decir, partes sustanciales e intrínsecas del propio imperio.

En las siguientes páginas, fruto de un exhaustivo manejo de fuentes a ambos lados del Atlántico, el lector descubrirá decisiones y comportamientos probablemente inéditos tanto de mayas, aztecas y españoles, como de los incas. Todo con rigor y afecto, pues Fernández Aguado es un enamorado de las culturas surgidas y desarrolladas en lo que hoy es conocida como Hispanoamérica.

Frente a simplistas y epidérmicas aproximaciones, a veces lamentablemente espurias, a nuestra historia, el concienzudo autor desmenuza y desmonta andamios de la Leyenda Negra que ocultan y desmerecen de la larga experiencia de colaboración entre los pueblos que habitaron Mesoamérica, Sudamérica y España. Todos, seamos más o menos conscientes, somos fruto de esa maravillosa mezcla de sangres que lleva a que cientos de millones de personas nos sintamos tan a gusto en Lima como en Ciudad de México, en Bogotá como en Madrid, en Barcelona o en Salamanca.

Como bien han proclamado autores desde Julián de Juderías a Martín Ríos Saloma y el propio Fernández Aguado, la Leyenda Negra ha sido una gran operación del marketing anglosajón, galo, holandés, etc. para opacar con perversos fuegos de artificio sus propias malandanzas tras el parapeto de la denuncia de presuntas actuaciones de los españoles –¡católicos!– siglos atrás. No han faltado, por cierto, españoles e hispanoamericanos que por ignorancia o mala fe se han sumado como corifeos de ridiculeces.

En este libro, con su severo rigor habitual, tras cientos de horas de investigación, Fernández Aguado desbroza realidad de ficción, hechos de mendacidades, datos de falacias. Y todo acudiendo a las fuentes más fiables de ambos lados del Atlántico, llegando a realizar para el lector una introducción holística de los imperios de Sudamérica y Mesoamérica. En el caso concreto de los incas, este esquema nos permitirá entender su auge, cómo llegaron a implementar procesos de integración y unificación con las culturas anexadas al Imperio inca y cómo contribuyó a expandir su sistema administrativo y de infraestructura a lo largo, de casi la totalidad del territorio andino (Perú, Bolivia, Chile, Ecuador, Argentina, Venezuela y Colombia).

Esta expansión que experimentaban dichas culturas predominantes no hacía más que presagiar que llegaría un momento de un inevitable choque de culturas.

La llegada de los españoles a América no fue un paseo para un picnic. Como no lo fueron la romanización de Europa y grandes extensiones de África y Asia por parte de los romanos, ni antes la culturización de las dispersas tribus griegas por parte de Atenas y Macedonia, ni la formación del doble Imperio egipcio a partir del 3.000 a. C.

Los choques de civilizaciones marcan siempre un hito, ya sea de consolidación o de caída de un imperio. En el caso histórico de la cultura inca podremos apreciar que la estructura rígida que implantó en los albores de su auge marcó también el derrotero de su decadencia, pues permitió la generación de divisiones internas (luchas de poder), la ausencia de cohesión con gran parte de los pueblos conquistados y el éxito mal asimilado que alimentó la falaz idea de invencibilidad generando así la soberbia en sus líderes. Estas debilidades fueron capitalizadas de manera estratégica por la hueste española que, consciente de su inferioridad numérica, supo analizar el entorno y desarrollar estrategias acordes, generando alianzas; primero con Atahualpa y luego con los partidarios huascaristas. Entendieron que sin estas alianzas hubiese sido imposible la conquista del Imperio incaico, dando inicio así a una nueva gesta.

Mirar atrás para excusar en otros las propias carencias raya con lo esperpéntico. Es mucho más útil contemplar el futuro con ilusión tratando de extraer del pasado esa parte de ángel que incuba todo ser humano, soslayando el diablo que también portamos en nuestro interior. Con quien hemos de competir es con nuestras propias limitaciones –pereza, vaguería, malas tendencias...–, en vez de buscar álibis para no llevar adelante con el debido esfuerzo nuestro trabajo.

Confío en que el lector disfrute tanto como yo de este libro, que además de esos cientos de horas de investigación se fundamenta en el conocimiento directo de innumerables enclaves arqueológicos y museos, desde EE.UU. a México, Guatemala, Colombia, Chile, Perú, etc. Yo misma acompañé al autor en una de sus diversas visitas al museo Larco de Lima.

Como señala explícitamente Fernández Aguado en la introducción, esta obra es un homenaje más a la figura de Marcelo Eduardo Servat. También es para mí un orgullo presentarla.

Cecilia Chiy Ciudad
CEO de EUCIM Business School

INTRODUCCIÓN

Aterricé en América por primera vez en 1991. Viajaba a Quito como consejero de una fundación puesta en marcha por empresarios españoles y suizos. Su proyecto cardinal era un centro de formación para muchachos con limitaciones físicas o psíquicas. En un periodo de dos años se los habilitaba para un oficio que los ayudara a ganarse la vida: tejer, elaborar pan, fabricar tejas...

Desde entonces he regresado a ese continente en medio centenar de ocasiones, recorriendo por motivos profesionales –conferencias, sesiones para comités de dirección o consejos de administración, asesoramiento, auditoría de mercantiles y de entidades no lucrativas, impartición de cursos de doctorado, formación de profesores universitarios, etc.– desde Canadá a Chile la práctica totalidad de los países.

En cada desplazamiento he procurado aprovechar para conocer algo nuevo. A lo largo de tres décadas he visitado una o más veces desde la ciudad maya de Tikal y San Miguel, en las orillas del lago de Atitlán (Guatemala), a la zona arqueológica inca de Pachacámac (Perú), pasando por Campeche o la también maya de Comalcalco (México), cercana a la ciudad de Villahermosa, por no hablar de Teotihuacán (junto a ciudad de México), el museo de las abrumadoras cabezas olmecas (Veracruz), el del oro en Bogotá (en sus sucesivas ubicaciones), el Antropológico (Santiago de Chile) y en reiteradas ocasiones Tenochtitlán (junto al zócalo, en la capital mexicana), en sus progresivas fases de desarrollo hasta la extraordinaria actual.

En variadas oportunidades me he engolfado en las estancias del Arqueológico de México, del Etnográfico de Roma y en las del de Guatemala (minutos antes, por cierto, de sufrir un asalto a mano armada camino del hotel) o en el Larco (Lima). Sin olvidar el Museo

Arqueológico de Madrid-MAN y el de América, también en la capital de España, y enclaves como San Juan de Ulúa (Veracruz), e innumerables lugares más referenciados en este libro, incluidas algunas minas de oro o los palacios que hizo construir el redomado barbián Hernán Cortés para la pizpireta Malinche en Veracruz y Cuernavaca. Allí se amartelaban entre campaña y campaña, primero con la Malinche y luego con otras féminas, fundamentalmente Juana Ramírez de Arellano y Zúñiga, la segunda esposa oficial.

Ni la Malinche, ni los tlaxcaltecas, ni los otomíes, ni los totonacas, ni el resto de tribus de Mesoamérica acopiaban, por cierto, una conciencia indígena que los inclinara a considerar que los españoles eran enemigos. Para todos, como se detallará, el pueblo hostil, el verdadero enemigo, eran los aztecas. Algunos obraron como tamemes a la fuerza; la mayoría, con la mejor de las voluntades. Entre muchas otras descripciones, Bernal Díaz del Castillo, cuya lectura debería ser pieza clave en los planes educativos, recuerda los agravios de los mexicas que digerían los indios de Guacachula: «*Decían que les robaban las mantas y maíz e gallinas y joyas de oro, y sobre todo las hijas y mujeres, si eran hermosas, y que las forzaban delante de sus maridos y padres y parientes*». Nada desemejante de lo que habían practicado acadios, asirios, egipcios, macedonios, espartanos, cartagineses o romanos.

De la época colonial he visitado numerosos edificios en Asunción (Paraguay), Bogotá (Colombia), Quito y Otavalo (Ecuador), Santiago (Chile), Lima (Perú), Cartagena de Indias (Colombia), San Juan de Puerto Rico (¡qué espectaculares, entre otros, el fortín de San Juan de la Cruz y los castillos de San Felipe del Morro y San Cristóbal!), Santa Cruz de la Sierra (Bolivia), etc. Desde la última ciudad mencionada acudí a diversas misiones franciscanas, en las que los frailes, además de dar a conocer a Dios, enseñaban a fabricar y tocar el violín. Hoy en día prosigue esa tradición. Del maravilloso rastro dejado por aquellos esforzados religiosos que corrían tras su mística ilusión habla, entre otros lugares, la impresionante Catedral de la Sal de Zipaquirá (Cundinamarca, Colombia), construida en las postrimerías del siglo XX. Visualizar esa obra de arte, cuyo diseño realizó el arquitecto bogotano Roswell Garavito Pearl, muestra la profunda fe enraizada en Hispanoamérica gracias a España.

En una ocasión, con mi esposa, visitamos guiados por Richar Ruiz varias reducciones jesuíticas en el viaje que hicimos desde Asunción a Ciudad del Este, con destino a las cataratas de Iguazú, descubiertas por cierto por Alvar Núñez Cabeza de Vaca, del que se hablará, siquiera someramente, si bien no puedo dejar de recomendar la lectura de sus apasionantes *Naufragios*. En Antigua (Guatemala), al igual que en Quito y otros lugares, visité con ella las principales iglesias y otros lugares emblemáticos. En el actual EE. UU., tanto en San Francisco (California) como en San Antonio (Texas), he acudido a templos y misiones, algunas aún en activo, de franciscanos, dominicos, jesuitas, etc. En Los Cabos (México), a orillas del Mar de Cortés, impartí una conferencia-debate con David Norton (cocreador del *Balanced Scorecard*) y arañé tiempo para visitar tierras por las que transitaron algunos de los principales conquistadores españoles.

Todos los destinos prehispánicos y coloniales que he conocido me han impresionado. Enormemente el de las cabezas ciclópeas en La Venta (Tabasco). El pueblo olmeca se estableció en la zona sur del estado de Veracruz y al oeste del de Tabasco sobre el Golfo de México, donde ocupó un área de dieciocho mil kilómetros cuadrados en la que se han hallado más de treinta sitios arqueológicos. Esa pasmosa región, circunscrita por los ríos Coatzacoalcos y Papaloapan, se sitúa en una altitud inferior a los cien metros, a excepción de las montañas Tuxtla, que superan los quinientos. Entre el 900 y el 500 a. C. surgieron más en las cercanías, pero ninguno con la magnitud de La Venta. Allí se levantó la primera gran pirámide de Mesoamérica: un descomunal cono ondulante de tierra y sonada flanqueado por plazas y plataformas. Entre el 500 y el 400 a. C. fue abandonada, pero permanecieron habitados lugares como Tres Zapotes y el Cerro de las Mesas.

El conocimiento en profundidad de esas civilizaciones me ha imantado, suscitando en mí una inagotable fascinación desde hace años. Tanto quienes las ensalzan fanáticamente como quienes las denigran bravíamente exhiben vesania o fanatismo. En las siguientes páginas ofreceré una versión basada en hechos de los estilos de gobierno de las tres culturas prehispánicas más trilladas —incas, mayas y aztecas—, y de la propia España en aquel continente. El objetivo, como en toda mi obra, no es la erudición, sino aprender para mejorar los estilos de gobierno de personas y organizaciones contemporáneas. En este caso, además, no sigo un estricto orden cronológico. Me centro, como siempre, en enseñanzas aplicables al presente extraídas de sucesos que son rigurosamente desmenuzados. Soy, en este sentido, mucho más una «raciovitalista» que un escolástico.

Las visitas a ciudades coloniales, algunas mencionadas, desde Santiago a San Pedro de Atacama, pasando por Caracas, Quito, Guayaquil, Bogotá, Medellín, Cali, Manila, Asunción, Ciudad del Este, Querétaro, Guanajuato, Veracruz, y muchas más, me han ayudado a entender la suprema labor que en pro de aquellos países realizaron incontables españoles, tanto religiosos como académicos y legisladores.

Incas, aztecas y mayas, al igual que España, fueron grandes por la unidad. Su declive vino enmarcado por dos errores garrafales, aparentemente contrapuestos en la forma, pero de idéntica raíz, la protervia. El yerro, uno solo visto desde dos perspectivas, fue la descomposición interna, reacción frente a una inclemente uniformidad.

Comenzaré por una enseñanza aparentemente colateral, pero instructiva para nuestros días, tanto para los más, que son grises, como para los en apariencia excelsos. William Hickley Prescott (1796, Salem, Massachussets), en cuya obra me apalancaré en algunos pasajes, vino a este mundo en una familia acomodada. Ya en Boston sufrió un traumatismo que marcó su vida. En el comedor del colegio, un condiscípulo, en medio de un berenjenal tumultuario, le hirió un ojo con un trozo de pan duro. Al poco se extendió la infección a ambos fanales. Las contrariedades con la vista lo acompañaron de por vida. A los diecinueve años emprendió el primero de los dos viajes que realizaría a Europa para consultar oftalmólogos. Con ocasión de esos traslados y en compañía de John Quincy Adams recorrió museos, bibliotecas y librerías. Transitó con afán tanto por Francia como por Italia. Contrajo matrimonio en 1820. Una década más tarde principió su historia de los Reyes Católicos. Por esa época comenzó a padecer artritis reumatoide; parejamente experimentó una mejoría en la visión. Culminó su *Historia del reinado de Fernando e Isabel* y poco después su *Historia de la conquista de*

México. Sorprende –¡todo el mundo exhibe contradicciones!– que profundizando en temas hispánicos no visitara España. Lo relevante, sin embargo, es que el esfuerzo permite superar limitaciones, tanto personales como colectivas.

Como se ha expresado con disparejas formulaciones, la fagocitación de América por parte de España la realizaron en buena medida los indios. La independencia la culminaron los españoles. A su llegada, los europeos intervinieron en guerras civiles ya activas o menearon rescoldos apenas disimulados en múltiples regiones, consecuencia de las imposiciones de unos pueblos sobre otros. Plantear por tanto, 500 años después de la llegada de Colón, una colisión frontal entre valores occidentales y una presunta inocente pureza originaria indígena revela una impresentable estafa ideológica ornada por espurias y sectarias camarillas políticas con sus comparsas intelectualoides. Manifiesta, es de justicia reiterarlo, indigencia reflexiva.

En el caso del anchuroso Imperio andino, menos de cien mil ciudadanos, los incas, aplicaban inmisericordemente sus criterios sobre una población de más de diez millones. Los idiomas locales en aquellos lares ascendían hasta unos setecientos. La práctica totalidad de los emperadores incaicos hubieran pronunciado con pleno convencimiento la afirmación de Luis XV: «*El Estado soy yo*». Expresado con más luminosidad, les hubiera gustado señalar, como a tantos políticos contemporáneos presuntamente demócratas, lo que el comunistoide (sic) Hitler aseveraba: «*No importa que los demás tengan o sean algo, porque al ser todos míos yo soy su último propietario*». En el caso del Imperio incaico, aproximadamente dos millones de individuos, de buen grado o sojuzgados, abonaban en concepto de impuestos dos o tres meses de trabajo al año, de ningún modo una sinecura. Cuando llegaron los españoles, el imperio se derrumbó como un castillo de naipes porque su alma era frágil.

¿Cómo olvidar –por poner un solo ejemplo– la crueldad de un encanallado Atahualpa que, entre innumerables lindezas que detallaremos, ordenó ejecutar a un entero batallón de soldados en Cajamarca simplemente porque habían mostrado prevención ante los inéditos alazanes de los chapetones? Todo sin soslayar que las civilizaciones previas a las incas realizaron construcciones de buena tecnología dirigidas a mejorar la agricultura y destacaron también en arquitectura ceremonial en una época semejante a la de los egipcios con sus mastabas, todo en torno al año 3000 a. C.

La civilización maya, por su parte, no generó una centralización política capaz de propiciar una alineación parecida a la del área andina con los incas o mesoamericana con los aztecas. Sus ciudades -estado fueron diseñadas como una red de centros urbanos ligados por relaciones jerarquizadas tanto de alianza como de sometimiento. A semejanza de la Grecia clásica, la unidad cultural no conllevaba unidad política, sino más bien rivalidad entre centros regionalmente hegemónicos como Tikal, Palenque (comparada por algunos con Pompeya) o Copán. Cada uno imponía acato a sus satélites. ¡Ay de aquel que no comprendiese! Muchos dirigentes mayas hubieran asumido con gusto expresiones de Stalin que recojo en *¡Camaradas!, de Lenin a hoy* (LID). El sanguinario y longevo déspota proclamaba con claridad meridiana sus intenciones. Al ser informado de que la gente del campo no prestaba suficiente atención a los principios emanados del Kremlin, el matarife georgiano cantó las cuarenta: *«Si no entienden, que se les explique; si no saben, que se les enseñe; si no los asumen, que se les fusile»*. Los andinos hubieran sustituido, eso sí, el fusilamiento por la inmolación a los dioses.

La organización social maya planteaba una sociedad rígidamente estamental, con una élite nobiliaria que imponía redes dinásticas que, mediante matrimonio y descendencia, se ligaban entre sí estableciendo confederaciones y ratificando la subordinación de los centros menores a los hegemónicos. A trasmano de idealizaciones obsoletas y extemporáneas, la sociedad maya vivió militarizada y su arte, y también su musivaria, su escritura y su religión hablan de un incondicional servicio a la legitimación del poder político. Al igual que con el realismo soviético o nazi, el arte maya fue un medio para ordenar el universo de forma ideologizada.

Las causas del colofón de los mayas fueron alguna o varias de las siguientes: la consunción del suelo, la mutación climática con huracanes y seísmos, epidemias y plagas, la sobrepoblación, modificaciones en el modelo de intercambio comercial, clausura de rutas por causas políticas, las revueltas internas, los enfrentamientos entre ciudades-estado e invasiones... Las influencias exógenas remataron lo que estaba sentenciado. Hemos podido conocer mucho de lo ocurrido entonces por el desciframiento de la escritura maya, un relevante suceso historiográfico de la segunda mitad del siglo XX. Gracias a los pioneros Berlin (1958) y Proskouriakoff (1960, 1961), seguidos de muchos otros, se ha tornado posible profundizar en el conocimiento de esa civilización.

En el transcurso de los siglos VII, VIII y principios del IX, el afán constructor maya se intensificó, incrementando el esfuerzo reclamado a las clases medias y bajas. A principios del X, la edificación se interrumpió abruptamente. Los centros ceremoniales fueron abandonados. Las ciudades donde se encontraban las pirámides, los templos y palacios revestidos de piedra labrada clausuraron actividades. Cobraron relevancia curanderos y brujos. Algunos estudios han señalado la astenia, la resistencia, la oposición, la rebelión de los campesinos contra la caterva rectora que compelía a realizar tareas agobiantes. Sea como fuere, las mastodónticas ciudades fueron dejadas. Acabaron dispersos en aldeas.

El territorio que ocuparon se desagregaba en tres regiones naturales: el sur, integrado por las cadenas montañosas y mesetas intermedias que forman un semicírculo hacia el suroeste, sur y sureste; el centro, integrada por la zona del departamento de Petén, junto con los valles exteriores, que incluye la mitad sur de la península de Yucatán; y la de la tercera, constituida por la llanura en la mitad norte de la península. La distinción es relevante para la comprensión de la historia del pueblo maya, porque el desarrollo de la agricultura ocurrió en las tierras altas de Guatemala (sur), aunque es probable que su cultura se originara en la cuenca interior (centro), y que tanto el renacimiento como su decadencia se encuadrasen en el norte.

La civilización maya duró aproximadamente tres milenios, seccionados en tres períodos. El Preclásico desde el año 2000 a. C., hasta el 250 d. C. En él nacieron y se consolidaron. Existieron cuatro focos culturales de importancia, los dos primeros en Guatemala: uno en la región de Los Altos (Kaminaljuyú) y otro en la de Petén (Uaxactún); el tercero en la península de Yucatán (Maní, Xtampak-Dzibilnocac, Dzibilchaltún) y el cuarto en Chiapas (Chiapa de Corzo).

En el Preclásico inferior se encuentran en Kaminaljuyú las fases Charcas y Arévalo, correspondientes a El Arbolillo I, Tlatilco y Zacatenco inferiores. El estrato Majadas y parte del de Providencia se incluyen dentro del Período medio, y Miraflores, Arenal y Santa Clara se encuadran dentro del Preclásico superior, época en la que abundan los montículos piramidales, de los cuales uno ha sido fechado aproximadamente en 550 a. C. La fase Mamom corresponde al Preclásico medio y la Chicanel al superior. Durante esta última se advierte en Petén influencia de La Venta, que se percibe en el estilo de los mascarones de las pirámides. En Yucatán, las tres fases llamadas formativo temprano, medio y tardío, corresponden a los períodos del Preclásico, y tienen su foco característico: Maní, Xtampak-Dzibilnocac y Dzibilchaltún respectivamente. Chiapa de Corzo destaca como intermediario entre el área maya y Monte Albán.

Como también dibujaremos con suficientes pinceladas, la conquista de México por parte de un restringido número de españoles únicamente fue viable por las guerras civiles explícitas o larvadas que se extendían a lo largo y ancho del Imperio mexica. Solo con la ayuda de incalculables rebeldes ante las brutales imposiciones aztecas fue posible aquella epopeya que, como todas, abunda en luces y sombras.

Juan de Palafox, virrey de nueva España a mediados del siglo XVII, escribirá al rey que *«no hay que minorar el valor de los conquistadores de nueva España, pues tan pocos con tan grande peligro y constancia sujetaron estas naciones a la Corona de vuestra majestad, ni el de los conquistados y naturales indios de aquellas provincias, que admirados de ver gente tan nueva y nunca imaginada como aquella, obraban espantados y asombrados, divididos entre sí y discordes y como secretamente conducidos y guiados interiormente a entrar en la Iglesia por la fe y en la Corona de vuestra Majestad para su bien».*

Entre las múltiples manifestaciones de que el objetivo principal de los españoles era la evangelización destaca el que cuando se introdujo la imprenta en América, los primeros tratados fueron de carácter espiritual. La inicial labor misional fue encomendada especialmente al clero regular: mercedarios (1493), jerónimos (1498), franciscanos (1524), dominicos (1526), carmelitas (1527), agustinos

(1533)... Posteriormente se incorporaron los jesuitas (1549), los carmelitas descalzos (1585) o los agustinos recoletos (1604). Para hacerse una idea de la expansión: los franciscanos disponían en 1559 de ochenta casas en América con casi cuatrocientos efectivos. Antes de acabar el siglo XVI, los conventos eran 166. Durante tres siglos, según datos de Antonio Gil Albarracín, entre quince mil y veinte mil religiosos llegaron a América procedentes fundamentalmente de España. También, aunque en exiguas proporciones, de Portugal, Italia o Francia.

Los mercedarios, egregios en diversos frentes, explicaron en 1618, con ocasión de la celebración del cuarto centenario de su creación, que su eficacia venía avalada por el origen milagroso de su fundación, debida a su entender a la intervención directa de la Madre de Cristo y también al carácter heroico de su cuarto voto, que los impelía a entregarse como rehenes a los sarracenos para rescatar cautivos en riesgo de apostasía. Fueron guerreros cristianos convertidos en orden religiosa a partir del siglo XIV a raíz de un cisma entre caballeros y sacerdotes. Estuvieron a punto de ser comisariados al igual que los templarios bajo Clemente V, pero su función redentora los salvó de la disolución. Detalle más en *2000 años liderando equipos* (Kolima).

En 1535 se publicó el que es con toda probabilidad el primer libro impreso en tierras americanas: *Escala espiritual para llegar al Cielo*, de san Juan Clímaco. De la misma tipografía surgieron la *Doctrina*, de fray Toribio y el *Catecismo mexicano*, de Fray Juan Rivas, ambos de 1537. En el otro extremo del mundo, en las islas Filipinas, la primera rotativa se estableció en Binondo, cerca de Manila, en 1593. Ese año vio la luz el texto *Doctrina cristiana* en lengua española y tagala. El primer tipógrafo de las islas fue el chino cristiano Juan de Vera, que estampó volúmenes catequísticos en las lenguas de los habitantes del país.

Vamos a engolfarnos, en fin, en el encuentro de cuatro culturas, tres americanas y una europea en el que se produjeron interacciones con embeleso mutuo.

Ante las crecidas complejidades que vamos a indagar, cabe preguntarse, ¿cuáles hubieran sido las alternativas si los españoles no hubieran llegado o hubiesen sido otros los desembarcados? Un primer apunte: cuando en 1898 los norteamericanos substrajeron de forma abyecta las Filipinas a España, masacraron a millón y medio de indígenas. La fuente es un norteamericano, James B. Goodno, en su *The Philippines: Land of Broken Promises*.

Una última floritura: algunos consideran que exponer con objetividad la labor realizada por los españoles en América es de derechas y de izquierdas proclamar la bondad ínsita de los aborígenes machacados por los cristianos. Esta argumentación es de tal simpleza que solo la defienden tarugos y exaltados nescientes, que, como afirman de las meigas en Galicia, *«haberlos haylos»*.

En una conferencia para altos directivos de empresas centroamericanas en torno al año 2010, uno de los asistentes echó su cuarto a espadas para lamentarse por la situación de sus países. Culpaba de todo a los españoles. Le repliqué que en España, salvo algún locoide, nadie clamaba contra Francia por su despiadada invasión de España en los últimos años del siglo XVIII y en los albores del XIX. Colgar sambenitos retrospectivos es ridículo *álibi* de quienes afectados de chaladura no se atreven a afrontar su presente y encauzar su futuro.

PRIMERA PARTE

CONTEXTO Y CONQUISTA

Mapa de América de 1632. Fuente: Shutterstock.

EL ARCHIVO GENERAL DE INDIAS

Pocas vicisitudes históricas se encuentran tan documentadas como las que vamos a examinar. Los reyes españoles, tan clara era su conciencia de estar realizando un buen trabajo, desplegaron gran interés en que se escribieran y archivaran leyes, careos, juicios o controversias. Primero, entre otros lugares, en Simancas (Valladolid) y luego en Sevilla.

El 14 de octubre de 1785, a las 16:45 h, llegaban a la lonja del comercio de Sevilla veinticuatro carretas arrastradas por mulos desde Simancas, tras haber transitado por Despeñaperros, La Carolina, Córdoba y Écija. El peso transportado fueron mil novecientas nueve arrobas de papeles históricos cuidadosamente almacenados en doscientos cincuenta y siete cajones protegidos por hule. Carlos III, el ministro malagueño José de Gálvez y Juan Bautista Muñoz, cosmógrafo, fueron los responsables de una memorable decisión: la fundación del Archivo General de Indias. En los casi diez kilómetros de estanterías de ese gran registro universal se halla la documentación coherente, objetiva y organizada de los hombres del Descubrimiento y sus avatares. Toda una fronda estructurada primordialmente de manuscritos que plasman eventualidades de los territorios e instituciones americanistas. La práctica totalidad de los legajos y pliegos figuran con su lugar y fecha.

El 29 de agosto del mismo 1785 fueron nombrados los funcionarios que cuidarían del repertorio: el superintendente, el archivero y los oficiales. Como máximo responsable fue elegido un clérigo trabajador, honesto y eficaz, Antonio de Lara y Zúñiga. Era chantre de San Ildefonso e inquisidor del Santo Oficio. El nombramiento de archivero recayó sobre Gregorio Fuentes, buen conocedor de las colecciones documentales de la Casa de la Contratación. Manuel Suazo fue el oficial mayor, previamente comisionado del Consulado de Comercio de Sevilla. El segundo de a bordo fue Ventura Collar y

Castro, del Consejo de Indias, que acopiaba profundo conocimiento de las instituciones y oficinas generadoras de los papeles indianos. Francisco de Ortiz de Solórzano e Hipólito Ruiz de la Vega fueron los oficiales tercero y cuarto. Ellos habían preparado el traslado desde Simancas.

Entre los innumerables datos que avalan la preocupación de las autoridades por gestionar con honradez y empuje todo lo referido a las Indias puede espigarse un dato: los costes precisos para sostener las armadas que protegían a las flotas de Indias procedían de un impuesto sobre las importaciones y exportaciones denominado derecho de avería. Su administración correspondió durante largo tiempo a los tres oficiales de la Casa de Contratación (fundada en 1503), a quienes ayudaba un receptor de avería. En 1573 fue creado el cargo de diputado contador, encargado de la recaudación de esa tasa y de la auditoría de las expensas. En 1580 fue nombrado un contador de avería, gestor de la llevanza y organización de los libros. Dieciséis años más tarde, eran cuatro los garantes. Con ellos se formó el Tribunal de la Contaduría de Averías. Por decisión del Consejo de 1597, se les encargaron los balances correspondientes a los diversos ramos y operaciones, excepto la Real Hacienda y Bienes de Difuntos, que permanecieron a cargo de un probo contador específico hasta 1616. En octubre de 1557, Felipe II, con el objetivo de incrementar la dignidad y autonomía, creó el cargo de presidente.

Encontramos también allí las ordenanzas promulgadas por Felipe II el 24 de septiembre de 1571. Al igual que las Leyes Nuevas, recomiendan como objetivo cardinal de la colonización la conversión y buen trato de los indios, e inciden en la perentoria necesidad de que el Consejo, para la buena tutela del Nuevo Mundo, disponga de descripciones actualizadas de su geografía e historia. A Juan de Ovando se deben dos orientaciones que contribuyeron a que el Consejo dispusiese de un profundo conocimiento y proveyese para la mejor organización de Las Indias: la *Instrucción para la descripción geográfica,* que las autoridades americanas debían complementar, y las del *Orden que se ha de tener en los nuevos descubrimientos, poblaciones y pacificaciones.* Ambas forman parte del Libro Segundo de la Gobernación Temporal de la recopilación de Ovando y fueron promulgadas en 1573.

En la documentación queda una y otra vez verificado el papel de la Iglesia en América. Su relevancia se debió no solo a la expansión de la fe, sino también porque vehiculizó la inculturación. Aparecieron catecismos, apólogos y sermonarios en lenguas vernáculas. Los misioneros se esforzaron con denuedo por dominar idiomas autóctonos y calar en las culturas indígenas. La Iglesia erigió innumerables colegios tanto para nativos como para colonos. Fray Pedro de Gante, concluida la conquista de México, fundó una escuela para los naturales en el convento de San Francisco. En 1536 arrancó para hijos de los caciques el Colegio Imperial de Santa Cruz de Tlatelolco, promovido por el obispo mexicano fray Juan de Zumárraga bajo el patrocinio del virrey Antonio de Mendoza, que también fue el motor de un centro de formación para mestizos, nominado San Juan de Letrán (1547). Mendoza siempre confío más en la preparación intelectual que en la imposición.

Aquel primer virrey llegó investido por poderes casi absolutos. Así rezaba la Real Cédula de 17 de abril de 1535 en la que Carlos V le hacía ostentar su representación y los cargos de gobernador y presidente de la Real Audiencia: «*Por cuanto la forma que se ha tenido hasta aquí y al presente se tiene en la Gobernación de la Nueva España y tratamiento de los naturales de ella, y gratificación de los pobladores y conquistadores, ha habido y hay diferentes pareceres y por ser esto tan importante al servicio de Dios y nuestro, y descargo de nuestra real conciencia, y a la conservación de dicha tierra en nuestra sucesión y Corona Real de Castilla, deseamos acertar en lo más sano y seguro a todo ello y por estar tan lejos y ser las cosas de dicha provincia tan diferentes de estos reinos. Confiando de vuestra fidelidad y conciencia y celo que tenéis a vuestro servicio, he acordado de encomendarlo acometer a vos. Por ende, yo os mando y encargo que informado muy bien y certificado de la disposición y estado de dicha tierra y naturales, conquistadores y pobladores de ella, en nuestro servicio y sucesión, proveáis todo lo que de presente o adelante se ofreciere o acaeciere, aquello que viereis que más conviene para dichos fines y efectos, sin embargo, de cualquier provisiones o instrucciones que por nosotros estén dadas. Y pues veis la cosa de cuán gran importancia (es) y por la confianza que tengo de vuestra persona, la encomiendo a vos solo y no a otro alguno, os mando y encargo mucho que sin respeto de particularidad alguna, uséis de esta comisión en caso necesario y no en otra manera alguna, guardando en vos el secreto que la calidad del negocio veis que requiere, porque de publicarse tenemos que nacerían mayores inconvenientes».*

De su bonhomía es testimonio el encarecimiento del perulero Juan de Matienzo: *«Quiero advertir a los gobernadores que tomen ejemplo de aquel famoso virrey don Antonio de Mendoza, luz y espejo de todos los que fueren, que era tan amigo de hombres virtuosos que no veía recogimiento ni otro oficio, sino los que él sabía que lo eran y tenían la fama, lo cual fue causa de que todos los que pretendían oficios de justicia u otros cargos procurasen de vivir virtuosamente, para le contentar y para ser proveídos, y nunca a hombre por el proveído en la Nueva España, donde él gobernó, dejó de mejorarla en el cargo, habiéndolo hecho bien en el primero, y con esto convidaba a los hombres a vivir bien no tenía respeto –como otros lo han tenido– que fuesen sus criados u amigos, sino a que fuesen idóneos cuáles para semejantes cargos y oficios requerían, y concluyendo, digo que un hombre virtuoso y buen cristiano nunca yerra».*

Teniendo en cuenta la cantidad ingente de hojarasca que, por culpa de la cretina ignorancia o la mala fe de no pocos anti españoles y anti católicos, será preciso desbrozar para hallar la verdad, resulta ineludible atender a la importancia de las palabras y la comunicación, que responden siempre a intenciones de fondo, como iremos rastreando. Sirva a modo de ejemplo una chanza:

Al ser preguntado por un amigo, un ingeniero responde sobre su actividad:

–Estoy haciendo un trabajo sobre el tratamiento acuatérmico de la porcelana, vidrio y metales en un ambiente de tensión controlada.

Impresionado por la respuesta, le fue solicitada una explicación más detallada:

–Estoy lavando platos, vasos y cubiertos bajo la supervisión de mi mujer.

Merece la pena, en fin, formalizar en los umbrales de este texto una concisa cata comparativa con otros colonialismos.

BREVE ANÁLISIS COMPARATIVO

Los ingleses nunca trataron de convertir a los aborígenes al cristianismo. Su objetivo era controlar y explotar territorios, y poco importaba si para ello tenían que aniquilar a poblaciones enteras. Un buen ejemplo es la Compañía Británica de las Indias, una desalmada sociedad privada que, sin control alguno, esquilmó buena parte de lo que hoy son la India y Pakistán, e incluso llegó a disponer de un ejército más numeroso que el británico. A comienzos del cercano siglo XIX, Thomas Jefferson, segundo presidente de EE. UU., recomendada exterminar a los indios o deportarlos. Algo parecido a la propuesta hitleriana de enclaustrar a los judíos europeos en Madagascar. Un siglo más tarde, Theodore Roosevelt se hacía eco de las palabras de Jefferson al enunciar: «*No voy a decir que un buen indio es un indio muerto, pero, en fin, esto es lo que ha sucedido con nueve de cada diez de ellos y no voy a perder mi tiempo con el décimo*». Bien puede hablarse de holocausto norteamericano en lo referente a la matanza de locales, según han explicitado diversos autores contemporáneos como David Stannard. Solo los obtusos o los iletrados pueden afirmar algo semejante sobre lo realizado por los españoles. De calificarse como genocidio, también habría que aplicarse ese término a la peste negra que arrasó media Europa de 1346 a 1353.

En el norte del continente fueron poco frecuentes las grescas formales. Lo habitual fue que los militares aplicasen una estrategia genocida, con la destrucción sistemática de corceles, viviendas y bastimento. Y con asqueante asiduidad se produjeron matanzas de civiles como en Sand Creek (1864) o en Wounded Knee (1890).

¿Qué podría decirse del exterminio del pueblo armenio, con más de 1.200.000 asesinados, entre 1915 y 1922, a manos del Imperio otomano, en pleno siglo XX? ¿Y del Ejército británico, que provocó en un solo día, el 2 de octubre de 1898, en la guerra en Sudán 11.000 muertos, 16.000 heridos y 4.000 prisioneros, sin mencionar la masacre de mujeres, niños y ancianos que acudían a socorrer a los descalabrados?

La identidad nacional de los australianos se construyó sobre la eversión de los pueblos indígenas. Los originarios fueron expulsados de sus tierras, desposeídos de sus medios de producción alimentaria y forzados a adaptarse para sobrevivir renunciando a su cultura. Los anglosajones llegados a Australia se escudaron en que nadie tenía derecho a vivir de los frutos de la naturaleza, sino que era necesario cultivar. Este peculiar axioma llevó a presuntos honrados funcionarios del Estado británico y a los ya incardinados a apoyar una solución final para los aborígenes. La destrucción de la sociedad autóctona trató inútilmente de ocultar el racismo aberrante y rampante.

La legislación británica estableció que Australia no pertenecía a nadie, pues la propiedad de la tierra se basaba en su cultivo. En un cochambroso y egotista tranco lógico se dilucidó que solo ellos, los recién desembarcados, serían válidos terratenientes. Ningún derecho vernáculo se perpetuó más allá de ese momento. Con otra pirueta ridícula se impuso que los locales, como no creían en una divinidad única, ¡no podían ser testigos en juicios ni prestar juramento!

El fuerte de Kute Rih en Alasland, 14 de junio 1904. Fotografía de Henricus Marinus Neeb. Fuente: Wikimedia Commons por el *National Museum of World Cultures*.

Los holandeses fueron devastadores en sus colonias. Entre otras, en Sumatra. Del 8 de febrero al 23 de julio de 1904, el teniente coronel Van Daalen incursionó contra los oriundos. La operación trocó en carnicería, arrasando aldeas y diezmando. Más de 2.900 personas, de las cuales 1.150 eran mujeres, fueron sañudamente finiquitadas. Permanecen para el recuerdo terribles imágenes tomadas por el fotógrafo holandés Neeb, que brindan testimonio de aquellas carnicerías. En las láminas se observa a los militares que posan relajados ante el objetivo. En algunas un soldado coloca su pie sobre un cadáver nativo como si se tratase de la captura de una fiera durante un safari.

La conquista de la India por parte de los británicos comenzó en 1757 y se prolongó durante más de un siglo. Constituyó la mayor entidad colonial del planeta, un mosaico cultural que solo llegó a conocerse tras la independencia en 1947. Los despropósitos de los marrulleros invasores llevaron a que el 13 de julio de 1810 se publicase la siguiente circular del Gobierno general de Bengala: «*Recientemente la atención del Gobierno se ha visto atraída de manera particular por los abusos y los actos de opresión perpetrados por los europeos que se han establecido como propietarios de plantaciones de índigo (añil) en diferentes partes del país.*

Los delitos comprobados formalmente, cometidos por los plantadores identificados pueden ser clasificados en los apartados siguientes:

1. *Actos de violencia que, aunque no responden a la definición legal de asesinato, han ocasionado la muerte de indígenas.*

2. *Detención ilegal de indígenas, especialmente sometidos a encarcelamiento, con el fin de recuperar sumas supuestamente adeudadas o por otras causas.*

3. *Formación de grupos de empleados de las añilerías y de gente de fuera para realizar agresiones y enfrentamientos violentos entre plantadores.*

4. *Castigos corporales ilegales infligidos a cultivadores y otros indígenas*».

Jaleaba a tomar disposiciones para verificar sin demora la existencia de cárceles ilegales y de castigos corporales.

Un recaudador colonial del distrito de Fardipur (Bengala) atestiguó: «*Ni una sola caja de añil llega a Inglaterra que no esté manchada de sangre humana*».

El cruel episodio de la Gran rebelión de 1857 –o Motín de los cipayos– en la que centenares de insurgentes que habían formado parte de las tropas de la Compañía Británica de Las Indias fueron ahorcados o atados a la boca de un cañón y desintegrados tuvo como consecuencia la abolición de la *East India Company* y el paso de la India a la soberanía directa de la Corona británica. En un plano formal, el principal, simbólico y epidérmico requiebro fue la sustitución de la oficina de control de la compañía por un ministerio cuyo titular era miembro del gabinete. Tampoco debe olvidarse la responsabilidad del Gobierno británico, con confiscaciones forzosas por presuntas razones bélicas en, por ejemplo, las hambrunas de 1943 en Bengala, donde murieron, según las cifras más prudentes, cerca de un millón y medio de personas.

Cuando Gandhi promovió el movimiento para la independencia de la India, los británicos trataron de acabar con esa iniciativa endureciendo la mano. En Amritsar, el general Dyer ordenó disparar contra el gentío que se había reunido pacíficamente provocando una escabechina: 379 muertos y 1.200 heridos. Pocos salieron incólumes. Algunos aseguraron que Dyer había salvado a la India británica...

La peste bubónica alcanzó Bombay en el verano de 1896 como pasajero clandestino de un barco proveniente de Hong Kong. Aquel puerto aportaba una ecología ideal para una pandemia, con entornos pestilentes y tugurios superpoblados condimentados con una profusa población de ratas. Durante años, los administradores fueron avisados de que su rechazo a mejorar el estado sanitario de los cuchitriles labraba el caldo de cultivo de una epidemia apocalíptica. Los británicos se negaron a financiar la renovación del sistema de aguas y cualquier drenaje. Al cabo, la escasez de comestibles y el cólera se sumaron a la peste diezmando al 20 % de los hacendosos de las clases bajas.

Los franceses se comportaron con inquina en Vietnam. En 1884, la mitad de las aldeas habían sido incendiadas, saqueadas o despojadas. Ni los soldados se explicaban la imperativa directriz recibida de matar y saquear a troche y moche incluso cuando los locales acudían a someterse. Acababan con los indígenas a culatazos o a bayonetazos. El 5 de julio de 1885, los galos asaltaron la ciudad de Hué, que alojaba los palacios reales. Tras acribillar a mil quinientos, se multiplicaron las rapacidades. Los palacios, los archivos, la biblioteca fueron reducidos a chiribitas. La depredación se prorrogó dos meses. La conquista y pacificación del norte y centro de Vietnam se extendieron de 1883 a 1896. Tras la magna catástrofe demográfica hubo que esperar a 1920 para que la población recuperase el crecimiento.

Los rusos comunistas fueron particularmente virulentos allí donde se impusieron. En febrero de 1944, los chechenos fueron escarmentados por Stalin, que los deportó al Asia Central con el expediente de una conjeturada colaboración con los germanos. Un tercio de los confinados fenecieron durante el traslado. Luego llegaría la invectiva a la remembranza colectiva con la aniquilación de archivos y monumentos, y la supresión de la república de Chechenia. Los chechenos fueron rehabilitados y se les permitió recular a su tierra en 1957, desaparecido el desalmado tirano georgiano. ¡Resulta insultante para la inteligencia el que los populismos comunistas difundidos como una aviesa peste en el siglo XXI tengan la desfachatez de criticar la llegada de los españoles a América!

El proceder de los belgas en el Congo fue detestable. Para empezar, Leopoldo II se apropió del territorio a título personal. Se produjeron detenciones y toma de rehenes, con frecuencia mujeres y niños, con el objetivo de obligar a entregar caucho. El Congo mutó en un descomunal campo de concentración. Un castigo para quienes no cumplían con sus cuotas era cortarles las manos. Numerosos informes mencionan los innumerables cadáveres privados de al menos una extremidad que flotaban en el río Congo y sus afluentes. Era costumbre el que las víctimas quedasen expuestas desnudas al sol; los menos afortunados eran fusilados tras la azotaina de entre cincuenta y cien golpes, infligida cada doce horas. Periódicamente, algunos, a modo de ejemplo, eran quemados vivos. Muchos retenían a chicuelos para su placer. El horror era voluntariamente público,

Retrato del rey Leopoldo II de Bélgica. Ilustración de Alwin Zschiesche, publicada en «Illustrierts Briefmarken Album», Leipzig, 1885. Fuente: Shutterstock

con una decidida voluntad racista. Aquel régimen de terror pretendía enriquecer a la Corona belga y su camarilla. La lectura de *El fantasma del rey Leopoldo*, de Adam Hochschild, es altamente recomendable. Y un dato más: hasta los años cincuenta del siglo XX hubo zoos humanos en Bélgica. En ellos se exhibía a indígenas africanos.

Hitler se inspiró en arquetipos de otros para domeñar países. Le gustaba el de Inglaterra. Él también se proponía esclavizar con nimias guarniciones para explotar a Europa y Asia en beneficio de Alemania. Explicitó que se había inspirado en las prácticas eugenésicas de varios estados norteamericanos que impulsó la Fundación Rockefeller. Esta ONG financió las investigaciones de Otmar Freiherr von Verschuer, segundo director del Instituto Kaiser y fundador del Instituto de Herencia Biológica e Higiene Racial de la Universidad de Frankfurt y maestro de Josef Mengele, quien realizó sus crímenes con hermanos siameses o mellizos en Auschwitz. Las relaciones de la Fundación Rockefeller antes de la II Guerra Mundial con los nazis se hallan pródigamente documentadas. Al igual que con IBM, Siemens y otras instituciones estadounidenses, tal como detallo en *El management del III Reich* (LID).

La victoria aliada hizo que la fundación distorsionara el lenguaje y alineamiento político expreso, pero no los referentes. El informe de la comisión Rockefeller de 1972 impulsa la despenalización del aborto para un mejor aprovechamiento de los recursos estratégicos, según las espurias recomendaciones del *Population Council* (Consejo de la Población), fundado en 1952 por John D. Rockefeller III, las ideas de *La bomba demográfica* (1968) de Paul Ehrlich y de *Los límites del crecimiento* del Club de Roma de 1972.

Hoy, la promoción del aborto, del feminismo taxativo y de la teoría de género pueden rastrearse sin dificultad hasta en ONGs como la *Open Society* de George Soros, la Fundación Rockefeller, la Fundación Ford o la Fundación Hewlett Packard.

Bartolomé de las Casas incriminó a los españoles por matar niños y azuzar chuchos contra inofensivos indígenas. Esos asertos inspiraron los delirantes grabados de Théodore de Bry que han dado la vuelta al mundo. El propio fray Bartolomé reconoció no haber presenciado esas atrocidades ni pudo indicar dónde ni cómo sucedieron. Por lo que hace referencia al número de muertos provocados por los españoles en América, si dividimos los millones que Bartolomé menciona entre el número de españoles que llegaron a las Indias, ¡cada uno —incluidos mujeres y niños— debería haber matado a catorce indios al día hasta la independencia de las repúblicas americanas! El demógrafo Máximo Livi, en su obra *Los estragos de la Conquista*, reconoce divergencias tan notables como que desaparecieron entre 1500 y 1650 un 90 % de los indígenas, hasta estudios que hablan de un 30 %. Ciencia y ficción se fusionan en de las Casas profanando una imprescindible línea roja, la del sentido común.

Mural del Palacio de Gobierno de Tlaxcala. 28 de marzo 2008. Autor: Wolfgang Sauber. Fuente: Wikimedia Commons,

Menciona Livi que algunos juguetean con una cifra de importación de más de diez millones de esclavos negros. No distinguen entre la novela y la estadística.

El franciscano fray Toribio de Benavente, que asumió el nombre de Motolinía, luego explicaremos en qué circunstancias, escribió a Carlos V en 1555 sobre el avivado dominico de las Casas: «*Me maravilla que vuestra Majestad y los funcionarios de vuestro Consejo hayan podido soportar por tanto tiempo a un hombre tan molesto, inquieto e inoportuno; excitado y litigante, con hábito religioso, tan insoportable, tan ofensivo y pernicioso, tan insistente».*

En el convento franciscano de Tlaxcala, en 1539, el fraile franciscano ya le había cantado las cuarenta cáusticamente a Bartolomé de las Casas: «*¿Cómo, padre, todos vuestros celos y amor que decís que tenéis a los indios se acaban en traerlos cargados y andar escribiendo vidas de españoles y fatigando a los indios, que solo vuestra caridad estáis cargando con más indios que treinta frailes? Y pues un indio no bautizáis ni doctrináis, bien sería que pagásedes a cuantos traéis cargados y fatigados».*

Para muchos el inquieto dominico fue un títere, quizá bienintencionado, de la burocracia metropolitana.

El mencionado Theodore de Bry se alió con el inglés Richard Hakluyt, ducho falsario, que consideraba que amar a Inglaterra se lograba mintiendo sobre España. De sus cínicas y perdularias acciones da cuenta Philip W. Powell en el imprescindible *Árbol de odio.* No faltarían dentro de este elenco de fuleros compulsivos y pertinaces, ex sacerdotes y ex frailes que pretendían velar sus desvaríos tras los vituperios. Entre ellos bien significado fue el ex abad Guillaume Raynal, que en su *Historia de la filosofía y política en Las Indias* reitera calumnias contra España y su labor en América. Mientras se sulfuraban estos y otros frangollones recaderos de vilezas, en España trabajaban personajes como El Greco, Zurbarán, Rivera, Velázquez, Murillo o Goya, por ceñirnos únicamente al ámbito de la pintura.

A Bartolomé de las Casas le daba igual ocho que ochenta. Habla en ocasiones de poblaciones de 50.000 habitantes, y para referirse luego al mismo grupo menciona doce millones de almas y poco después quince millones. Su fiabilidad no es que esté en entredicho, es que es inexistente. Para la isla de Santo Domingo, por ejemplo, maneja cifras que oscilan entre un mínimo de 60.000 individuos y un máximo de ocho millones.

Bartolomé de las Casas habla de docenas de miles de muertos en las minas. El referido demógrafo Massimo Livi informa de que la mortalidad rondaba entre el 3 y el 4 % de los trabajadores al año, cifra en todo semejante a la que padecían los mineros en Europa en la Revolución industrial. En el México colonial, reseña este mismo autor, las cifras eran inferiores por la mayor facilidad de acceso.

Frente a la apertura mental de innumerables españoles, alemanes como Lutero eran profundamente antisemitas. Afirmaba sobre los judíos, en 1543: «*No debemos soportar su comportamiento, ya que conocemos sus pantomimas, sus calumnias y sus blasfemias... Debemos primeramente prender fuego a sus sinagogas y escuelas como sepultar y cubrir con basura todo aquello a lo que no prendamos fuego para que ningún hombre vuelva a ver de ellos piedra o ceniza*».

La infame propaganda luterana transformó al duque de Alba (1569-1573) en un monstruo y elevó el número de muertes de 1.073 ejecuciones a 200.000. Alba propuso en 1570 leyes que humanizasen el derecho criminal, pero fueron rebatidas por demasiado blandas, como también se refutó su propuesta de un sistema progresivo de impuestos que la oligarquía holandesa no subscribió.

Según los estudios de Jaime Contreras y Gustav Henningsen, entre 1550 y 1700 fueron condenadas a muerte 1.346 personas por el Santo Oficio. Se incluían crímenes, bigamia, amancebamiento, proxenetismo, perjurio, violaciones, pederastia, falsificación de documentos y de moneda, contrabando de armas y caballos y piratería de libros, etc.

Por su parte, James Stephen calculó que el número de condenados a muerte en Inglaterra en tres siglos alcanzó la cifra de 264.000 personas. Algunas fueron inculpadas por robar una oveja. En España, entre 1520 y 1820 fueron procesados por la Inquisición 220 protestantes. De ellos, solo doce acabaron en la hoguera. Entre otros dislates puede mencionarse la obra de Juan Antonio Llorente, sacerdote afrancesado, que había sido secretario general de la Inquisición de Logroño antes de exiliarse a París. En la capital francesa, entre 1817 y 1818, redactó una *Historia crítica de la Inquisición de España*. Aparentemente fue un intento riguroso y documentado, pero su animadversión hacia la Iglesia provocó que el texto rebosase yerros evanescentes taxativamente sobre el número de víctimas, que escala a cifras astronómicas. Según él fueron 340.592. Esa insensatez, corregida y aumentada, ha sido papagayeada por indocumentados sectarios como Leonardo Boff. Teniendo en cuenta estudios rigurosos analizados por Josep Pérez, como los del protestante Peschel o del judío Graetz, no llegaron a dos mil en el periodo citado por el descarriado Llorente. Por apuntar un dato: entre 1530 y 1609, únicamente catorce judaizantes fueron juzgados en Valencia. Todos eran portugueses y ninguno fue ajusticiado. Entre 1540 y 1700 perecieron en la hoguera un total de 810 personas. Tras analizar unas y otras fuentes se concluye que en los más de tres siglos de Inquisición española no se alcanzó la cifra de diez mil personas ejecutadas. Un desastre sin ambages, pero bien lejano de las veinticinco mil ajusticiadas en Alemania solo en concepto de hechicería en pocas décadas en los siglos XV y XVI.

La Inquisición fue el tribunal que menos se valió de la tortura en España. Resultan chanceros, por no decir risibles por patrañeros, museos como el de Lima, repleto de anfibologías, desvaríos e imaginarios utensilios de suplicio. *Parturient montes, nascetur ridiculus mus* (parirán los montes, nacerá un ridículo ratón), dan ganas de clamar.

En Inglaterra, una persona era atormentada o incluso trinchada por boicotear jardines públicos; en Alemania, los suplicios podían implicar perder los ojos. En Francia se desollaba en vivo. La Inquisición española nunca empleó esos métodos. No se produjeron emparejamientos, ni se propinaron tundas en las articulaciones, ni se usó la rueda, ni la dama de hierro. Tampoco se acosó ni vejó a mujeres, que solo por excepción eran mortificadas. Estaba prohibida la tortura con embarazadas o criando, y también con niños de menos de once años. Todas esas excepciones no eran contempladas por los tribunales al norte de los Pirineos.

Tal como señala Joseph Pérez en su *Crónica de la Inquisición española*, resulta relevante que la expulsión de los judíos de España fuese celebrada no solo por la Santa Sede, sino también por la Universidad de París, la Sorbona, que felicitó a los Reyes Católicos. Personajes como Maquiavelo, Guicciardini, Pico della Mirandola y otros renacentistas de relumbrón calificaron esa decisión de muestra inquebrantable de buen gobierno. Se olvida además que España fue el penúltimo país europeo en expulsar a los semitas. Inglaterra, por ejemplo, lo había hecho en 1290; Francia amagó en 1306 y remató en 1394. Por lo demás, la Inquisición fue fundada para Francia por el papa Inocencio III en 1204; asumida en Italia, como Alemania, Inglaterra y otros países en 1218, y en Cataluña, por ser parte de Aragón, en 1232. En aquel momento el papá Gregorio IX, por medio de san Raimundo de Peñafort, su penitenciario, dominico, la dejó establecida.

La conocida como española llegaría dos siglos y medio más tarde. Fray Juan de San Martín y fray Miguel Morillo fueron nombrados primeros inquisidores de Castilla el 27 de septiembre de 1480. Partieron de Medina del Campo hacia Sevilla con su asesor, Juan Ruiz de Medina, acompañados por el fiscal Juan López del Barco, capellán de honor de la reina. Para comenzar su trabajo tuvieron que vencer diversos obstáculos, entre otros que los Reyes Católicos expidieran una cédula real el 27 de diciembre ordenando que la ciudad los auxiliase en lo que fuera preciso. Sixto IV, en un breve del 17 de octubre de 1483, nombró al inquisidor general de Castilla, fray Tomás de Torquemada, para serlo general de la Corona de Aragón con facultad para escoger inquisidores específicos, revocar nombramientos y subrogar otros para suplir a los cesantes.

En Hispanoamérica fueron ejecutadas poco más de cien personas como resultado de procesos de la Inquisición durante los 150 años de su existencia formal. Isabel de Inglaterra, entre 1558 y 1603, ordenó la muerte de ciento treinta ungidos y sesenta seglares católicos, cifra que se incrementa hasta doscientos cincuenta si se incluyen los que fallecieron en prisiones del Estado. Pero la que cosechó la fama fue la Inquisición católica. De cada cien sentencias de muerte de tribunales ordinarios en Europa entre el siglo XV y el XVII, la Inquisición española ¡solo dictaba una!

Francia, por su parte, avalaba el trabajo de bergantes como Jean Fleury. En vez de realizar el esfuerzo de los españoles, se centraban en piratear, tras abarloar cuando les resultaba posible. El mastuerzo galo, una vez derrotado, fue justamente ahorcado en Ávila, en el puerto del Pico (actual Mombeltrán).

Cuán ciertas las expresiones de Joaquín Bartrina (1850-1880), español de Barcelona, abuelo de la literatura de vanguardia:

*Oyendo hablar a un hombre, fácil es
acertar dónde vio la luz del sol:
si os alaba Inglaterra, será inglés;
si os habla mal de Prusia, es un francés;
y si habla mal de España, es español.*

Un pueblo no es grande porque reparta baldones a los demás, sino por llevar adelante proyectos valiosos o porque contribuye a que otros lo hagan.

Ya en su segundo viaje, Cristóbal Colón se hizo acompañar de un presbítero. En el primero, en el que la «Santa María» era capitaneada por él mismo, la «Pinta» por Cristóbal García Sarmiento, y la «Niña» por Sancho Ruiz de la Gama, no hubo presencia clerical. Dos fueron los motivos: la parca holgura y el temor a que fuera un proyecto hacia la nada. Desde 1500 llegaron numerosos seguidores del de Asís, primero con Bobadilla y luego con Ovando en 1502. La dirección del esfuerzo misionero fue encomendada por Isabel I al franciscano Bernardo Boil, vinculado al monasterio de Montserrat. Los bautizos masivos comenzaron a extenderse. Consta que hubo mártires nativos americanos desde 1496.

La bula *Inter Caetera* de Alejandro VI, de 3 de mayo de 1493, explicita: «*Os mandamos, en virtud de santa obediencia que, conforme ya prometisteis y no dudamos, dada vuestra gran devoción y magnanimidad real, que lo haréis, que a las tierras e islas citadas, varones probos y temerosos de Dios, doctos peritos y expertos para instruir a los residentes y habitantes citados en la fe católica, e inculcarles buenas costumbres, debéis destinar, poniendo en lo dicho toda diligencia debida*». Este documento pontificio fue emitido apenas cuarenta y cinco días después de que Colón llegase a Barcelona tras su primer viaje. La burocracia había quemado etapas a gran velocidad.

Bartolomé de las Casas, peregrinando de un extremo a otro, de la sádica diatriba al altivo encomio, redactó de Colón con su cálamo: «*Celosísimo era en gran manera del honor divino; cupido y deseoso de la conversión de estas gentes, y que por todas partes se sembrase la fe de Jesucristo, y singularmente aficionado y devoto de que Dios le hiciese digno de que pudiese ayudar en algo para ganar el San-*

to sepulcro, y con esta devoción suplicó a la Serenísima reina doña Isabel que hiciese voto de gastar todas las riquezas que por su descubrimiento para los reyes resultase en ganar la tierra y la casa santa de Jerusalén». Más allá de las exageraciones, Colón buscó desde el comienzo, junto a aspectos técnicos como bojar las posesiones descubiertas, lograr la amistad del rey tribal Guacanagari y sus caciques.

Su hijo Hernando, en la hagiografía que lleva por título *Historia del Almirante*, describió así a su progenitor: «*Hombre de bien formada y más que mediana estatura; la cara larga, las mejillas un poco altas; sin declinar a gordo o macilento; la nariz aguileña, los ojos garzos; la color blanca, de rojo encendido; en su mocedad tuvo el cabello rubio, pero de treinta años ya lo tenía blanco. En el comer y beber y en el adorno de su persona era muy modesto y continente; afable en la conversación con los extraños, y con los de casa muy agradable, con modesta y suave gravedad fue tan observante de las cosas de la religión, que en los ayunos y empezar el oficio divino pudiera ser tenido por profeso en religión; tan enemigo de juramentos y blasfemias que yo juro que jamás le vi echar otro juramento que por san Fernando y cuando se hallaba más irritado con alguno, era su represión decirle: 'Todo vos a Dios ¿por qué hiciste esto dijiste aquello?'. Si alguna vez tenía que escribir, no probaba la pluma sin escribir estas palabras: 'Jesus cum María, sit nobis in via'. Y con tan buena letra que solo con aquello podía ganarse el pan.*

En 1503 se redactó la instrucción de los reyes a Ovando para poblar y regir las Indias. Afirmaba: «*Porque somos informados que para lo que cumple a la salvación de las ánimas de los dichos indios en la contratación de la gente que allá está es necesario que los indios se repartan en pueblos en que vivan juntamente, y que los unos no estén ni anden apartados de los otros por los montes; y que allí tengan cada uno de ellos su casa apartada con su mujer y sus hijos, y heredades en que la abren y siembren y críen sus ganados; y que en cada pueblo de los que se hicieren, allá iglesia y capellán que tenga a cargo de los doctrinarios y enseñar en nuestra Santa Fe católica; y que asimismo en cada lugar que haya una persona conocida que nuestro nombre tenga cargo del lugar que así le fue encomendado, y de los vecinos, para que los tenga en justicia*». Y se añade más adelante: «*Mandamos que haga hacer en las poblaciones, donde él viere que fuere más necesario, casas para hospitales en que se acojan y curen los pobres, así de los cristianos como de los indios*».

La justificación de la extrema dureza contra los robos se debió a la cultura europea renacentista. Los indios no consideraban hurtar tomar aquello que precisaban, porque no tenían conciencia de la propiedad privada.

Además de su limitadísima capacidad de gobierno, gran error fue el nepotismo aplicado por Colón. Posicionar a su hijo Diego, de veintiséis años, que no había pasado de ser un tejedor de lanas en su Génova natal, fue una pifia. Poner a alguien a gobernar las islas por el mero hecho de ser el hermano joven del descubridor fue algo peor que una simpleza. Cristóbal Colón resultó una nulidad como directivo. En ocasiones se mostraba complaciente y claudicaba de sus prerrogativas, para luego transformarse en cruel autócrata que imponía ejecuciones injustas fruto de la iracundia que le hacía perder los estribos. De sus desaguisados habla el que en noviembre de 1500 fuese trasladado a España preso y aherrojado. Singlará de nuevo, sintiendo el gozo del bamboleo de las olas, y se llamará Almirante del Mar Océano, pero la utopía de ser virrey y gobernador quedó clausurada. Los colonos festejaron la salida de Colón, porque estaban hastiados de padecer hambre, de comer tortas de mandioca y de sufrir las enfermedades tropicales a cambio de un exiguo salario. Se sentían emprendedores, no funcionarios.

Tras la partida del descubridor se aplicó un nuevo diseño de gobierno. El máximo responsable fue inicialmente el gobernador de La Española, con autoridad civil y militar. Al colonizarse regiones se nombraron responsables. Surgió una burocracia para la administración de tributos y justicia. Fueron seleccionados especialistas en la Real Hacienda. Eran tres: el factor, el tesorero y el contador, con atribuciones semejantes a los de la Casa de la Contratación. Desde 1499 fueron enviados a Santo Domingo magistrados y letrados profesionales con objetivos detallados, habitualmente para responder a las pataletas de los colonos o llevar a cabo repartimiento de indios. En 1511 se designaron tres permanentes de mayor categoría, denominados oidores, y un fiscal de la Corona. Los cuatro formaron la Real Audiencia, con el nombre de los Tribunales Superiores para Justicia en grado de apelación como en Castilla.

Antes de calificar el obrar de los españoles en América es cabal, insisto, incrementar la óptica. En pleno siglo XX, durante una década, que incluye la segunda Guerra chino-japonesa y la II Guerra Mundial, los japoneses ocuparon el noroeste de China. Entre múltiples desafueros establecieron un campo de exterminio –a semejanza de los comunistas soviéticos y los nazis– en el que numerosos reclusos chinos fueron brutalmente torturados y luego asesinados en el proceso de creación de diferentes formas de ataque bacteriológico. Quienes allí trabajaron quedaron encuadrados en el Escuadrón 731. Los patibularios investigaron la guerra química con el fin de lograr armas innovadoras. Llevaron a cabo experimentos de vivisección, empujando a sus víctimas a paroxismos de sufrimiento.

En 1932, el japonés teniente general Shiro Ishii, un chiflado supremacista, valga la redundancia, fue puesto al mando del Laboratorio de Investigación del Ejército sobre Prevención Epidémica. Bajo sus indicaciones principió el *gulag Zhong Ma*, ergástula experimental ubicada en Bei-inho, cien kilómetros al sur de Harbin. El canalla, parapetado en la ciencia, organizo el grupo secreto Unidad Tōgō para estudios químicos y biológicos. Posteriormente, Ishii se trasladó a Pingfang, a veinticuatro kilómetros al sur de Harbin, para instalar un complejo de gran mole.

A partir de 1941, las unidades implicadas fueron conocidas como el Departamento de Prevención Epidémica y Purificación de Agua del Ejército de Kwantung o Escuadrón 731.

El Escuadrón 731 estuvo compuesto por ocho divisiones:

- Primera: investigaciones sobre peste bubónica, cólera y tuberculosis, empleando seres humanos. En la cárcel aledaña se apelotonaban más de trescientos prisioneros, mutados en conejillos de indias.
- Segunda: prueba de armas biológicas, especializándose en el diseño y la manufactura de artilugios para esparcir patógenos.
- Tercera: construcción de proyectiles para agentes nocivos.
- Cuarta: elaboraba procedimientos.
- Quinta: entrenaba al personal.

- Sexta: unidad de pertrechos.
- Séptima: sección médica.
- Octava: administrativos.

Para los estudios clínicos fueron dispuestos militares y civiles chinos, calificados como troncos (*maruta*). El territorio era presentado como un aserradero. El lenguaje crea realidad: fue un modo de deshumanizar personas, de cara sobre todo a los verdugos que pudiesen alentar rasgos benévolos. Nada diferente de lo descrito en *La lengua del III Reich*, de Viktor Kemplerer.

Las salvajadas cometidas son incluso superiores a las de Mengele y sus siniestros en Alemania, o por los adláteres de Stalin con los enemigos del pueblo en sus *Glavnoe upravlenie ispravitel'no-trudovykh lagerei*. Los japoneses utilizaron igualmente humanos para verificar la eficacia de bombas o lanzallamas, probaron sobre vivos armas químicas, operaron cirugías sin anestesia... En ocasiones los prisioneros eran inyectados con sueros contaminados. También se infectó a presos para analizar la viabilidad de una guerra biológica. Se realizaron prácticas en poblaciones como Ningbo o Chagde, acabando con miles de semejantes.

En la galería de los horrores se incluyeron irrigaciones de aire en las arterias u orín de caballo en los riñones, privación de sueño y alimentos, cámaras de vacío, temperaturas extremas, centrifugadoras, etc.

Estos monstruosos comportamientos fueron posibles por el magno adoctrinamiento fruto del nacionalismo y el supremacismo nipón, valga el pleonasmo. Se empeñaron los directivos en promover una percepción de quienes eran objeto de los experimentos como si fueran infrahumanos. Nada diferente, reitero, de lo que nazis y comunistas llevaron a cabo. ¿Cómo olvidar las seiscientas mil enfermeras formadas por los secuaces de Hitler para asesinar a cualquier alemán que tuviera una deficiencia física o mental en la alborada de la II Guerra Mundial?

La base del Escuadrón 731 ocupó seis km^2, con centenar y medio de edificios. Algunos aún perviven. Los experimentos prosiguieron hasta casi el declinar de la contienda. Shirō Ishii deseaba aplicar las armas biológicas en el conflicto del Pacífico desde mayo de 1944. Con la invasión rusa, en agosto de 1945, la unidad fue desmantelada.

Al igual que los dirigentes nazis, se repartió cianuro entre los implicados, animándolos al suicidio en caso de ser descubiertos. MacArthur concedió inmunidad a los miembros del Escuadrón 731 a cambio de facilitar a los Estados Unidos el corolario de sus investigaciones. Los norteamericanos nunca condenaron esos crímenes. La Unión Soviética, en un alarde de cinismo, publicitó un somero seguimiento del caso y procesó a doce líderes y científicos del escuadrón. Entre otros, al general Otozō Yamada.

Militares y civiles rusos habían sido liquidados en experimentos del Escuadrón 731, junto con chinos, coreanos, mongoles y otros cautivos. Un juicio llegó a celebrarse en la ciudad de Jabárovsk, en el Extremo Oriente ruso cerca de la frontera con China, en diciembre de 1949. Los perpetradores de las atrocidades recibieron livianas sentencias. Los médicos fueron amnistiados.

Existe una tendencia a poner de moda conceptos clásicos; algunos gustan de bautizar con nuevo nombre realidades añejas. Sucedió con la Responsabilidad Social Corporativa, con el *compliance*, con el *coaching*... Y recientemente ha saltado al estrellato la posverdad. La verdad, instruían los clásicos, es la adecuación del intelecto con la realidad (*adequatio rei et intellectus*), verbaliza sin tergiversaciones espurias lo que sucede; la patraña, lo contrario. Este sencillo y lineal planteamiento, que viabiliza una sociedad robusta, resulta infundado para quienes juzgan que el fin justifica los medios. Para estos, pertenecientes a tribus hegelianas, engelianas, hayekianas o marxianas, verdad es lo que ahora mismo me interesa aseverar con la función meramente instrumental de obtener mis metas. ¿Y qué sucede si no coincide con la situación? ¡Peor para la realidad!, responden, parafraseando a un empingorotado Hegel en la defensa de su tesis doctoral. La verdad deja así de ser fundamento de la confianza en las relaciones humanas para mutar en arma de embeleco masivo. Así navegan populistas, marxistas, nacionalistas y otros ajenos al mínimo sentido del pudor.

Pero, ¿por qué limitarse a manipular el presente si podemos desfigurar el pasado? Se ha sentenciado que un balance admite ser torturado de tal manera que acabe por expresar lo que se pretenda.

Para los corruptores no existen hechos objetivos, sino interpretaciones ajadas. Se protegen tras presuntos sentimientos, pero pueden hacerlo también tras una lógica que anhela plantear objetivos fraudulentos sin ecuanimidad.

¿Es nuevo? ¡En absoluto! *La Guerra de las Galias* es uno de los múltiples ejemplos. Aquellos textos, dictados en tercera persona por Julio César, un genocida irredento según términos actuales (asesinó a un tercio de los tres millones de galos), trasladan interpretaciones contrarias a un juicio imparcial, pero convenientes a los intereses crematísticos y adulones del triunviro César. Y las crónicas de la época ensalzan la crucifixión ordenada por Marco Licinio Craso de seis mil seguidores de Espartaco a lo largo de cien kilómetros por la vía Apia, camino a Roma, para que, ya que le habían negado la celebración de su *triunfum* por ser esclavos los derrotados, una avalancha de conciudadanos saliese a su encuentro para contemplar de hito en hito el chocante espectáculo.

¿Qué puntear de las películas de vaqueros en las que se encumbra la superioridad del hombre blanco y se justifica el exterminio de los aborígenes de lo que hoy en día es Estados Unidos? Asesinos compulsivos impulsados por la codicia, lacra más antigua que el hilo negro, que luego son aprobados —nuevo ejemplo de posverdad— por autores como Acemoglu y Robinson en *Why Nations Fail: The Originis of Power, Prospertiy and Poverty*. Mismo texto, por cierto, en el que en un cacareo de nesciencia o *ignorantia affectata* se condena la encomiable labor realizada por los españoles.

Quizá la responsabilidad sea colectiva por consentir pasivamente mazacotes fílmicos —¿qué otro calificativo merece la película *Oro*?—, en los que en un despliegue de perversión iletrada algunos refutan la benemérita labor realizada.

Numerosas posverdades que hoy se nos ponen delante son lo que hasta hace poco se hubiera denominado hermenéutica o sencillamente retruécano. Encuentran su humus en la espesa ignorancia de algunos, porque en toda tierra de garbanzos, seis gansos y seis gansos ¡son doce gansos! La película *Oro* está supuestamente inspirada en acaecimientos de finales del siglo XVI. Una expedición formada por treinta hombres y dos féminas se internan en la Amazonia con el propósito de encontrar El Dorado, localidad que se fantaseaba construida con este metal. Con la intención de salir de miserias y estrecheces, y granjearse riquezas, gloria y fortuna, los aventureros, según la tediosa mente del guionista, se han embarcado en un viaje cargado de negatividad –peligros, crueldad, perversidad...–, sin mezcla de bien alguno.

La región de Moxos, en los Llanos del río Mamoré, al este de Bolivia, recoge una versión meridional de la quimera de El Dorado. Allí convergen fantasías míticas que, desde Paraguay, se identifican con el Candiré, y desde Perú con El Paititi y con el gran Moxo, cacique reluciente de oro y plata, residente en una ínsula de la laguna a la que se accedía desde el país de los chiquitos. Para hallar El Paititi, los españoles penetraron por el noroeste (Cuzco, La Paz y Cochabamba) y por el suroeste: Paraguay y Santa Cruz. La primera llegada a los Llanos de Moxos en 1539 se atribuye a Pedro de Candía, pero tanto esta como sucesivos intentos fracasaron. El contacto efectivo tuvo lugar en la segunda mitad del siglo XVII gracias a misioneros de la Compañía de Jesús, que clamaban a la Virgen: «*Iter para tutum*: prepáranos un camino seguro».

Lejanamente inspirada en la expedición de Lope de Aguirre y Núñez de Balboa, *Oro* abunda en ponzoñosas inconsistencias de un propagandista que ha aprovechado las bicocas. Las críticas acertaron descalificándola como irregular, improvisada, ahistórica, simplificadora, inconstante... Se trata, en fin, de un esperpento aburrido. El único objetivo parece ser pintar a los españoles como carniceros, avariciosos, lujuriosos e inmisericordes. Resulta lamentable encontrar una pseudo historia en la que se despliegan tantas ganas de matar. Apena la pertinacia en proponer que las mujeres son visceralmente inmorales. Resulta mohíno, en fin, que la evangelización y conquista de América, uno de los hechos más significativos, altruistas y grandiosos de la historia, sea modelado en un descarrío que algunos cándidos creerán. Tan hercúlea empresa –sin excluir comportamientos impropios– estuvo impregnada de valores humanos y cristianos. Parafraseando a Chesterton, «*un soldado no lucha porque odie lo que tiene delante, sino porque ama lo que tiene detrás*». Sucede, en fin, que también ahora se cumplen las reflexiones de Goethe en *Fausto*: «*Dos almas, ¡ay!, viven en mi pecho / y ambas, violentas, separarse quieren / con sus groseros órganos in-*

tenta / una, firme en el suelo sostenerse / y la otra, se levantarse de entre el polvo / a las regiones límpidas del éter».

Basta conocer documentos de la época: el testamento de Isabel la Católica, *Naufragios* de Cabeza de Vaca y tantos otros textos tan verídicos como ejemplares. Pero eso no interesa a los porfiados de la incultura. ¡Qué horrendo ejemplo de supino desconocimiento de la historia! Sería bueno que leyeran, para abrir boca, los textos del historiador mexicano Martín Ríos, de Juan Miguel Zunzunegui, José Enrique Rodó, José Vasconcelos, Manuel Ugarte o Manuel Gálvez. Todos se han manifestado contra el mito de la Leyenda Negra, que no es el fondo más que palabrería huera en busca de una idea. Para lograrlo es imprescindible *Denken ohne Gëlander*, pensar sin pretil.

Martín Ríos ha reiterado con rotundo fundamento que la guerra de los cristianos contra los mexicas se llevó a cabo del mismo modo que la habían ejecutado sus antepasados contra el islam.

Retrato de Cabeza de Vaca. Autor desconocido. Fuente: Wikipedia Commons, 11 diciembre 2014.

Alvar Núñez Cabeza de Vaca, de rancio abolengo y con un apellido que se remonta al antecesor que señaló el camino a los cristianos en las Navas de Tolosa (121), con una testuz de bovino, sobrevivió durante cerca de una década a sucesivas desdichas. A su regreso escribió *Naufragios*. La crónica de este acaudalado de Jerez de la Frontera ha sido desatinadamente calificada de ficción, por lo aparentemente irrealizable de su peregrinaje. El pionero recorrió territorios que hoy conforman los Estados Unidos de América, de Florida a California. Luego se trasladó a México. Aproximadamente dieciocho mil kilómetros de rutas repletas de incertidumbres. Su existencia, como la de numerosos conquistadores, huye del caricaturesco tópico del español ignominioso que ha viajado para martirizar indígenas y arramblar.

El 17 de junio de 1527, un escasamente afortunado Alvar Núñez Cabeza de Vaca había partido de Sanlúcar de Barrameda, como tesorero y alguacil mayor en la expedición del papanatas Pánfilo de Narváez, viejo rival de Hernán Cortés, que había aproado hacia La Florida tras dos años de prisión. La aventura resultó un fiasco, porque su responsable no daba abasto en cuanto a pánfilo, valga la chanza, y culminó con cientos de hombres muertos a manos de los indios o de los elementos. Solo cuatro sobrevivieron. A Narváez ni los vivos ni los muertos le lloraron.

Desde mayo de 1536, el andaluz guió al grupo hasta Culiacán después de atravesar el sur de Texas y parte de Nuevo México, siguiendo la línea de la costa del Golfo de México. Melchor Díaz, alcalde de Culiacán, los agasajó y, una vez estuvieron recuperados del largo viaje, los envió a la ciudad de México para que el virrey Mendoza conociera de primera mano su periplo. Desde allí se trasladaron a Compostela (Nueva Galicia), a casi quinientos kilómetros. Antes, Alvar tuvo que sortear al malhadado Nuño de Guzmán, execrable gobernador del Pánuco, uno de los personajes más deplorables que pisaron Nueva España en aquel tiempo. Aquel calamitoso y malcarado, devuelto herrado a España, falleció tras seis años de prisión en Torrejón de Velasco.

Como El Dorado en el sur, también en el norte se extendió la fábula de una tierra maravillosa, las siete villas de Cíbola. Habrían navegado de Portugal a Norteamérica y allí erigido siete ciudades en las que abundaban el oro y las piedras preciosas. Las descripciones devolvieron vigencia al mito y distintos bohemios rebuscaron los municipios de Cíbola. Un fascinado virrey Mendoza envió, después de conocer el testimonio de Cabeza de Vaca, a tres franciscanos en compañía del negro Estebanico a recabar datos. Los resultados no llegaron. El abuso de Estebanico, que se valió del cuento del curandero para que le entregaran turquesas, le costó la vida a manos de una tribu.

Los religiosos, con fray Marcos de Niza a la cabeza, regresaron a México, donde uno aseguró haber columbrado localidades en las que se usaban vasijas de oro y plata. El crédulo virrey siguió auspiciando búsquedas. En 1540, Francisco Vázquez Coronado creyó haber llegado a este lugar, quizá al confundir el Gran Cañón del Colorado con los techos de oro de los inexistentes edificios de Cíbola.

A su regreso a España, Cabeza de Vaca publicó, en 1542, el relato de su aventura en *Naufragios*, un texto en el que detallaba la vida de los indios sureños, el empleo que hacían algunos de un humo que emborracha, las creencias religiosas y todo lo que experimentó durante su convivencia con ellos. Las costumbres de algunos hicieron fruncir el ceño a no pocos: «*Desde la isla de Mal Hado, todos los indios que hasta esta tierra vimos tienen por costumbre desde el día que sus mujeres se sienten preñadas no dormir juntos hasta que pasen dos años que han criado a los hijos, los cuales maman hasta que son púberes de edad de doce años... Todas estas tribus acostumbran dejar a sus mujeres cuando entre ellos no hay conformidad y se tornar a casar con quien quieren; más los que tienen hijos permanecen con sus mujeres y no las dejan hasta que estos crecen*».

Tras su regreso a España, el monarca le ofreció el puesto de adelantado y gobernador del Río de la Plata y Paraguay. Alvar aceptó y durante el bienio que allí estuvo acometió expediciones en las que exploró el río Paraguay y se convirtió en el primer europeo en alcanzar las cataratas de Iguazú.

El buen trato dispensado por Cabeza de Vaca a los indios no era meta compartida. A la vuelta de una expedición, con la excusa de que era permisivo con los locales, explotó un motín encabezado por Domingo Martínez de Irala, que culminó con el encarcelamiento del gaditano. El complot se sustanció en un año de prisión para el adelantado que, en 1545, fue remitido a España reo de gravísimos cargos ante el Consejo de Indias por intentar acabar con el «Paraíso de Mahoma», como se conocía a aquel territorio a causa de las coimas indígenas de las que se beneficiaban algunos. Condenado al destierro en Orán, Cabeza de Vaca fue indultado ocho años más tarde.

En paralelo a la publicación de *Naufragios*, juristas y teólogos promovieron las Leyes de Indias, que equipararon en derechos y garantías a los súbditos del nuevo imperio. El colonialismo de Inglaterra, Francia o Bélgica, insuperable listón de esperpentos, ni de lejos contempló algo semejante.

Tras la conmutación de pena, Alvar se estableció en Sevilla y ejerció como juez. En 1555, publicó en Valladolid *Relación y comentarios*, su segundo libro, donde narra lo ocurrido en Río de la Plata. Algunos lo sitúan después como comerciante en Venecia o mutado en prior de un convento sevillano. Falleció rondando los setenta años en Jerez de la Frontera, manso, derrotado y solo.

Anglosajones y galos, salvadas honrosas y puntuales excepciones, han sido expertos en la tergiversación de la historia. Se parlotea sobremanera, por ejemplo, de la maliciosamente bautizada Armada Invencible, pero poco se difunden los fiascos de los británicos, polemistas de la venganza. En septiembre de 1779, el gobernador interino de Yucatán, Roberto Rivas Betancourt, organizó expediciones militares desde Campeche con las que obligó a los ingleses a abandonar el territorio de la actual Belice, donde habían establecido asentamientos. Bernardo de Gálvez, sobrino del ministro de las Indias, José de Gálvez y Gallardo, y responsable *interim* de Luisiana, obtuvo holgadas victorias sobre los británicos, arrebatándoles Pensacola (Florida), lo que permitió a España extender su dominio sobre la Florida occidental. En el Congreso Continental de 1778, los delegados norteamericanos declararon su gratitud a Bernardo Gálvez por su contribución esencial contra el imperialismo de Gran Bretaña.

Gálvez pertenecía a una familia hidalga de la provincia de Málaga. Ascendió a base de brío. Su padre era teniente general y virrey de Nueva España, y su tío ministro universal de las Indias y consejero de Estado de Carlos III. La progresión de esta familia es una piedra de toque de la movilidad social que meneó la Ilustración española. Bernardo de Gálvez destacó como alumno en la Escuela militar de Ávila. Formó parte de un grupo de ilustrados al que otros escolares tildaron como «los barbilampiños». Bernardo de Gálvez estudió entre 1783 y 1784 la aplicación militar de los globos aerostáticos nueve meses después de que los hermanos Montgolfier ascendieran en Francia. Gálvez, con la ayuda de Agustín de Betancourt, dio bordos por el Manzanares, río arriba, en una barca ligada a un globo.

En 1777 tomó posesión de su cargo como gobernador interino de Luisiana. Impulsó el comercio y nuevas plantaciones. Promovió la tolerancia religiosa. Como virrey de la Nueva España estableció un ambicioso plan de reformas. Carlos III lo nombró para el cargo tras el fallecimiento de su padre, Matías de Gálvez. Tuvo que arrostrar la hambruna y la peste. Estableció un sistema de atención médica gratuita en los hospitales y el aislamiento de los contagiados. Creó una Junta de notables para distribuir alimentos sufragados por los adinerados para socorrer raudamente a los famélicos que llegaban a la capital. Fomentó obras públicas y mejoró el Gobierno.

Bernardo Gálvez forma parte de la cultura norteamericana. Una estatua ecuestre, obra de Juan de Ávalos, se halla enclavada en la avenida Virginia, a escasos metros del Departamento de Estado. En mayo de 2018 fue inaugurada otra en Pensacola, y un año después una tercera a las puertas de la embajada española en la Avenida Pensilvania de Washington D. C.

En España existe una en Macharaviaya (Málaga), su pueblo natal, erigida en 2014. Los munícipes del Ayuntamiento de Madrid aprobaron en 2015 la colocación de una efigie de Bernardo de Gálvez en la Plaza de Colón, pero la alcaldesa «podemita» (del partido marxista-leninista «Podemos») Manuela Carmena, en un acto de veleidad la paralizó. Los populistas, en su enésima manifestación de ignorancia, expusieron que ellos solo promovían evocación popular no ligada a militares imperiales.

Matías Gálvez, hermano del ministro de la Marina y padre del citado, fue presidente de la Real Audiencia de Guatemala. Tras solicitar y obtener refuerzos del capitán general de Cuba infligió graves derrotas a los anglosajones.

Tras la capitulación de Juan de Lángara en 1780 ante una flota británica dirigida por George Brydges Rodney, que evitó que España —como era y sigue siendo de justicia— recuperase Gibraltar, se tomó la decisión de enviar fuerzas militares bajo el mando de José Solano a Cuba y Puerto Rico, que estaban expuestas a los aldabonazos de los británicos. Gracias también a la rapidez se cortaron las alas a la invasión de América Central por parte de la Armada inglesa, dirigida por el energúmeno Brydges Rodney, tintado con el título de almirante.

Si algo puede decirse de innúmeros directivos españoles en América, a diferencia de muchos anglosajones, es que en ellos no se cumplió la maldición de Saint-Exupéry en *Tierra de hombres*: «*Viejo burócrata, compañero mío aquí presente, nadie te ha permitido evadirte y tú no eres responsable de ello. Has construido tu paz a fuerza de bloquear con cemento, como lo hacen las termitas, todas las salidas hacia la luz. Te has enroscado en tu seguridad burguesa, en tus rutinas, en los ritos sofocantes de tu vida provinciana. Has alzado tu humilde muro contra los vientos y las mareas y los astros. No quieres inquietarte por los grandes problemas. Ya has tenido bastante con olvidar tu condición de hombre. No eres en modo alguno el habitante de un planeta errante, no te planteas preguntas sin respuesta: eres, tan solo, un pequeño burgués (...). Nadie se preocupó de sacudirte por los hombros cuando aún era tiempo. Ahora, la arcilla de que estás formado se ha secado, se ha endurecido. Y nada, en adelante, será capaz de despertar al músico dormido, al poeta o al astrónomo que quizás habitaban en ti*».

FALACIAS Y VERDADES SOBRE EL IMPERIO ESPAÑOL EN EL SIGLO XXI

En la primavera de 2020, mientras la pandemia de Covid-19 crecía imparable y la economía mundial se desplomaba, George Floyd, un ciudadano negro de Minneapolis, trató de colar un billete falso de veinte dólares en Cup Foods, un anodino supermercado. El atento empleado detectó el intento de estafa, delito penal federal en Estados Unidos, y alertó a la Policía. Un *smartphone* registró la última parte de la detención: un inmovilizado Floyd sobre el asfalto boqueaba tras vociferar con desesperación que no podía respirar, pues su cuello, como puede comprobarse en la angustiosa grabación, era aplastado por el policía Derek Chauvin. Floyd falleció por asfixia. Estalló un tsunami contra el luctuoso racismo, aparentemente invertebrado y fortuito, que recorrió parte del mundo occidental.

Auspiciado por élites de universidades exclusivas de Estados Unidos, el movimiento adjetivado *Black Lives Matter* —las vidas negras importan— en el que derivó aquel penoso incidente supuso en paralelo el cénit de un peregrino proceso que venía fraguándose desde los años noventa.

El *diamat,* materialismo dialéctico del marxismo-leninismo, acabó en el vertedero de la historia en 1989, con la excepción de específicos *gulags* caribeños, norcoreanos, etc. Con matices, la izquierda, que había abandonado la teoría de los empellones entre clases, mutó en un progresismo identitario pulido durante decenios.

Desde entonces, contando con los experimentos sociales de los países nórdicos y con teorías de intelectualoides como Herbert Marcuse, Michael Foucault o Judith Butler, ideólogos izquierdistas —más bien oportunistas— buscan imponer en la agenda pública cuestiones que, como las de raza o género, al cabo se conjuguen con un relativismo cultural. El trasfondo se desvela nihilista, como denunció con agudeza Roger Scruton. El movimiento «MeToo» forma parte de esa corriente que, como un torrente al desbordarse, discurre por múltiples cauces y barrancas. Nada nuevo bajo el sol para quienes hayan leído *Rebeldes a la república*, de José Luis Murga Gener.

Esa es la razón, en fin, de que en las incesantes reprobaciones por la lamentable muerte de Floyd se entreveraron categorías disparatadamente ajenas, más emocionales que racionales. Todas, eso sí, partían de presuntas buenas intenciones, con las que, en medio del populismo rampante que entontece, se pretendían resolver de forma aparentemente sencilla nubarrones convulsos que no distinguían entre Escila y Caribdis. En el fondo, lo que se perseguía era que los individuos, divididos entre buenos y malos desde el nacimiento, no fueran juzgados por lo que hacían sino por lo que eran, con un nuevo derecho moral que no es ni legal ni ético, sino la conducta errática de un autoerigido vidente. El cómo o el qué interesan un comino.

Solo es relevante el quién. Lo que borbota es un paso atrás en la historia, como queda sobre el tapete en, por ejemplo, la llamada cultura de la cancelación, que busca prohibir la participación en los enconados debates públicos a determinados individuos. Se pretende chuscamente la muerte civil de algunos y escuchar en exclusiva las voces de conjeturables elegidos, cuyo presunto virtuosismo les permitiría proclamar lo que les venga en gana. Un ancestral ardid en el que se cae con frecuencia, como en los descreimientos milenaristas medievales o la revolución cultural maoísta. Tras la adarga de conceptos como la gente, la mayoría social y fruslerías semejantes, inverecundos sin remilgos, muchas veces con greñas, se enriquecen mientras se carcajean al envilecer las mentes de los incautos.

Alicia Garza, Patrisse Cullors y Opal Tometi, las fundadoras izquierdistas del movimiento *Black Lives Matter* (BLM) se hicieron de oro. Tras el fallecimiento de George Floyd, el 25 de mayo de 2020, las donaciones a la organización se multiplicaron hasta alcanzar los setenta y cuatro millones de euros. Lejos de ser censuradas, las promotoras de las manifestaciones que culminaron en una orgía de violencia, saqueos, destrucción de comercios, monumentos y estatuas, incendios y víctimas mortales, ¡las bosquejadoras de revueltas y desafueros fueron gratificadas! El trío de féminas, que idolatra a la asesina terrorista de las Panteras Negras Assata Shakur, obtuvo una magna rentabilidad de su ideología liberticida. El triunvirato rechazó proporcionar información sobre los donantes.

Black Lives Matter construye una enorme infraestructura para pasar de las calles a la gestión política, al igual que otros movimientos populacheros. Los dispendios de la fundación en personal, administración y propaganda en 2020 fueron de 8,4 millones de dólares. Sus ingresos superaron nueve veces sus gastos. Un buen negocio.

Entre las inferidas reparaciones a la cuestión racial, la facción iconoclasta del movimiento supuestamente espontáneo y muestra de la importancia de la simbología exigió la inmediata desaparición de monumentos a personajes que habrían sido, en su frívola opinión, racistas. Con el grotesco enturbiamiento de medios de comunicación bautizados como progresistas, e incluso de multinacionales que jamás han sentido escrúpulo para explotar o deslocalizar sus centros de trabajo y dejar en el paro a miles de personas, en un ambiente asfixiante e histérico que se revelaba parecido al de la caza de brujas del macartismo durante los años cincuenta del siglo pasado, fueron derribadas estatuas de Cristóbal Colón (1451-1506), Juan Ponce de León (1460-1521) o fray Junípero Serra (1713-1784). En mayo de 2021, con ocasión de revueltas contra redefinidos parámetros económicos, la de Andrés López de Galarza (1528-1573), fundador de Bogotá. La acusación era inapelable: haber sido parte del hipotético colonialismo del Imperio español, y por tanto convictos de un fantasmagórico racismo que condenó a la muerte a millones de personas.

Como suele pasar –ahí está el ejemplo de Ramsés II en el siglo XIII a. C, que a la arrebatiña mutó nombres de esculturas para hacerlas suyas, como detallo en *Egipto, escuela de directivos* (Lid Editorial, 2014)–, lo que al final importa en estos procesos de purga no son las estatuas que se derriban sino las que se erigen en su lugar. La historia, si al menos no se repite como tragedia y farsa, siempre rima en una chocante armonía. Más allá de la injusta, cruel y denunciable muerte de Floyd –el policía fue condenado a veintidós años y medio de cárcel–, los manifestantes, a la hora de atacar las efigies, redundaban, en la mayoría de los casos sin ser conscientes, los rancios clichés de la Leyenda Negra. Lo escribió el Marx más afilado y hegeliano, inspirador de múltiples líricos del odio, pero en este caso acertado: «*La tradición de todas las generaciones muertas oprime como una pesadilla el cerebro de los vivos. Y cuando estos aparentan dedicarse precisamente a transformarse y a transformar las cosas, a crear algo nunca visto, en estas épocas de crisis revolucionaria es precisamente cuando conjuran temerosos en su auxilio los espíritus pretéritos, toman prestados sus nombres, sus consignas de guerra, su ropaje, para, con este disfraz de vejez venerable y este lenguaje prestado, representar la nueva escena de la historia universal*».

El concepto fue perfilado por un funcionario español del Ministerio de Estado, Julián Juderías (1877-1918), que presentó a un concurso literario su obra *La Leyenda Negra y la verdad histórica*. Ese revelador texto reivindicó los valores hispánicos contra las memeces e indignas críticas recibidas durante siglos desde fuera de nuestras fronteras: por «Leyenda Negra» entendemos el ambiente creado por los fantásticos relatos que acerca de nuestra patria han visto la luz pública en todos los países, la negación, o por lo menos la ignorancia sistemática, de cuanto es favorable y hermoso en las diversas manifestaciones de la cultura y el arte, las acusaciones que en todo tiempo se han lanzado contra España, fundándose para ello en hechos exagerados, malinterpretados o falsos en su totalidad.

Y añade: «*Anda por el mundo, vestida con ropajes que se parecen al de la verdad, una leyenda absurda y trágica que procede reminiscencias de lo pasado y desdenes de lo presente, en virtud de la cual, querámoslo o no, los españoles tenemos que ser, individual y colectivamente, crueles e intolerantes, amigos de espectáculos bárbaros y enemigos de toda manifestación de cultura y progreso*».

Los orígenes de la acibarada malquerencia pueden rastrearse hasta la Italia del medievo. La «marketiniana» cortina de humo que pretende ocultar con presuntos errores del pasado penosas acciones de otros sugiere que España fue una potencia depredadora e inmisericorde, cuyo objetivo, en el caso de la Conquista, fue explotar cruelmente. Una imagen maniquea, sin sutilezas, auspiciada por polichinelas tan siniestros y escurridizos como el exsecretario de Felipe II, Antonio Pérez, cuyo rahez texto de *Relaciones* fue empleado durante siglos por los enemigos de España, lo cual no le evitó morir desharrapado, como suelen hacerlo los traidores, pues Roma —asuma la forma que asuma— al final nunca paga.

En los Países Bajos e Inglaterra se asentó el relato canónico de la Leyenda Negra, con propagandistas tan burdos, lapidarios y de insuficiente cacumen como Felipe de Marnix o John Foxe (*El libro de los mártires*, 1554), más ceñudos por la ficción que por los hechos, empeñados en macular a España. Entre las obras que ahondaron en ella merece citarse, por su rotunda sandez, *La apología del príncipe d'Orange*, escrita por Guillermo de Orange, de exiguo caletre, coleccionista de desatinadas calumnias y zafiedades sobre Felipe II, cuya lectura, dados los despropósitos de los que le acusa —entre otros, el incesto o el parricidio— resulta entre grotesco y repugnante. Se lee en el indigno libelo: «*Las mujeres honestas y jóvenes doncellas eran violadas ante los ojos de sus maridos y sus padres, mientras las embarazadas eran muertas en las calles por hombres que se habían entregado a toda clase de vicios antinaturales*».

Añade con una desbarrada fantasía: «*Felipe II, incestuoso por haberse casado con una sobrina carnal; asesino, por haber matado a su esposa Isabel y a su hijo como el príncipe don Carlos, para justificar ante el papa la razón de Estado que imponía el nuevo matrimonio*». El alma simplona, ignorando que lo es, en ocasiones muestra el denuedo de afirmar la vulgaridad y trata de imponerla por doquier.

Destaca también Francis Bacon (1561-1626), además de nebuloso filósofo, asesor de la reina Isabel, a quien impulsó a atacar España. En 1624, el malhadado publicó una obra titulada *Consideraciones políticas para emprender la guerra contra España*. En 1616 había sido nombrado *Lord Chancellor*, pero tras una denuncia de cohecho tuvo que abandonar sus cargos públicos. De él cabría afirmar lo que Horacio había cantado: «*Nuestros padres, peores que nuestros abuelos, nos engendraron a nosotros aún más depravados, y nosotros daremos una progenie todavía más incapaz*».

Un extraviado Voltaire describió la Edad Media como una etapa histórica en la que la barbarie, la superstición y la ignorancia cubrían la faz del mundo. Voltaire –de bilis quemada, rostro demacrado y espíritu ingenioso y cáustico–, fue descrito por un contemporáneo: «*Puede aseverarse que un necio es más funesto que un malvado. El segundo se tumba a la bartola en ocasiones; el primero, nunca*». Rousseau desvariaba que en la Edad Media Europa había recaído en la barbarie de las edades antiguas. Los habitantes de esa parte del mundo habrían vivido hace algunos siglos en una condición peor que la ignorancia. Edward Gibbon roznaba contra todo sentido común que la caída de Roma había sido el triunfo de la barbarie y la religión. Todos acopiaban ojeriza a una Iglesia que tanto tuvo que ver en realidad con el progreso en estos siglos, como he detallado en *2000 años liderando equipos* (Kolima). A los mencionados y a no pocos contemporáneos resulta oportuno recordarles la diferencia que existe entre *doxa* –opinión sin fundamento– y *episteme*: verdadero conocimiento.

En la Edad Media, ¡qué pocos lo rememoran!, se produjo una saludable revolución en la agricultura. Se introdujo el sistema de rotación trienal de los cultivos, incrementándose la producción. En los monasterios se principió la reproducción selectiva de las plantas, gracias a la cual se recolectaron cosechas más abundantes. Se alimentó mejor a una población creciente que dilataba las zonas urbanas. El agua y el viento fueron empleadas como energía. En el siglo IX, un tercio de las haciendas situadas a lo largo del río Sena (Francia) disfrutaba de molinos de agua, la mayoría en propiedades de la Iglesia. Consta que, en 1086, en Inglaterra existían más de cinco mil trapiches operativos, uno cada medio centenar de familias. Se construyeron presas y embalses. Los molinos de viento se multiplicaron por Europa.

Jan van Eyck «El retrato de Arnolfini». Reproducción de la Enciclopedia «Tesoros del arte», Sociedad «Prosvesheniye», Petersburgo, Rusia, 1906. Fuente: Shutterstock.

Compositores medievales arbitraron la polifonía. En el siglo X se popularizó un sistema de notación que permitió que la música fuese interpretada por no peritos. La excepcional corriente artística que retoñó en Europa en el siglo XI recibió el nombre de románico. Más tarde desembarcó el gótico en catedrales y palacios. Artistas del siglo XIII empezaron a pintar con óleo... y de ahí manaron frutos como las incomparables telas de Jan van Eyck.

La universidad —«*ayuntamiento de maestros y de escolares que es fecho en algún lugar con voluntad y entendimiento de aprender los saberes*», según Alfonso X el Sabio—, iniciativa cristiana, se diferenció de las academias chinas dedicadas a la formación de mandarines. Los nuevos centros no se ocupaban únicamente de impartir la sabiduría heredada ni mera apostura. Los profesores hoy conocidos como escolásticos apetecían crear conocimiento. Así prorrumpieron las primeras universidades como la de París (en la que aleccionaron Alberto Magno y Tomás de Aquino) o Bolonia. Hacia 1200, Oxford y Cambridge, y poco después Salamanca y Palencia.

En ciencia destacaron Roberto Grosseteste, Roger Bacon, Guillermo de Ockham, Nicolás de Oresme o Nicolás de Cusa, todos hombres de Iglesia. El medievalista Warren Hollister (1930-1997) martilleó contra los iletrados detractores: «*En mi opinión, cualquiera que crea que la época que presenció la construcción de la catedral de Chartres, el nacimiento del Parlamento y de la universidad fue una edad oscura debe ser un retrasado mental, o, en el mejor de los casos, un ignorante profundo, a fondo*».

Tergiversadores como Bartolomé Joly vapulearon la evidencia: «*La gran sequedad de los españoles, temperada en nosotros por un humor moderado, y la dureza del cerebro que les hace despreciar el aire libre y los gordillos, les trae tantas incomodidades como la mala vista (...). A ser sordos creo que también están muy sometidos, viéndose en cantidad los que usan trompetillas o cerbatanas de plata de marfil (...). Tienen también la mayor parte de los dientes careados, y por consecuencia, el aliento fétido (...) Son también débiles e indigestos, en los que la carne se pudre más que se digiere, lo que se conoce en que, no obstante el gran empleo de la pimienta, no dejan de eructar y soltar sus exhalaciones, lo que no procede sino de falta de buen calor, como la madera en el fuego no despide humo sino por falta de llamas*».

Estos falaces pasquines deben observarse en el contexto de su época, encuadrados en las guerras de Flandes o las disputas con Inglaterra, y especialmente en el conflicto entre el protestantismo y el catolicismo. *Velis nolis*, la Leyenda Negra es anticatólica, dado el empuje de la reforma romana en Alemania y en los Países Bajos. Parte de las discrepancias conceptuales entre creencias, desde donde se infiere a partir de finales del siglo XV una imagen de los españoles, depositarios de la fe, como personajes displicentes, crueles, que no han estrenado el intelecto. Una caricatura que, articulada por individuos tan incongruentes como Max Weber, se mantiene hasta hoy, como cada vez que por ejemplo aparece en cualquier lugar el tema de la Inquisición, menos cruenta y más garantista que las autoridades religiosas de los países protestantes, según hemos visto. Como bien explicaba Juan José López Ibor, lo que distingue siempre al hombre vulgar del inteligente es su sumisión o rebeldía frente al tópico.

Quevedo, enervado por los alevosos improperios, rotuló su célebre soneto:

> *Miré los muros de la patria mía,*
> *si un tiempo fuertes, ya desmoronados,*
> *de la carrera de la edad cansados,*
> *por quien caduca ya su valentía.*
> *Salíme al campo, vi que el sol bebía*
> *los arroyos del hielo desatados,*
> *y del monte quejosos los ganados,*
> *que con sombras hurtó su luz al día.*
> *Entré en mi casa; vi que, amancillada,*
> *de anciana habitación era despojos;*
> *mi báculo, más corvo y menos fuerte;*
> *vencida de la edad sentí mi espada.*
> *Y no hallé cosa en que poner los ojos*
> *que no fuese recuerdo de la muerte.*

¿Y qué no debería bramarse sobre simplificaciones tan burdas como las de Heinrich Heine, cuando afirmaba del conquistador de México: «*En su cabeza llevaba un laurel y en sus botas brillaban espuelas de oro; y sin embargo no era un héroe, ni era tampoco un caballero; no era más que un capitán de bandoleros, que con su insolente mano inscribió en el libro de la fama su nombre insolente: ¡Cortés!*»?.

Mucho más certera es la aportación de Francisco de la Maza cuando señala que: «*A Hernán Cortés, como a toda personalidad histórica, no hay que elogiarlo sin más ni más, ni insultarlo sin menos ni menos. Hay que explicarlo*». Octavio Paz, por su parte, proponía con contundente clarividencia en 1985: «*El odio a Cortés no es odio a España: es odio a nosotros mismos. El mito nos impide vernos en nuestro pasado y, sobre todo, impide la reconciliación de México con su otra mitad. El mito nació de la ideología y solo la crítica de la ideología podrá disiparlo. Cortés debe ser restituido al sitio al que pertenece, con toda su grandeza y todos sus defectos: a la historia. Apenas Cortés deje de ser un mito ahistórico y se convierta en lo que es realmente: un personaje histórico, los mexicanos podrán verse a sí mismos con una mirada más clara, generosa y serena. Esta tarea de crítica equivale a una cura moral y debe ser emprendida por aquellos que son los herederos directos de los creadores del mito: los intelectuales y la actual clase gobernante de México. De ahí que la crítica que propongo tenga que comenzar por ser una verdadera autocrítica».*

A pesar de que historiadores rigurosos han refutado las engañifas en que hoza la Leyenda Negra, persisten tópicos que con cansina periodicidad, como pájaros que no exultantes con aletear regresaran de su migración, vuelven a la luz, sea el de la eterna vaguería de los españoles —ahí está el icono que se tiene en muchos países nórdicos de España, reducida a tierra de sangría, impuntualidad y siestas—, o el de las presuntas atrocidades de la Conquista. La paparrucha, que es poderosa porque siembra el escepticismo y provoca que cualquier afirmación sea verdad o impostura según quien la sostenga, sobrevive a lo largo de los siglos y a veces oprime como necia pesadilla el cerebro de los vivos, incluso el de no pocos españoles que se han tragado sin chistar esos bulos, sobre todo en la Conquista de América, una extraordinaria aventura que permanece para algunos en un peregrino enclave entre el olvido y la falsedad.

Los arrojos por clarificar el morbo de la Leyenda Negra no deben hacernos caer en la ofuscación de suponer que no existieron excesos. No debe enjalbegarse lo que no merece ser enlucido. Los hubo. Como en todo grupo humano, existió un porcentaje de descarriados, criminales embalados en vesanias, algunos incluso erigidos en presuntos defensores de los indígenas después de haberles explotado. Esa parte sombría de la Conquista no debería encubrir, además del jadeante arrojo de tantos que partieron hacia aquellas regiones a las que la imaginación daba un carácter casi mágico, el brío con el que tanto la Corona como la Iglesia la acometieron para reducir perversidades.

Farrucos autores hispanos como Pío Baroja, probablemente el más visceral del grupo del 98, garrapateó en su novela *El árbol de la ciencia* (1911) estrafalarias hipérboles descastadas: «*El chulo domina desde los Pirineos hasta Cádiz (...); políticos, militares, profesores, curas, todos son chulos con un yo hipertrofiado (...). Cuando estoy fuera de España (...) quiero convencerme de que nuestro país no está muerto para la civilización; que aquí se discurre, se piensa; pero cojo un periódico español y me da asco; no habla más que de políticos y de toreros. Es una vergüenza*».

Autores contemporáneos, como el guionista de la mencionada película *Oro*, plegue a Dios más documentado en otros lances, han contribuido a encorajinar la objetividad de la historia de España por su afán de enriquecimiento vendiendo morbo. ¿Y qué decir de otros panfletarios que, empleando reiterativamente la palabra escépticos, han puesto su péndola al servicio de un terco ludibrio, tratando de ocultar –o quizá con afán de mostrar impúdicamente, sin tapujos– sus incontroladas apetencias rijosas?

Cuando oteamos determinadas actuaciones debemos amoldar, no sin esfuerzo, nuestra mirada, pues los tiempos no son los mismos y las coordenadas han mutado, en general a mejor. En determinados ámbitos existe una evolución moral, como ha apuntado Steven Pinker. Resulta arduo ponerse en el lugar de alguien que nacía en una paupérrima Extremadura y viajaba hasta América dispuesto a apilar fama y gloria, pues nada tenía que perder y todo que ganar. El tiempo calcina casi siempre el acaloramiento y la soberbia, pero eso aún no lo sabían. A pesar de que la juventud se cree eterna, lo más que podía suceder –ponderaban– es que se ahorrasen la vejez. Cada etapa vital condensa afanes desemejantes. Represó Rafael García Serrano en su injustamente olvidado *Cuando los dioses nacían en Extremadura*: «*La aventura llamaba a los hombres, y era raro el joven español que no se decidiese a probar un manjar tan picante como el de las guerras italianas o como el de las campañas en las desconocidas Indias. La tierra le posaba los pies en el suelo, lo atraía hacia sí con un amor inmenso, humano, tremendamente real. Nada de pájaros en la cabeza: cálculo, horizonte, redaños. La frontera le traía el viento del hierro y del pan, del oro y del moro. Traía el recuerdo de las duras y las madura; traía el noble sudor del trabajo guerrero*». (También entonces quien tenía el hierro tenía el pan). Esta tentación fronteriza que se notaba en toda España, que aún se nota particularmente en Extremadura, la posibilidad de ganar fama y dineros en un golpe de audacia jugado a la buena de Dios, llevaba a los jóvenes españoles a alistarse en los Tercios nacientes o en las flotas que marchaban a los nuevos e incógnitos dominios ultramarinos.

Más allá de usanzas individuales, no es verdad que, como mantienen desinformados o maldicientes, el Imperio español tuviera una intención depredadora y genocida, a modo de un espectro magro y feroz, hasta el punto de llegar a responsabilizar de las enfermedades que los españoles llevaron involuntariamente a aquellas tierras y que finiquitaron a miles de indígenas. Si ponemos la lupa en la legislación, comprobaremos que se trató en todo momento de reconocer los derechos de los oriundos y se intentó controlar excesos, más si cabe en un imperio que se distinguió por una abundante, y por momentos pacata y asfixiante, regulación jurídica y ética de los territorios de ultramar. Ni a la Iglesia ni a la Corona, por épocas casi una sola alma, les interesaba la aniquilación, fuera —repito— por la mano de obra como porque eran almas para evangelizar. Más allá de lo práctico, borbotaba un trasfondo moral cristiano. Las palabras de Felipe II sobre Filipinas son elocuentes: *«Por ganar una sola alma para Dios, sacrificaría todos los tesoros de las Indias, y, si no bastaran, añadiría hasta la misma España. Porque la Santa Sede me ha transmitido a mí y a mis sucesores la misión de los apóstoles, es decir, la de predicar el Evangelio para que triunfe en todo el mundo y sin mezclar con ello el menor propósito de lucro».*

El caso de fray Junípero Serra, uno de los señalados por los hispanofóbicos secuaces de la añosa Leyenda Negra, se erige como ejemplar para abordar la cuestión de si en América el imperio fue racista o si cometió las barbaridades que aseguran sus detractores. La respuesta, como sucede con las preguntas que merecen la pena, es compleja.

EL FRAILE QUE INVENTÓ CALIFORNIA

Ilustracion de fray Junípero Serra. Autor: Francisco Palou, 1787. Fuente: Wikipedia Commons.

Fray Junípero Serra nació en Petra (Mallorca), en 1717. Retoño de los analfabetos Antonio Serra y Margarita Ferrer, se incorporó a la orden franciscana a los dieciséis años y culminó su ascenso académico como catedrático de Teología en la Universidad Luliana, donde estudió la doctrina de Ramón Llull y la de Duns Scoto. Con un afán bohemio inseparable de un enérgico rigor intelectual y moral, fray Junípero partió en 1749 hacia el virreinato de Nueva España. Al llegar a Veracruz, recorrió a pie los cientos de kilómetros que lo separaban de la capital para conocer a fondo la tierra en la que trabajaría, además de predicar cuanto le fuera posible, bien lejos del vaho de quienes alumbran lúgubres propósitos. Aquel recorrido le costó una lesión en la pierna que lo acompañó de por vida.

Durante tres trienios, fray Junípero trabajó con los indios pames en Sierra Gorda, región inhóspita e inclemente. Más allá de la evangelización, se empeñó en que los indígenas aprendieran oficios como la agricultura o la carpintería y se valieran por sí mismos.

Una vez que Carlos III, en 1767, mediante pragmática sanción, impuso la infame expulsión de los jesuitas de los territorios de la Corona, que explico con detalle en *Jesuitas, liderar talento libre* (LID), fray Junípero, junto a otros dieciséis franciscanos, abocó a la misión de Nuestra Señora de Loreto (California). Contaba con cincuenta y seis años. Su temple se mantenía juvenil, enfebrecido por cumplir con su deber y quemar su existencia en servicio a los locales. Con el apoyo del visitador general José de Gálvez, se integró con entusiasmo como capellán y diarista en la expedición de Gaspar de Portolá. La marcha, dividida en cuatro grupos por mar y tierra, pretendía abrir una ruta hacia la Alta California e ir erigiendo misiones.

A través de desiertos y cordilleras, en lo que aún hoy se conoce como el Camino Real, fray Junípero fundó, entre otras, la misión de San Carlos de Borromeo, la de San Diego de Alcalá y la de San Antonio de Padua. Contribuyó a crear lo que hoy denominamos California, cuyo espinazo, seguido fielmente por el Camino Real, no es azaroso. Fray Junípero instalaba periódicamente a un diminuto grupo de frailes, y se alzaban un cubil y un escueto muro para protegerse de posibles ataques. Fray Junípero rehuía la mera imposición, por inmoral e improductiva. Como había columbrado siglos antes Francisco de Vitoria, no se trataba de evangelizar por las bravas, sino de que quienes aceptasen la Palabra de Dios lo hicieran con libre voluntad. Numerosos indígenas acabaron conviviendo en los aledaños, donde, además de consolidar su avío espiritual, se les adiestraba en agricultura, carpintería o herrería. Las féminas recibían formación en cocina o tejidos.

Era una labor, por razones que iban desde las diferencias idiomáticas hasta las suspicacias de los locales, farragosa, poco o nada idílica, desbordante de momentos peliagudos, incluso terribles. En 1775, los naturales arrasaron la misión de San Diego y asesinaron, entre otros, a fray Luis Jaime. A propósito de ese asalto, fray Junípero escribió al virrey pidiéndole que perdonara la vida de quien lo había pilotado. Anexaba un ruego: «*En el caso de que los indios, tanto paganos como cristianos, quisieran matarme, deberían ser perdonados (...). Debe darse a entender al asesino, después de un moderado castigo, que ha sido perdonado y así cumpliremos la ley cristiana que nos manda perdonar las injurias y no buscar la muerte del pecador, sino su salvación eterna*».

Tan intenso era su compromiso que años antes había escrito a su sobrino, el padre Miguel Ribot Serra —más tarde su hagiógrafo—, detallándole su destino vital: «*En California está mi vida y allí, si Dios quiere, espero morir*».

No todos los españoles fueron tan considerados. Además de los comportamientos lascivos y violentos de unos cuantos soldados –denunciados sin descanso por fray Junípero–, a partir de 1770, Pedro Fages, el sustituto del citado Portolá, se empecinó en considerar abyecta la labor de los apóstoles, confiscando su correo y afianzando el maltrato a los aborígenes. Confundió autoridad con autoritarismo, conceptos cuya relación es semejante a la que existe entre apéndice y apendicitis.

El longevo fray Junípero, que arrastraba problemas de salud, no contempló pasivamente los manejos de Fages. Se desplazó a Cuidad de México para protestar ante el virrey, Antonio María de Bucareli y Ursúa. Exhausto, llegó a la capital del virreinato en 1773. En el Colegio de San Fernando escribió *Representación sobre la conquista temporal y espiritual de la Alta California*. Denunció al felón e hizo hincapié en la defensa de los derechos de los oriundos. Abogó para que, además de ser bien tratados, se les cediera la tierra para cultivar. También incidió en la necesidad de que se instalasen familias españolas o mestizas para servir de paradigmas. El escrito es un canto a los derechos fundamentales. Resulta sardónico que vociferantes populistas no tengan noticia de su existencia.

Junípero pasó a mejor vida en Monterrey, en 1784, cumpliendo su pintiparado anhelo de expirar en la tierra que tanto amaba. En la actualidad su estatua se halla en el Capitolio de los Estados Unidos, donde se honra a quienes fueron rodrigones de la creación de cada demarcación. En las misiones que fundó se plantaron las viñas que hoy producen deleitables caldos. Su ejemplo, más allá de sus condiciones individuales, es fruto de un catolicismo presente desde el inicio de la Conquista que se mostró justo con los indígenas, a quienes pretendió integrar, dotándolos de derechos a través de una articulación legal que fue puliéndose. Sobre esa imperiosa tesitura, presente desde los primeros acordes, leemos en el testamento de Isabel la Católica: «*También mando que en cuanto que el papa nos concedió las Islas y Tierra Firme del Mar Océano descubiertas y por descubrir* [América y las islas cercanas], *y como fue mi intención procurar, inducir y atraer a los pueblos que las pueblan a la fe católica, y enviar a las Islas y Tierra Firme prelados y religiosos y clérigos y otras personas doctas... para instruir a los moradores de aquellas tierras en la fe católica, y enseñarles buenas costumbres. Además suplico al rey mi señor muy afectuosamente, y encargo y mando a la princesa, mi hija, y al príncipe, su marido, que así lo hagan y cumplan, y que esto sea su principal fin y en ello pongan mucha diligencia, y que no consientan ni den lugar a que los indios, vecinos y moradores de las Indias y Tierra Firme, ganadas y por ganar, reciban agravio alguno en sus personas ni bienes, antes al contrario que sean bien y justamente tratados, y si han recibido algún agravio que lo remedien y provean para que no se sobrepase en cosa alguna lo que en las cartas apostólicas de dicha concesión se mandaba y establecía».*

EL ANTIEJEMPLO ANGLOSAJÓN

«*Estoy avergonzado de la nación que deja que sus ciudadanos sean asesinados por docenas, azotados por miles, y no ofrece ni remedio ni protección. Estoy avergonzado de un Estado que no tiene suficiente fuerza para proteger a sus propios cargos públicos en el desempeño de su función, ni garantiza la seguridad del domicilio de ningún hombre. Estoy avergonzado de un partido que, con las riendas del poder en sus manos, no tiene el nervio o la decisión suficiente para armar a sus propios partidarios o protegerlos de los asesinatos a manos de sus oponentes... A menos que los males se remedien rápidamente, le digo, general, que el Partido Republicano ha firmado su sentencia de muerte. Es un partido de cobardes o de idiotas*». No son palabras de alguien condenando a España, sino de Albion Winergar Tourgée, en una misiva al general J. C. Abbot, senador de los EE. UU. (1870), denunciando el comportamiento de los anglosajones.

¿Cuántos libros mencionan lo que el profesor Robert Gibson denominó el Holocausto Negro en EE. UU.? Prácticamente ninguno. Y eso que dos lustros después de que el nazismo hubiera sido erradicado de Europa, la segregación racial continuaba de rabiosa actualidad en el sur de los EE. UU. Los mismos que con tanta celeridad juzgaron, condenaron y ejecutaron a los criminales germanos en Nüremberg permitieron que jurados blancos absolviesen a los linchadores de afroamericanos. En los Juegos Olímpicos de Berlín, en 1936, en una de las dictaduras más atroces y repugnantes, el atleta Jesse Owens podía subirse a un autobús y sentarse donde quisiera, pero no en su propio país.

En Tennessee, un criminal que después ascendió a gran hechicero del Ku Klux Klan acopia más de treinta estatuas y bustos erigidos en su honor en parques y avenidas. En el sur de EE. UU., siguen nominadas estatuas, plazas, calles o colegios a verdugos y terroristas semejantes. La supremacista secta asesina fue fundada en diciembre de 1865 en Pulaski (Tennessee), cerca de la frontera con Alabama. Sus seis promotores habían sido oficiales confederados. Aunque en el inicio la violencia no formaba parte de sus propósitos, cuando observaron el aterrador efecto de sus cabalgadas nocturnas cambiaron de resolución. En abril de 1867, un grupo de miembros se apandillaron en Maxwell House (Nashville) y redactaron unos estatutos. A partir de 1868, el KKK subió como la espuma. Muchos eran antiguos soldados confederados. Cometieron indescriptibles asesinatos y abusos —castraciones, violaciones, quema de propiedades, etc.—, fundamentalmente en los nueve Estados que se extendían desde Tennessee y las dos Carolinas hasta Mississippi, Arkansas y Texas.

Según el censo de 1860, los Estados sureños sumaban 8.099.000 millones de blancos, 3.953.580 de esclavos y 262.000 negros libres. Solo 384.000 blancos eran terratenientes con esclavos y apenas 1.733 de cien o más. El inmovilismo social era una señal de identidad. ¿A quién se le habría ocurrido promover una universidad para los de color? Sugerir la conveniencia de liberar a los siervos de la gleba implicaba dinamitar el esencial pilar económico, el algodón, además de entorpecer presuntos derechos sagrados de propiedad resguardados por la quinta enmienda constitucional. Los audaces que de ellos hablaron fueron intimados, saboteados o lapidados. William Lloyd Garrison, sufragista y abolicionista, embistió con la pluma desde su periódico *The Liberator*. En 1835, una turba de blancos asaltó la Sociedad Antiesclavista de América, cofundada por Garrison. El infeliz fue apresado y soga al cuello lo arrastraron y lo hubieran liquidado de no ser por el sheriff, que confinó a Garrison en una celda para resguardarlo. Nada parecido había acaecido con Bartolomé de las Casas a pesar de sus punzantes diatribas.

El 19 y 20 de mayo de 1856, Charles Sumner intervino en la Cámara de Representantes de EE. UU. para denunciar a la élite esclavista. Dos días después, encontrándose en su escaño, el demócrata Preston Brooks, miembro de la Cámara por Carolina del Sur, lo laceró fieramente con un bastón, hasta que despanzurró el báculo. Sumner quedó moribundo. Nunca se recuperó de la brutal tunda. Los periódicos del Sur convirtieron a Brooks en paradigma a remedar. A su oficina llegaron miles de cayados como desoladora prueba de admiración por su proeza. Algunos iban acompañados de una nota: *«Atízalo de nuevo»*. El Tribunal Supremo de los EE. UU. dictó una sentencia en marzo de 1857, según la cual ningún afroamericano, aunque fuera libre de nacimiento, podía ser considerado ciudadano de los EE. UU. y equiparaba a los afroamericanos al ganado. ¡Tres siglos antes España protegía a los indígenas!

La guerra civil norteamericana sumó 623.026 muertos, a los que deben añadirse 350.000 heridos o mutilados. La batalla de Antietam acopió cuatro veces el total de pérdidas de norteamericanos en Normandía el 6 de junio de 1944. Unos 50.000 hombres fallecieron en campos de prisioneros. Uno fue de exterminio: Andersonville (Georgia). Allí se asesinó a trece mil hombres por hambre y ausencia de solicitud facultativa. Su cabecilla, el confederado de origen suizo Henry Wirz, fue el único oficial del Ejército rebelde condenado a pena capital por crímenes de guerra. ¿Pretenden erguirse como referentes de moralidad? Volveremos sobre la cuestión.

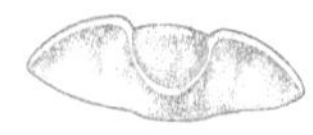

UN MONJE ENFURECIDO

Retrato imaginario de la toma de conciencia de Bartolomé de las Casas oyendo el sermón de Antonio de Montesinos. Obra de Francis de Blas. Fuente: *La historia eclesiástica indiana* de fray Jerónimo de Mendieta. Fuente: Wikipedia Commons.

El dominico fray Antonio de Montesinos (1474-1540) fue un pionero. Embarcado en la Espínola, bajo las órdenes de fray Pedro de Córdoba y acompañado, entre otros, por fray Bernardo de Santo Domingo y fray Domingo de Villamayor, arribó al puerto de Ozama (La Española) en el otoño de 1510. En la colonia había quienes maltrataban a los locales e incluso los esclavizaban. En paralelo, estaban en marcha la erección de conventos, escuelas y sede episcopal. Muchos sembraban la doctrina cristiana a boleo y no era baldío.

Las terribles mañas de algunos se derivaban de una escasez de mano de obra para las explotaciones de oro o los bancos de perlas, algo que llevó a que varios, con o sin el beneplácito de la Corona, acudieran a las por entonces se llamaban Islas inútiles para traer desde ellas a indígenas, pues los que había en La Española no eran suficientes. El problema acumulaba mucho de laboral. El resultado fue una penosa escabechina de los indígenas de las Antillas, que no se prestaban a trabajar de balde o poco más.

Esas coordenadas se reiteraron durante los primeros años de la Conquista, por mor de la encomienda, fórmula que otorgaba como recompensa a significados súbditos un puñado de naturales en compensación por los servicios prestados. El nombre original de la institución era repartimiento, pero mutó en encomienda porque se solicitaba a los responsables que cuidasen de los oriundos. Debían alimentarlos y evangelizarlos. Desafortunadamente, por el escaso control de los comienzos, y con la codicia como motor, bastantes fueron explotados. Supuso, en determinadas circunstancias, carta de ciudadanía a una dúctil esclavitud. Merece la pena recordar que no fue —al igual que las diócesis en el Imperio romano—, sino un modo de trasplantar las precedentes divisiones territoriales de los antiguos señoríos aztecas, incas o mayas que mantenían activo el sistema tributario. No fue pues invención de los recién llegados, sino reedición de los existentes.

En diciembre de 1511, en pleno Adviento, indigesto de una hipocresía que chocaba con los valores cristianos, fray Antonio de Montesinos, concordado con fray Pedro de Córdoba, prior de La Española, sermoneó en Santo Domingo para evidenciar a la rabanera aquella situación de tapadillo: *«Todos estáis en pecado mortal (...). Decid, ¿con qué derecho y con qué justicia tenéis en tan cruel y horrible servidumbre aquestos indios? ¿Con qué autoridad habéis hecho tan detestables guerras a estas gentes que estaban en sus tierras, mansas y pacíficas, donde tan infinitas dellas, con muertes y estragos nunca oídos, habéis consumido?*

¿Cómo los tenéis tan opresos y fatigados, sin dalles de comer ni curallos de sus enfermedades, que de los excesivos trabajos que les dais incurren y se os mueren, y por mejor decir, los matáis, por sacar y adquirir oro cada día? ¿Y qué cuidado tenéis de quien los doctrine, y conozcan a su Dios y criador, sean baptizados, oigan misa, guarden las fiestas y domingos?

¿Estos no son hombres? ¿No tienen ánimas racionales? ¿No sois obligados a amallos como a vosotros mismos? ¿Esto no entendéis? ¿Esto no sentís? ¿Cómo estáis en tanta profundidad de sueño

tan letárgico dormidos? Tened por cierto que en el estado que estáis no os podéis salvar más que los moros o turcos que carecen y no quieren la fe de Jesucristo».

Estas palabras sin duda inspiraron las del jesuita español, nacido en México, Ramón Cué (1914-2001), en *Mi Cristo roto*: *«¿Cuál crees que es su mayor pecado: mutilar una imagen de madera que solamente me representa, o mutilar una imagen mía, viva, de carne, en la que palpito yo por la gracia del bautismo y de la incorporación a mi Iglesia? Os olvidáis de que todos los bautizados sois auténticos Cristos; y unos a otros hacéis daño, os traicionáis, os echáis zancadillas, os perseguís, os odiáis, os crucificáis... ¿No es peor mutilar a un Cristo vivo que a su imagen de madera? ¡Hipócritas! Os rasgáis las vestiduras ante el recuerdo del que mutiló mi imagen de madera, mientras le estrecháis la mano o le rendís honores al que mutila, física o moralmente, los Cristos vivos, que son sus hermanos».*

Fray Antonio, aplicando el principio *pereat mundus, fiat iustitia* –cúmplase la justicia, aunque se hunda el mundo–, se negó a confesar a específicos habitantes de La Española, como al encomendero fray Bartolomé de las Casas. ¡Oh estupor!, con los años acabarían siendo ideológicamente paredaños. El sermón no solo cuestionó la ética de los colonos, sino también el sentido de la encomienda. Suscitó una agria polémica, pues hacía peligrar los beneficios de los encumbrados. Fray Antonio lograba algo más que sermonear a los fieles: dirimía el sistema legal sobre el que hasta entonces se había edificado y proporcionaba voz a los desfavorecidos.

El virrey Diego de Colón, hijo del descubridor genovés, tan laxo como su progenitor, solicitó morigeración a los dominicos y amenazó con expatriar a fray Antonio. Este, envalentonado por el apoyo de su orden, no se achantó. Siete jornadas tras su inicial reprimenda pronunció otra más áspera, enfurecida y disruptiva, en la que reivindicó la dignidad de los indígenas. Prendió un escándalo de secuelas profundas.

La segunda prédica, que reunió a tantos que muchos permanecieron allende el altozano, incitó una conmoción. La población se dividió entre quienes apuntalaban las palabras de fray Antonio y quienes las rehusaban. Los franciscanos se alinearon con quienes pretendían mantener todo tal y como estaba, y los dominicos con los otros. Además de una interminable rivalidad entre órdenes de afianzados gérmenes, surgió un debate más sutil, que afectaba al hecho de quiénes tenían la razón desde el punto de vista doctrinal. No era asunto baladí, pues afectaba a la legitimidad de las bulas alejandrinas de 1493. El rey Fernando, al conocer el comecome, tomó partido de inmediato por el virrey, recomendando la expulsión de los discípulos de santo Domingo: «*Facen mucho daño para todas las cosas della*». Sin embargo, el monarca no tardó en comprender su apresuramiento.

Es probable que si por entonces Diego Colón y otros españoles hubieran obrado al desgaire y no hubieran presionado a los dominicos con espantajos, aquello se hubiese olvidado o postergado, pero aquel ambiente proporcionó sobrados ánimos a fray Antonio. Muchas veces se avanza con un tesón que, además de convicciones, monopoliza engreimiento. Como ha quedado claro, era un individuo de creencias tan sólidas como enérgicas. Regresó a España para abordar directamente al soberano. Gracias a una suscripción (*crowdfunding* o micromecenazgo, lo denominan ahora), reunió medios para cruzar el océano. Una vez en España, pese a la oposición de sus superiores no cejó y, tras chasquear a un camarero de la corte, habló con Fernando.

El rey, en principio contrario a aquellas demandas, no solo no rechazó las tesis de fray Antonio, sino que, con pragmatismo, entendió que aquel era un problema hondo, sobre todo en lo que se refería a las bulas papales que legitimaban y que bien podrían quedar puestas en duda. Era necesario hallar un equilibrio entre lo real y lo barruntado. Aquello exigía una deliberación que el monarca, tan taimado como colmado de acuidad, no iba a asumir en solitario. Convocó a la Junta de Burgos.

En 1512, a lo largo de más de veinte sesiones celebradas en la Sala Capitular del hoy desaparecido convento de San Pablo y bajo la presidencia del obispo Juan Rodríguez de Fonseca, juristas y teólogos alumbraron, no sin discusiones, cómo compensar los beneficios de la Conquista y la deferencia a los preceptos cristianos. Un total de treinta y cinco leyes otorgaban personalidad jurídica, reconocían los derechos de los autóctonos y establecían las bases de lo que hoy calificamos derechos humanos universales. El documento manifiesta la intención de corregir los excesos. En sus conclusiones, las nuevas leyes decretaban a vuelapluma que:

«Los indígenas son libres, además de ser los únicos dueños de sus propiedades.

A los indígenas se les debe compensar por su trabajo, ya sea con dinero o con pago en especie.

Los indígenas menores de catorce años no pueden trabajar, así como las mujeres a partir del cuarto mes de embarazo.

Dado que son súbditos, la Corona es quien manda sobre los indígenas, asumiendo el compromiso de evangelizarlos.

Se justifica el empleo de la fuerza cuando los indígenas no quieran ser evangelizados. Para ello, antes de llegar a esa situación, se les debe leer un requerimiento en el que se les explica la evangelización, escrito por Juan López de Palacios Rubios».

El otro muñidor ideológico del requerimiento era Fray Matías de Paz, prestigioso teólogo y profesor en la Universidad de Salamanca, al igual que el citado López de Palacios Rubios.

Las Leyes de Burgos supusieron un elocuente avance. Una junta de notables reglamentó el trabajo de los indios. Se establecieron cuarenta días de solaz cada cinco meses. Se detalló alimentación y salario en dos pesos de oro anuales. Se prohibió faenar a ancianos, niños y embarazadas. Se debía, en fin, instruirlos. Sus redactores tenían claramente presente la definición de Cicerón en *Filípicas*: «*La ley es la recta razón, que prescribe lo que es honesto y prohíbe lo que no lo es, recta ratio, imperans honesta, et prohibens contraria*». Mucho antes de que Paul Henri Thiry d'Holbach (1723-1789) escribiera en su sugestiva y esquizofrénica *Etocracia* que «*los anales del universo muestran en cada página que los tronos, los imperios, los pueblos y sus gobiernos han sido aniquilados por haber violado los deberes siempre sagrados de la moral. La historia del mundo prueba que los vicios y las pasiones de los soberanos y los pueblos fueron siempre la verdadera causa de la ruina de las sociedades, y que solo la virtud puede sostenerlos y hacerles felices. La justicia, la bondad, la unión de los intereses de los ciudadanos con los de sus dirigentes, son el único medio de conservar un Estado y darle la consistencia necesaria para perdurar y resistir los golpes de la fortuna».*

«El soberano –insistía Holbach–, al ser defensor y guía de su pueblo, le debe una legislación justa, clara, al alcance de todos los que deben ajustarse a ella. Sería un tirano si en sus leyes les presentase solo enigmas y trampas, sería culpable de una negligencia vergonzosa si no se esforzase en reformar las leyes que a menudo sirven solo para volver a los magistrados confusos o injustos y para entregar a los ciudadanos honrados a la rapacidad de una banda de arpías hambrientas».

A pesar de la honradez y clara panorámica de los legisladores, se dilataron los cambalaches. El requerimiento se leía a poblaciones indígenas que, en ocasiones, desconocían la lengua española. Como no comprendían lo que se les contaba, se asumía en un tris que lo habían repudiado, y eran susceptibles de ser convertidos o reclutados por la fuerza, incluso masacrados, al avizorarlos como hostiles.

Con todo, conviene tasar positivamente la intención por dotar a los locales de instrumentos legales. Era un paso, más que largo tal vez insuficiente, sobre todo si cometemos el desliz de juzgarlo desde nuestra época, cuando los sistemas legales, al menos en algunas sociedades, son garantistas. La mejor prueba de hecho de que aquellas normas eran manifiestamente mejorables fue que no tardaron en pulirse.

El caso de Fray Antonio de Montesinos no fue el único. Menudearon situaciones semejantes, como el un encendido sermón pronunciado por el jesuita Luis de Frías en Cartagena de Indias, en 1614, contra el maltrato a los negros. Señalando con el dedo al Santo Cristo, afirmó: *«Dar un bofetón a un negro es dárselo a una imagen viva de Dios y dárselo a un Cristo es a un pedazo de palo de madera, imagen muerta que tan solo significa lo que es».*

UN TITÁN DEL MARKETING

Grabado antiguo representando a Bartolomé de las Casas en el libro *Historia de la Iglesia*, alrededor de 1880. Fuente: Shutterstock.

En torno a 1540, Carlos I quedó sobrecogido por las crónicas de fray Bartolomé de las Casas (1484-1566). El dominico, ideológicamente imbricado en propuestas contemporáneas o posteriores como la *Utopía* de Tomás Moro (1478-1535) o *La Ciudad del Sol* de Tommaso Campanella (1568-1639), era delicuescente, con comportamientos que, a pesar de sus aparentes buenas intenciones, habían sido turbios, por usar un eufemismo. De añejos orígenes franceses, cursó en Salamanca. Partió hacia América en 1502, en la flota de Nicolás de Ovando, para encargarse de los negocios que su padre, Pedro de las Casas, había promovido. Participó en la partida de Juan Esquivel contra los indígenas de la selva de Saona que lideraba el cacique Cotubano, donde, según él, se empleó una jauría.

De las Casas combatió contra los taínos bajo Diego Velázquez de Cuéllar y debió de significarse, pues recibió una encomienda a la que no hizo ascos. Regresó a España para recibir órdenes menores y ser ordenado en Roma. Retornó como dominico a La Española hacia 1508, donde siguió gestionando sus propiedades a rajatabla, además de ejercer como doctrinero. Se escaqueó sin disimulo durante el conflicto entre fray Montesinos y Diego de Colón, peripecia que revolotea en su obra.

Los indios fueron conceptualmente distribuidos en dos grupos. De un lado, los taínos o de razón, que no se resistían a los recién llegados. Otros eran los caribes o de guerra, que se enfrentaron con porfía. Ambos colectivos estaban desavenidos entre sí, procurando los segundos explotar a los primeros. Muchos taínos contemplaron como una liberación la llegada de los españoles.

Fray Bartolomé participó en la expedición que, de nuevo a las órdenes de Diego Velázquez Cuéllar, llegó hasta lo que hoy es Cuba, donde asistió a la matanza de Caonao. No debió de poner gran empeño en evitarla, pues recibió nuevas encomiendas. Era por entonces célebre por su codicia y tacañería. A los indígenas no les trataba mal, porque así se los ganaba para que trabajasen en sus explotaciones del río Arimao.

Su viraje, por arte de birlibirloque, se produjo con la llegada a la isla de tres dominicos: Gutiérrez de la Ampudia, Pedro de San Martín y Bernardo de Santo Domingo. Lo concienciaron para que abandonase sus peculios, objetivo que tramitó con ritmo de sesteo. Pasó a denunciar el maltrato. Causó estupefacción por ser él mismo esclavista. En su canto del cisne, en 1514, durante el día de la Asunción, cedió sus encomiendas.

De las Casas puso rumbo a España en 1515, en compañía de fray Montesinos, con el que se había reconciliado. Decidido a ser el defensor de los indígenas, se entrevistó con el doliente rey. El arzobispo de Toledo, Francisco Jiménez Cisneros, le prestó atención. Después de contar con el apoyo del nuevo monarca, el emperador Carlos I –al que había lisonjeado–, fray Bartolomé fue nombrado procurador o protector universal de los indios e inició su labor de protegerlos, una actitud de la cual es epítome su polémica y fantasiosa obra *Brevísima relación de la destrucción de las Indias*, que incordió a todos. Su labor se desarrolló sobre todo en España, enredando en la corte, porque, salvo su fugaz e infructuoso ejercicio como obispo de Puebla, apenas volvió a América.

En su texto, más ficción que realidad, fray Bartolomé describe con portentosa imaginación las atrocidades que se han cometido, apalancándose en testimonios presuntamente de primera mano, entre otros los suyos, como participante en al menos dos campañas. Recoge el testimonio de un franciscano, fray Marcos de Niza, que afirma sobre el comportamiento de los españoles en Perú:

«Ítem, soy testigo y doy testimonio de que, sin dar causa ni ocasión aquellos indios a los españoles, luego que entraron en sus tierras, después de haber dado el mayor cacique Atahualpa más de dos millones de oro a los españoles, y habiéndoles dado toda la tierra en su poder sin resistencia, luego quemaron al dicho Atahualpa, que era señor de toda la tierra, y en pos dél a su capitán general Cochilimaca, el cual había venido de paz al gobernador con otros principales. Asimismo, después de éstos, dende a pocos días, a Chamba, otro señor muy principal de la provincia de Quito, sin culpa ni haber hecho por qué.

Ítem, yo afirmo que yo mismo vi ante mis ojos a los españoles cortar manos, narices y orejas a indios e indias sin propósito, sino porque se les antojaba hacerlo, y en tantos lugares y partes que sería largo de contar. Y yo vi que los españoles les echaban perros a los indios para que les hiciesen pedazos, y les vi así aperrear a muy muchos. Asimismo vi yo quemar tantas casas y pueblo, que no sabría decir el número según eran muchos. Asimismo es verdad que tomaban niños de teta por los brazos y los echaban arrojadizos cuanto podían, y otros desafueros y crueldades sin propósito, que me ponían espanto, con otras innumerables que vi que serían largas de contar».

Lo de segar manos era morbosa inercia de los combatientes en aquel conflicto, como lo había sido en época de los faraones egipcios y en múltiples ubicaciones y períodos. Sin ir más lejos, en la salvaje crispación de tutsis y hutus en el s. XX. El longevo militar Ahmose, nativo de El-Kab (ciudad cercana a Tebas) que luchó para los faraones en los comienzos de la XVIII dinastía, testimonió esa práctica que venteaba ardores. El premio recibido al entregar manos era el ordo del aplomo, un collar elaborado con anillos de ese metal, condecoración y retribución. Los ribereños del Nilo, en ocasiones permutaban manos por penes, como se observa en las paredes del templo de Ramsés III en Medinet Habu. En el Nueva York del siglo XVII (en aquel momento Nueva Ámsterdam), el gobernador exigía la presentación de las correspondientes cabelleras para cobrar recompensa por cada asesinado.

La Conquista enfrentaba a poblaciones que eran violentas –no hay pueblo que se deje aprehender amablemente– y tuvo excesos. El texto del lenguaraz fray Bartolomé, con ingeniosa labia recolecta pamemas que rara vez gravitan en fuentes fiables. El propio cronista, que se cuida mucho de particularizar nombres, documenta cuando le apetece, como cuando, por ejemplo, suelta las cifras de indígenas muertos en La Española: *«Y otra cosa no han hecho de cuarenta años a esta parte hasta hoy, y hoy en este día lo hacen, sino despedazallas, matallas, angustiallas, afligillas, atormentallas y destruillas por las extrañas y nuevas y varias y otras tales vistas ni leídas ni oídas maneras de crueldad, de las cuales algunas pocas abajo se dirán, en tanto grado que habiendo en la isla Española sobre tres cuentos de ánimas que vimos, no hay hoy de los naturales della docientas personas».*

En cuarenta años, aseguró fray Bartolomé, la población indígena de La Española pasa de tres millones de indígenas a doscientos. Los censos de la época son dudosos, pues los encomenderos solían declarar menos indios de los que tenían. Resulta probable que ese descenso, de darlo por cierto y aun teniendo en cuenta que hubiera supuesto que en La Española no quedase un solo indígena trabajando, fuera debido más que a la calaña directiva a las epidemias. Nada dice, por cierto, fray Bartolomé de la aportación de ovejas, vacas, cerdos, cabras, ganado caballar, aves de corral, etc., que mejoraron notablemente la ingesta de proteínas en los locales. Ceñirse únicamente a lo peyorativo es sectario.

A lo largo de su panfleto, fruto de una peliaguda logorrea, fray Bartolomé cifra en decenas de millones los muertos por la Conquista, en un baile de cifras pasmoso, que parece ser garabateado al azar. Hubo matanzas, pero resulta quimérico que miles de españoles, tal y como ha denunciado José Javier Esparza, acabaran con decenas de millones de indígenas que, según fray Bartolomé, murieron mansamente, sin oponer resistencia. Son cifras disparatadas, que tampoco se sostienen si pensamos en las normas legales implantadas.

El método de fray Bartolomé a la hora de escribir su libro es parecido al de un tabloide británico de finales del siglo XX: recolecta testimonios de aquí y de allí, al modo de Heródoto y Polibio, y escoge lo que le cuadra para corroborar sus ideas, en un zafio *cherry picking*. No hay una sola vez que muestre, aunque sea para equilibrar y hacer más creíbles sus denuncias, una buena acción de los españoles —salvo unos pocos religiosos, entre los que por supuesto se halla él—, de modo que el libro se convierte en un catálogo de horrores de incertísima credibilidad.

El libelo de fray Bartolomé, que por paradójico que parezca se imprimió sin licencia, se convirtió en un pilar de la Leyenda Negra, con traducciones al francés, al inglés o al neerlandés a lo largo del siglo XVI, siempre espoleadas por los enemigos de España, tal y como ha detallado María Elvira Roca. El libro no valía gran cosa, pero sus consecuencias, al menos en lo que respecta a los indígenas, fueron buenas, porque más allá de las teatralidades de fray Bartolomé seguía habiendo actuaciones desatinadas. En la *Historia verdadera de la conquista de la Nueva España*, de Bernal Díaz del Castillo —crónica vibrante y magnífica, escrita hacia mediados del siglo XVI sobre la conquista de lo que hoy es México—, su autor no tiene reparos en confesar sus objetivos a la hora de ir a América, con las Leyes de Burgos en vigor: «*Y demás de esto, pondérenlo y piénsenlo bien los curiosos letores, que, siendo yo en aquel tiempo de obra de veinte e cuatro años y en la isla de Cuba, el gobernador della, que se decía Diego Velázquez, deudo mío, me prometió que me daría indios de los primeros que vacasen, y no quise aguardar a que me los diesen*».

Los indígenas que vacaban eran aquellos disponibles por una encomienda expedita, que era disposición y no propiedad, y por lo tanto, al menos en la teoría, no se podía legar. Díaz del Castillo no emplea la palabra esclavo. A fin de cuentas, como perfila fray Diego de Landa en *Relación de las cosas de Yucatán*, la aventura mexicana debía cumplir objetivos evidentes, entre otros el de hacer capturas de esclavos para las minas, ya que en Cuba se iba apocando la gente.

Entre las incontables e inaceptables negligencias narrativas de Bartolomé de las Casas se incluye el que nunca retrató que muchas minas eran fluviales. En ellas, el esfuerzo era más liviano. Además, como bien ha deslindado Guillermo Céspedes del Castillo, en el norte de Nueva España el trabajo forzoso y a destajo es mera leyenda. La entonces incipiente ciudad de Zacatecas, por ejemplo, contaba en 1570 con trescientos españoles, quinientos indios procedentes de México central y un millar de cabezas de ganado mayor, prácticamente aislados en una estepa poblada por los teules chichimecas, una denominación de bárbaros dada a los nativos por los civilizados. Se multiplicaron los cultivos, los ranchos de ganado y obras hidráulicas para provisionar la mina y a los habitantes de Zacatecas.

Entre otros despropósitos, en 1542 Bartolomé de las Casas se dirigió a Carlos V con la propuesta de confiscar el patrimonio de los veinte principales latifundistas. También propuso expropiar el 50 % de las posesiones de los encomenderos. Sugería que de ese modo la Corona lograría suficientes recursos para atraer a colonos que se comportaran con los indígenas de modo más liberal. Trufaba estas insensatas iniciativas con espadas de Damocles teológicas, asegurando que de no actuar así Dios castigaría a España.

Carlos I se brindó a mejorar la legislación existente, de nuevo con la ayuda de la Iglesia. El encargado fue un dominico que ocupaba la cátedra de Teología en la Universidad de Salamanca. Francisco de Vitoria, nacido en Burgos en 1484, era un pensador consistente, veterano de La Sorbona (París), donde, en una época más dinámica de lo que a veces se cree, se había familiarizado con el aparato tomista y aristotélico, además de leer a Erasmo de Rotterdam. Se trataba de un docente elocuente y agudo. Sobre la labor académica de Francisco de Vitoria muchos ratificaban: «*Podrían algunos saber más que él, pero ni diez juntos enseñaban como él*».

La producción intelectual de Francisco de Vitoria se antoja asombrosa, de una indiscutible modernidad. El fundador de la llamada Escuela de Salamanca —momento de brillantez intelectual que incomprensiblemente rara vez aparece en los manuales— desarrolló un pensamiento teológico y jurídico en el que abordó múltiples problemáticas, desde la economía hasta las relaciones entre el poder civil y la Iglesia, siempre con el trasfondo de la naturaleza humana y sus tortuosos conflictos. Su influencia fue enorme. Perfiló el jurista Jaime Brufau: *«La escuela salmantina no puede reducirse ni al ámbito del 'Estudio General de la ciudad del Tormes', ni a los coetáneos e inmediatos sucesores de Vitoria. Se extiende a las nuevas universidades que surgen en tierras americanas, como México y Lima, y a las generaciones de profesores formados por los que lo fueron por Vitoria y las figuras egregias de primera hora como Domingo de Soto, y por los discípulos de los discípulos».*

La concepción iusnaturalista, fundamento del Derecho Internacional moderno, que esgrime Francisco de Vitoria, fuertemente influenciada por Tomás de Aquino y Aristóteles, fija que el hombre es una criatura digna y libre; lo que vaya en contra de esa concepción resulta antinatural. Entendía que el comercio, basado en la libre circulación tanto de bienes como de individuos, es beneficioso, pues cualquier otra opción, al reducir las posibilidades de supervivencia de los seres humanos y hacer sus vidas más ajetreadas y menos autónomas, no es natural y tan solo incita a que aumenten la racanería y el latrocinio, como quedó meridianamente claro durante las experiencias colectivistas del siglo XX. Dirá Adam Smith citando indirectamente a Francisco de Vitoria: *«No es de la benevolencia del carnicero, cervecero o panadero de donde obtendremos nuestra cena, sino de su preocupación por sus propios intereses».*

Esa flamantísima visión retumbó en el Derecho Civil. Vitoria es uno de los padres del Derecho Internacional. Raudamente comprendió que para regular las relaciones entre naciones no bastaba con la fuerza, sino que existen obligaciones morales que, al ser de origen natural, deben fortalecerse. La guerra, sin ir más lejos, debe estallar por causas justas, entre las que no bastan las religiosas, aunque sea el papa quien la promulgue. Infiere algo tan flamante como los derechos del enemigo, que deben ser respetados por su condición de criaturas. Una forma de vislumbrar que hoy, más o menos, damos por hecha en Occidente, pero que era revolucionaria. En *De potestate civil*, una *relectio*, pronunciada en 1528, propuso: *«El rey no puede por ninguna causa dar una ley para que se mate a inocentes, ni siquiera contra los infieles, porque esto está contra el precepto de Derecho Natural. Quienes lo hacen son homicidas. Solo Dios es señor de la vida y de la muerte».*

Carlos I emplazó en 1540 una Junta en la Universidad de Salamanca para revisar las Leyes de Indias. Aquel entorno no era contrario a la Conquista, pero sí crítico, sobre todo por parte de Francisco de Vitoria y sus discípulos. La convocatoria fue muestra de un genuino interés del monarca. En la *relectio De Indis*, pronunciada en 1538, Francisco de Vitoria había manifestado su postura sobre la manera de llevar a cabo la evangelización y los derechos de los aborígenes. Con sagacidad, escribió: *«Ni es tan claramente injusta que no se pueda disputar sobre su justicia, ni es tan evidentemente justa que no se pueda dudar de su injusticia».*

Su opinión sobre los indígenas es incisiva. Como truena brillantemente en la celebérrima misiva a su amigo Miguel de Arcos, fechada en 1534: *«Porque si los indios no son hombres sino monas, non sunt capaces iniuriae. Pero si son hombres y prójimos non video quomodo excusar a estos conquistadores de última impiedad y tiranía. Antes se me seque la lengua y la mano que yo diga ni escriba cosa tan inhumana y fuera de toda cristiandad».*

La tesis de Francisco de Vitoria, que tenía noticias de las tierras americanas por corresponsales, se basa en desarticular la supuesta autoridad papal –y por extensión de la Corona– a la hora de tutelar la Conquista, y en concreto en la salvaguarda de los derechos de los locales, a quienes considera seres libres, por lo que no se les debe someter, al regir el derecho de gentes también las naciones o las culturas. *Sella: «por todo lo dicho queda claro que cuando los españoles se embarcaron hacia las tierras de los bárbaros, no llevaban consigo el derecho a ocuparlas».*

Vitoria pone en duda las encomiendas –aprieto troncal de los iniciales años, de donde se derivaban tantos otros–, por cuanto son paradigma de ilegitimidad. Sugiere muñir de legalidad a la Conquista, lo cual se verá reflejado en la promulgación de las Leyes Nuevas, en 1542, surgidas de las discusiones en Salamanca. Francisco de Vitoria triunfa, como se aprecia en leyes que desarrollan las de Burgos:

«Quedan prohibidas nuevas encomiendas y se obliga a devolver a la Corona las ya existentes una vez que muera su titular, siendo susceptibles de encomendarse a otros.

Se debe mantener buen trato con los indios, ya que son indivi-duos de pleno derecho.

Queda prohibido el esclavismo, aunque sea por razones de guerra, lo cual implica la libertad de los esclavos que existieran en ese momento.

Se debe dar los indios un salario por su trabajo e impedir que se los lleve a la fuerza a otros lugares, como las explotaciones de perlas».

Los objetivos estaban diáfanos: «*Encargamos y mandamos a los del dicho nuestro Consejo de las Indias tengan siempre muy gran atención y especial cuidado sobre todo de la conservación y buen gobierno y tratamiento de los dichos indios (...) mandamos que se informen siempre de los excesos y malos tratamientos que les son o fueren fechos por los gobernadores o personas particula-res (...) y en lo que se oviere excedido o excediere de aquí adelante tengan cuidado de lo remediar castigando los culpables con todo rigor, conforme a justicia».*

Francisco de Vitoria pretendió que la legitimidad de la Conquista se asentara en la moral cristiana, en tratar a los individuos como criaturas de Dios y juzgarlos solo por sus hechos, como ojalá acaeciera hoy con el derecho moderno. Las Leyes Nuevas, que reconocían a los aborígenes como súbditos del imperio con plenos derechos —¡en Estados Unidos los nativos no fueron ciudadanos hasta 1924!— tardaron en implantarse por diversas razones, como la caliginosa lontananza entre España y América. E incluso crearon conflictos, como las guerras internas en el virreinato de Perú, también entre órdenes religiosas.

Muchos españoles espoleados por su fe afrontaron con audacia los problemas, sin adoptar la comodona posición descrita por Lincoln en su discurso de Peoria el 16 de octubre de 1854: la esclavitud, según su opinión, era un mal encontrado por los redactores de la Constitución americana al que no habían hecho referencia. De igual modo a como un hombre apenado oculta un quiste o un cáncer que no se atreve a cortar de manera inmediata por el miedo a morir desangrado. Y es que, como afirmaba Goethe: «*Die Welt kann nur durch die gefördert werden, die sich ihr entgegensetzen, el mundo solo camina hacia delante gracias a los que se le oponen».*

Las Leyes Nuevas fueron asentándose, aunque las encomiendas se prolongaron en zonas como el Yucatán. La Corona deseaba acabar con ellas, también para evitar que se erigieran caciques locales. Las leyes se beneficiaron del arrebato que les proporcionó la Controversia de Valladolid, en 1550, en cuya Junta fray Bartolomé de las Casas y Ginés de Sepúlveda, junto a otros teólogos y juristas, arguyeron *ad nauseam*. Participaron, entre otros, Domingo de Soto, Bartolomé de Carranza, Pedro de la Gasca, y obviamente dominicos, pues era la orden que mayor presencia desplegaba en las universidades españolas. Como escribió Plinio el Viejo, *«el conocimiento va siempre tras las legiones del Imperio»*. En los centros superiores de ultramar, por cierto, se crearon cátedras de lenguas indígenas. La primera fue de quechua, en Lima. Casi todas pervivieron hasta la proclamación de la independencia, momento en el que los nuevos regidores echaron por la borda la historia de la mitad de sus ancestros, precisamente aquellos en los que se habían escudado.

Para alcanzar la independencia fueron encaramados indios del periodo prehispánico. Los políticos de las repúblicas criollas pretendieron forjar mitos profundos y arcanos. Ese encarecimiento fraguó un arma de doble filo. Cotejados con esos presuntos seres sublimes, los herederos contemporáneos aparecían como degradados. Este fue el motivo de que, una vez lograda la emancipación, los criollos cancelaran a los locales de su área de interés. Ya no les eran útiles para justificar diferencias competitivas frente a la ex metrópoli. Sus reclamaciones los incomodaban. El remedio más eficaz fue, para algunos, el genocidio. En Chihuahua (México) se llegaron a ofrecer 200 pesos por indígena extinto. En Chile se persiguió bárbaramente a los mapuches. En Paraguay, Gaspar Rodríguez de Francia (1766-1840) ordenó a las tropas que pulverizaran a los mbayás y a los guanás del norte. Fructuoso Rivera (1784-1854), presidente de Uruguay, exterminó a los charrúas; se enorgullecía de haber finiquitado a una horda de salvajes nómadas y feroces. En Nicaragua, los recién desvinculados trataron de aniquilar a los miskitos. El argentino Domingo Faustino Sarmiento (1811-1888) aseveró que había que relegar a los indígenas, porque su inclinación a una sañuda verborrea les hacía despreciables.

José Rafael Hernández (1834-1886), autor del poema *Martín Fierro*, admonizó que formar a los indios constituía una pérdida de tiempo. Escribió literalmente: «*Es tenaz en su barbarie, no esperen verlo cambiar; el deseo de mejorar en su rudeza no cabe: el bárbaro solo sabe emborracharse y pelear*». Alabó el genocidio practicado por el Estado argentino: «*Las tribus están deshechas; los caciques más altivos están muertos o cautivos, privados de toda esperanza, y de la chusma y de lanza ya muy pocos quedan vivos*». Carlos Octavio Bunge (1875-1918), sociólogo argentino, se alegraba de que el alcoholismo, la viruela y la tuberculosis, su triada bendita, diezmara a los nativos. Se ha reiterado hasta la saciedad la virulencia de los españoles, pero en realidad fueron las supremacistas neo repúblicas latinoamericanas las que más quebranto les infligieron, también porque hicieron oídos sordos a los balidos por las deplorables condiciones de salubridad.

¿Cómo olvidar, confrontado con ese comportamiento cruel e incoherente, que la monarquía española había creado la figura del protector de indios, para escudarlos en cuestiones como la propiedad de las tierras, el pago de impuestos o los abusos laborales?

Sepúlveda, un tomista que es injustamente considerado el réprobo de la controversia aludida, consideraba que los indígenas habían sido pervertidos por culturas bárbaras, en las que, entre otras aberraciones, se ejecutaban sacrificios humanos. Sepúlveda no abogó por la esclavitud, sino por que los indígenas se rigieran por las leyes españolas y fueran evangelizados. No defendió el uso de la fuerza, sino el convencimiento.

Fray Bartolomé comparó las bondades indígenas con las descarnadas brutalidades de los ibéricos. Recuperó los argumentos de Francisco de Vitoria en lo que se refiere a los injustos títulos, esto es, a la ausencia de legitimidad de las bulas papales. Hizo hincapié en la arquitectura de los pueblos indígenas, que consideraba un paradigma de desarrollo. Impulsó la llegada de esclavos negros, un aspecto que paradójicamente traspapelan los banderizos de fray Bartolomé.

En aquellas sesiones se consolidó el derecho de gentes de las Leyes Nuevas y se creó la figura del consabido valedor, que se encargaría de velar por el bienestar de los indígenas. En pocos años se adoptó un doble procedimiento: el preservador general, que residía en las capitales de los virreinatos y los enclavados en las ciudades subsidiarias. La figura contó a partir de 1591 con un departamento propio, con un abogado y un consultor que defendían a los indios en los procesos, por ejemplo a la hora de firmar un contrato, en el que era indispensable contar con el visto bueno del protector para reclamar. Si se rubricaba a espaldas de él, el litigio se resolvía según las leyes comunes.

El protector de indios, que alcanzaría rango de fiscal, rendía cuentas solo ante el virrey o el rey. Debía manejarse en la lengua indígena. Despejaba cualquier añagaza legal, una estrambótica intención para un imperio que a decir de sus maldicientes no estaba interesado en socorrerlos. Buena parte de la legislación se recoge en la *Recopilación de leyes de los reinos de las Indias*, de 1680, que se convirtió en manual indispensable para desenvolverse en América, dada la ingente legislación.

Para comprender el cambio que se produjo después de la controversia, basta leer las *Ordenanzas de Descubrimiento, nueva población y pacificación de las Indias,* dadas por Felipe II, el 13 de julio de 1573, en el bosque de Segovia. El orden que se ha de tener en descubrir y poblar: *«Los descubridores por mar o tierra no se empachen en guerra ni conquista en ninguna manera ni ayudar a unos indios contra otros ni se revuelvan en cuestiones ni contiendas con los de la tierra por ninguna causa ni razón que sea ni les hagan daño ni mal alguno ni les tomen contra su voluntad cosa suya si no fuese por rescate o dándoselo ellos de su voluntad...».*

Fue una cuestión que perturbó constantemente al monarca. En la Real Cédula de Felipe II, de 29 de diciembre de 1593, se lee: *«Yo he sido informado de que los delitos que los españoles cometen contra los indios no se castigan con el rigor que se hacen en los de unos españoles con otros (...). Os mando que de aquí adelante castiguéis con mayor rigor a los españoles que injuriaren, ofendieren o maltrataren a los indios, que si los mismos delitos se cometiesen contra los españoles».*

En los cambios legislativos, los indígenas iban ganando derechos, tanto que se regían por leyes especiales que en lo nominal los favorecían. El poder imperial español legisló tenazmente a favor de quienes había conquistado. Los aborígenes australianos o los indígenas norteamericanos, fruto de la noluntad (sic) de sus metrópolis, solo tuvieron siglos más tardes leyes parejas. Y el *apartheid*, heredero del colonialismo británico y bóer, rigió en Sudáfrica hasta los años noventa del siglo pasado. Se desmiente así, gracias a una legislación que fue cada vez más precisa, el conjetural designio del imperio genocida y devastador, preñado de oscurantismo e intolerancia, esencialmente racista, que tanto se ha esforzado por divulgar con isócrona porfía la Leyenda Negra. Sorprende además la ausencia de proporcionalidad entre los impulsores de esta campaña difamatoria a la hora de valorar otros imperios.

Las Leyes y Ordenanzas de Burgos de 1512, junto a otras selladas por Carlos V el 4 de septiembre de 1528 y las Leyes Nuevas de 1542 constituyeron la génesis de un plausible Derecho Laboral. Explicitó normas como la prohibición del trabajo de mujeres, sin excepción a partir del cuarto mes de embarazo, y de niños menores de catorce años. Se estableció el derecho a una vivienda digna, y se estimó una ratio de cuatro chozas para cincuenta indios y una hamaca por persona. Se estableció un periodo de respiro de tres meses anuales, temporada en la que los indios podían trabajar para ellos mismos. Si lo hacían para el encomendero, debían ser retribuidos. Iban acompañadas de figuras dedicadas a velar por su cumplimiento, como el oidor de la audiencia de Lima, Hernando de Santillán, autor de unas sensatas ordenanzas en Chile.

Todo este esfuerzo es loable. Con más motivo por el contraste con las crudas descripciones de los cronistas contemporáneos. Narra Pedro Cieza de León sobre el periodo prehispánico: «*Muchas veces pregunté a los moradores destas provincias lo que sabían que en ellas hubo antes que los incas los señoreasen, y sobre esto dicen que todos vivían desordenadamente y que muchos andaban desnudos, hechos salvajes, sin tener casas ni otras moradas que cuevas de las muchas que vemos haber en grandes riscos y peñascos, de donde salían a comer de lo que hallaban por los campos. Otros hacían en los cerros castillos que llaman pucaras, desde donde, aullando con lenguas extrañas, salían a pelear unos con otros sobre las tierras de labor o por otras causas y se marchaban muchos dellos, tomando el despojo que hallaban y las mujeres de los vencidos;*

con todo lo cual iban triunfando a lo alto de los cerros donde tenían sus castillos y allí hacían sus sacrificios a los dioses en quien ellos adoraban, derramando delante de las piedras e ídolos mucha sangre humana y de corderos. Todos ellos eran behetrías sin orden, porque cierto dicen no tenían señores ni más que capitanes con los cuales salían a las guerras: si algunos andaban vestidos, eran las ropas pequeñas y no como agora las tienen».

Bernal Díaz del Castillo testimonia: «*Y tornó a sonar el atambor muy doloroso de Huichilobos, y otros muchos caracoles y cornetas y otras como trompas, y todo el sonido de ellas era espantable. Y mirábamos al alto del cu en donde las tañían: vimos que llevaban por fuerza las gradas arriba a nuestros compañeros que habían tomado en la derrota que dieron a Cortés, que los llevaban a sacrificar. Y desque ya los tuvieron arriba en una placeta que se hacía en el adoratorio donde estaban sus malditos ídolos, vimos que a muchos de ellos les ponían plumajes en las cabezas y con unos como aventadores les hacían bailar delante del Huichilobos; y desque habían bailado, luego los ponían de espaldas encima de unas piedras algo delgadas que tenían hechas para sacrificar y con unos navajones de pedernal los aserraban por los pechos y les sacaban los corazones bullendo y se los ofrescían a los ídolos que allí presentes tenían, y lo cuerpos dábanles con los pies por las gradas abajo. Y estaban aguardando abajo otros indios carniceros, que les cortaban los brazos y pies y las caras desollaban, y las adobaron después como cuero de guantes, y con sus barbas las guardaban para hacer fiestas con ellas cuando hacían borracheras, y se comían las carnes con chilmole. Y desta manera sacrificaron todos los demás y les comieron las piernas y brazos, y los corazones y sangre ofrescían a sus ídolos, como dicho tengo; y los cuerpos, que eran las barrigas e tripas, echaban a los tigres y leones y sierpes y culebras que tenían en la casa de las alimañas*».

La Leyenda Negra es más mustia y ajada, si cabe, proclamada por españoles. Véase, por ejemplo, lo que con amargura garrapateó el duque de Rivas sobre Felipe II en *Una noche de Madrid*. Corría el año 1578:

Macilento, enjuto, grave,
rostro como de ictericia;
ojos siniestros que a veces
de una hiena parecían;
otros vagos, indecisos
y de apagadas pupilas.
Hondas arrugas, señales
de meditación continua,
huellas de ardientes pasiones
mostraban sus mejillas.
y escaso y rojo cabello,
y barba pobre y mezquina,
prestaban a su semblante
expresión rara y ambigua.

Abundaron más bien, como estamos analizando, los moderados y sensatos. Fray Pedro de Córdoba escribió un catecismo publicado por primera vez en México cn 1544, posiblemente el más antiguo del nuevo continente. El dominico proporcionó una herramienta para formar a los nativos en la fe antes de proceder al bautismo de adultos. En su obra proclamaba su condición de hijos de Dios. En la misma dirección navegaron otros religiosos como Tomás Ortiz, Vicente Valverde, Francisco de Benavides, Domingo de Santo Tomás, etc. Luis de Morales, deán de Cuzco, denunció en 1541 la poca caridad que se tiene con los naturales. Fernández de Angulo criticó que el maltrato hacía que los indios no vieran con agrado el cristianismo. Fray Jacobo de Testera escribió a Carlos V en 1533 para teñir con la descalificación a quienes patrocinaban la inferioridad de los indios. Una década más tarde era recibido entre alabanzas al llegar a Ciudad de México. Luis López, jesuita, expresó en términos críticos la dureza con los locales. Sebastián de Lartaun, obispo de Cuzco, impulsó que los clérigos dedicados a atender a los indígenas aprendiesen su idioma. Si llegaba alguno que lo ignoraba, era advertido de que en caso de no instruirse sería destinado a otras funciones. Se opuso también a que se presionara a los indígenas para que entregaran limosnas. Solo un trienio tras la conquista de Tenochtitlan, doce franciscanos desembarcaron en México. Entre ellos, Fray Toribio de

Benavente. Pronto predicaban en náhuatl, idioma del que Benavente extrajo su apodo, Motolonía, que significa humilde. Toribio de Mogrovejo, arzobispo de Lima, aprendió distintas lenguas nativas, entre otras el quechua. Claudio Acquaviva, general de la Compañía de Jesús, impuso en 1596 que los miembros de la Compañía no fuesen ordenados en Perú si no dominaban el quechua.

Nada semejante sobrevino en el dispersarse de los anglosajones, belgas o franceses.

UNIVERSIDADES Y MESTIZAJE

En 1538 se fundó la Universidad de Santo Domingo; en 1551, la de Lima; en 1555, la de México. Las precedieron diversos colegios. Hasta el final de la colonia, en el siglo XIX, España erigió cerca de treinta universidades y dieciséis colegios mayores. No quedaron a la zaga los millares de escuelas levantadas a lo largo y ancho de América para alfabetizar, formar y evangelizar. En América regían derechos similares a los de una metrópoli que nunca fue estrictamente tal. Fueron ganando autonomía con brusquedad, disponiendo de sus propias jurisdicciones. Se trató siempre de dotar de estructuras paralelas a las que existían en España, en un proceso, como es el de la creación de universidades, que no tiene parangón. Harvard, sin ir más lejos, no arrancaría hasta 1636. Antes de esos primeros pinitos anglosajones había casi una docena de universidades hispanas funcionando en Hispanoamérica. Portugal no creó una sola en Brasil. Según sintetiza Roca Barea: *«Hay que sumar la totalidad de las universidades creadas por Bélgica, Inglaterra, Alemania, Francia e Italia en la expansión colonial de los siglos XIX y XX para acercarse a la cifra de las universidades hispanoamericanas durante la época imperial española».*

Un Portugal, por cierto, que perdió la oportunidad de descubrir América desoyendo las peticiones de Colón, y que después menospreció la oferta de servicios de Fernando Magallanes, pues el rey con una ofensiva frialdad se desentendió ante la oferta del argonauta. Honra a España el haber reconocido y apoyado al talento tanto del italiano como del portugués, devenidos españoles. Aquellos visionarios revolucionaron el mundo asegurando el primero que acercaría un nuevo continente, y el segundo que descubriría el paso entre el océano Atlántico y el Pacífico. Magallanes, por mencionar al segundo, transitó a uña de caballo de hombre sin patria, sin empleo y vilipendiado, a capital general de una flota, caballero de la orden de Santiago, potencial gobernador de nuevos territorios, señor de una armada y, por encima de todo, como a todo emprendedor gusta, dueño en último término de sus intentos.

Las decisiones no las tomaba un monarca por capricho. Una junta de expertos repasaba cada proposición. La de Colón en Portugal correspondió a un comité formado por el obispo de Ceuta, Diego Ortiz de Villegas, y los matemáticos Joseph Vizinho y Rodrigo das Pedras Negras, quienes tras ilustrarse sobre la cuestión aconsejaron rechazarla por carente de fundamentos científicos. Ese fue el motivo de que Juan II la desechase en 1485. Al llegar a España, los Reyes Católicos encargaron a peritos en cosmografía, matemáticas y navegación la iniciativa colombina. Entre sus miembros se encontraban fray Hernando de Talavera y Rodrigo Maldonado, que había sido plenipotenciario en el tratado de Alcaçobas-Toledo. Tras las sesiones en Salamanca y Córdoba, a principio de 1487, la oferta fue impugnada con semejantes razones a las alegadas por la junta portuguesa. A saber, que los cálculos de Colón eran errados. La promesa de financiación privada lograda por Colón por parte de Luis de la Cerda, duque de Medinaceli, hizo mutar la opinión de los monarcas católicos. La intervención de fray Antonio de Marchena con el reconocido Martín Alonso Pinzón permitió enhebrar nuevos mimbres para que la expedición partiera. ¿Quién ha dicho que la Iglesia ha sido endémico y rocoso valladar para el adelantamiento de la ciencia?

A partir de la bula *Universalis Ecclesiae Regiminis*, dictada por Julio II el 28 de julio de 1508, se otorgó a la Corona el derecho del patronazgo sobre la Iglesia en las tierras americanas. El dechado que se empleó para crear las llamadas universidades de Indias fue el de Salamanca y Alcalá de Henares, de merecido prestigio.

España era una potencia intelectual, como demuestran la Escuela de Salamanca (Joseph Schumpeter exteriorizó que hay que agradecerle la fundación de la economía como disciplina científica) y la obra de incontables autores del Siglo de Oro.

Es España el primer lugar donde un hombre de raza negra –de entrada un donnadie– ocupó una cátedra: Juan de Sessa o Juan Latino (1518-1596), hijo de esclavos de la casa Aguilar en el Palacio de Baena y paje del nieto de Gonzalo Fernández de Córdoba, el Gran Capitán. En su *cursus honorum* aletea lo novelesco y manifiesta la complejidad de una sociedad donde pervivía el esclavismo. Latino maridó con una mujer de la baja nobleza y ocupó la cátedra de Gramática y Lengua Latina de la catedral de Granada, cargo que mantuvo durante dos décadas. Escribió obras poéticas en latín de desigual corolario. De su mañoso manejo de la lengua de Virgilio escribió Miguel de Cervantes en los preliminares de *El Quijote*. Lope de Vega le dedicó unos versos no exentos de gracejo:

> *No era tan blanco en Granada*
> *Juan Latino, que a la hija*
> *de un veinticuatro enseñaba;*
> *y con ser negro y esclavo*
> *porque era su madre esclava*
> *del claro Duque de Sessa,*
> *honor de España y de Italia,*
> *vino a casarse con ella*
> *que gramática estudiaba,*
> *y la enseñó a conjugar*
> *en llegando al amo, amas.*

En América, cada centro de formación superior, fuera propiedad de la Corona o de la Iglesia, se regía por una cédula real o una bula pontificia, si bien era indispensable contar con la primera para ser apostrofada universidad. Se dividían al modo de las reglas de Salamanca que se derivaban de las partidas de Alfonso X: las mayores, donde se impartían Derecho, Teología o Medicina; y las menores, dedicadas a Arte y Filosofía. Las cátedras, salvo en específicas universidades de la Iglesia, se conseguían por oposición.

Bastantes de aquellas universidades contaban con cátedras de lenguas indígenas, una sugerencia sancionada por Cédula Real de Felipe II en 1580, que las impulsó. En la Real Universidad de San Carlos de Guatemala, por ejemplo, operaba en el siglo XVII una de pipil y otra de cakchiquel. Además era frecuente construir hospitales y edificios para otros servicios cerca de las universidades, haciendo más habitables esos entornos.

El objetivo de las universidades de Indias –a las que deben añadirse las dos de Manila, territorio perteneciente al virreinato de Nueva España– era que cualquiera pudiera matricularse. No había restricciones, si bien en los primeros tiempos no se inscribieron demasiados locales, más por razones de clase que de raza, como ocurría en España, donde no era habitual que los menos favorecidos accedieran. Los criollos llenaban las aulas americanas, lo cual fue decisivo para hilar una clase ilustrada que participará activamente en la independencia.

Entre las primeras se enumeran las siguientes, algunas ya citadas:

- La Real y Pontificia Universidad de San Marcos, Lima, Perú, por Real Provisión del 12 de mayo de 1551 y ratificada por bula del 25 de julio de 1571.
- La Real y Pontificia Universidad de México, creada por Real Cédula de 21 de septiembre de 1551 y ratificada por bula del 7 de octubre de 1595.
- La Real Universidad de La Plata (de Charcas o de Chuquisaca), Sucre, Bolivia, por Real Cédula del 11 de julio de 1552. No llegó a instalarse.
- La Dominicana Real y Pontificia Universidad de Santo Tomás de Aquino, Santo Domingo, República Dominicana, por bula del 28 de octubre de 1538. Fue reconocida por la Corona española en 1558.

Algunas siguen en pie. La de San Marcos (Lima) es la actual Universidad Nacional Mayor de San Marcos (UNMSM); la Pontificia de Córdoba (Argentina) es la actual Universidad Nacional de Córdoba; y la Real y Pontificia de San Carlos Borromeo (Guatemala) es la Universidad de San Carlos de Guatemala (USAC). Es solo un esbozo de la profunda la huella académica de la Conquista, aspecto que soslayan los panfletistas y gacetilleros sembradores de la patochada conocida como Leyenda Negra.

El primer hospital fue fundado por Nicolás de Ovando en 1503, cumpliendo las órdenes de los Reyes Católicos, en las que se incluía específicamente a los indígenas: «*Haga en las poblaciones donde vea que fuere necesario casa para hospitales en que se acojan y curen así de los cristianos como de los indios*».

En ellos trabajaban profesionales que ejercían una vez aprobados por el Tribunal Real Protomedicato. En 1570, el tribunal desembarcó en América, por lo que, por ejemplo, los graduados en la cátedra de Medicina en la Universidad de México, creada en 1551 (la primera cátedra de Medicina de Estados Unidos no surgió hasta 1765), no necesitaban viajar a España para confirmar su titulación, lo cual agilizaba procedimientos y salvaba vidas. A lo largo de la presencia española se levantaron en torno a treinta espaciosos hospitales, además de numerosos menores. El chispeante nerviosismo de Felipe II por su estado demuestra que no eran instituciones prescindibles. En 1587, escribió: «*Mandamos a los virreyes del Perú y de Nueva España que cuiden de visitar los hospitales de Lima y México..., y vean las curas, servicios y hospitalidad que se hace a los enfermos, estado del edificio, dotaciones y limosnas y forma de distribución*».

En América, la sociedad no se dividía solo entre españoles e indígenas. Las cuestiones de clase no eran una nimiedad. El color de piel fue en algunos periodos un indicador. Algunos nobles indígenas, cuyas culturas se fragmentaban en castas tan o más rígidas y estancas que las occidentales, fueron reconocidos y ensalzados al ser aliados. Los denominados indios auxiliares se unían a las tropas españolas, generalmente aprovechando su enemistad con otras tribus, a las que, como se explicita en otros pasajes, detestaban por su crueldad. Innumerables indígenas colaboraron en la Conquista. A menudo fueron mayoría, como en la expedición de Diego de Almagro en Chile durante 1526. Entre los episodios más conocidos de esa colaboración despunta el de Hernán Cortés, que en 1521 contó con el indispensable sostén de los tlaxcaltecas para conquistar Tenochtitlán, o el de Hernando Pizarro, que asedió Cuzco en 1536 con huancas, chankas o cañaris, comparables especialmente estos últimos con los más de setecientos señoríos sometidos por los abusivos mexicas, sin contar el área maya. Los indígenas se empleaban como soldados, pero también como traductores o rastreadores. Cortés y Pizarro eran, por cierto, primos segundos. Los apellidos de Hernán eran Cortés de Monroy y Pizarro Altamirano. De ambos se podría afirmar lo que Lincoln cuchicheó de Ulysses S. Grant como respuesta a las aceradas críticas por la desarreglada vida personal del militar: *«No puedo prescindir de ese hombre, porque combate»*.

España agradeció la ayuda de los indígenas de forma grupal e individual. Un solo ejemplo: Dionisio Inca Yupanqui (1760-¿?) se formó en el seminario de nobles de Madrid y fue oficial en la Marina. Además, se desempeñó como jefe de una unidad de caballería durante la guerra contra Francia y fue diputado electo de las Cortes españolas de 1810. Sus discursos influyeron en los decretos que acabaron con la mita y el tributo de los indígenas. En uno, cuya frase más famosa birlaría Marx, proclamó algo impensable en otro país: *«La justicia divina protege a los humildes, y me atrevo a asegurar a V.M., sin hallarme ilustrado por el espíritu de Dios, que no acertará a dar un paso seguro en la libertad de la Patria mientras no se ocupe con todo esmero y diligencia en llenar sus obligaciones con las Américas: V.M. no las conoce. La mayor parte de sus diputados y de la Nación apenas tienen noticia de ese dilatado continente. Los Gobiernos anteriores lo han considerado poco, y solo han procurado asegurar las remesas de este precioso metal, origen de tanta inhumanidad, del que no han sabido aprovecharse. Lo han abandonado al cuidado de hombres codiciosos e inmorales; y la indiferencia absoluta con que han mirado sus más sagradas relaciones con este país de delicias ha llenado la medida de la paciencia del Padre de las misericordias, y forzándolo a que derrame parte de la amargura con que se alimentan aquellos naturales sobres nuestras provincias europeas. (...). Un pueblo que oprime a otro no puede ser libre»*.

El mestizaje fue habitual en todas las clases desde los compases iniciales. El rey Fernando aprobó en 1514 una real cédula que validaba el matrimonio entre varones castellanos y mujeres indígenas. No hay parangón: en Estados Unidos el matrimonio interracial en todo el país fue sancionado por el Tribunal Supremo ¡en 1967!

Con esos enlaces se pretendía por un lado reconocer uniones existentes, y por otro abrir la puerta para trazar otras políticamente estratégicas, como la de Hernán Cortés con los herederos de Moctezuma. Isabel de Moctezuma, sin ir más lejos, fue desposada en 1526 con Alonso de Grado. Acabaría casada con Juan Cano, otro lugarteniente de Cortés, con el que iniciaría la dinastía de los duques de Miravalle. Pedro, nieto de Moctezuma, viajó a España, donde eslabonó con la noble Francisca de la Cueva y Valenzuela. En la undécima generación de ese matrimonio nos encontramos a Francisco José Girón Ezpeleta, duque de Ahumada y fundador de la Guardia Civil, en cuyos genes proseguían vestigios aztecas.

Hubo matrimonios a tutiplén entre hombres y mujeres españoles e indígenas, como el del inca Carlos Alonso Tito Atauchi (1532-1573), que derrotó al traidor Francisco Hernández Girón (rebelión de 1553-1554 contra el rey) en la fricción a campo traviesa de Pucará y se ganó el derecho a lucir el Toisón de Oro, además de ser nombrado alcalde mayor de los cuatro suyos. Casó con la criolla Isabel de Constanza, hija del conde de La Gomera. También hizo lo propio su primo, Carlos Inca (1537-1582), encomendero que contrajo matrimonio con María Amarilla de Esquivel, natural de Trujillo e hija de Diego de Amarilla.

Uno de los casos más famoso fue el del capitán Sebastián Garcilaso de la Vega con la princesa inca Isabel Chimpu Ocllo, nieta del inca Túpac Yupanqui: padres de Gómez Suárez de Figueroa (1539-1616), más conocido como Inca Garcilaso de la Vega, nombre que asumió con aprecio a partir de 1563. Salió de América por el apoyo de su padre a Gonzalo Pizarro, opuesto a las Nuevas Leyes, vencido en la batalla de Jaquijahuana, donde también cayó el maestre de campo, Francisco de Carvajal, el «demonio de los Andes». El Inca Garcilaso llegó a capitán del Ejército español, participó en el sofocamiento de la rebelión morisca de las Alpujarras, tradujo del italiano a León Hebreo —una de las lecturas favoritas de Spinoza— y legó obras históricas como *La Florida del Inca, Comentarios rea-*

les de los incas o *Historia general del Perú*. Pese a ser un producto casi ideal del humanismo renacentista —además de un prosista deslumbrante—, tuvo claro cuáles eran sus orígenes, de los que jamás abjuró: «*Aunque en Indias si dicen sois un mestizo lo toman por desaire, me lo llamo yo a boca llena*».

En *La Florida del Inca* narra los avatares y las desdichas de la expedición de Hernando de Soto por el sur de Estados Unidos. El Inca Garcilaso se aproximó, en un texto de densa información y prodigioso estilo, hacia aquella aventura, tratando de mostrar la importancia de la conducta de los individuos en los hechos históricos e intentando además que tanto españoles como indios tuvieran su lugar en la crónica. Lo explicitó en el proemio: «*Conversando mucho tiempo y en diversos lugares con un caballero grande amigo mío, que se halló en esta jornada* [de la conquista de La Florida], *y oyéndole muchas y muy grandes hazañas que en ella hicieron así españoles como indios, me pareció cosa indigna y de mucha lástima que obras tan heroicas que en el mundo han pasado quedasen en perpetuo olvido. Por lo cual, viéndome obligado de ambas naciones, porque soy hijo de un español y de una india, importuné muchas veces a aquel caballero escribiésemos esta historia, sirviéndole yo de escribiente*».

El libro es ecuánime, sin ocultar rivalidades. Era una época de razonable libertad, donde se valoraban la honradez y el estilo a la hora de narrar: «*Andando los dos españoles pescando en un corral grande, llegaron veinte indios que iban en dos canoas, sin otros muchos que quedaban en tierra y, entrando en el corral, con buenas palabras, de ellas en español y de ellas en indio, les dijeron: 'Amigos, amigos, gocemos todos del pescado'. Pedro López, que era hombre soberbio y rústico, les dijo: 'Andad para perros, que no hay para qué tener amistad con perros'. Diciendo esto, echó mano a su espada e hirió a un indio que se le había llegado cerca. Los demás, viendo la sinrazón de los españoles, los cercaron por todas partes, y a flechazos y a palos con los arcos y con los remos de las canoas mataron a Pedro López, que causó la pendencia, y a Galván dejaron por muerto, la cabeza abierta y todo el rostro desbaratado a poder de palos, y a Diego Muñoz llevaron preso, sin hacerle otro mal por su poca edad*».

El Inca destaca la evangelización. Devela el efecto que una cruz entrelazada por los hombres de Soto y levantada sobre un cerro tiene tanto en españoles como indígenas: *«Toda esta solemnidad y ostentaciones hubo de la una parte y otra del río al adorar la cruz, las cuales al gobernador y a muchos de los suyos movieron a mucha ternura, por ver que en tierras tan extrañas, y por gente tan alejada de la doctrina cristiana, fuese con tanta demostración de humildad y lágrimas adorada la insignia de nuestra redención. Habiendo todos adorado la cruz de la manera que se ha dicho, se volvieron con la misma orden de procesión que habían llevado, y los sacerdotes iban cantando el 'Te Deum laudamus' hasta el fin del cántico, con que se concluyó la solemnidad de aquel día, habiéndose gastado en ella largas cuatro horas de tiempo».*

El Inca Garcilaso es un paradigma de cómo los españoles se preocuparon de la formación de indígenas y mestizos. Registra, con un punto de exceso, que los prehispánicos subsistían como animales, sin vivienda ni vestidos, atiborrándose de lo que podían cazar, omitían la agricultura o la doma de animales. Según él, vivían en contra de la ley natural robando, matando, saqueando, practicando el fornicio y el incesto en serrallos, adoraban ídolos, piedras, las nubes, el mar, etc. Empero, prosigue, los incas aportaron civilización. Enseñaron agricultura, regadío, artesanía, construcción de infraestructuras, etc. Los recién llegados introdujeron referencias a la ley natural, prohibiendo el incesto y el adulterio. El robo y el asesinato fueron ilegalizados. La gente fue agrupada bajo la dirección de los curacas. Los incas concibieron un dios superior creador e invisible al que denominaron Pachacámac, el sol al que adoraban.

La llegada de los españoles supuso algo semejante a la expansión de Roma por Europa. Los denominados gentiles por Garcilaso unificaron los países andinos y mejoraron a sus habitantes. La conquista de España fue sobre todo una evangelización, aportando la fe cristiana. Como estampilló Díaz del Castillo, no faltaron otras intenciones: *«Demás desto pregunta la ilustre fama por los conquistadores que hemos escapado de las batallas pasadas, y por los muertos, dónde están sus sepulcros y qué blasones tienen en ellos [...] y a lo que a mí se me figura, con letras de oro habían de estar descritos sus nombres, pues murieron aquella crudelísima muerte, y por servir a Dios y a su majestad y dar luz a los que estaban en tinieblas: y también por haber riquezas, que todos los hombres comúnmente venimos a buscar».*

Además del enriquecedor mestizaje, casi quinientos millones de personas disfrutan en la actualidad del español como lengua materna. No pasa lo mismo, por ejemplo, con el neerlandés, pese a que el Imperio holandés llegó hasta Formosa, Sri Lanka o Surinam, donde apenas queda rastro de ese idioma. Ni siquiera en la India el inglés está asentado –salvo en las castas altas–, como tampoco el portugués en Macao, aunque sí en Brasil. Tan solo el francés, implantado en África, puede cotejarse, siquiera parcialmente, con el español. Pese a que cada cierto tiempo surja la tentación, azuzada por políticos con nula visión estratégica para proyectos de calado, de que las jergas indígenas sustituyan al español –como pasa con el guaraní en Paraguay–, este es el vehículo de comunicación en América.

Es insustancial, además de necedad, entrar en debates sobre la preeminencia de una lengua sobre otra por razones ideológicas, como pretende el nacionalismo. Se asientan en diversos factores, voluntarios o no, como la distinción entre dialecto e idioma, que casi siempre suele depender de quién cobró dividendos de trifulcas académicas o en el campo de batalla. Son herramientas; es la utilidad la que determina su aceptación. El inglés, sencillo de chapurrear en lo básico gracias a su gramática, con la salvedad de los endemoniados *phrasal verbs*, es un referente.

Hoy, cuando hablamos de hacer una barbacoa, pedimos un chocolate o elegimos butaca en el teatro empleamos vocablos de germen indígena. También cuando fumamos un cigarro. Cada lengua es de quien la habla. Resulta luctuoso que tarambanas sembradores impuros de superfluos enconos la utilicen como arma ofensiva. Pertenece tanto a un vallisoletano como a un antioqueño, un santiagueño, un bonaerense o un regiomontano.

En cuanto a la mezcla que creó acentos, podrían citarse los siguientes y modernos versos de la jerónima sor Juana Inés de la Cruz, que desde México, reflejan con ternura esa gozosa rizoma de matices españoles e indígenas y la musicalidad de los negros, en una composición híbrida, de las primeras versificaciones mestizas:

¡Noble de mi Dioso,
que sa cosa buena!,
aola Pilico,
que nos mira atenta:
¡Ah, ah, ah!, etc.
Los mejicanos alegres
también a su usanza salen,
que en quien campa la lealtad,
bien es que el aplauso campe.
Y con las cláusulas tiernas
del mejicano lenguaje,
en un tocotín sonoro,
dicen con voces süaves:
Tocotín
Tla ya timohuica
to tlazo ziuapilli
maca ammo tonantzin,
titechmoilcahuiliz.

Los últimos versos sirven de partida para dejar constancia del complejo sincretismo de las religiones en el Nuevo Mundo, donde ciertas deidades fueron sustituidas por otras en el imaginario popular. Así se explica con el entrañable y lúcido rumiar de ideas de Bernardino de Sahagún: «*Hay un montecillo que llaman Tepeacac y que los españoles llaman Tepequilla, y ahora se llama Nuestra Señora de Guadalupe. En este lugar tenían un templo dedicado a la madre de los dioses, que ellos llaman Tonantzin, que quiere decir nuestra madre (...) y ahora que está ahí edificada la iglesia de Nuestra Señora de Guadalupe, también la llaman Tonantzin, tomando ocasión de los predicadores que también la llaman Tonantzin (...). Y vienen ahora a visitar a esta Tonantzin de muy lejos, tan lejos como de antes, la cual devoción también es sospechosa, porque en todas partes hay muchas iglesias de Nuestra Señora, y no van a ellas, y vienen de lejanas tierras a esta Tonantzin como antiguamente*».

LAS MUJERES EN LA CONQUISTA

La chocarrera Leyenda Negra ha enunciado una historia de hombres, enfebrecidos conquistadores que ponen sordina a su sed de oro y sangre asesinando indígenas y foscos clérigos que blanden la cruz en mitad de un poblado en llamas, entre estentóreos baladros a voz en cuello de féminas y churumbeles. Demasiados foliculrios con escasa formación han difuminado el papel de la mujer en aquella aventura, reduciéndola a personaje secundario. Pocas de las muchas que interactuaron han pasado a la historia.

Existen dudas sobre cuándo llegaron las primeras españolas a América. Quizá en el tercer viaje de Colón, en 1498. En la expedición de Nicolás de Ovando, en 1502, arribaron en torno a setenta casadas. Desde entonces el número no dejó de incrementarse. En total, según la investigadora Mar Langa Pizarro (Universidad de Alicante), más de diez mil desembarcaron en América durante el siglo XVI. La mayoría al parecer andaluzas, junto a extremeñas y castellanas. Según José A. Solís, América representaba una oportunidad para inventar una nueva vida, sobre todo en los casos de madres solteras, que no eran escasas. La Corona, a partir de 1515, apretó las clavijas a quienes viajaban a América para que lo hicieran con su familia. Pese a que la Leyenda Negra solo cite a mujerzuelas, los perfiles fueron múltiples.

No eran alfeñiques. Al morir sus maridos, en una época donde la edad media de los hombres no era alta, se hacían cargo de todo, incluida, si era el caso, una encomienda. Ellas debían gestionar el trato con los indios, con los comerciantes, con las autoridades a las que rendían cuentas... Las pioneras perdían esos derechos al casarse, pues las propiedades pasaban a los nuevos consortes. Algunas acabarían negociando por su cuenta, como Mencía Ortiz, de la que se sabe que, en 1549, junto a otros socios, fletó la nao «La Concepción» para mover mercancías entre España y América. O Beatriz Estrada y Gutiérrez Flores de la Caballería (1515-1553), propietaria de la segunda encomienda más extensa de Nueva España, en Tlapa. No rechazaban arrumacos, pero tampoco se arredraban.

No lo hizo María de Estrada (1486-1548) en la Noche Triste. En su *Historia de Tlaxcala*, el mestizo Diego Muñoz Camargo testimonia: «*En esta tan temeraria noche triste (...) se mostró valerosamente una señora llamada María de Estrada haciendo maravillosos y hazañeros hechos con una espada y una rodela en las manos, peleando valerosamente con tanta furia y ánimo que excedía el esfuerzo de cualquier varón, por esforzado y animado que fuera, que a los propios nuestros ponía espanto*».

Debieron ser tal sus redaños y destreza que Cortés la nombró encomendera en Hueyapan, Nepopualco y Tetela del Volcán, lo que deshace tantos clichés de visiones rancias en las que la mujer aparece como sujeto pasivo.

Fue notable batalladora Beatriz Bermúdez de Velasco, de la que cuenta Francisco Cervantes de Salazar en su *Crónica de la Nueva España*: «*Beatriz Bermúdez, que entonces acababa de llegar de otro real, viendo así españoles como indios amigos todos revueltos, que venían huyendo, saliendo a ellos en medio de la calzada con una rodela de indios e una espada española e con una celada en la cabeza, armado el cuerpo con un escaupil, les dixo: '¡Vergüenza, vergüenza, españoles, empacho, empacho! ¿Qué es esto que vengáis huyendo de una gente tan vil, a quien tantas veces habéis vencido? Volved a ayudar a socorrer a vuestros compañeros que quedan peleando, haciendo lo que deben; y si no, por Dios os prometo de no dexar pasar a hombre de vosotros que no le mate; que los que de tan ruin gente vienen huyendo merecen que mueran a manos de una flaca mujer como yo' (...). Fue tal la vergüenza que sintieron los soldados españoles y el efecto de las palabras de Beatriz, que volvieron hacia los enemigos ya victoriosos, dando lugar a la batalla más sangrienta y reñida que jamás hasta entonces se había visto*».

Algunas tuvieron mando en plaza, como la nuera de Colón, María Álvarez de Toledo y Rojas (1490-1549), nieta del duque de Alba. Fue virreina en ausencia de su esposo entre 1515 y 1520, y de 1523 a 1526. Aunque nunca se le dio permiso para promover expediciones, se desempeñó con habilidad. Lo mismo ocurrió con Inés de

Bobadilla (1505-1546), coqueta esposa de Hernando de Soto, que pasó a ser gobernadora y capitán general de Cuba cuando su marido viajó hacia el sur de lo que hoy es Estados Unidos. O con Aldonza Villalobos (1520-1575), gobernadora de Isla Margarita durante más de tres décadas y a la que se le concedió también férula sobre la isla de Cubagua.

Revelador es el caso de Isabel Barreto (1567-1612), la primera almirante. Embarcada con su marido, Álvaro de Mendaña, en la expedición hacia lo que hoy son las Islas Salomón, acabó, tras la muerte de su esposo y de su hermano, asumiendo el mando de la flota, donde no le tembleteó el pulso. La insubordinación de un marinero acabó en ajusticiamiento. Sentenciaría: «*Señor, matadlo o hacedlo matar... Y si no, lo haré yo con este machete*».

Hubo aventureras como Ana de Ayala, esposa de Pedro de Orellana, con un pretérito que habita en las brumas de la leyenda. Acompañó a la desastrosa expedición de su marido por el Amazonas, donde de los cuatrocientos que partieron quedaron cuarenta. Ella enterró a Hernando de Soto. O Mencía Calderón de Sanabria (1534-?), mujer de Juan de Sanabria, tercer adelantado del Río de la Plata, cuya muerte propició que ella dirigiera la expedición hacia Paraguay. La partida hubo de afrontar abordajes, incómodas cinetosis y un clima vidrioso. Desembarcaron en la isla de San Catalina y al poco fundaron el puerto de San Francisco, primero español en el Atlántico Sur. También debe evocarse a Catalina de Miranda (1527-1610), cuya convulsa vida sentimental, de escandaloso libertinaje, con amantes como Diego García de Paredes, incitó cotorreos en El Tocuyo.

Más conocidos, por lo que tienen de insólitos, son los pasos de Catalina de Erauso (1592-1650), apodada «la Monja Alférez» por Felipe IV. Hija de militar, escapó disfrazada de varón del convento en el que de pequeña había ingresado. Empezó un inverosímil periplo durante el cual atravesó España para acabar embarcando rumbo a América, donde recorrió las posesiones españolas en el oeste del continente, siempre valorada como hombre. Se distinguió contra los mapuches en la guerra de Arauco, donde recibió el cargo de alférez gracias a su audacia de recuperar el pendón en la batalla de Valdivia. Asumió el mando de su compañía en la acometida de Puren. Padeció un carácter violento, aquerenciado a capear disputas mediante la sangre. Años después, en Nápoles, unos chavales se rieron de ella por su aspecto masculino y rugieron:

–*Signora Catalina, dove si cammina?*

Ella refunfuñó:

–*A darles a ustedes cien pescozones y cien cuchilladas a quien les quiera defender.*

Trataba a los indios con dureza y acabó con diez hombres en duelos, entre ellos al auditor general de Concepción. Su trayectoria hombruna acabó en Huamanga (Perú), cuando, después de haber consumado un asesinato, solicitó auxilio al obispo Agustín de Carvajal. Desvelada su condición y enviada a Europa, fue recibida por el rey Felipe IV e incluso por el papa Urbano VIII en Roma, que le consintió seguir vistiendo de varón. Regresó a América para montar en México un negocio. Pedro del Valle condensó en una frase al personaje: «*Lleva la espada tan bravamente como la vida*».

Catalina de Erauso. (San Sebastián, España, 1592 - Cuitlaxtla, México, 1650), llamada «La Monja Alférez». Cuadro al óleo atribuido al pintor Juan van der Hamen. Fuente: Wikipedia Commons.

Tampoco deben precipitarse en el olvido religiosas, entre las que despunta la criolla Rosa de Santa María (1586-1617), canonizada en 1671 como santa Rosa de Lima. De la Orden Tercera de Santo Domingo, su existencia está jalonada de entrega y plegaria petitoria a Dios, culminada en su desposorio místico. Cuando malandrines neerlandeses agredieron Lima en 1615, ella reunió a las mujeres en el templo de Nuestra Señora del Rosario para orar. En ese momento ofreció su cuerpo para defender a Cristo en el sagrario. Los holandeses se retiraron tras el desplome de su capitán, en lo que la ciudadanía juzgó milagro de la santa. Es patrona principal de Lima y de toda la América española. Miles de devotos portan estampas suyas, en las que aparece con rostro parsimonioso y una corona de rosas. Santa Rosa ejerció la fortaleza en su oposición a Francisco de Toledo, virrey, que desobedeciendo a los soberanos españoles pretendió someter a esclavitud a los indios. Santa Rosa, al igual que tantos católicos, sirvió de defensa, siquiera parcial, para los oriundos. Entre otras medidas concretas adoptó a un joven indio huérfano. Mediante limosnas costeó sus estudios y lo encaminó a la carrera sacerdotal. Muchos siguieron el ejemplo de la santa, contribuyendo desde muy pronto a cimentar una Iglesia peruana con presbíteros autóctonos.

Sor Juana Inés de la Cruz (1651-1695) es una reconocida escritora. Con una profunda formación tanto en los clásicos de la literatura como en los maestros de la teología, la décima musa presentó autos sacramentales y brillantes comedias de enredo que, sin intención moralizante, nada tienen que envidar a las de Calderón de la Barca o Lope de Vega. En ellas las mujeres siempre se comportan como personajes decisivos, dueñas de su destino. También por su poesía, de una inusual brillantez estilística, es contemplada como precursora del feminismo. La famosa redondilla, de ironía demoledora, *Hombres necios que acusáis*, amanece así:

Hombres necios que acusáis
a la mujer sin razón
sin ver que sois la ocasión
de lo mismo que culpáis:
si con ansia sin igual
solicitáis su desdén
¿por qué queréis que obren bien
si las incitáis al mal?
Combatís su resistencia
y luego, con gravedad,
decís que fue liviandad
lo que hizo la diligencia.
Parecer quiere el denuedo
de vuestro parecer loco
al niño que pone el coco
y luego le tiene miedo.
Queréis, con presunción necia,
hallar a la que buscáis,
para pretendida, Thais,
y en la posesión, Lucrecia.

Mestizas o indígenas han pasado a la historia merecidamente, como Tecuelhuetzin o María Luisa Xicoténcatl (¿?-1537), pareja de Pedro de Alvarado, del que engendró dos vástagos. Lo siguió en la conquista de Guatemala y en sus icarias novohispanas por Perú. Su funeral lo ofició el obispo de Guatemala. También Juana Quinel, que participó en la guerra del Arauco. Cuenta de ella Mariño de Lobera, en la *Crónica del reino de Chile*, que como bravata, o para demostrar su valentía, empuñó un arco, colgó en su hombro un carcaj lleno de hermosas flechas y, marchando en el escuadrón de los indios yanaconas, se puso a la vanguardia como capitana. Empezó entonces un discurso de exhortación al combate, en el que no prometió como recompensa lo que los otros capitanes cristianos tenían por costumbre invocar (la gloria de Cristo, la exaltación de nuestra santa fe o las gracias y el reconocimiento del rey, así como el honor de las victorias), sino la recompensa indecente de su propia persona, prometiendo sus favores a quien diera pruebas de mayor valor.

El elenco de mujeres que se distinguieron durante esos tiempos de acero es vasto. No debemos concluir sin mencionar a quienes acompañaron a sus maridos sin destacar en otro aspecto que en su munífica dedicación a las propias familia, e innumerables misioneras que recorrieron —y aún lo hacen— aquellas prolíficas tierras sembrando la Palabra de Dios.

LOS PROCESOS DE INDEPENDENCIA

Retrato de Simón Bolívar. Autor: José Gil De Castro (1783-1830). Fuente: Wikipedia Commons.

De atender a historiadores nescientes, foráneos o nacionales, cabría encastillarse en que con la independencia los indígenas alcanzaron al fin lo que se merecían y desde entonces tomaron las riendas de sus destinos. Más bien sucedió lo contrario. Aquellos chirriantes procesos fueron timoneados por criollos, sujetos de origen español que decidieron arrebatar el mando y no depender de la corte. El ejemplo más axiomático es Simón Bolívar, miembro de la oligarquía —su apellido es de raíz vasca— recordado como el «Libertador».

Bolívar era un latifundista caraqueño —su familia poseía plantaciones de cacao— que se benefició de todos los privilegios, entre ellos el esclavismo de negros y la explotación de indígenas. En su primer viaje a España casó con María Teresa Josefa Antonia Joaquina Rodríguez del Toro Alayza, sobrina del tercer marqués de Toro. El temprano tránsito de la amada lo alentó a adicionarse a las fuerzas de Francisco de Miranda. Aquella metamorfosis es contemplada por muchos como una secesión que tuvo todo de guerra intestina entre españoles de América y Europa.

Bolívar es agridulce y estrafalario, sugestivo y con rictus de abatimiento, luminoso y lóbrego. Sopesada su existencia turbulenta, resulta difícil discernir de sopetón entre leyenda y sucesos. Se da en él una anómala mezcla entre trotamundos y tirano, una constante en la historia contemporánea de América y que ha quedado reflejada en las novelas de Gabriel García Márquez o Miguel Ángel Asturias. El debate sobre su existencia no está lacrado, pues, como todos los personajes que devienen en símbolos, cada uno lo rellena con los valores que más le convienen, aunque sean fingimiento. Sobre todo si lo son.

Es conjeturable el que, dada su influencia ilustrada, así como el ejemplo de la revolución de Haití de 1791, albergara el anhelo de mejorar las condiciones de los locales, pero también es probable que estratégicamente le interesara ganarse a la población como carne de cañón de sus designios. Su estereotipo era el de la revolución americana de 1776, como explica en su Carta de Jamaica, de 1814, donde queda patente su sobrevenido reconcomio hacia una nación que era la suya: «*En tanto que nuestros compatriotas no adquieran los talentos y virtudes políticas que distinguen a nuestros hermanos del norte, los sistemas enteramente populares, lejos de sernos favorables, temo mucho que vengan a ser nuestra ruina... Estamos dominados de los vicios que se contraen bajo la dirección de una nación como la española, que solo ha sobresalido en fiereza, ambición, venganza y envidia*».

Como criollo y terrateniente, Bolívar se fiaba poco o nada de los indígenas. Los contemplaba de refilón, con distancia insalvable entre el vilipendio y la condescendencia. Nunca desde luego como fabulosos evas y adanes. Su cortoplacismo, espoleado por su irrefrenable ansia de mutar de bohemio correveidile inserto en mil y un batiburrillos —crápula y libertino tras faldas no debidas— en quijote, le llevó a vaivenes constantes. Resulta intrépido confiar en la bondad de sus intenciones, que, como plastilina moral, modificaba según conveniencia. Quizá le enojara que la realidad no le diera la razón. Para él sus fluctuantes principios eran los mejores. Era incapaz de asumir que alguien se le opusiera. Fue capaz de traicionarse a sí mismo, además de a sus zascandiles, como documentan los acercamientos a los ingleses. Su arrogancia fue hontanar de innumerables trabas.

En 1823, Bolívar juró en Cajamarca, durante la campaña de Perú, por las cenizas del gran Atahualpa vengar a los indígenas de los excesos de los españoles. Bolívar ambicionaba controlar ese territorio. De ahí sus desavenencias con José de San Martín, porque lo contemplaba como una amenaza para su Gran Colombia. Bolivia es fruto de la furibunda quiebra entre quienes debían haber salvaguardado la unidad. En 1825, una vez que San Martín le dio vía libre en Perú, Bolívar anuló en un tris dos medidas: la emancipación de los nativos y la condonación de los tributos. No sentía demasiado aprecio por los peruleros, aséptica reacción que es correspondida por estos. He aquí una carta al general Santander, fechada en 1824: «*Los quiteños y los peruanos son la misma cosa: perdularios hasta la infamia y bajos hasta el extremo. Los blancos tienen el carácter de los indios, y los indios son todos truchimanes, todos ladrones, todos embusteros, todos falsos, sin ningún principio moral que los guíe. Los guayaquileños son mil veces mejores*».

Su oportunismo de farolero (afirmaba una cosa y actuaba la contraria) perfila ribetes nacionalistas y xenófobos. En la Constitución de Angostura de 1819 se cuidó de dar el voto solo a acaudalados alfabetizados. En esas costuras no entraban los indígenas. En el Decreto de Cundinamarca, de 1820, por el contrario proclamó su intención de tratar correctamente a los indígenas. Así lo dice el preámbulo y el primer artículo del decreto:

«Deseando corregir los abusos introducidos en Cundinamarca en la mayor parte de los pueblos de naturaleza, así contra sus libertades, y considerando que esta parte de la población de la República merece las paternales atenciones del Gobierno por haber sido la más vejada, oprimida y degradada durante el despotismo español, con presencia de lo dispuesto por las leyes canónicas y civiles, ha venido en decretar y;

DECRETO:

Artículo 1: Se devolverá a los naturales, como propietarios legítimos, todas las tierras que formaban los resguardos según títulos cualquiera que sea el que aleguen para poseerla los actuales tenedores».

Al igual que la Revolución francesa, pulverizó los gremios artesanos para favorecer a la burguesía. Se abrió a poner fin a los resguardos indígenas, que eran una forma de organización mediante la propiedad colectiva. Se hizo un reparto individual, algo que chocaba con la forma de vivir de muchos y que hasta entonces España había respetado por ser ancestral tradición. Los beneficiados fueron los latifundistas.

La política de repartimiento, decretada por la ley del 11 de octubre de 1821 del Congreso de Cúcuta, tuvo resultados tan adversos como predecibles: las buenas intenciones, si no se ciñen a la realidad, apacientan calamidad. Pueblos indígenas como el cibcha salieron malparados. El paternalismo del imperio fue suplantado por la iniciativa individual, fetén en otros entornos pero estéril en esa práctica. Muchos pueblos indígenas no concebían otra forma de gestionar que no fuera colectiva.

Numerosos aborígenes tomaron partido por las fuerzas realistas. Desde 1813 el Gobierno de Santa Marta rechazó a los insurgentes gracias a los residentes de Mamatoco, Bonda o Ciénaga. El caso de la región de Pasto, bastión entre Ecuador y Colombia, resume a la perfección las razones de ese arbotante desafío pro-español. Los autóctonos se sabían protegidos por las leyes peninsulares, que ponían freno a tejemanejes de los criollos y respetaban sus tradiciones sin meter baza en ellas.

Las tropas sediciosas de Antonio José de Sucre tomaron la ciudad de Pasto el 24 de diciembre de 1822, después de vencer en la Cuchilla de Taindalá y en el Guáitara. Arrancó así la Navidad Negra, con el saqueo de la ciudad, la quema de bibliotecas y archivos, y el asesinato de cientos de civiles, sin respetar edad o sexo. A los pocos días apareció Bolívar, que continuó con las ejecuciones y alistó por la fuerza o con marrullerías a un millar de pastusos.

Un perverso método de asesinato durante esas trágicas jornadas, fruto de mentes envilecidas, fue el matrimonio cívico, consistente en arrojar al río a dos indígenas atraillados para economizar municiones, un método frustrantemente parecido al usado con prestes en la Revolución francesa y que repetirían un siglo después los nazis del Partido de Cruz Flechada con los judíos de Budapest. No tardaron en surgir movimientos guerrilleros por la región masacrada por los de Bolívar, que fueron sofocados con apuro. Constituyeron un constante quebradero de cabeza para Bolívar, que en 1825 escribía obstinadamente al general Santander, confesando e impulsando los desbarros: *«Los pastusos deben ser aniquilados, y sus mujeres e hijos transportados a otra parte, dando aquel país una colonia militar. De otro modo Colombia se acordará de los pastusos cuando haya el menor alboroto o embarazo, aun cuando sea de aquí a cien años, porque jamás se olvidarán de nuestros estragos».*

Bolívar abandonó el mundo en 1830 sin alcanzar sus objetivos y siendo llorado por pocos. El derrumbe del Imperio español supuso una situación de descomunal descontrol. Cercana la agonía, escribió al general Juan José Flores, de Ecuador, para resumir su experiencia, con un pesimismo que tiene tanto de pavoneo autobiográfico desencantado como de realismo prospectivo: *«Ud. sabe que yo he mandado veinte años y de ellos no he sacado más que pocos resultados ciertos:*

La América es ingobernable para nosotros.

El que sirve una revolución ara en el mar.

La única cosa que se puede hacer en América es emigrar.

Este país caerá infaliblemente en manos de la multitud desenfrenada, para después pasar a tiranuelos casi imperceptibles, de todos colores y razas.

Devorados por todos los crímenes y extinguidos por la ferocidad, los europeos no se dignarán conquistarnos.

Si fuera posible que una parte del mundo volviera al caos primitivo, este sería el último periodo de la América...».

Sobre Bolívar, Karl Marx, nada sospechoso de imperialismo, manejaba la péñola para su colega Engels, en carta fechada el 14 de febrero de 1858: *«La fuerza creadora de los mitos, característica de la fantasía popular, en todas las épocas ha probado su eficacia inventando grandes hombres. El ejemplo más notable de este tipo es, sin duda, el de Simón Bolívar (...). Canalla pusilánime, brutal y miserable, Bolívar es el verdadero Soulouque* [tirano de Haití entre 1849 y 1859]».

Simón Bolívar, al igual que Francisco de Miranda (1750-1816) o Miguel Hidalgo y Costilla (1753-1811), criollos y presuntos intelectuales, abrazaron sin recato los dictados de la Ilustración francesa. Despreciando la verdad histórica, emplearon la palanca de la Leyenda Negra, un contradiós «marketiniano» de baja estofa para acusar a España de barbarie tanto en la Conquista como en el gobierno. A base de repetir inconsistentes desvaríos, un aluvión de ingenuos creyó a aquellos manipuladores que, salvo excepciones puntuales, pensaban más en la mejora de su nivel de vida que en la de los pueblos que aseguraban representar. Ellos, y sobre todo algunos panegiristas posteriores, fueron erigiendo un ridículo culto al indigenismo, en el que no creían pero en el que se apalancaban. Diego Rivera, pintor subyugado a la ideología marxiana, plasmaría en cargantes frescos sucesos que nunca acaecieron, como un renovado De Bry a color.

Chuscos cronistas como el protestante norteamericano John Lotrop Motley (1814-1877) corrompieron su pluma con infames dolos contra el catolicismo, zurrando a España como consecuencia de su fidelidad a esa religión. Otro que tal bailó fue Francis Parkman (1823-1893). Sus simplificaciones, más bien memeces, llevan a cuestionar su título de historiador. Garrapateó, entre otras lindezas: «*A mediados del siglo XVI, España era una tiranía de monjes e inquisidores, con sus enjambres de espías e informadores, sus torturas, sus mazmorras y sus hogueras, quebrantando toda libertad de pensamiento y de palabra; y, mientras el dominico mantuvo su reinado de terror y fuerza, el jesuita, mucho más profundo, guió la mente desde la infancia, dentro de aquellas estrechas honduras de fanatismo de las que nunca había de escapar. Señora de las Indias, España contaba con gran número de mendigos, pero, aun en la decadencia, tenía una nefasta y aterradora fuerza. Con ridícula fantochada profundiza: no ocurrió así con Francia. Ella estaba llena de vida, una discordante y agitada vitalidad. Sus monjes y sacerdotes, al contrario de los de España, eran raramente fanáticos o intolerantes (...). El monje, el inquisidor del jesuita eran señores de España, soberanos de su soberano, pues ellos habían formado la oscura y estrecha mentalidad de ese tiránico recluso. Habían formado el pensamiento de su pueblo, ahogando en sangre cualquier chispa de naciente herejía y entregando una noble nación al fanatismo ciego inexorable, perdición de su destino. Por su vinculación con el orgullo, la ambición o la avaricia, toda pasión de una rica y poderosa naturaleza, potente para el bien o para el mal, convirtió al español de esos tiempos en un azote como nunca sufrió la humanidad*».

José de San Martín fue un español nacido en América el 25 de febrero de 1778, en Yapeyú, asentamiento de las antiguas misiones jesuíticas, en el cauce derecho del río Uruguay. Su padre, Juan, palentino, era teniente gobernador por cuenta de España en aquella localidad. José fue el último de los cinco vástagos del matrimonio del español con la también palentina Gregoria Matorras, prima a su vez del gobernador de Tucumán. Los progenitores lograron regresar a la península gracias al nombramiento del padre como agregado al Estado Mayor del regimiento de Málaga. Lo habían luchado, porque deseaban que sus hijos se educasen en la madre patria. José Francisco ingresó en Madrid en el colegio conocido como Seminario de Nobles. Allí permaneció durante un lustro estudiando Retórica, Matemáticas, Geografía, Ciencia, Francés, Latín y Música. Con doce años solicitó incorporarse como cadete al regimiento de infantería de Murcia. Con este participaría en una campaña en Melilla, donde a los trece años recibió su bautismo de fuego en combate contra los árabes en Orán. Treinta y tres años duró su experiencia al servicio de la Corona española.

Por una audaz acción en Arjonilla, el 6 de julio de 1808, el presidente de la Junta Suprema de Sevilla firmó su ascenso de capitán agregado al regimiento de Caballería de Borbón. Su intervención en Bailén (18-20 de julio de 1808) le supuso el grado de teniente coronel de Caballería, máximo que obtuvo en el Ejército español y que ostentó como comandante del regimiento de Sagunto. Su implicación con la masonería contribuyó a transformar su idiosincrasia buscando el ascenso mediante la independencia de España. Sus compinches de logia y él se plantearon alejarse tanto de la monarquía como del catolicismo. Él mismo fundó al cabo la logia Lautaro en Buenos Aires y otras semejantes en Mendoza, Santiago de Chile y Perú.

Ya en América, San Martín fue ascendido al grado de coronel por el Gobierno revolucionario. Era el 7 de diciembre de 1812. El reuma y los dolores estomacales le constriñeron a recurrir en exceso al opio, abusando del fatídico narcótico a partir de 1816.

Embrollando el espíritu colaborativo que siempre había solicitado, en cuanto tuvo poder reorganizó la contabilidad civil y la militar según su arbitrio, con el manejo de fondos para gastos no transparentes. Esos procederes provocaron murmuraciones, resentimientos..., residuos de una autocracia que él parapetó tras un presunto interés corporativo. Pronto incrementó su patrimonio, comenzado con dos predios, uno para él y otro para su hija.

A decir de diversos historiadores, entre los que destaca Georg Gottfried Gervinus (1805-1871), disponía de insuficiente instrucción y su arte de gobierno no era sano, pues carecía de las luces con las que gestionar hombres y generar compromiso. De sus desencuentros con Bolívar ya se ha hablado. Es llamativa su afición, al igual que la de su rival, por llegar a un complot económico con los anglosajones. Merece la pena repasar sus desahogos: *«Bolívar y yo no cabemos en el Perú; he penetrado sus miras arrojadas; he comprendido su desabrimiento por la gloria que pudiera caberme en la prosecución de la campaña. Él no excusará medios, por audaces que fuesen, para penetrar en esta república seguido de sus tropas; quizá entonces no me sería dado evitar un conflicto a que la fatalidad pudiera llevarnos, dando así al mundo un humillante escándalo».*

El «Libertador» partió en barco con su hija para Europa el 10 de febrero de 1824, llegando al puerto francés de El Havre en ochenta y un días. La Policía de Luis XVIII le prohibió desembarcar, por lo que prosiguió a Londres, trasladándose más adelante a Bruselas. Cinco años más tarde viajaría de nuevo a América, pero la guerra civil entre los independentistas lo persuadió de no apearse. Eran los últimos días del verano austral de 1829.

El manirroto Alejandro Aguado, marqués de las Marismas del Guadalquivir, regateó que el revolucionario envejeciese chapoteando en la penuria abandonado por los supuestamente suyos. San Martín falleció a las tres de la tarde del 17 de agosto de 1850. Treinta años más tarde sus restos fueron remitidos a Argentina y depositados en la capilla lateral de la catedral de Buenos Aires.

John M. Thurston, senador norteamericano por Nebraska, bramaba el 24 de marzo de 1989 al más puro estilo populista (parafernalia con nula verdad): *«Cristo murió hace 1900 años y España es una nación cristiana que ha colocado más cruces en más tierras y bajo más cielos y a su sombra asesinado más gente que todas las otras naciones juntas. Europa puede tolerar su existencia hasta tanto que la gente del viejo mundo lo desee. Dios haga que antes de otra Navidad, el último vestigio de la opresión y tiranía española se haya desvanecido del hemisferio occidental».*

El fachoso énfasis no oculta la falsedad de esas afirmaciones, pero los indocumentados no precisan más.

He aquí, en fin, otro de esos textos que generan vergüenza ajena, por el caudal de prepotente ignorancia y mala fe. Se trata de Westward Ho, del indecente Charles Kingsley (1819-1875): «*Fueron los hombres de Devon, como Drake, Hawkins, Gilbert, Raleigh, Grenvile, Oxenham* (¡todos brutales corsarios en realidad!) *y una multitud más de celebridades olvidadas a los que aprenderemos un día a honrar como se merecen y a los que Inglaterra debe su comercio con sus colonias y su propia existencia. Porque si ellos no hubieran truncado con sus incursiones en las Indias occidentales las mal adquiridas riquezas del español, y luego aplastándolo en su último gran esfuerzo en la Salamina británica, la gloriosa batalla de 1588, no seríamos ahora sino una dependencia papal bajo una tiranía mundial, tan cruel como la de la misma Roma pagana y mucho más depravada.*

Os lo digo como estos españoles son insignes cobardes, como lo son todos los bravucones. Oran ante una mujer ¡bribones idólatras!, y no es extraño que luchen como mujeres».

Estas majaderías, en este caso de ficción, no merecen más atención. Entre otras cosas porque ignoran que la llegada de los españoles a América vino marcada por un profundo y quisquilloso filtro ético dignamente diferencial, salvo excepciones puntuales, al desembarco de europeos en cualquier punta del planeta. Gustavo Gutiérrez, teólogo de la mal llamada liberación, acierta plenamente al señalar que «*solo en España se tuvo el coraje de realizar un debate de envergadura sobre la legitimidad y justicia de la presencia europea en las Indias*».

Más ejemplos del hado de los indígenas tras la independencia fueron las campañas militares que se emprendieron entre 1878 y 1885, en la República argentina. El objetivo era la conquista de regiones pampeanas y patagónicas, hasta entonces en manos de pueblos como el mapuche, el pampa, el ranquel o el tehuelche. Los orígenes de este conflicto, que se prolongan desde los tiempos de la conquista hasta la guerra civil entre la Confederación Argentina y la Provincia de Buenos Aires (1852-1860), dieron lugar a lo que se vino en llamar, no sin pomposidad, «la conquista del páramo». Las campañas se desenvolvieron con heterogéneas magnitudes y duraciones. Algunas fueron patéticas desde el punto de vista militar –como la campaña del Río Negro o la de los Andes–, en vastas y desoladas regiones de orografía endiablada, con enfrentamientos constantes, por lo general brutales, contra las tribus locales.

El resultado fue la victoria de las tropas republicanas, en lo que hoy es considerado el último paso para la creación de Argentina, entre otras razones porque existía el riesgo de que Chile e incluso Gran Bretaña se hicieran con aquellas tierras. Algunos argumentan que era una necesidad histórica acabar con unos indígenas que, como había versificado magistralmente Gonzalo de Ercilla en La Araucana, eran excepcionales matachines, gavilanes en busca de presa, que nunca habían retrocedido en su belicosidad, también a la hora de robar ganado. Al final, el Virreinato los había dado por perdidos, resignándose a combatirlos por rachas, al modo de lo que hicieran los romanos con tribus germanas o sajonas.

La conquista del desierto implicó el exterminio de decenas de miles de indígenas. Otros fueron apresados en condiciones espantosas como, sin ir más lejos, denunció Charles Darwin durante su travesía por esos lares. Se erigieron campos de concentración en regiones como Río Chiquito o Chichinales, y numerosos prisioneros fueron trasladados a pie hasta Buenos Aires, desde donde fueron remitidos a la isla de Martín García para ser abandonados a su suerte. El Gobierno de Roca promovió el que féminas e infantes fueran entregados como sirvientes de familias pudientes, en lo que sería un presagio de otras prácticas igual de censurables durante la dictadura militar de los años setenta del siglo pasado. Como se pudo leer en el diario El Nacional durante aquellos años: «*La desesperación, el llanto no cesa. Se les quita a las madres sus hijos para en su presencia regalarlos, a pesar de los gritos, los alaridos y las súplicas que hincadas y con los brazos al cielo dirigen las mujeres indias. En aquel marco humano unos se tapan la cara, otros miran resignadamente al suelo, la madre aprieta contra su seno al hijo de sus entrañas, el padre se cruza por delante para defender a su familia*».

Algunas voces denunciaron las atrocidades. El diputado Aristóbulo del Valle, uno de los fundadores de la Unión Cívica Radical, lo hizo en la Cámara de Diputados: «*Hemos tomado familias de los indios salvajes, las hemos traído a este centro de civilización, donde todos los derechos parece que debieran encontrar garantías, y no hemos respetado en estas familias ninguno de los derechos que pertenecen, no ya al hombre civilizado, sino al ser humano: al hombre lo hemos esclavizado, a la mujer la hemos prostituido; al niño lo hemos arrancado del seno de la madre, al anciano lo hemos llevado a servir como esclavo a cualquier parte; en una palabra, hemos desconocido y hemos violado todas las leyes que gobiernan las acciones morales del hombre*».

Aquellas crueldades no las ejecutaban los presuntamente malvados españoles, sino los supuestamente beneficiosos «padres de la patria», voceros de la manumisión. Nada distante de los crímenes de los anglosajones. En California, en manos de Estados Unidos desde 1848, basta con citar al primer gobernador, Peter Burnett, quien, aparte de detestar a los negros, ponía precio a los indios, a quienes reputaba como un impedimento para la carrera del oro. En apenas treinta años la población indígena pasó dc 150.000 a 30.000 personas, alcanzando un mínimo histórico en 1900. Burnett nunca ocultó su propósito. En 1851 declaró, falsamente compungido: «*Es previsible que una guerra de exterminio vaya a continuar entre las dos razas, hasta que la India se extinga. Aunque solo podemos contemplar ese resultado con doloroso pesar, el destino inevitable de dicha raza queda fuera del alcance del poder y sabiduría humanas*».

Estados Unidos muestra impúdicamente cómo maltrataron inmisericordemente a los indígenas. Incluso crearon un género cinematográfico en el que se ensalzó la guerra contra ellos, hasta que a partir de los años sesenta del siglo XX, con películas como, entre otras, la maravillosa *El gran combate* (1964) de John Ford —un homenaje lleno de respeto y cariño hacia el pueblo indio—, o *Pequeño gran hombre* (1970), empezó a mutar la repugnante visión del indio como una diana de tiro con piernas. Los anglos nacidos en cualquiera de los dos lados del Atlántico no solo incumplieron sistemáticamente los tratados, sino que, además de arrinconar a los locales en reservas minúsculas e inhóspitas, se persiguió con sañuda malquerencia a los disidentes. Tampoco hubo una Iglesia que atemperara.

La estrategia de los anglosajones fue aislar o exterminar de forma impía.

Los soldados blancos, como el general George Crook, que se encargó de combatir a los apaches de Gerónimo, pues el Gobierno federal no respetaba los conciertos, lo experimentaron y ejecutaron. En una entrevista, exteriorizaba: *«No me extraña, y es probable que a usted tampoco, que cuando los indios ven a sus mujeres y a sus hijos morirse de hambre y ven cómo les arrebatan sus últimas fuentes de alimentación se dispongan a luchar. Y entonces nos envían a nosotros allí a matarlos. Es una atrocidad. (...). El modo en que tratamos a los indios es un escándalo».*

Fueron numerosas las masacres de indios durante la Conquista del oeste, desde la de Bloody Island (1850) hasta la citada de Wounded Knee (1890). A eso hay que sumar las epidemias que los diezmaron. Cientos de miles de indígenas murieron tras la llegada de los anglosajones y galos a lo que hoy es Estados Unidos. Las leyes no reconocieron plenamente a los indígenas hasta los años setenta del siglo XX. Resuenan las palabras del cheyene «Trueno de Fuego»: *«Recuerdo que los blancos venían a luchar contra nosotros y nos querían quitar nuestras tierras (...). Nosotros también somos humanos. Dios nos ha creado a todos iguales, y yo iba a hacer todo lo que pudiera para defender a mi pueblo. Por lo que emprendí el sendero de la guerra».*

La emancipación de la América hispana, en fin, lejos de subsanar la cuestión indígena, la agravó. La diferencia entre criollos e indígenas todavía es palpable, con un racismo que germina cansino en las campañas electorales. En ocasiones ha dado paso a situaciones fieras. Los exterminios contra el pueblo ixil por parte de las tropas del dictador Efraín Ríos Montt entre 1982 y 1983, o la esterilización de docenas de miles de indígenas ordenada por el tirano Alberto Fujimori entre 1996 y 2000, son una muestra.

De haber tenido el Imperio español una intención genocida jamás hubiéramos llegado a ver en sus países a presidentes del Gobierno como Benito Juárez en México, Evo Morales en Bolivia o Alejandro Toledo y Pedro Castillo en Perú. España jamás pretendió destruir a la población, por las razones ya apuntadas: la necesidad de mano de obra y de almas para ser evangelizadas. No parece, por el contrario, que vayamos a jalear a un indio pawnee en la Casa Blanca o a un aborigen en la Casa del Gobierno de Canberra.

Insisto en que resulta paradójico y excéntrico que aparezcan cada cierto tiempo populistas documentados, un oxímoron, que exigen agresivamente a los españoles −o sea, a los descendientes de quienes no fueron a América− reparaciones por el pasado, eclipsando que ellos son sucesores de los criollos independentistas y omitiendo la responsabilidad de esos Gobiernos posteriores a la salida de los españoles, quizá incluso de los que ellos mismos forman parte.

LA LEYENDA BLANCA

Hernando Cortés entra en Cholula, México. Everett colección. Fuente: Shutterstock.

Sería propio de edénicos el traspié en la mácula de juzgar que el Imperio español fue una utopía idílica. La Leyenda Blanca es tan innoble como la Negra, pues también es fingimiento. No hay trufas mejores o peores: la falsedad, aunque sea tan pequeña como una gotera que se filtra inapreciable, acaba agriando. Hubo actuaciones deleznables, si bien —a diferencia de los casos francés, británico, norteamericano, holandés, japonés, chino, etc.— jamás fueron alentados por las instituciones. Esconder o ningunear los desafueros proporcionaría gasolina a los incontables difamadores que berrean sin soterramiento la Leyenda Negra.

Según el informe que en 1500 redactó Fernando de Bobadilla, juez pesquisidor, para la Corona, Cristóbal Colón se comportó como un pésimo gobernador de La Española. Entre otras fechorías, Colón, compinchado con sus hermanos, esclavizó indígenas para negociar en Las Azores o en la costa de África, y se desenvolvió como un despreciable autócrata, inclinado a solucionar los problemas mediante una intimidación desmesurada y a hacer un uso oprobiosamente creativo de la contabilidad. Colón había sido indagado años antes, pero después de un juicio con diecisiete testigos no se salvó. Se sentenció que estaba usurpando la autoridad de los Reyes Católicos. En 1500 fue destituido y enviado a España con grilletes junto a su hermano Bartolomé. Ambos fueron entregados al obispo de Burgos, Juan Rodríguez de Fonseca. Finalmente, puesto coto a los desafueros, los Reyes Católicos amnistiaron al almirante.

La corrupción fue un mal endémico en las Indias, como lo es en cualquier colectivo. La distancia con España, así como la inicial ausencia de unas estructuras de control y un sistema basado en lealtades y favores, propició el que algunos tuvieran la mano larga y se dejaran llevar por el nepotismo. No ayudó la desmesura a la hora de legislar, con decenas de leyes que eran casi imposibles de cumplir. Los juicios de residencia, mecanismo legal por el que cualquiera podía ser sentado en el banquillo, Colón, por ejemplo, aplacaban desmanes, pero no los abatían. Colón, como tantos otros, aspiró al dinero, el poder, el ascenso social, y también a la difusión de la fe cristiana en la que firmemente creyó, aunque no siempre fue congruente. De sus disposiciones religiosas y de su deseo de enjaretarse para la vida eterna habla el que, al formalizar su testamento, reivindicase que lo amortajaran con el sayal de san Francisco.

Es evidente, reitero, que como en cualquier conquista hubo violencia, pero, además de que muchos procuraron minimizarla, quedaron valiosos legados para quienes habitan entre Río Grande y la Patagonia: la religión, el arte, la arquitectura... y la lengua española. Son tramas fundamentales de la unidad del gran pueblo hispanoamericano. ¿Se ha llevado algo relevante sin brío adelante? ¿Hubiera sucedido algo —valga la chunga— si en vez de legiones hubieran salido de Roma bufones, galenos, politicastros o poetas? ¿Y qué hubiera sido de la Macedonia de Alejandro Magno si este hubiera ido acompañado solo de tenores, pintores o escultores? A pesar de las incongruencias en sus comportamientos, la práctica totalidad de los aventureros españoles o extranjeros financiados por España se esforzaron por mostrar la verdadera fe, aunque ellos mismos no la asumiesen en todas sus tonalidades. Fernando de Magallanes, por ejemplo, aunque altivo y desconfiado con los suyos, fue un implicado propagador de la verdad cristiana. Siempre que podía acudía a misa a diario y ya en Asia se implicó en impartir catequesis. Francisco de Pizarro se extinguió marcando con su sangre *in articulo mortis* una cruz en el suelo al ser asesinado. Hernán Cortés dejó fondos cuantiosos para que se celebrasen misas por su alma, al igual que Elcano. Los principales eran cultos; algunos incluso buenos escritores como Cortés, Bernal Díaz del Castillo, y tantos otros.

Pablo Neruda, tan tierno poeta como incongruente persona, resumió sesgadamente la aportación de España: «*La luz vino a pesar de los puñales*». El enriquecido comunista desatendía en su sinopsis la supresión de las guerras tribales; la prohibición de sacrificios humanos; una admirable administración eficiente; la construcción de ciudades bien planificadas; el arranque de un sistema intercontinental de comunicaciones gracias a los veleros y a los caballos, mulos y faetones; la incorporación de innovadoras técnicas de cultivo, entre otras la labranza mediante el arado con bueyes; el desarrollo de artesanos y artistas indígenas con metodologías europeas; la introducción de un régimen educativo netamente superior al previo, etc. En aguas ideológicas análogas a las de Neruda navegan personajes como José Antonio Barroso, promotor de un monumento homenaje a las víctimas de la invasión europea desde 1492, José Alsina Franch (1922-2001) o Reyes Mate, por mencionar solo algunos de los más cáusticos.

El antedicho juicio de residencia pretendía ser una revisión de la labor que cualquier responsable había llevado a cabo durante el periodo en el que había estado al servicio de la Corona para comprobar la veracidad de las acusaciones vertidas en su contra. Comprendía desde virreyes a cargos menores, tendencialmente con las mismas garantías. La instrucción podía durar hasta medio año. Durante ese periodo, el hurgado no podía ausentarse. El objetivo era evitar fugas en un territorio donde las fronteras podían obviarse con facilidad. Por lo demás, antes de que asumieran el cargo, los virreyes y otros cargos ya habían sido sometidos a crisol previo, para que en la medida de lo posible solo ascendiesen los impolutos.

El proceso constaba de dos fases, una secreta y otra pública, con una audiencia que procuraba presidir el virrey cuando no era él mismo el afectado. En la junta pública se recababan testimonios. Cualquiera era libre de denunciar al investigado, que por supuesto podía defenderse. Los pleitos se convertían en acontecimientos populares. Manifestaban la intención de la Corona de garantizar justicia.

Ni siquiera los más relevantes se vieron libres de este arbitrio. Hernán Cortés afrontó a partir de 1529 uno interminable. Se le acusó, entre otros cargos, del asesinato de su primera mujer. Más drástico fue el del antiguo alcalde de Santa María del Darién, Vasco Núñez de Balboa, a quien, tras haber recibido nombramiento de *interim*, se juzgó en 1519 por traición y usurpación de los poderes del gobernador Pedrarias Dávila, con el que había disputado. Núñez de Balboa, que había seguido explorando el mar del Sur incansablemente —Dávila lucubró que con el egoísta propósito de promover su propio reino—, acabó apresado por Francisco de Pizarro, siempre fiel a sus superiores jerárquicos. Fue aquel un juicio precipitado, bien orquestado por Dávila y con insuficientes garantías. En pocos días, Núñez de Balboa, que el 29 de septiembre de 1513 había tomado posesión del Pacífico en nombre de don Fernando y doña Juana —*Te Deum* de por medio— con el nombre de «Mar del Sur» bajo el flamear de los gallardetes de España, resultó sentenciado a muerte por decapitación junto a cuatro compañeros. El conquistador reiteró en todo momento su lealtad diamantina al rey, pero de nada le sirvió. Tampoco le resultó útil el que su mujer fuera hija de Dávila, María de Peñalosa, a la que nunca llegaría a conocer, dado que fue una boda por poderes, con ella en España y él en América.

Hasta que desaparecieron en las Cortes de Cádiz, fueron una constante. En 1762, José Manuel Solís Folch de Cardona, el tercer virrey de Nueva Granada, acabó recluido en un convento después de ser investigado durante meses en una instrucción que finiquitó con el acusado inicialmente reprobado con más de veinte cargos, entre ellos la disipación de dinero público: si leemos al revés la palabra sobornos la entendemos mejor. Los tiempos no viran los comportamientos, sino que simplemente, al igual que la energía, se transforman. Solís fue finalmente exonerado. Falleció el 27 de abril de 1770 con el nombre de fray José de Jesús María en el convento de San Francisco en Bogotá. Su cráneo se conserva en la sacristía del templo de San Francisco de esa ciudad. Alguien escribió sobre el mismo lo siguiente: «*Entre las pompas viví, / del mundo que al fin dejé, / solo el sayal que vestí / me queda, y las galas que/ a Cristo, en sus pobres di*».

Otra herramienta de control fue la figura del veedor, equivalente al auditor interno contemporáneo. Era una añeja posición del Gobierno en Castilla, que se impuso a partir del segundo viaje de Colón. Fiscalizaba *in situ* desde las cuentas hasta la calidad de los metales. No podía acceder a cargo alguno y tampoco recibir encomiendas, por lo que se garantizaba, al menos en la teoría, imparcialidad e independencia. Como su nombre indica, veían por la Corona.

El visitador era nombrado directamente por el rey. El suyo era un arbitrio más estricto que el de los juicios de residencia: se concedían menos garantías al acusado, que debía afrontarlo a ciegas, sin saber, por ejemplo, quiénes lo habían evidenciado. Famoso fue Juan de Palafox (1600-1659), obispo de Txalaca y virrey de la Nueva España. Hijo ilegítimo del marqués de Ariza, fue criado por una familia humilde, lo que no le impidió estudiar en Salamanca y Alcalá de Henares, respaldado por el conde duque de Olivares. Después de ser nombrado obispo, Palafox trabajó a favor de los indígenas, además de batallar hasta la extenuación con los jesuitas, con quienes colisionó pertinaz y reiteradamente. Como visitador real depuso y arrestó a Diego López Pacheco, duque de Escalona y virrey de la Nueva España en 1642. Pacheco era primo del duque de Braganza, quien, tras la Guerra *da restauração*, había pasado a ser Juan IV, rey de Portugal. Pacheco regresó a España, donde se defendió con éxito, pues se le reingresó parte de la fortuna incautada. Palafox, ya prelado de Puebla, ocupó el cargo de virrey, proficuo para abrir el comercio y cuidar de los indígenas, además de proteger como mecenas las manifestaciones culturales. Ejemplo de ello fue su espléndida biblioteca, cuyos miles de volúmenes aún se hallan en aquel lugar. He detallado sus berrinches con los de la Compañía, fruto de la cabezonería de ambas partes, en *Jesuitas, liderar talento libre* (LID).

En cuanto a la violencia desatada contra los indígenas, la Matanza de Tóxcatl es de las más famosas. A finales de mayo de 1520, desmenuzaremos los entresijos, Pedro de Alvarado, mientras Hernán Cortés lidiaba e incorporaba a las suyas las mesnadas de Pánfilo de Narváez, molió a los mexicas mientras llevaban a cabo un rito religioso para celebrar el *tóxcatl* en el Templo Mayor. Bernardino de Sahagún lo describió así: «*Al momento todos acuchillan, alancean a la gente y les dan tajos, con las espadas los hieren. A algunos los acometieron por detrás; inmediatamente cayeron por tierra dispersas sus entrañas. A otros les desgarraron la cabeza: les rebanaron la cabeza, enteramente hecha trizas quedó su cabeza (...). A otros les dieron tajos en los hombros: hechos grietas, desgarrados quedaron sus cuerpos. A aquellos hieren en los muslos, a estos en las pantorrillas, a los de más allá en pleno abdomen. Todas las entrañas cayeron por tierra. Y había algunos que aún en vano corrían: iban arrastrando los intestinos y parecían enredarse los pies en ellos. Anhelosos de ponerse en salvo, no hallaban a dónde dirigirse*».

La escabechina desencadenó la rebelión mexica que condujo a la Noche Triste, que, tras la extinción del cabizbajo Moctezuma, desataría la desorbitada evasión de los españoles hacia Tacuba. El impreciso episodio sigue sujeto a interpretaciones contrapuestas. Es probable que Alvarado —a quien se le demandó responsabilidad durante su juicio de residencia—, tratando de anticiparse a una perentoria rebelión —en la que él era la presa final, según Díaz del Castillo—, pretendiera descabezarla. Cientos de españoles y miles de aliados tlaxcaltecas acabaron muertos durante la Noche Triste (*annus mirabilis, aut terribilis?*), muchos sacrificados cruelmente en prez al que sería nuevo emperador mexica, Cuitláhuac. Sobre la controvertida y aún enigmática muerte del atolondrado Moctezuma, escribió Bernal Díaz del Castillo: «*Cortés lloró por él, y todos nuestros capitanes y soldados, y hombres hubo entre nosotros, de los que le conocíamos y tratábamos, que fue tan llorado como si fuera nuestro padre, y no nos hemos de maravillar dello, viendo que tan bueno era. Y decían que había diez y siete años que reinaba e que fue el mejor rey que en México había habido, e que por su persona había vencido tres desafíos que tuvo sobre las tierras que sojuzgó*».

Más allá de prácticas que hoy nos parecen deplorables –por no salirnos del ámbito de la conquista de México, añadamos la terrible escabechina de Cholula, en 1519–, se antoja imposible juzgar con visos de objetividad desde la cómoda distancia de nuestra actual moral esos eventos brutales, que, como venimos analizando, no fueron patrimonio exclusivo de los españoles. La Conquista, en realidad liberación para las docenas de pueblos sometidos a los autócratas precolombinos, no fue un picnic; se hizo por la fuerza. No eran hombres propensos a negociar, sino convencidos de que, en un ámbito inédito donde cada paso suponía la posibilidad de una muerte cruel, la gloria se obtenía por las armas. Su forma de orillar solía incluir la violencia. Bastantes, como Francisco de Pizarro o Francisco de Carvajal, habían participado en la campaña de Nápoles del Gran Capitán o habían combatido en batallas como Rávena o Pavía. No eran, valga la zumba, funcionarios de la ONU.

Los españoles también pasaron años batallando entre ellos, en un ambiente donde eran pan comido los equívocos, interesados o no, como hemos visto en el caso del juicio de Núñez de Balboa. La obsesión por la gloria y las arduas condiciones de aquella geografía y clima contribuían a que algunos, ateridos por el frío del relente o agobiados por la calima y la chicharrera, se turbaran. En esas conflagraciones perdieron la vida numerosos indígenas, como en las laberínticas guerras civiles de Perú, que se desataron más que nada por razones de codicia entre Francisco Pizarro y Diego de Almagro al repartirse el botín, y también de poder, por la aversión a las Leyes Nuevas por parte de Gonzalo Pizarro y los encomenderos. Lo que hoy denominamos Imperio inca, por cierto, comenzó a ser denominado Perú por los hombres de Pizarro antes incluso de llegar a él. El nombre procedía de la hispanización del Birú, río de la costa del Pacífico que aún hoy mantiene su calificativo indígena.

En medio de aquellas reyertas brilló un enervado Pedro de Valdivia, maestre de campo de Hernando Pizarro durante la Batalla de Salinas (6 de abril de 1538), premiado con el nombramiento de expedicionario jefe a Chile. El aventurero por antonomasia, con esa embriaguez perpetua del visionario que se niega a ser monaguillo entre cardenales, reflejó lo mejor y lo peor. Emociona aún hoy el discurso a sus hombres junto al río Coquimpo de aquel chiflador ensañado de la prudencia que tras un desfile de contratiempos siguió empujando a sus hombres hacia lo que será Santiago de Chile: *«Como la honra sea una cosa de que tanto nos debemos preciar, caballeros y compañeros míos, y aquella se llama verdadera que con trabajos y fatigas se adquiere, no nos deben espantar y desmayar los presentes, pues son el toque donde se muestran más los quilates del valor y la virtud de cada uno (...). No se alcanza el descanso sino por medio del trabajo. A dilatar venimos la fe y a servir a Dios y al rey y para extenderla, y ganar honra y fama y descanso perpetuo es menester pasar dificultades, que siempre se siembra con trabajo y se recoge con alegría».*

Valdivia falleció en la Batalla de Tucapel el 25 de diciembre de 1553 a manos de Lautaro, siervo transformado en mito, como el galo Vercingétorix. Medio centenar de españoles se liaron a trompicones contra miles de indígenas y cayeron en el intento. Aquella nueva Noche Triste sería vindicada en 1558 en Cañete. Sin embargo, la guerra de los araucanos prosiguió hasta los estertores del siglo XIX. Y los mapuches aún discrepan con los actuales chilenos. De su exigua humanidad habla el que secuestraban a españolas para violarlas. Las ponían luego en libertad para humillar a sus enemigos.

Personaje singular de esas guerras fratricidas fue el esquizotímico Lope de Aguirre (1511-1561), citado en ocasiones como Ochoa de Aguirre, porque en vascuence Ochoa significa lobo, al igual que Lope en latín. El escudo familiar aboceta a una loba que amamanta a sus lobeznos sobre un campo de plata, mientras reposan a la sombra de un árbol bajo cinco estrellas de oro. Corona el blasón un águila con las alas abiertas y las garras en punta.

Nuestro vultúrido personaje es conocido por muchos a través de la película que le dedicara Werner Herzog o por la novela de Ramón J. Sender. El inglés Robert Southey también elaboró un magnífico libro sobre él. El chocarrero Aguirre se significó en las guerras de Perú como exabrupto y feroz, dando la talla con una valentía casi suicida en batallas como la de Salinas, entre pizarristas y almagristas. Miembro del bando perdedor, fue arrestado en Potosí, acusado de lastimar a los indígenas y condenado a ser azotado. Con los años se vengó del juez, al que persiguió con tirria irredenta miles de kilómetros hasta asesinarlo. Fue perdonado por Alonso de Alvarado en 1554 para que lo ayudase a lidiar con el encomendero rebelde Francisco Hernando Girón. En 1560, dispuesto a cualquier aventura, se enroló en la expedición de Pedro de Ursúa para encontrar El Dorado a través del río Marañón. Arrancó entonces la leyenda del desgarbado Lope de Aguirre. Los primeros en mencionar el fabuloso enclave fueron los aventureros Ordás y Jerónimo de Ortal. Los siguieron Pedro de Añasco, Belalcázar, Hernán Pérez de Quesada, y otros europeos como el alemán Van Hutten y el inglés Walter Raleigh. El mismo, por cierto, que enarboló plácemes a la audacia y el acendrado cuajo de los españoles. El peculiar personaje, testaferro, asesino y escritor, acabó decapitado por sus compatriotas en 1618 acusado de traición. Los textos de Raleigh, con grabados quiméricos de animales fantásticos, resultan aún pintorescos. Describe un inverosímil encuentro con los indios evaipamomas, que carecen de cabeza y tienen los ojos en los hombros, y la nariz y la boca en el tórax y la cabellera en el espinazo. Menciona también a los tintinas, que viven en los árboles.

En 1561, un procaz y deslenguado Aguirre acuchilló a Pedro de Ursúa y a su sucesor, iniciando una enloquecida carrera de fuego y sangre con la que, acompañado de cientos de secuaces —los marañones—, llegaría hasta el Atlántico a través del Orinoco. Por el camino dejó numerosos cadáveres. El 23 de marzo de 1561, tras conquistar Isla Margarita, se rebeló contra España y escribió a Felipe II una macanuda misiva que firmó como «el Traidor»: «*Por cierto lo tengo que van pocos reyes al infierno, porque sois pocos; que si muchos fuésedes; ninguno podría ir al cielo, porque creo allá seríades peores que Lucifer, según tenéis sed y hambre y ambición de hartaros de sangre humana; mas no me maravillo ni hago caso de vosotros, pues os llamáis siempre menores de edad, y todo hombre inocente es loco; y vuestro gobierno es aire. Y, cierto, a Dios hago solemnemente voto, yo y mis docientos arcabuceros marañones, conquistadores, hijosdalgo, de no te dejar ministro tuyo y vida, porque yo sé hasta dónde alcanza tu clemencia; el día de hoy nos hallamos los más bien aventurados de los nascidos, por estar como estamos en estas partes de Indias, teniendo la fe y mandamientos de Dios enteros, y sin corrupción, como cristianos; manteniendo todo lo que manda la Santa Madre Iglesia de Roma; y pretendemos, aunque pecadores en la vida, rescibir martirio por los mandamientos de Dios».*

La perturbada peripecia de Lope de Aguirre llegó a su final en Barquisimeto, donde sus adeptos, tras el fallido intento de tomar Panamá y ante el acoso de las tropas de Diego García de Paredes, decidieron deshacerse de él. Lope de Aguirre, por completo enajenado, liquidó a su propia hija, Elvira, para que no cayera en manos de sus, hasta ese momento, acólitos. Sus soldados lo ultimaron a tiros de arcabuz. Cuentan las crónicas que cuando uno le acertó en la pierna, medio desjarretándola, él gruñó:

—*¡Ese tiro no es bueno!*

El sucesivo le alcanzó en el pecho y Aguirre adicionó:

—*¡Este sí!*

Custodio Hernández le cortó la cabeza sobre un tajón y el resto del cuerpo fue carneado. Sus manos mutiladas fueron llevadas a Trujillo y Valencia. Algunos marañones fueron juzgados y condenados a morir cuarteados, al igual que su cabecilla. Escribió Francisco Vázquez en la *Jornada de Omagua y Dorado*: «*Era vicioso, rijoso, glotón; tomábase muchas veces de vino. Era mal cristiano, y aún hereje luterano, o peor; pues hacía y decía las cosas que hemos dicho atrás, que era matar clérigos, frailes, mujeres y hombres inocentes sin culpa y sin dejarlos confesar, aunque ellos lo pidiesen. Nunca supo decir ni dijo bien de nadie, ni aún de sus amigos; era infamador de todos, no hay algún vicio que en su persona no se hallase».*

La fe era algo tan relevante que incluso los pirados como Lope de Aguirre la mantenían en medio de sus desvaríos. Escribió: «*Anden las guerras por donde anduvieron, pues para los hombres se hicieron; más en ningún tiempo, por adversidad que nos venga, no dejaremos de ser sujetos y obedientes a los preceptos de la madre Santa Iglesia de Roma».*

Simón Bolívar visionó la carta de Lope de Aguirre como la primera acta de la independencia de América. A pesar de que el 18 de septiembre de 1821 Bolívar ordenó publicar la desquiciada misiva de Lope de Aguirre a Felipe II en *El Correo Nacional* (Maracaibo), no llegó a ver allí la luz.

Interesante es también la vida del citado Francisco de Carvajal (1464-1548). El adjetivado demonio de los Andes, de juventud turbulenta y ducho de los Tercios en las guerras de Italia —se cuenta que llegó tarde al saqueo de Roma y solo pudo sacar unos legajos sin valor de un notario—, se lanzó a las Américas para hacer fortuna. Participó en el sofocamiento de la rebelión de Manco Inca contra Francisco Pizarro en 1536 y se le encomendó la alcaldía de Cuzco. Se sumó a los realistas contra las tropas de Diego de Almagro en las primeras guerras civiles de Perú. Adquirió fama de orate en la batalla de Chupas. Temeroso de malbaratar sus privilegios, se unió a los encomenderos que, a las órdenes de Gonzalo Pizarro, se rebelaron en 1544, rechazando las Leyes Nuevas, con el apoyo de no pocos locales que veían con buenos ojos el intento de Pizarro por crear una dinastía mestiza. Un fenómeno semejante se produjo en América central, conocido como la Rebelión de los Contreras.

Maestre de campo, Carvajal se hizo famoso, además de por sus dotes militares, por su crueldad, dada su facilidad para el ahorcamiento de realistas tras la toma de una localidad, como en Lima o en la Villa de la Plata. No son pocos los epifenómenos que sobre el personaje reúne el Inca Garcilaso en su *Historia General de Perú*, fascinado por su leyenda: «*Francisco de Carvajal, volviendo victorioso de los alcances que dio al capitán Diego Centeno, en regocijo de su victoria hizo un banquete en el Cuzco a sus más principales soldados; y como entonces valía el vino a más de trescientos pesos la arroba, los convidados se desmandaron, y, como en gente no acostumbrada a beberlo, hubo algo de sus efectos, de manera que algunos quedaron dormidos en sus asientos y otros fuera de ellos, como acertaron a caer, y otros donde pudieron acomodarse. Doña Catalina Leyton, que saliendo de su aposento los vio así, haciendo escarnio de ellos dijo: 'iGuay del Perú, y cuál están los que le gobiernan!'. Francisco de Carvajal, que lo oyó, balbuceó: 'Calla, vieja ruin, dejadlos dormir dos horas, que cualquiera de ellos puede gobernar medio mundo'».*

Con más de ochenta años, Carvajal acabó moviéndose, gracias a su destreza a la hora de montar y a la fidelidad de unas horripiladas tropas, por las regiones del Potosí, donde se ganaría el mencionado remoquete de «demonio de los Andes» por su crueldad y por su pericia para no ser capturado. A su paso, mientras jugaba al gato y al ratón con las tropas de Diego de Centeno, saqueó aldeas, destripando indígenas y a españoles. En 1547, además de guillotinar a Lope de Mendoza y enviar la testuz a Arequipa, apabulló a Centeno en la batalla de Huarina gracias a su arcabucería. Según cuenta Agustín de Zárate, en *Historia del descubrimiento y conquista del Perú*: «*El capitán Carvajal mandó disparar algunos pocos arcabuces para provocar al enemigo que disparase de golpe, como lo hizo; y la infantería de Centeno comenzó a marchar a paso largo, caladas las picas, y a disparar segunda vez los arcabuceros, sin hacer ningún daño, porque había trescientos pasos de distancia. Carvajal no permitió que ningún arcabuz suyo disparase hasta que tuvo los contrarios poco más de cien pasos de sí, que mandó disparar la arcabucería; y los arcabuceros, que eran muchos y muy diestros, de la primera rociada mataron más de ciento y cincuenta hombres, y entre ellos dos capitanes, de suerte que se comenzó a abrir el escuadrón; y de la segunda vez se desbarató de todo punto, y comenzaron a huir sin orden*».

Las achicadas tropas de Pizarro y Carvajal no salvaron los muebles, pues fueron desfondadas por Pedro de la Gasca en Jaquijahuana, en 1548, gracias también a una masiva deserción. Como plebeyo, Carvajal fue ahorcado en el campo de batalla y su testa puesta en una pica para ser exhibida en la Plaza Mayor de Lima. Su leyenda fiera, como la injusta del duque de Alba en los Países Bajos, se mantendrá en los cuentos que las madres y criadas contaban a los críos peruanos antes de dormir. Refiere el Inca Garcilaso que *«así lo llevaron en peso hasta el pie de la horca que le tenían hecha. Y que por el camino iba rezando en latín, y por no entender este solda-do latín, no sabía lo que rezaba; y que dos clérigos sacerdotes que iban con él le decían de cuando en cuando: 'Encomiéndese vuesa merced a Dios'. Carvajal respondía: 'Así lo hago, señor', y no decía otra palabra. De esta manera llegaron al lugar donde lo ahorca-ron, y él recibió la muerte con toda humildad, sin hablar palabra ni hacer ademán alguno».* Así acabó el bravo Francisco de Carvajal, de quien a su muerte Francisco López de Gómara, capítulo ciento ochenta y siete, dice estas palabras: *«Había ochenta y cuatro años, fue alférez en la batalla de Ravena y soldado del Gran Capitán, y era el más famoso guerrero de cuantos españoles han a Indias pa-sado, aunque no muy valiente ni diestro».*

Otros sucesos completan un cuadro de inestabilidad e incer-tidumbre en el que lo realizado por Aguirre y otros no resulta tan excepcional. Los negros cimarrones de Panamá reducidos por Pedro de Ursúa formaron un ejército, nombraron un monarca y designa-ron un arzobispo. Otras insurrecciones las acometieron los mencio-nados hermanos Contreras, al norte del Perú; Baltasar de Castilla en Charcas y Potosí. En Pasto, con implicaciones también en Quito y Cali, se alzó Gonzalo Rodríguez. En Panamá, el capitán Francisco de Santisteban, y un tío y un sobrino, los Méndez.

Más grave para los indígenas fueron las epidemias, como la vi-ruela, que llegó en 1520 importada con la flota de Pánfilo de Narváez, al parecer por el oficial Francisco de Eguía. Otros cronistas, entre los que se cuentan Bernal Díaz del Castillo y López de Gómara, atri-buyen el contagio a un negro varioloso de esa misma expedición, que provocó el contagio en la vivienda donde se hospedaba en la ciu-dad de Cempoala. Dos o tres millones de indígenas habrían muerto en América por la enfermedad, entre otros Cuitláhuac y parte de sus cuadrillas. La rendición de Cuauhtémoc en 1521 habría estado más motivada por ese hecho que por causas militares. Años antes, en La Española, el morbo también hizo mella. La viruela era casi siempre sinónimo de muerte.

Sobre las epidemias, algunos historiadores, como Jared Diamond, llegan a delirar con estratosférica estridencia de un inapelablemente fantasioso desplome demográfico del 95 % de la población de América durante los primeros ciento cincuenta años del imperio, la mayoría por viruela. Hay que sumar, por lo demás, otras afecciones que asolaron el continente, como la difteria, las paperas o el sarampión, de las que los españoles también adolecieron.

Esas infecciones no fueron deliberadas, a diferencia de, por ejemplo, la estrategia del chalado militar británico Jeffrey Amherts, que en 1763 entregó a los indios delaware mantas infectadas con viruela, causando la muerte de decenas de miles. Tampoco puede hablarse de negligencia, puesto que no había medicinas para hacer frente a la mayoría de las dolencias, que afectaban a los españoles que no habían desarrollado inmunidad. El imperio, aun en sus estertores, trató de erradicar esas patologías, como lo demuestra una sublime iniciativa, la Real Expedición Filantrópica de la Vacuna, también conocida como Balmis.

En 1796, el médico británico Edward Jenner observó que quienes ordeñaban las vacas adquirían a menudo una especie de vacuna natural. Superada la infección, aparentemente quedaban a salvo de enfermar. Para demostrar su hipótesis, y es probable que conocedor de los viejos métodos orientales que, como los circasianos, inoculaban el virus en algunos individuos —proceso de variolización, para el que se empleaban pústulas de enfermos a modo de vacuna primitiva—, Jenner tomó viruela-vacuna de la mano de la granjera Sarah Nelmes e insertó el fluido en el brazo de un niño de ocho años, James Phipps. El chaval mostró síntomas, pero la superó. Cuarenta y ocho días más tarde, después de que se hubiera recuperado, Jenner inyectó viruela humana al zangolotino. Phipps no mostró síntomas. Había nacido la vacuna contra la viruela.

En España, la noticia fue especialmente bien recibida por Carlos IV, que había visto morir a una de sus hijas, María Teresa, por esa punzada, así como a uno de sus hermanos, el infante Gabriel. Dado que desde 1802 había estallado una epidemia en el Virreinato de Nueva Granada, el rey sufragó el traslado de la vacuna a ultramar. El objetivo era inmunizar a la mayor parte de la población, en especial a los menos pudientes, que eran quienes, por el hacinamiento, sufrían más. La loable iniciativa formaba parte de la mentalidad ilustrada de la época, que había organizado otras previamente, como la expedición científica hispanofrancesa entre 1735-1746 —en la que participaron Antonio de Ulloa y Jorge Juan—, y sobre todo la de Malaspina, que fue un hito para la ciencia mundial. De ella, el propio Jenner llegó a decir, en uno de esos raros ditirambos de un británico hacia España: *«No puedo imaginar que en los anales de la historia se proporcione un ejemplo de filantropía más noble y amplio que este»*.

En ocho meses, la Real Expedición Filantrópica de la Vacuna se puso en marcha. Al mando figuró el médico militar Francisco Javier Balmis, con el cirujano José Salvany y Lleopart como segundo. La expedición partió en 1803 de La Coruña, en la corbeta «María Pita». Se inoculó por pares a veintidós niños huérfanos de entre tres y nueve años. Cuando una pareja desarrollaba la enfermedad, se inyectaba a otra. Se creó un reservorio natural que permitió que llegara a tierras americanas, donde además de introducirla, se deseaba crear juntas de vacunación. El clero fue el encargado de ahormarlo todo.

Se protegió a los más desfavorecidos y se sentaron las bases para una buena salud pública. Después de tomar tierra en Venezuela, la expedición se dividió, reclutando niños para conservar la vacuna. Balmis partió hacia el norte para actuar en México y después en Filipinas, saltando hasta China. José Salvany tomó el camino del sur, pateó territorios dificultosos, nauseabundos lodazales y atravesó cordilleras nevadas.

En ambos viajes se crearon equipos dedicados a la prevención que redujeron el terrible achaque. Se regularizó y asentó el uso de la vacuna para una afección que hoy está erradicada, además de consolidar las relaciones entre España y América, entonces una sola nación. No por casualidad, el dispositivo militar que en 2020 se desplegó en España para ayudar en la contención de la pandemia de Covid-19 se denominó Operación Balmis. El filólogo y escritor Andrés Bello, antes de mutar en montaraz independentista, escribió una campanuda *Oda a la vacuna* para celebrar la salutífera cruzada:

> *Carlos manda; y al punto una gloriosa*
> *expedición difunde en sus inmensos*
> *dominios el salubre beneficio*
> *de aquel grande y feliz descubrimiento.*
> *Él abre de su erario los tesoros;*
> *y estimulado con el alto ejemplo*
> *de la regia piedad, se vigoriza*
> *de los cuerpos patrióticos el celo.*
> *Él escoge ilustrados profesores*
> *y un sabio director, que, al desempeño*
> *de tan honroso cargo, contribuyen*
> *con sus afanes, luces y talento.*
> *¡Ilustre expedición! La más ilustre*
> *de cuantas al asombro de los tiempos*
> *guardó la humanidad reconocida.*

Del oneroso esfuerzo por cuidar a los indígenas habla una crónica del padre José Cardiel, jesuita que dirigió una de las treinta misiones del Paraguay. Informa de que intentó minimizar el contagio del siguiente modo: «*La viruela era de tal naturaleza que, si enfermaba una persona, contagiaba a todos los demás habitantes de la casa. Dispuse de las construcciones de un buen número de cabañas fuera del pueblo, en sus alrededores, y aun de otro grupo, bien construidas y más alejadas. Si la enfermedad no era la viruela –y lo percibíamos a los pocos días– lo mandábamos a su casa. Pero si era viruela, entonces lo llevábamos a la cabaña más lejana, y quemábamos la que le había cobijado primero y en su lugar construíamos otra nueva*».

Del empeño de los españoles, en una considerable mayoría católicos, por el desarrollo de la ciencia habla también la fundación de la Real Sociedad Española de Historia Natural (RSEHN), la de mayor antigüedad en nuestro país. Tuvo lugar el 15 de marzo de 1871, en pleno sexenio revolucionario.

La cruz de su logotipo es eco de la fe de sus fundadores. Su objetivo esencial era el fomento y el cultivo del estudio de las ciencias naturales. Se gestó en las estancias del convento de la Trinidad de la calle Atocha (Madrid), entonces dedicado a Instituto Industrial.

Los responsables de dicha fundación eran científicos, católicos practicantes.

Todo arrancó en las sesiones celebradas en el domicilio particular del prestigioso zoólogo Laureano Pérez Arcas (1824-1894), anfitrión de una tertulia con insignes naturalistas. Era catedrático de Zoología de la Universidad Central. Su discípulo Francisco de Paula Martínez escribió: «*Murió en su ciudad natal... habiendo pedido y recibido todos los sacramentos y la bendición de su Santidad, auxiliado con grande caridad por el señor arcipreste y en la santa paz que tiene el que, habiendo cumplido bien la misión que Dios le dio, pasa a otra vida mejor y eterna*».

El primer presidente de la RSEHN, y uno de los contertulios, fue Miguel Colmeiro Penido (1816-1901), catedrático de la Universidad Central. Dirigió el Real Jardín Botánico (otra entidad científica impulsada por creyentes), además de fundar el Jardín Botánico de Sevilla.

Otro iniciador fue Juan Vilanova Piera (1821-1893), que desarrolló su actividad en los ámbitos de la paleontología, la geología y la prehistoria, y fue catedrático de Geología y Paleontología de la Universidad Central de Madrid. Vilanova propagó las teorías evolucionistas, sin poner en solfa la fe católica: «*Conviene tener presente que Moisés no se propuso dar en el Génesis un tratado de geología ni de ninguna otra ciencia, sino más bien hacer comprender a los hebreos la grandeza y omnipotencia del Dios Creador, y evitar de esta manera que cayesen en la idolatría; lo cual era más fácil de conseguir, diciendo que a la sola palabra de Dios Fiat lux, apareció la luz, que si les hubiera dado un tratado de óptica*».

También intervinieron mujeres. Amalia Heredia Livermore (1830-1902), marquesa de Casa-Loring, se casó con Jorge Loring y Oyarzábal, primer marqués de Casa-Loring. Cuando maridó, transformó su residencia de La Concepción, en Málaga, en jardín botánico. Financió el hospital de San Julián y el Hospital Civil de Málaga y fundó el colegio de La Asunción, para que las alumnas se criasen en un ecosistema católico.

Otra impulsora fue una aristócrata de San Sebastián, María Cristina Fernanda Brunetti Gayoso de los Cobos (1831-1914). Era española de ascendencia italiana. Se casó con un donostiarra, Fermín

Lasala, en 1859, y su marido se convirtió en duque consorte de Mandas y Villanueva.

María Josefa de la Cerda y Palafox (1807-1883), condesa de Oñate, piadosa e interesada por la ciencia, contribuyó económicamente al arranque.

Entre los promotores encontramos a un sacerdote aragonés, Bernardo Zapater (1823-1907), que también lo fue de la Sociedad Española de Historia Natural y de la Sociedad Aragonesa de Ciencias Naturales. En Madrid fundó el colegio de San Vicente de Paúl para preparación de carreras especiales, que más tarde se transformó en centro de segunda enseñanza.

Numerosas especies de insectos, moluscos y plantas llevan el nombre de Zapater como reconocimiento a su obra. En 1883 y 1892 publicó con Korb las dos partes del *Catálogo de lepidópteros de la provincia de Teruel*, describiendo casi tres mil especies, algunas nuevas. En 1904 publicó *Flora albarracinense*, que contenía 1.260 categorías.

En Canadá no florecieron iniciativas semejantes. Allí falleció el 95 % de los diez millones de indios que vivían antes del desembarco de británicos y franceses, por las enfermedades llevadas por los europeos. En Nueva Zelanda y Tasmania, los británicos extinguieron entre el 90 y el 100 % de los autóctonos.

Si bien la esclavitud de indígenas estuvo prohibida desde fechas tempranas −aunque a veces se hiciera la vista gorda−, no ocurrió lo mismo con la de negros de Sierra Leona y otros territorios de África. Era habitual en Occidente ese repugnante tráfico, que permitió, entre otros a los británicos, pingües beneficios. Entre 1662 y 1833, Gran Bretaña transportó cientos de miles de esclavos entre Europa, África y las Américas, con barcos que partían de las atarazanas llenos de seres humanos trasudando salitre y tornaban colmados de tabaco o especias (pimienta, clavo, nuez moscada, canela, comino, cúrcuma...), en un inmoral paradigma de economía de escala. En 1702, una compañía francesa logró un presunto monopolio de traslado de esclavos africanos a las Indias. Hasta ese momento había habían sido importados sobre todo por los holandeses, además de por los británicos.

España también se benefició, aunque en inferior medida. Según José Miguel López García, de la Universidad Autónoma de Madrid, la dinastía borbónica, especialmente después de la Guerra de los Siete Años, favoreció ese negocio. Carlos III llegó a poseer veinte mil repartidos entre Cuba, Colombia y otras tierras, incluida España. Algunos –unos trescientos argelinos– participaron en los trabajos para abrir senda hacia lo que hoy es el Alto del León, en la Sierra de Guadarrama (Madrid). El mismo autor detalla que en 1760 había en Madrid nada menos que seis mil esclavos, que podían ser negros de nación o también moros de presa, si bien los primeros eran los más numerosos.

Durante el siglo XIX, Cataluña fue el epicentro de esa desalmada industria, con una burguesía que se enriqueció con el transporte de seres humanos desde África a Cuba. Apellidos como Güell, Mas o Vidal-Quadras están ligados a este mercado, aunque es el marqués de Comillas, Antonio López, el negrero más conocido. Con el precedente del tratado con Inglaterra para prohibir el esclavismo, en 1814, en España se hallaba proscrito; no así en las provincias de ultramar. Se siguió practicando abiertamente en Cuba o Puerto Rico. En 1870, con la Ley de Vientres Libres o Ley Moret, se erradicó, no sin oposición por parte de la oligarquía. No desapareció por completo hasta 1886, con la liberación de los treinta mil esclavos que persistían en Cuba. La prohibición provocó que las élites catalanas, finiquitado el rentable ingreso negrero, alentaran posturas nacionalistas.

La esclavitud se mantuvo en otros imperios, como el belga. En el Estado Libre del Congo, surgido tras la conferencia de Berlín de 1885, Leopoldo II explotó sin misericordia a la población para esquilmar los recursos como el caucho. Además de prácticas de intempestivos castigos como el cercenamiento de manos, cerca de diez millones de personas murieron por masacres, epidemias o agotamiento, según Adam Hochschild. El rey, a raíz de la aparición del categórico Informe Casement en Gran Bretaña, renunció en 1908 a su estado, que cedió a Bélgica, obligado también por las constantes denuncias del socialista Emile Vandervelde y otros miembros del parlamento belga. El sambenito de la Bélgica del rey Leopoldo no ha suscitado entre múltiples palurdos sin desbastar, huelga decirlo, el mismo interés que la Leyenda Negra.

UN BALANCE DEL IMPERIO

La influencia de España en lo que hoy es América es innegable. El balance no es tan malo como sostienen sus libelistas, si bien tampoco es satisfactorio, sobre todo si lo contemplamos con categorías actuales. Quienes pretenden suprimir el pasado para adecuarlo a sus ideologías están comportándose como infantes que ocultan una intención atravesada, la de controlar el pasado como paso previo para fiscalizar el presente y el futuro, tratando de acabar con la complejidad para inaugurar una realidad en la que solo ellos y sus valores tienen cabida.

La Conquista fue traumática para los pueblos indígenas, sobre todo por las epidemias, pero jamás existió una voluntad genocida. Los esfuerzos de la Corona y la Iglesia por mejorar las condiciones de los locales son evidentes, aunque no siempre dieran el resultado apetecible. Quienes se encargan de hacer la guerra o de conquistar tierras no suelen ser diplomáticos. Pero ahí queda la exhaustiva legislación que, reformada una y otra vez en aras de la protección de los aborígenes, no existió en otros países, que contra todo sentido común y de la vergüenza se erigen en depositarios de no se sabe qué virtudes. No hay imperios en la historia que, por lo demás, no se impongan por la fuerza, desde Alejandro Magno a Julio César o Roosevelt.

Informa Gustavo Jaso Cortés: «*En México, donde los españoles dominaron durante trescientos años (1521-1821) –pero no los anglosajones–, su actual población indígena oscila en torno al 10 por ciento del total. En Perú, dicho porcentaje es casi del 30 por ciento, según el censo de 2017. En Colombia, del 3,4 por ciento en 2005. En el caso de California, expone que, en los casi veinte años de poder de Estados Unidos, la población indígena total se contrajo 5,45 veces (de 150.000 a 27.500). Durante el periodo mucho más largo de control hispano y mexicano (unos 75 años), la disminución fue de dos veces, esto es, a la mitad –de 300.000 a 150.000–*».

En el caso de Australia, se calcula que, en 1778, cuando los ingleses se establecieron en Port Jackson —la bahía de Sidney—, había entre 300.000 y 750.000 aborígenes. En 1911 tan solo sumaban 31.000. Entre 1905 y 1970, el Gobierno favoreció, con intenciones presuntamente humanitarias, el secuestro de niños aborígenes, que eran entregados a familias blancas para así integrarlos en la sociedad. Hasta 1967 la población aborigen de Australia no alcanzó el derecho al voto.

Debe caerse en la cuenta, más allá de las creencias, del papel de la Iglesia católica, que trató de frenar abusos, a diferencia de otras Iglesias que, como las protestantes, apenas hicieron nada. Aunque hubo individuos de conductas más que discutibles —empezando por el exaltado irresponsable fray Bartolomé de las Casas—, la Iglesia en general se distinguió por dotar de dignidad a los indígenas. Ahí quedan proyectos encomiables como las reducciones jesuíticas en Paraguay, cuyos logros, que analizo ampliamente en *Jesuitas, liderar talento libre* (Lid Editorial, 2018), producen admiración, por mucho que los propagadores de la vacua Leyenda Negra sigan con encono contumaz reiterando egregias falsedades.

Los españoles no acabaron con sociedades idílicas, como se detallará. Autores como L. H. Keeley o Margo Wilson han mostrado que la fantasiosa imagen de una arcadia feliz, vinculada a la figuración del buen salvaje, es desvarío. Ninguna de las sociedades existentes antes de la llegada de los cristianos articuló algo afín a derechos humanos. Era, más bien, con expresión ayuna de matices de Thomas Hobbes, «*una vida harapienta, desagradable, brutal y corta*».

Si en la actualidad hablamos del problema indígena es porque numerosos europeos —muchísimos, religiosos— desvelaron y rechazaron el pésimo trato que en ocasiones se daba a los oriundos y les proporcionaron voz, tratándolos como criaturas humanas, al modo en que espoleaba Francisco de Vitoria. Dado el empecinamiento de algunos por encontrar culpables, vale la pena incidir una vez más en que las independencias no solo no parchearon la cuestión, sino que la agravaron. Hubo un mayor esfuerzo integrador en el imperio, por imperfecto que resultara, que en los países surgidos. Desde muy pronto, tanto las órdenes religiosas como los obispos promovieron y aceptaron candidatos indígenas de diversos estratos sociales en un sano afán de integración.

Hoy, al ver cómo se derriban estatuas como las de fray Junípero Serra, se antoja necesario reflexionar sobre un periodo del que es posible extraer no pocas lecciones. Debe lograrse sobriamente, sin anteojos o apriorismos, dispuestos a aprender de aciertos y victorias esquivas, tratando de hallar la verdad, sin improvisar la metáfora.

Poco o nada tiene que ver la desgraciada muerte de George Floyd con la historia de quienes en el siglo XV llegaron a un Nuevo Mundo cambiando la historia en una prodigiosa y magnética aventura que, al margen de neurasténicos e interesados dogmatismos, sigue siendo apasionante. Los pecados de nuestros antepasados son enteramente suyos. No es propósito nuestro redimirlos. Simplemente debemos narrar lo sucedido. La verdad nunca consiste en derribar estatuas y tratar de que el pasado se adapte a nuestra moral, sino en estudiar el pretérito sin prejuicios, con la mirada abierta según las circunstancias, dispuestos en suma a ese desafío tan difícil que es aprender, que requiere humildad y valentía. No hay mejor antídoto contra aficionados a chirinola y populistas, valga la redundancia, que antes o después nos roban la cartera y procuran hurtar el alma tras sustraer el sentido común.

Solo la mala fe puede justificar la desaforada crítica de algunos a la labor de España en América. ¿Se precisan más datos? Bernardo de Gálvez, virrey entre junio de 1785 y noviembre de 1786, ordenó la instalación del alumbrado de la Ciudad de México, con características semejantes al de Madrid. Su padre fundó en Ciudad de México la Real Academia de Bellas Artes de San Carlos. El virrey Manuel Antonio Flores, que gobernó entre 1787 y 1789, puso en marcha el Jardín Botánico en la misma ciudad y su sucesor impulsó las obras de construcción del Colegio de Minería. Este centro fue pionero en los métodos educativos superiores y en su plan de estudios se incorporaron las modernas corrientes de las ciencias y técnicas experimentales. Su sede, inaugurada en 1811, sigue siendo uno de los más espléndidos edificios monumentales de la capital mexicana. El valenciano Manuel Tolsá fue el arquitecto.

ALGUNAS ENSEÑANZAS DEL IMPERIO ESPAÑOL

1. Tratar de comportarse correctamente ha de ir acompañado de una adecuada campaña de comunicación.

2. La indagación ética de las decisiones ennoblece a las personas, pero proporciona armas a los botarates del éxito ajeno, que expelen miasmas de villanaje.

3. Para hacer el bien hay que contar con un diseño intelectual previo respetuoso con la moral.

4. En el corto plazo vence, sobre todo ante lo opinión pública, quien carece de escrúpulos y deviene mitómano.

5. El objetivo de cualquier empresa ha de ser doble: la eficiencia económica (lograr resultados) y la eficiencia social: crear las condiciones de posibilidad para la vida honorable de los diversos *stakeholders*.

6. La perfecta coherencia entre lo que se dice y lo que se hace es un permanente reto.

7. No existe nadie plenamente congruente; todo el mundo tiene algo de lo que avergonzarse: de Colón a Elcano, pasando por Pizarro o Cortés. Algunos −los rufianes británicos, franceses o belgas− no tuvieron ese problema, porque su propósito era netamente perverso y sus medios también: robar el esfuerzo de los españoles. Multiplicaron los baldones de ignominia para ellos y sus naciones.

8. Juzgar a toro pasado desde un despacho, como si se analizase un coleóptero, es banal. Si faltan empatía y verdadero conocimiento se resuelve con simplezas.

9. La soberbia siembra inepcia en un proyecto, cuando no lo arruina. Magallanes es un paradigma con su desprecio, entre otros, a Juan de Cartagena.

10. Cuando alguien lucha por mejorar el mundo, otros lo envidian –vicio que más que un tábano es un devorador dragón– y emborronan con dicterios.

11. Ningún proyecto, por perfecto que sea el diseño, sale como se planteó.

12. El escrutinio moral permanente de muchos españoles no ha sido suficientemente valorado. Resulta una parodia la visión de aquellos tan selectivos –fundamentalmente anglosajones, galos y específicos asilvestrados descendientes de españoles– con la indignación moral.

13. Comparar el modo de hacer en América de los gobernantes de la metrópoli española con los británicos es como hacerlo entre un niño inocuo y un asesino en serie.

14. La Iglesia puso todos los medios a su alcance para mejorar el buen entendimiento entre españoles y locales.

15. Está por escribir una historia objetiva de la humanidad y su evolución.

16. Hay autores que se regodean en forjar insidias contra quienes tienen fe.

17. El buen salvaje solo ha existido en la fantasía de Rousseau.

18. Escribir tratados de pedagogía cuando se ha enviado a los propios vástagos a un orfanato para que no incordien es una prueba de esquizofrenia.

19. Salvo excepciones puntuales –Hitler, Lenin, Mussolini, Stalin, Mao, Castro, Chávez, Maduro, Putin...–, no hay gente buena o mala, sino personas que habitualmente se comportan bien y otras que tienden a obrar el mal.

20. El desconocimiento y la temeridad generan agrios frutos.

SEGUNDA PARTE

AZTECAS

Decoración mural de México. Fuente: Shutterstock.

INTRODUCCIÓN

Una sagaz reflexión sobre el pasado se transforma en trampolín para afrontar el futuro con más brechas hacia el éxito. La civilización azteca ha provocado embrujo a través de generaciones. De ella vamos a entresacar preceptos para aprender a partir de las razones de su éxito, y también para evitar sus yerros, sin soslayar la prepotencia, avaricia y mal de altura o patológica hinchazón que los condujeron a la desaparición.

Una de las primeras historias verificables del pasado mexicano tuvo lugar hacia el año 7000 a. C., poco antes la extinción de la megafauna. Los residentes del valle de México acostumbraban a conducir a los mamuts hacia la orilla del lago de Texcoco. Si uno quedaba atorado en el fango, los cazadores lo acechaban y herían hasta acabar con él. En fecha imprecisa de hace 9000 años, una fémina de unos veinticinco años y metro y medio de altura participante en la batida sufrió el infortunio de tambalearse y sucumbir soterrada en el cieno con el rostro hacia abajo.

Suele aseverarse que la historia de Mesoamérica arranca en torno al 2500 a. C., cuando la vida sedentaria se generaliza y se fabrican cerámicas. Hacia el 1200 a. C. comenzaron a realizarse obras hidráulicas: canales, terrazas, chinampas, etc. La consecuencia de estas fue la mejoría en el rendimiento agrícola y el incremento de la población.

El término azteca fue acuñado de modo desacertado por el explorador alemán Alexander von Humbolt (1769-1859). Azteca era un derivado epónimo de la legendaria Aztlán, mítico distrito de los pájaros blancos o garzas, hogar ancestral de un clan que a la postre desembocó en el valle de México, se estableció allí tras años de migración y fundó la ciudad de Tenochtitlán en 1325. En doscientos años, ese pueblo agricultor y belicoso consolidó una cultura. La denominación azteca ha sido paulatinamente reemplazada por mexica, que puntualiza de manera más estrecha los grupos que, al cabo, compusieron la triple alianza de Tenochtitlán, Texcoco y Tacuba. Sea como fuere, innumerables autores e instituciones contemporáneas siguen empleando el vocablo azteca. Entre otros, el mismísimo Museo Nacional de Antropología de la capital de la república mexicana. Manejaré ambas designaciones indistintamente.

La mitología presenta a los aztecas emergiendo de la tierra junto con otras seis tribus: acolhuas, chalcas, tepanecas, tlahuicas, tlaxcalans y xochimilcas. Las fases en que suele dividirse la historia de este pueblo son las siguientes: la primera, entre el 1370 y el 1428, calificada como Imperio tepaneca, con Azcapotzalco como capital, sentó las bases para la consolidación y expansión hasta la llegada de los españoles. La segunda, de 1428 a 1520, fue el Posclásico tardío. Su urbe dominante fue Tenochtitlán, antaño subordinada a los tepanecas. Tras encabezar una rebelión contra Azcapotzalco, se expandieron por América central con el espaldarazo de Texcoco y Tlacopán en busca de lo que siglos después el geógrafo alemán Friedrich Ratzel (1844-1904), influido por el biologismo y el naturalismo del siglo XIX, calificó como *Lebensraum* o espacio vital. Esa expresión fue bandera con la que Hitler atrajo a tantos hacia el partido nazi. Otros se les habían anticipado.

TEOTIHUACÁN
(S. I D. C. - S.VII D. C.)

Pirámides de Teotihuacán, México. Fuente: Shutterstock.

Antes del inicio de la era cristiana, múltiples civilizaciones crecieron, se desarrollaron y se diluyeron en el altiplano mexicano. Algunas eran recordadas e incluso añoradas en los preludios del siglo XVI. De forma destacada, Teotihuacán, la ciudad de nombre desconocido y calificada de los dioses, que floreció en paralelo y a más de diez mil kilómetros de la Roma imperial. También, aunque prosperó más tarde, Tula, a menos de cien kilómetros al noroeste de la actual Ciudad de México.

Setecientos años antes del desembarco de los españoles en América, Teotihuacán fue descartada. Cuando llegaron los aztecas a la remota localidad, aquel pueblo guerrero que afirmaba repeler la zozobra contuvo la respiración, cohibido por lo ímprobo de los vestigios. La bautizaron como Teotihuacán. En lengua náhuatl: lugar donde los hombres se convierten en dioses. Consideraron que las plataformas y las pirámides eran tumbas y que quienes en ellas permanecían enterrados se habían incorporado al panteón de las divinidades.

Con anterioridad a los aztecas, otros pueblos mesoamericanos habían experimentado impresiones análogas. La historia de los orígenes de aquella civilización hierve de magia. Un personaje denominado Nanahuatzin se habría consumido arrojándose al fuego, transformándose en el astro rey del sistema solar. La mayor edificación de Teotihuacán fue construida en añoranza de aquel holocausto y adjetivada por eso pirámide del sol. El primer invitado a aquel sacrificio había sido Tecuciztécatl, pero la protervia y el amor a su belleza le habían obstaculizado entregarse por los demás. Es una formulación alternativa del mito de Narciso, patología de la que muchos dirigentes padecen también hoy en día, a siglos de distancia de aquellos legendarios sucesos, replicados en Grecia y al otro lado del Atlántico.

Así narra el libro *Los hijos de la primavera: vida y palabras de los indios* la leyenda de Nanahuatzin: «*Antes de que hubiese día en el mundo, cuando aún era de noche, se reunieron los dioses en Teotihuacán.*

—¿Quién se encargará de alumbrar al mundo? —interpelaron.

Tecuciztécatl, rico y bien salpimentado, se alzó.

—Yo lo haré —aventuró.

—¿Quién será el otro? —indagaron los demás.

Nadie musitó. Bajaron la cabeza hasta que solo quedó un dios pauperizado, un adefesio invadido por bubas y llagas, Nanahuatzin.

—Alumbra tú, bubosito —le propusieron con perceptible descortesía.

—Así será —aceptó como gran honor.

Antes de mutar en soles, los dos dioses tenían que ofrendar. Se erigieron sendos templos monumentales. Cada uno se sentó en la cima de uno y ahí sestearon cuatro días, sin comer ni dormir. Tecuciztécatl brindó plumas hermosas de color azul y rojo, piedras de oro y espinas rojas de coral de mar. El menesteroso Nanahuatzin solo pudo donar yerbas, pelotas de heno en lugar de oro y espinas de maguey tintadas de rojo con su propia sangre. Mientras la pareja penitenciaba, otros prendieron una gigantesca fogata en la cumbre de un tercer poliedro. El acoquinamiento de Tecuciztécatl facilitó la entrada a un dadivoso Nanahuatzin, quien con menos aptitudes disponía, empero, de mejores actitudes».

Cuando en Europa reinaba Constantino el grande (324 d. C.), Teotihuacán, con doscientos mil habitantes, era más extensa que Roma. Estaba habitada desde 500 años a. C. y al comienzo de nuestra era se había iniciado la construcción de los principales edificios en aquel valle estratégico que daba paso a la zona de lagos donde se levanta en la actualidad la capital de México. Teotihuacán conoció un vertiginoso crecimiento, convirtiéndose en un centro de comercio en el que podía encontrarse cuanto se producía en tierras colindantes o lejanas. Se compraba y vendía obsidiana, jade, bermellón para las vasijas llegado de los confines mayas, algodón totoneca, etc.

La pirámide de Quetzalcóatl fue erigida en uno de los límites. Los escultores sintetizaron el sol diurno y el sol en su tránsito nocturno en forma combinada de reptil y jaguar. El relieve que recorre la plataforma es una sierpe de cascabel con el cuerpo cubierto de plumas. Por eso denominaron a ese edificio la serpiente emplumada, que representa la dualidad inherente a la condición humana. El reptil expresa las limitaciones de lo físico y los penachos la apertura a lo espiritual.

Quetzalcóatl, denominado en ocasiones con otros nombres, fue por siglos el dios de referencia en Mesoamérica. Presidía la lluvia y el ulular del viento. Creó la humanidad y el cosmos junto con sus hermanos Huitzilopochtli y Tezcatlipoca. Desde el 1200 d. C., Quetzalcóatl fue reverenciado como patrono del sacerdocio, el aprendizaje, la ciencia, las artes y la agricultura. Se le atribuía el calendario y el descubrimiento del choclo y el maíz.

Con un área de más de veinte kilómetros cuadrados, Teotihuacán era más extensa que la Roma imperial. En el año 7 d. C. era una próspera ciudad-estado. Para el 400 d. C. condensaba múltiples elementos del mosaico multicultural, localidad cosmopolita que recibía migrantes de lugares distantes como Oaxaca o Veracruz; también de Tikal. Así se mantuvo con inevitables altibajos hasta el 700 d. C.

LOS TOLTECAS

En torno al año 1000 d. C., Tula heredó fragmentos del refinamiento teotihuacano. Los toltecas de Tula, habitantes del altiplano, desarrollaron un entorno que hizo viables los donaires a los que aspira una civilización que deja atrás el cansino braceo por la subsistencia. Dispusieron de tiempo y medios para invertir en frescos y esculturas. Chispearon maestros de la escritura pictográfica que vistieron con jeroglíficos sobre corteza de árbol o de agave los pomposos palacios; habilidosos artesanos adornaron escudos con el arte plumario multicolor.

Los toltecas adoraban a cuantiosas deidades. Entre otras, al omnipresente Quetzalcóatl. Su hierofante se responsabilizaba del culto y, como otro de los incontables ejemplos de cesaropapismo que en la historia han sido, timoneaba Tula.

El universo tolteca no fue homogéneo. Convivieron tribus sedentarias y cazadoras que se entreveraban con las mejores disposiciones de colaboración o con más frecuencia se enfrentaban a lo que consideraban invasiones llegadas en oleadas desde el norte. Los más recientes iban fusionándose con la población existente, adaptando las costumbres a una economía agrícola en la que cada colectivo anhelaba conservar sus tradiciones religiosas, laborales y gastronómicas. Iban solapándose, amoldándose a un entorno en el que fue consolidándose una liturgia sobre el cultivo en tierra, que a pesar de ser rica no siempre resultaba hacedero fructificar. Entre otros óbices, las lluvias no mantenían el ritmo cíclico favorable para cultivos como el maíz.

A lo largo del siglo XII, probablemente en torno a 1168, los toltecas se dispersaron. Muchos apuntan a que –como sucedió en la Europa del siglo V, poco después del fallecimiento de san Agustín– las invasiones foráneas desequilibraron el *statu quo*. Cuadrillas dispersas por el amplio valle de México fundaron aldehuelas que aglomeraron remembranzas de los toltecas. Otros llegaron a Cholula (comparada por algunos con la Roma imperial), en el valle de Puebla, e incluso a Chichén Itzá, donde interrelacionaron con los mayas.

Los depositarios de la cultura tolteca se fueron fusionando con tribus nahuas y otomíes. Los nahuas (quienes viven según la norma) incluían a tribus que hablaban nahuatlatolli, para nada una raza homogénea. Las capitales de los otomíes eran Texcoco y Tenayucán hasta que se federaron con los nahuas y adoptaron su lengua. Fruto de una de aquellas confederaciones cuasi obligatorias surgió la ciudad de Chalco-Tlamanalco. Del ascendente de los toltecas habla el que todos anhelaron incorporar a su *branding* la referencia a esos prestigiosos ancestros.

La historia se fusiona con la ficción para desarrollar la épica del esfuerzo por asentarse en la tierra prometida. No hay civilización que no se sustente en mitos y leyendas que se depositan en los estratos del tiempo. Facilitó el trabajo de los españoles el que no existiese una única entidad, sino que fuesen incalculables las partidas de enrabietados que pululaban por lo que hoy es la república mexicana. Solo por excepción las relaciones eran de pacífica vecindad. Al desarrollar fuerzas armadas profesionalizadas, los rifirrafes se generalizaron. Durante doscientos años, las rivalidades se enconaron por el deseo de unos y otros de reivindicarse como herederos más auténticos de los toltecas, una manifestación más de la bobería del nacionalismo excluyente, patología grave en cualquier época.

Colhuacan, hoy Culiacán, se ufanaba de albergar una dinastía tolteca. También Azcapotzalco, la ciudad tepaneca, pretendió idéntico rol. Todo lo tolteca era objeto de un deje de ambición por el predicamento que imprimía en los colectivos que lo ostentaban. En etapas más recientes del devenir histórico ha sucedido con los españoles, los franceses, los germanos o los anglosajones. Y previamente con los egipcios, los griegos o los romanos.

LA LLEGADA DE LOS MEXICAS

Famoso atlán tolteco, esculturas toltecas en Tula, México. Fuente: Shutterstock.

A mediados del siglo XIII desembarcó en el valle de México ese grupo, cuya procedencia cabriolea entre el mito y la leyenda. Con afán supremacista exhibieron descender de seres superiores, idéntico comportamiento –sin ir más lejos– al de Julio César ante Sila. Es probable que, al igual que otras tribus nahuas, procedieran del Chicomóztoc, o siete cuevas, denominación referida a su precedente modo de vida, y que algunos sitúan en Nuevo México o en Arizona. La banda habría abandonado Aztlán, la villa construida sobre una isla como lo será más tarde Tenochtitlán. Más familias desertaron de los mismos lares. Entre otros, los chichimecas, pueblo del arco y los venablos, equivalentes a los bárbaros en la antigua Grecia; los malinalcas, los de la hierba trenzada; los cuitlahuacas, los de las vasijas de agua; los tepanecas, los del palacio o de la piedra; los matlazincas, los de la red; los xochimilcas, los del campo florido; los huexotzincas, los del sauce canijo; y los chalcas, los del jade.

Tutelados por el dios Huitzilopochtli, que se revelaba a través de la voz de sus cuatro porteadores, aquel pueblo habría emprendido su senda a través de las estepas norteñas. Con un desarrollo incipiente de civilización, practicaron la agricultura y la caza. En su peregrinación no faltaron disensiones o integraciones de otros. Según narración más cercana a la fábula que a la historia, en su devenir en busca de estabilidad, Huitzilopochtli les vaticinó la similitud que tenía el lugar de partida con el que más tarde les iba a deparar.

Los residentes de Huitznáhuac, dioses de las estrellas meridionales, comandados por una mujer de nombre Coyolxauhqui, la de cascabeles en las mejillas, ronronearon que el suyo era el enclave definitivo. Enterado, Huitzilopochtli se enojó y determinó destruir a los de Huitznáhuac. «*Se escuchó a media noche una atronadora tremolina proveniente del Teotlachco, o juego de pelota, y de Tzompanco, o lugar para colocar cráneos, y venida la mañana hallaron muertos a los principales promotores de aquella rebelión, juntamente a la señora que dijimos se llamaba Coyolxauh, y a todos abiertos por los pechos y sacados solamente los corazones*» (Durán, 1951). El triunfo de los devotos de Huitzilopochtli consolidó su hegemonía. Al igual que Ulises, los peregrinos debían proseguir la búsqueda de su hogar. En la batalla entre dioses, Huitzilopochtli, dios guerrero y solar, había vencido a los poderes de la noche representados por la luna, Coyolxauhqui.

El peregrinaje mexica prosiguió hasta al valle de México. Llegados a Chapultepec, o colina de los saltamontes, se radicaron allí durante décadas. Al cabo entraron en conflicto con los tepanecas, pues los aztecas, poco colaborativos, no pagaban tributos y fueron calificados de salvajes e incultos. Una vez derrotados, recrudecieron el husmeo de asentamiento. Desde Chapultepec alcanzaron la zona controlada por los de Culhuacán. De nuevo en la ambigua niebla penumbrosa que se cierne sobre los diversos narradores se menciona que les ofertaron establecerse en las extensiones rocosas de Tizapán. Confiaban los de Culhuacán en que los copiosos reptiles de aquellos lares acabarían con los recién llegados. Las perversas expectativas no se cumplieron. Según tradición arraigada, los mexicas asaron y se almorzaron a los ofidios.

Constan en aquellos momentos ejecuciones masivas de disidentes y opositores, como anticipación de la práctica a mayor escala de futuros sacrificios humanos. Después de más de dos siglos de trapisondas, las tornas finalmente se presentaban favorables, hasta que un error mutó todo. Los aztecas creían que la inmolación era una ofrenda bienvenida a sus dioses y muchos se involucraban en actos de automutilación. El sacrificio era una forma de frisar la trascendencia. Cuando en 1323, Achicometl, gobernante de Culhuacán, ofrendó a su descendiente a los aztecas para un digno casamiento, optaron por sacrificarla. Esto convertiría a la hija del rey en deidad. Como es fácil apurar —no estaba el horno para bollos ni la magdalena para tafetanes—, el coronado progenitor no lo percibió de igual modo. Al ver durante la cena del festival a uno de los hechiceros cubierto con la piel de su desollada sucesora, lejos de agradecer el intento de deificarla los expulsó. Los aztecas vagaron una vez más.

Después de merodear por las orillas del lago de Texcoco se asentaron en unos islotes de los de Azcapotzalco. Allí fundaron Tenochtitlan, dividiéndola progresivamente en cuatro secciones con relación al Templo Mayor. Al norte, Cuepopan (donde se abren las flores); al oriente, Teopan (arrabal del dios o del templo); al sur, Moyotlan (zona de mosquitos); y al poniente, Aztacalco (casa de garzas). Los españoles mantendrán la partición, cristianizando los nombres en Santa María la Redonda, San Pablo, San Juan y San Sebastián.

La señal prometida por su dios era un águila sosteniendo una serpiente sobre un nopal. Hallaron además una fuente de agua con plantas blanquecinas: sabinos, sauces, cañas y espadañas. Abundaban peces, ranas y culebras igualmente albas. Una de las interpretaciones de la leyenda refiere que en su búsqueda de refugio en torno al estero de Texcoco descubrieron una piedra en la que cuarenta y cinco años antes un sacerdote había sacrificado a Copal, un heredero capturado. En una grieta del rústico altar habría crecido el nopal donde reposaba la rapaz. Los mexicas quedaron gozosos. Allí construirán con símbolos de los prestigiosos toltecas el Templo Mayor, en el lugar exacto que punteó Huitzilopochtli.

Inmediatamente, también por disposición del cielo, establecieron las cuatro áreas mencionadas, orientadas hacia los puntos cardinales, edificando en el centro el templo de Huitzilopozhtli. Siglos atrás, la ciudad de Teotihuacán habría tenido idéntica repartición, con cuadrantes residenciales y en el centro el sagrado. Desde aquellos remotos tiempos, las urbes del centro de México replicaron esta disposición que atendía a su concepción del universo: un núcleo con cuatro veredas orientadas según los puntos cardinales.

La tradición se fusiona con la historia en el año 1325, fecha en la que los desarrapados y zarandeados mexicas habían vislumbrado la anhelada señal. Nadie previó que cien años más tarde dominarían la región, y la reducida isla en la que se habían asentado se transformaría en una referencia grandiosa. No es hacedero proponer una evolución lineal. La distancia temporal, los escasos datos y no siempre coincidentes, celan entre calimas las minucias.

En 1337, algunos mexicas se habrían retirado de Tenochtitlán para enrutarse al norte. Se asentaron en Xaltilolco o Tlatelolco, lugar del montículo de arena. Para contar con un dirigente, acudieron al señor de Azcapotzalco. El tepaneca Tezozómoc era el más rozagante de la región. Gracias a su pericia diplomática y a sus capacidades militares estableció los cimientos para el incipiente imperio. Cabal maestro en desagregar redujo a las distintas ciudades de la región salvo la de Texcoco. Quedaba inaugurado el dominio más grande que había existido en el centro de México tras los toltecas. En un santiamén fue tejiéndose una red de alianzas matrimoniales. Bajo la tutela de Tezozómoc, los mexicas fueron tributarios privilegiados. Se consolidaron en esta situación de segundo plano. En el afán de suministrarle contrafuerte genealógico, se proclamó que Acamapichtli descendía de Quetzalcóatl, el dios de Tula. De nuevo el prestigio de los ancestros toltecas. Tras casi dos décadas, de 1372 a 1391, Tezozómoc nombró a uno de sus hijos, Cuacuauhpitzáhuac, quien dirigió Tlatelolco entre 1380 y 1418. Le sucedió Tlacatéotl, entre 1418 y 1428, momento en el que fue entronizado Cuauhtlatoa, quien rigió hasta 1460. Moquihuix fue su sucesor y durante su gobierno guerrearon, como a renglón seguido se detallará, contra Tenochtitlán. En 1473, Tlatelolco se desplomó bajo el imperio azteca.

Hasta el establecimiento de los mexicas tras el largo peregrinar, nada había singularizado a aquel grupúsculo de cazadores y pescadores. Su territorio estaba cercado por los señoríos que antecedentemente dominaban el valle. Tres décadas tardaron en mejorar su calidad de vida, expandiendo sus poblados y desarrollando la técnica de las chinampas, que enseguida se desovillará. En paralelo, y haciendo de la necesidad virtud, la carencia de guijos, vigas y otras materias primas los aguijó a desplegar vínculos comerciales.

En su proceso de afianzamiento, una vez superada la etapa de endogamia, los mexicas nominaron corifeo a Acamapichtli. Fue el primer *huey* tlatoani y consolidó la alianza entre Tenochtitlán y Azcapotzalco, capital de los tepanecas. Tlatoani, el que habla, será la denominación de los dirigentes aztecas. Realmente acertada, pues las palabras crean realidad. Solo existe aquello que se verbaliza. Los hijos de Acamapichtli tratarán de constituir, como acaba de esbozarse, una primera dinastía, hontanar de una clase dirigente que monopolizase el poder.

LA TRIPLE ALIANZA

Piedra de Tizoc, dirigente de Mexico-Tenochtitlan, descubierta en 1791 en la Plaza Mayor de México City. Fuente: Shutterstock.

A inicios del siglo XV, Texcoco era una potencia que deseaba imponer su dominio. La guerra estalló en 1418. En 1426, Azcapotzalco se enfrentó a Tenochtitlán y Texcoco. En 1428 se rindió ante el ejército combinado de sus antiguos oprimidos tras un asedio de ciento catorce días. Tenochtitlán (con Itzcóatl en el leme, que dejó huella por su protección al culto y por su obcecación por construir nuevos templos), Texcoco y Tlacopan (actual Tacuba) fundaron la Triple Alianza, que finalmente derrocó a los tepanecas. En 1473, como ya se ha referenciado, conquistaron toda la cuenca y gobernaron *manu militari*. Así se fue consolidando la escena política que encontraron los españoles en 1519. La Triple Alianza era sinónimo de Imperio azteca. La misma cantidad del botín de las nuevas depredaciones se repartía entre Texcoco y Tenochtitlán, dos quintos de la cantidad total de bienes, mientras que solo un quinto era para Tlacopan, la última en sumarse. La voz cantante la llevaba Tenochtitlán, que se inmiscuía hasta en la sucesión dinástica de ambas. La falta de sobriedad acabó afectando a los tres. Netzahualpilli, con un harem formado por cuarenta favoritas, disponía de más de dos mil personas de servicio. Un Moctezuma II, por su parte, holgaba rodeado de tres mil servidores, sin mencionar, para su entretenimiento, a las águilas, serpientes y jaguares que consumían a diario medio millar de guajolotes. Con ausencia de división entre lo privado y lo público, el potentado decidía sobre vidas y haciendas, como sucederá siglos después con otros déspotas como Lenin, Hitler, Stalin, Mao, Pol Pot, Ceaucescu, los hermanos Castro o Maduro.

León-Portilla recoge en *Visión de los vencidos* una de las habituales amenazas de Moctezuma para quien se atreviera a llevarle la contraria: «*Debajo de mi estrado os tengo que enterrar, y morirán vuestras mujeres e hijos, y os despojarán de todos vuestros bienes y desharán vuestras casas, hasta los postreros cimientos, hasta que salga agua de ellos, y asimismo morirán vuestros deudos y parientes*». Ni el sanguinario autócrata georgiano ni el brutal cabo bohemio lo hubieran expresado más claramente.

Éxitos y fracasos se sucedieron. En 1445 hubo abundantes cosechas de maíz. Ese año correspondía al cierre de un ciclo de 52, eje de su contabilidad temporal. Para ellos el devenir estaba constituido por una concatenación de ciclos penados a converger en la nada.

Con terminología mitológica, los monstruos del crepúsculo permanecían agazapados en Occidente a la espera de la hora crucial para arremeter contra los vivos. En 1446, una plaga de langostas devoró las cosechas. En 1449, las inundaciones anegaron amplias zonas. Heladas y exiguas cosechas enlutaron de 1450 a 1454. Una ola de pánico se extendió por el valle cuando la hambruna lo flageló. La sucesión de calamidades puso en clara evidencia las pifias de una estructura organizativa soportada por una endeble administración con nimio andamiaje para los necesitados.

Cuando Tenochtitlán arraigó como líder militar se impusieron nuevas reglas. Los gobernantes aztecas comenzaron a desarticular en lo posible a sus estados aliados. Primero Tlacopan y luego Texcoco, aunque esta última permaneció con relativa autonomía hasta la llegada de los españoles. Tenochtitlán imponía sus criterios a una alianza política, social y económica que conllevaba el común objetivo de sometimiento regional. El ascenso de Tenochtitlán llevaba inoculado desde el primer instante el bacilo de su futura crisis: la arrogancia. La más que justificada hostilidad de Texcoco, entre otros, hacia los aztecas ayudará al campechano Cortés a derrocarlos.

El Templo Mayor, símbolo mexica por excelencia, fue fruto del dilatado arrojo de innumerables artesanos. Se enclavaba en las entretelas de la enorme plaza ceremonial en la que, según datos arqueológicos, llegaron a florecer setenta y ocho edificios. Su fachada principal estaba orientada al poniente y se asentaba sobre una plataforma con una escalinata que conducía hasta las dos graderías que facilitaban el acceso a los adoratorios a Tláloc, dios del agua, de la fertilidad y de la lluvia, y a Huitzilopochtli, deidad solar y de la beligerancia. Simbolizaba el eje del universo, de crecida sacralidad, la médula del cogollo. Por él se ascendía a los raseros celestes o se descendía al inframundo. Era el lugar de la pugna entre las fuerzas cósmicas del cielo y del abismo. De él partían los cuatro rumbos universales. Las fachadas del monumento —el de Tláloc y el de Huitzilopochtli— fueron decoradas de manera diversa y en ellas se llevaban a cabo las específicas solemnidades. Cada sección representaba una montaña sagrada. Para algunos era Coatepec, donde combatieron Huitzilopochtli y Coyolxauhqui.

LA ORGANIZACIÓN SOCIAL

Imagen del jaguar rojo en las ruinas de Teotihuacan, México. Foto: Shutterstock.

La estructura social y económica del Imperio mexica era compleja y articulada. Los habitantes de Tenochtitlán estaban fraccionados en veinte *calpulli* o grupos asentados en las cuatro áreas. Se denominaban barrios si eran contiguos, o estancias, sitios o pagos, si distaban de la cabecera. Tanto en la metrópoli como en Azcapotzalco, Coyoacán y Xochimilco, el régimen de propiedad presentaba tres modalidades: las tierras comunales de los *calpulli*, las de los nobles *tecpillalli* que podían enajenar, y las públicas para atender los egresos de los templos, la milicia, el Gobierno y la corte. En cuanto a los pueblos sometidos, la servidumbre se manifestaba en el desembolso de los tributos también mediante la esclavitud de sus habitantes. Era tan habitual esa opresión que Bernal Díaz del Castillo describió así el mercado de Tlatelolco: *«Cada tipo de mercancía se vendía en un lugar especial. Primero estaban los que comerciaban con piedras preciosas, plumas, mantos y objetos bordados. Luego, los esclavos indios, hombres y mujeres. Se les llevaba atados a largas varas, con un collar en torno al cuello para impedir que escaparan».*

Centelleaban nítidas diferencias entre los nobles o señores, la casta sacerdotal, los militares, los placeros y el pueblo. En este último grupo alcanzaron cierto estatus los artesanos, imagineros, canteros, orfebres, virtuosos de la pluma, pintores, así como los albañiles, alfareros, sastres, tejedores y los productores de esteras, cestos, escalpelos y espejos.

La refinada civilización y las creaciones espirituales e intelectuales de los teotihuacanos y los toltecas culminaron en los mexicas. Imperaba una religiosidad omniabarcante y terrible que fue motor mesiánico de sus invasiones, justificación de los aterradores sacrificios humanos que consideraban insoslayables para alimentar con sangre el devenir del sol. El precioso líquido vital, *chalchihuatl*, no podía faltar. Profesaban que, sin la endémica entrega de sangre, el astro rey se paralizaría. El inmolado no era tanto un enemigo cancelado como un heraldo facturado a los dioses. Bernardino de Sahagún sublima una distintiva hermandad entre víctima y victimario.

Buena parte de la frenética actividad se desarrollaba en torno al mercado de Tlatelolco. Allí se adquirían alimentos o elementos decorativos, pero también se concertaban alcahuetería y lenocinio o se apostaba. La pirámide con el templo dedicado a Huitzilopochtli dominaba el trajinar. Y como las civilizaciones, al igual que las personas, no son lineales, durante las tres décadas de guerra entre Tlatelolco y Tenochtitlán, rematadas en 1475, aquel entorno fungió incluso de retrete y vertedero.

LOS «TECUHTLI»

Pertenecían a este rango los jueces y los administradores civiles y militares de las urbes adicionadas. Moctezuma II verificaba directamente la valía de los funcionarios y aprobaba, o no, la elección. ¡Ay de quienes no cumpliesen con rectitud! Permanece en los anales el ahorcamiento de un magistrado por indicación del rey de Texcoco al salir a la luz que había favorecido a un noble a expensas de un *macehualli*.

El *tecuhtli* residía en el *tecali*, el palacio financiado por sus conciudadanos. Recibía manutención y vestimentas. No eran, en principio, cargos hereditarios. Sin embargo era frecuente que otro miembro de la familia ocupase el puesto siempre que el emperador lo visase. Los hijos partían de una situación de privilegio tanto por el prestigio familiar como por la posibilidad de educarse en el *calmécac*, donde se ponía contra las cuerdas a los paniaguados.

Uno de los principales puestos entre los *tecuhtli* era el *tecuhtlizin*, representante del pueblo ante las instancias superiores en materia de impuestos y tierras, además de mediador en litigios, controlador de cultivos y tributos, y gestor de destacamentos militares. Contaba con la colaboración de funcionarios locales a los que remuneraba con los ingresos de impuestos de los que él se hallaba exento.

El «CALPULLEC»

Era el elegido jefe de cada *calpulli*, siempre pendiente de la aquiescencia real. El usufructo del *calpulli* se distribuía entre las familias del lugar y él registraba la repartición. El Estado entendía que el *calpullec* afrontaba gastos derivados de su actividad, como acaudillar el consejo de ancianos. Por fas o por nefas estaba exento de impuestos y las familias de su *calpulli* se turnaban para trabajar sin remuneración sus tierras y atender su hogar.

El *calpullec* fue perdiendo autoridad tanto frente a los dignatarios militares que yuxtaponían los contingentes de los barrios como ante el hechicero local, los guerreros instructores y otros funcionarios. El *calpullec* y el *calpulli* permanecieron en la confederación azteca como vestigio de la inicial organización azteca de clanes con una administración centralizada.

Los funcionarios

La confederación azteca cimentaba su eficacia y supervivencia, por su extensión y las culturas que integraba, en una extensa red de funcionarios dividida en tres categorías cardinales:

1. Los gobernadores, encargados de cuestiones civiles y administrativas con el título de *tlacohtecuhtli*.

2. Los *calpixque* o guardianes de casa, escogidos entre los *pilli*, que controlaban los cultivos para la tributación, así como las mercancías y productos que debían remitir las provincias. Se responsabilizaban de su transporte, de la construcción o rehabilitación de edificios públicos, y de la conservación del macadán. Informaban de las cosechas y, en caso de sequías, de hambrunas u otras adversidades, podían disponer de los graneros públicos y congelar los impuestos. Los oportunos escribanos colaboraban con los *calpixque* para la forja de los registros de tributos e informes.

3. Los jueces nombrados por el soberano eran seleccionados por su moralidad. Objeto de profundo respeto, recibían soporte de los escribas que registraban las causas. Existía una Corte Suprema formada por cuatro magistrados y presidida por el *cihuacótl*. Una instancia inferior estaba moldeada por otros cuatro jueces con otros tantos asesores y presidida por el *tlaitótlac*, noble de segundo rango. Cada emplazamiento disponía de su juez y de tribunales provinciales.

Sacerdotes y sabios

Los dirigentes del Imperio azteca blasonaban de la doble faceta militar y sacerdotal. El *tlatoani* y el *cihuacóatl* presidían las ceremonias religiosas. El primero como pontífice y el segundo como sumo sacerdote. Los aztecas desarrollaron una poderosa clase eclesiástica formada por hombres y mujeres conchabados con el poder político por lazos familiares con la nobleza.

Los hechiceros gestionaban los templos. Atalayaban los movimientos y ritmos de los astros e interpretaban los calendarios, lo que les proporcionaba un poder casi absoluto sobre el pueblo, los *macehualtin*.

El sacerdocio alcanzó una sofisticada jerarquización. En los momentos de esplendor, más de cinco mil personas estuvieron destinadas a celebrar las ceremonias de Huitzilopochtli. Cualquier joven que destacase en el colegio era transferido al *calmécac*. Como enseguida se detallará, al cumplir los veinte años, el estudiante decidía si se casaba o se convertía en *tlamacazqui*, título de quien se centraba en el servicio de la liturgia de Quetzalcóatl y Tláloc.

Los dos oficiantes principales nombraban a otros relacionados con la comunidad. Un texto de fray Bernardino de Sahagún presenta una relación de las categorías, que pueden resumirse en tres principales:

1. Los especializados en talismanes concretos, como el del pelo cortado, centrado en el culto de la serpiente de nácar.
2. Quienes cuidaban los santuarios en los que se rendía culto a varios dioses, como los de Zapotlán o Tepanzinco.
3. Quienes componían y transmitían los cantos. Uno de ellos, *tlapixcatzin*, enseñaba en los barrios.

Cada comunidad era encabezada por un maestro que ordenaba el rito. Había carcamales enfrascados en el culto de Huitzilopochtli atareados en perforar orejas y labios. Otros supervisaban y distribuían encargos. Uno actuaba como tesorero de los bienes, que iban desde tierras a obras de arte y productos ofrendados. Como sucedía en el Egipto faraónico, los escribas llevaban un estricto control de los graneros, cuyo contenido alimentaba a prestes y menesterosos.

En el nivel más bajo coexistían oficiantes modestos. Los *tlenamcacac* o ungidos comunes vestían de negro y llevaban el pelo largo cubierto con una mantilla. El orden inferior era el de los *lamacazton*, adolescentes a modo de seminaristas que se preparaban para acceder.

Las féminas podían ser novicias que se disponían a integrarse como futuras pitonisas encargadas de cultos especiales, consagradas con el celibato. Torquemada refiere que algunas no se ofrendaban para siempre, sino solo durante un periodo para impetrar un favor de los dioses.

Los progenitores que deseaban ver a su hijo como hechicero invitaban a un banquete pantagruélico a los prelados. Después se trasladaba al niño hasta la escuela, donde se le coloreaba de negro y le imponían una chaquira de cuentas de madera a las que se suponía quedaba unido su espíritu. El joven ingresaba en el noviciado a los quince años convirtiéndose en *tlamacazton*. En el momento en el que capturaba sus primeros prisioneros, además de otras recompensas, teñía la mancha roja semicircular que lo distinguía como miembro de la casta levítica. Durante sus estudios, los maestros permanecían al quite y en función de sus cualidades se le encaminaba hacia la carrera militar, el sacerdocio, la judicatura o el Gobierno.

LOS ARTESANOS

Las clases menos favorecidas despertaron inferior interés entre los cronistas. Sorprenden en cualquier caso los artesanos, colectivo agrupado por barrios y con instituciones propias. Se menciona el gremio de los toltecas, que elaboraba joyas preciosas y exquisitos trabajos de plumería. Así llamados porque sus métodos artesanales tan precisos se atribuyen a esa civilización, constituían una especie de nobleza.

Las mañas y sus arcanos se transmitían a la sucesiva generación. El Código Mendoza muestra a plumeros, orfebres y pintores aleccionando a sus vástagos. Entre los más reconocidos se enumeran los del barrio de Amantla, que elaboraban el mosaico de plumas que lucían los nobles y los vates, los sastres que confeccionaban vestimentas de algodón, y los escultores de Tenochtitlán y Texcoco. Los artesanos que ocupaban escalafón social detrás de los relevantes *pochteca* gozaban de particular miramiento si faenaban para palacio.

LOS «MACEHUALTIN»

La gente del pueblo constituía la mayor parte de la población. Eran miembros o descendientes de tribus sometidas que, por tanto, habían perdido sus derechos. Recaían sobre sus hombros innumerables obligaciones: pago de impuestos, servicio militar, proveer a los templos de leña, agua, etc. Entre sus derechos se contaba el sustento, que nadie pudiese privarles de sus tierras ni expulsarlos de su *calpulli,* salvo faltas graves y la posibilidad de mejorar su condición social ingresando en el cuerpo de funcionarios, en el Ejército o el sacerdocio. En teoría, no existían barreras infranqueables entre las clases y podían aspirar a matrimonios con nobles. Un esforzado *macehualli* merecía llegar a equipararse con los nobles guerreros águila y por tanto vestirse con trajes de algodón, trasegar, disponer de varias mujeres o quedar exento de cotizar. Nunca, sin embargo, se igualaba a los nobles por herencia.

Los campesinos no propietarios eran miembros de antiguas plazas que habían quedado al margen del reparto o libres empobrecidos. No disfrutaban de los derechos del *macehualli,* pero tampoco padecían sus obligaciones: no pagaban impuestos ni formaban parte de las cuadrillas, pero sí gozaban de la protección del monarca, los tribunales y la administración.

A diferencia del esclavo, los *tlalmaitl,* también conocidos como *mayeque,* quienes dependen de sus manos, conservaban un relativo libre albedrío en las haciendas de los amos. Quedaban obligados a proveer a su señor leña y agua, a laborar en su servicio doméstico y a abonar un porcentaje de la producción. Eran carne de cañón para el servicio militar.

LOS «TLATLACOTIN»

Ocupaban el rango inferior. Eran esclavos y, aunque pertenecían a sus patrones, distaban en determinados aspectos de los cautivos a la usanza europea. Si cometían una falta apreciable podían ser sacrificados. Tenían derecho a techo, vituallas y ropa, y podían poseer bienes, adquirir tierras o incluso comprar a otros *tlatlacotin.* Maridaban con ciudadanos libres y sus hijos no heredaban necesariamente su condición. Quedaban libres pagando la cantidad que había sido abonada por ellos con fórmulas semejantes a la manumisión romana.

Un individuo libre podía devenir siervo por múltiples motivos: hurto, homicidio, conspiración contra el rey, etc. También como prestación voluntaria para afrontar una deuda por no haber trabajado la tierra asignada, de juego o por ser prisionero de guerra.

Quien se convertía en siervo de otro por un débito tenía que ayudarlo en el campo. Solo podían ser revendidos aquellos viciosos que habían sido reprendidos ante testigos. Tras tres amonestaciones, el pechero podía caer en manos de *pochtecas* o artesanos para ser sacrificado. Para aminorar la inquietud de los ofrendados se les drogaba.

Los propietarios de esclavos tenían la obligación de alimentarlos y alojarlos. La pérdida de la libertad era informada en documento oficial. El devenir de un esclavo dependía del amo. Algunos eran adquiridos con el exclusivo objetivo de ser inmolados.

Encuentro de Hernán Cortés y Moctezuma. Autor: Kurz & Allison. Fuente: http://lcweb2.loc.gov/service/pnp/pga/01900/01902v.jpg. Wikipedia Commons.

LOS REYES AZTECAS

Grabado subtitulado «The emperor Moctezuma», perteneciente a la obra *The discovery and conquest of the new world containing the life and voyages of Christopher Columbus*, publicada en Estados Unidos en 1892. Autor: N. Mathew. Fuente: Wikipedia Commons.

Los aztecas tuvieron claro que los cargos son cargas. He aquí lo que se recordaba en la ceremonia de nombramiento de un nuevo monarca, según el Código de Sahagún: *«¡Oh Señor!, vos sois el que habéis de llevar la pesadumbre de esta carga, de este reino, señorío o ciudad. Vos, señor, habéis de poner vuestras espaldas debajo de esta carga grande, que es el regimiento de este reino; en vuestras espaldas, en vuestro regazo y en vuestros brazos pone nuestro señor dios este oficio y dignidad de regir y gobernar a la gente popular, que son muy antojadizas y muy enojadizo (...). Pensad, señor que vais por una loma muy alta y de camino muy angosto, y a la mano izquierda y a la mano derecha hay grande profundidad (...). Sé templado en el rigor como en el ejercitar vuestra potencia: nunca mostrar los dientes del todo, enseñéis las uñas cuando podáis (...), regocijad y alegrad la gente popular con juegos y pasatiempos convenibles, porque con esto cobraréis fama y seréis amado (...). ¡Oh señor!, entre vuestro pueblo y vuestra gente debajo de vuestra sombra, porque sois un árbol que se llama 'pochotl' o 'ahuehuetl', que tiene gran sombra y gran rueda donde muchos están puestos a su sombra y a su amparo (...). No debéis hacer cosa alguna arrebatadamente, oíd con sosiego y muy por entero las quejas e informaciones que delante de vos vinieren;*

no seáis aceptador de personas, ni castiguéis a nadie sin razón. Mirad como el señor, que en los estrados y en los tronos de los señores y jueces no de haber arrebatamiento o precipitación de obras o de palabras ni se ha de hacer alguna cosa con enojo. No habléis con ira y espantéis a ninguno con ferocidad. Conviene también, ioh señor nuestro!, que tengáis mucho aviso en no decir palabras de sarcasmo o de donaires, porque esto causará menosprecio de vuestra persona. Ahora os conviene tomar corazón de viejo y de hombre graves sereno. No os deis a las mujeres. No penséis señor que el estado real del trono y dignidad es deleitoso y placentero, que no es sino de grande trabajo y de grande aflicción y de gran penitencia».

El mencionado Acamapichtli, primer rey azteca, reinó entre 1376 y 1395. Su nombre significa puñado de cañas. De raigones toltecas, su elección como inicial gobernante de la dinastía de México-Tenochtitlán dio prestancia al incipiente despertar mexica. Se le representa habitualmente vestido con ropa sacerdotal. El diseño de las sandalias estaba asociado con el dios Quetzalcóatl y sus antepasados toltecas. El jaguar, el águila y la serpiente eran símbolos de la religión azteca.

Durante las casi dos décadas de su reinado, Acamapichtli casó reiteradas veces. Para fortalecer lazos estratégicos, con Ilancueitl, hija del gobernante de Culhuacán. También con una fémina de cada uno de los cuatro *calpullis* de Tenochtitlán.

Amplió los cultivos mientras frenaba a las hostiles fuerzas de Azcapotzalco, a quienes Tenochtitlán abonaba tributo. Las primeras leyes aztecas surgieron durante su reinado, junto con las casas de piedra que sustituyeron a las de caña y juncos. Político notorio, fortaleció su posición con más diplomacia que imposiciones. Se le considera iniciador de la Gran Pirámide o Templo Mayor, aunque esa maravilla arquitectónica no se completó hasta 1487.

Huitziláihuitl, segundo rey azteca, reinó entre 1395 y 1417. Se le representa bajo un colibrí. El nombre de Huitziláihuitl (o Huitzilihuitl) deriva del símbolo de ese pájaro del dios azteca Huitzilopochtli, dios del sol y de la guerra. Sus sandalias también contenían referencias explícitas a Quetzalcóatl y los toltecas.

Prosiguió las clarividentes negociaciones comerciales iniciadas por su progenitor. Esposó a la hija del gobernante de Azcapotzalco, a quien los aztecas todavía abonaban gabela. Su segunda esposa dio a luz a Moctezuma I, quien lo sucedió. Huitzilihuitl construyó un puerto y amplió el comercio de algodón. Ayudó a su suegro en los ataques a Texcoco y saqueó innumerables urbes.

Chimalpopoca reinó entre 1417 y 1427. Se le representa sosteniendo una lanza o cetro, de pie sobre una estera y junto a un sitial de mimbre. Sobre él, un escudo humeante, que simboliza su nombre. Durante su reinado se construyó el acueducto de madera que conducía el agua potable desde los manantiales de Chapultepec hasta Tenochtitlán. Hizo construir una calzada que conectaba con Tlacopan, con puentes de madera que eran retirados durante la noche.

Itzcóatl rigió entre 1427 y 1440. Se le representa junto a un trono con la mano derecha debajo de su tilma. Sobre él, una serpiente de obsidiana, significado de su nombre. Se le atribuye la destrucción de los fosilizados registros náhuatl, la consolidación de la autoridad legal como líder totalitario y el establecimiento de la práctica de las mencionadas guerras floridas, libradas para obtener humanos a quienes degollar.

Hijo de una esclava y un noble, Itzcóatl se encaramó prestamente gracias a sus logros militares. Con el fin de cancelar el rastro de haber nacido de una sierva, decretó agostar los libros que narraban la reminiscencia de los aztecas y reescribirla para implantar una versión más a su gusto. Lo mismo han hecho innumerables tiranos, desde Lenin a Stalin, pasando por Himmler, Goering, Goebbels, el Ché Guevara o Largo Caballero.

Al día siguiente a la elección, los pobladores de Azcapotzalco atacaron Tenochtitlán a causa de la inquina que alentaban. Temían que el recién nombrado forzase a su tribu a internarse por el sendero de las conquistas y decidiese eliminar de una vez por todas la amenaza en potencia de su etnia. Personaje relevante fue Tlacaelel, comparable con el maquiavélico francés Talleyrand. Valido desde Itzcóatl, es probable que hiciera envenenar a Tízoc. Cuando a Tlacaelel le ofrecieron aspirar a ser monarca, masculló con pragmatismo: «*¿Por qué emperador? ¿No he sido yo el que les ha dicho a todos nuestros reyes lo que debían hacer? ¿No he hecho y deshecho? ¿Por qué no seguir así toda la vida?*».

Moctezuma I capitaneó entre 1440 y 1469. Hijo de Huitzilihuitl, fue el primer rey de Tenochtitlán que ostentó riqueza, independencia y poder. También conocido como «El viejo», suele ser representado junto a un nigromante que endosa el traje del dios sol ofreciéndole una corona con adornos dorados. A su lado se encuentra su símbolo: una flecha que surca la noche estrellada. Moctezuma, señor que muestra ira, fue el quinto rey azteca y sobrino de Itzcóatl. Acamapichtli, el primero de la dinastía, y su descendiente Axayácatl, son los otros dos emperadores que suelen ser representados con coronas con atrezos áureos. El hueso que atraviesa la nariz de Moctezuma simboliza al hombre, según la tradición de Texcoco.

Vencedor de los *chalcas*, fue emprendedor, con ramalazos de arqueólogo. Envió eruditos en la década de 1450 a localizar Aztlán. La cartografía que levantaron no ha sobrevivido. Se afirmó que estaba ubicado al norte, en mitad de un lago. Si bien podría ser mera propaganda para representar una versión bucólica de sus orígenes, la ficción de Aztlán sigue magnetizando.

Declaró guerra perpetua entre la Triple Alianza y los nahuas establecidos en la opuesta vertiente de los volcanes. El objetivo era proveerse de sangre humana para brindarla a los dioses. El devenir de los disturbios armados quedó constituido como un sanguinario solaz, un ininterrumpido entrenamiento para campañas de conquista. Aquel peculiar diseño recibió el aludido apelativo de guerra florida, *xochiyaoyotl*, iniciadas al parecer como corolario de la hambruna de 1450. Más que una innovación consistió en una sistematización de hábitos ancestrales. Dos ejércitos se reunían en una fecha establecida en un lugar acordado que se investía sagrado. Significaba un costo menor que una liza sin encuadrar. Al comienzo se calcinaba una pira de papel e incienso entre las huestes, que sumaban idéntico número de participantes.

No hay que escupir sapos y culebras sobre los objetivos comerciales que ocultaban aquellas actividades bélicas, que se prolongaron sin interrupción hasta la llegada de los españoles. Los arreglos de plumas, las piedras preciosas, las primorosas artesanías de los coloridos tejidos de algodón eran meta de la avidez de los miembros de la nobleza que incitaba a las conflagraciones.

La expansión de la Triple Alianza llegó acompañada de una honda reordenación de la sociedad mexica y texcocana. Como en cualquier civilización, la burocracia, como parte de su justificación, aboceté un galimatías para el protocolo del acontecer diario del soberano y los cortesanos. En el proceso de centralización, tanto Moctezuma como su hermano Tlacaélel recibieron privilegios diferenciales frente al resto de la aristocracia. Los aderezos y atavíos fueron refinándose. Los brazaletes, las plumas tornasoladas, las diademas de oro y las piedras verdes quedaban reservadas para la nomenklatura. Las infracciones del enmarañado protocolo fueron castigadas con rigor. Los guerreros destacados coparticipaban de los honores con collares de conchas o de hueso y airones de águila. El pueblo se contentaba con bezotes, aretes de obsidiana, colgantes en los ollares y pieles de conejo. Los elementos tangibles fueron definiendo las castas en las que fueron perfilándose, como en cualquier institucionalización.

Durante el reinado de Moctezuma I y de Nezahualcóyotl (comparado por algunos con el legislador griego Solón), su aliado de Texcoco, las leyes reglamentaron las penas impuestas a quienes obviasen los comportamientos sociales admisibles. Entre otros, adulterios, borracheras, jaranas y latrocinios. Acidia, en el fondo. Las sanciones eran disuasorias, particularmente cuando los delincuentes eran nobles, pues con profunda sabiduría consideraban inadmisible que los poderosos diesen mal ejemplo. Algunas medidas apuntaban específicamente a garantizar la indefectible integridad de los jueces.

Nezahualcóyotl había sobrevivido al ataque de los tepanecas, que habían asesinado a su padre, Ixtlilxóchitl, en 1418. Quizá las excepcionales aporías de su juventud le ayudaron a consolidarse como líder. Durante una década sobrevivió a hurtadillas. No faltaron tampoco incongruencias personales, como el asesinato de una mujer, Zilamiauh. Según algunos, porque iba a denunciarlo. Otros señalan que aquella fémina vendía pulque, contra lo que disponían las leyes. Fuese para salvar su vida o para castigar aquel tráfico, la acuchilló. Era el 1419 y él tenía diecisiete años. Apresado por los *chalcas*, fue confinado en una jaula sin pitanza ni bebida para su coleto. El guardián se apiadó de él, lo alimentó y le facilitó la huida. Aquel que generosamente le había apoyado fue ajusticiado. El inmolado se llamaba Quetzalmacatzin y era hermano del autócrata de los chalcas, Toteotzintecuhtli.

Ya en el poder, y para evitar inundaciones, Nezahualcóyotl, poeta e ingeniero, diseñó un dique de casi veinte kilómetros con compuertas. Evitaba, además, la mixtura de agua salada y dulce. El «sabio de Texcoco», como fue calificado, hizo construir un templo coronado por una torre de nueve plantas, decorado con pedrerías, oro y plumas dedicado al dios desconocido, creador de todo. Algo semejante a lo que pergeñaron los griegos tal como descubrió el apóstol san Pablo en Atenas. Cultura y metrópolis, por cierto, con la que algunos han comparado a Texcoco. Denominaron al Ser Superior Tloque Nahuaque y en ocasiones Ipalnemohuani, aquel por el que vivimos. Se le tributaba culto preferencial.

Este poema manifiesta la profunda espiritualidad del de Texcoco:

> *¿Es verdad que vivimos en la Tierra?*
> *¿Para siempre en la Tierra, quizás?*
> *¡Solo un instante aquí abajo!*
> *Las piedras preciosas se parten,*
> *El oro pierde su fulgor,*
> *las plumas maravillosas caen hechas polvo.*
> *¿Y nosotros estaremos para siempre en la Tierra?*
> *¡Solo un instante aquí abajo!*
> *Trenzad flores azules con otras color fuego.*
> *Lloro porque nuestra muerte destruirá esas guirnaldas.*
> *Destruye nuestras obras, las bellas canciones.*
> *Por un breve instante que sean nuestras.*

La sabiduría de Nezahualcóyotl se vigorizó, como he punteado, gracias a sus congojas. Había sido perseguido también por el tirano Maxtla. Cuando la población se cansó del usurpador tezpaneca se levantaron contra él, le sacaron el corazón y ofrecieron el trono a Nezahualcóyotl. Tal vez sus experiencias precedentes lo llevaron a tomar decisiones como en época de sequía suspender durante seis años el pago de impuestos, además de repartir las reservas de maíz.

Relata fray Juan de Torquemada que, en su madurez, era hombre piadoso con los pobres, enfermos y viejos, y muchas de sus rentas las gastaba en dar de comer y vestir al necesitado. Hizo sembrar a cada lado del camino semillas comestibles para que con ellas se sustentasen los caminantes; esto lo hizo porque había pena de muerte para el ladrón de sembrados, y solo los necesitados estaban exentos de ella.

Alva Ixtlilxóchitl detalla en la historia chichimeca que *«fue este rey uno de los mayores sabios que tuvo esta tierra, porque fue grandísimo filósofo y astrólogo, y así junto a todos los filósofos y hombres doctos que halló en toda esta tierra y anduvo mucho tiempo especulando divinos secretos y alcanzó a saber y declaró que después de nueve cielos estaba el Creador de todas las cosas y un solo Dios verdadero, a quien puso por nombre Tloque Nahuaque y que había gloria a donde iban los justos e infierno para los malos, y otras muchísimas cosas según aparece en los cantos que compuso este rey sobre estas cosas que hasta hoy día tienen algunos pedazos de ellos los naturales»*.

Sorprende la profundidad teológica de los cantos a la divinidad del gobernante de Texcoco:

> *Él es quien inventa las cosas,*
> *Él es quien se inventa a sí mismo: Dios.*
> *Por todas partes está bien venerado.*
> *se busca su gloria, su fama en la Tierra.*

Son numerosos los epítetos con los que se refiere al Sumo Hacedor. Entre otros, el autor de la vida, el dador de la vida, el sumo árbitro, aquel por quien vivimos, el que hace vivir al mundo, aquel por el que en todo vive, el inventor de sí mismo o el dueño del cerca y del junto.

Descartes hubiera sido feliz de conocer este peculiar antecedente de su metafísicamente incoherente concepto de Dios *causa sui*, del que traté en mi primera tesis doctoral, elaborada en Roma, entre 1984 y 1986.

El fin de Nezahualcóyotl no fue dichoso. Su primogénito se enamoró de una de las esposas del progenitor. Los numerosos mensajes poéticos que se cruzaron cayeron en manos del monarca, quien denunció a su vástago. Sentenciado a muerte, el rey y padre no impidió la ejecución. Al cabo, carcomido por insondables remordimientos, se enclaustró en palacio y ordenó que portones y tragaluces fueran clausurados para que nunca más se escuchase voz humana.

En ese periodo reflexionó sobre la transitoriedad de lo humano, de lo que había escrito en otra elegía:

> *Son del mundo las glorias y la fama*
> *como los verdes sauces de los ríos,*
> *a quienes quema repentina llama,*
> *o los despojan los inviernos fríos;*
> *el hacha del leñador los precipita,*
> *o la vejez caduca y los marchita.*
> *Del monarca la púrpura preciosa*
> *las injurias del tiempo no resiste;*
> *es en su duración como la rosa*
> *alegre al alba y en la noche triste:*
> *ambas tienen en horas diferentes*
> *las mismas propiedades y accidentes».*

> Y en la conocida como
> *El canto de Nezahualcóyotl:*
> *Caducas son las pompas de este mundo*
> *como los verdes sauces de la fuente*
> *que en este suelo sin rival fecundo*
> *sombra y frescura dan; mas de repente*
> *el fuego los devorará furibundo,*
> *o del hacha al poder doblan la frente,*
> *o bien cuando ya añosos languidecen*
> *barridos por el cierzo desaparecen.*

En un texto titulado *Reconocimiento del Dios no conocido*, expresa su ansia de eternidad: «*Verdaderamente que los dioses que yo adoro, que son ídolos de piedra que no hablan y sienten, no pudieron hacer ni formar la hermosura del cielo, el sol, la luna y estrellas que lo hermosean y dan luz a la tierra; y los ríos, aguas, fuentes, árboles y plantas que la hermosean; las gentes que la poseen y todo lo creado. Algún Dios muy poderoso, oculto y no conocido es el creador de todo el universo, él solo es el que puede consolarme en mi aflicción y socorrerme en tan grande angustia como mi corazón siente; a él quiero por mi ayudador y amparo».*

Una sequía provocó carestía y penurias. Numerosos aztecas fenecieron. Otros desastres naturales, como nevadas, inundaciones y heladas, destruyeron los cultivos. A pesar de todo, Moctezuma I generó prosperidad en Tenochtitlán a través de las campañas militares, los vínculos comerciales y los diplomáticos. Fue gobernante brillante y avanzó no solo con esfuerzos bélicos, sino sobre todo a través de la ilustración. Anhelaba que su gente se tornara más sofisticada y profundizara en un mayor sentido identitario. Ordenó la reescritura de la tradición en su beneficio y reformuló el calendario.

Moctezuma I remató el avituallamiento de agua fresca a la ciudad y alzó fascinantes esculturas, templos y jardines botánicos. Conquistó Chalco tras una veintena de años de hostilidades. Falleció hacia 1469 con el halo de incansable arquitecto. Había prestado particular atención a las infraestructuras para la mejora de las vías de comunicación.

Axayácatl, sexto rey azteca, reinó entre 1469 y 1481. Se le representa, como a sus antecesores, con lanza o cetro, endosando corona dorada, de pie sobre una estera y junto a un trono de rama. Sobre él, una cabeza desde la que fluye rocío. Era nieto de Moctezuma y hermano de Tízoc. Su nombre significa rostro de agua.

Se apalancó en el éxito del gobernante anterior. Antes de su coronación, el esquivo Axayácatl dirigió una expedición contra la ciudad rebelde de Cotaxtla, donde aprisionó a quienes luego fueron sacrificados durante su investidura. Miles de personas —entre diez y ochenta mil, en función de las fuentes— fueron inmoladas en el Templo Mayor solo en una fase de las ceremonias.

De su drasticidad habla el que en cierta ocasión perdió una apuesta contra el señor de Xochimilco en un partido de *tlachtli*. La jornada sucesiva, sus adictos clamaron parabienes al ganador. Con excusa de la celebración, le plantaron un collar de flores en el que habían camuflado un filo de metal. Lo estrangularon con insuperable habilidad.

Axayacatl expandió el imperio a través de conflagraciones, tratados y comercio. Conquistó las ciudades de Toluca, Malinalco, Matlatzinca y Tuxpan. Estas victorias culminaron en su mayor esfuerzo bélico: someter a la aliada Tlatelolco en 1473, a pesar del matrimonio de su hermana con Moquihuix. A partir de ese momento, no se permitió a Tlatelolco disponer de gobernador. Bajo el reinado de Axayacatl, los aztecas sufrieron su mayor derrota antes de la llegada de los españoles. En 1478, dirigió una expedición de guerra mal planificada contra los tarascos en Michoacán. Sus huestes fueron superadas. Regresaron solo doscientos derrengados militares, la mayoría magullados.

Decretó, en fin, la fase definitiva del templo dedicado a Huitzilopochtli, así como otro al dios de la lluvia Tlaloc. También ordenó que el calendario azteca se esculpiera en una piedra maciza que permitía mesurar el tiempo con precisión. Falleció en el comienzo de su tercera década de vida.

Tízoc, séptimo rey, reinó entre 1481 y 1486. Fue un gobernante enérgico que comenzó proyectos monumentales, como la reconstrucción de la gran pirámide. Según el Códice de Mendoza, durante su mandato fueron conquistadas las ciudades-estado de Tonalimoquetzayan, Toxico, Ecatepec, Cillán, Tecaxic, Tolocan, Yancuitlan, Tlappan, Atezcahuacan, Mazatlán, Xochiyetla, Tamapachco, Ecatliquapechco y Miquetlan. Feneció probablemente envenenado.

Ahuítzotl ejerció entre 1486 y 1502. Era hijo de Moctezuma I y hermano de Axayácatl y Tízoc. Monarca impío, reprimió una rebelión huasteca y amplió los territorios a más del doble de la extensión recibida. Conquistó los pueblos mixtecos, zapotecos, tarascos y otros, hasta alcanzar el occidente guatemalteco. Durante su jefatura fue concluido el templo principal de Tenochtitlán. A Ahuítzotl se le representa como la nutria o rata con púas que corretea en el lago sobre el que se construyó Tenochtitlán. Para los antiguos mexicanos, era una terrible criatura mitológica que atrapaba a los hombres para el dios de la lluvia, Tláloc. Con Ahuítzotl fueron sacrificados más de cien mil prisioneros en una sola ceremonia.

Moctezuma II, noveno azteca, reinó entre 1502 y 1520. Se le simboliza con barba y una charretera de plumas de quetzal. Junto a él, una corona. Su apellido era Xocoyotzin o señor amargo, y era hijo de Axayácatl y bisnieto de Moctezuma I. En él nos recrearemos enseguida.

Cuitláhuac reinó del 7 de septiembre al 25 de noviembre de 1520. Hermano de Moctezuma II, fue el penúltimo *huey tlatoani* y, junto a Cuauhtémoc (25 de enero de 1521-1525), encabezó el aquelarre contra los invasores.

Tras los rituales de duelo por Moctezuma II, el Consejo había elegido *huey tlatoani* a Cuitláhuac, señor de Iztapalapa, décimo señor de los mexicas. Su efímero reinado subsistió poco más de dos meses. Contagiado de viruela, el ardoroso iniciador de la defensa de la ciudad de México entregó su alma el 25 de noviembre de 1520. La epidemia jugó un papel crucial. Estalló en octubre de 1520. Los aztecas desconocían aquella enfermedad. Se extendió en la capital azteca provocando hambruna por la carencia de mano de obra para los trabajos agrícolas. En un año, casi el 40 % de la población azteca había transitado. Los españoles sufrieron pérdidas menos significativas. Para sustituir a Cuitláhuac fue entronizado a finales de enero de 1521, Cuauhtémoc, águila que desciende, señor de Tlatelolco. Sumaba veinte años.

Los dos biliosos capitanes indios, respectivamente hermano y sobrino de Moctezuma, encabezaron una lucha sin cuartel. Cuando Cortés intentó convencerlos de que cesaran la resistencia, la respuesta fue categórica. Así la plasmó el español:

«Que me fuese y que les dejase la tierra y que luego dejarían la guerra y que de otra manera que creyese que habían de morir todos o dar fin con nosotros».

Cuauhtémoc hizo ejecutar a quienes le sugerían un pacto. Entre ellos, Axayaca y Xoxopehualoc, vástagos de Moctezuma, porque habían capitaneado un grupo inclinado a negociar con Cortés y sus aliados cuando este se encontraba a punto de tomar de nuevo Tenochtitlán. En venganza, los partidarios de Moctezuma finiquitaron a los sumos augures de Huitzilopochtli y Tezcatlipoca. En su afán de resistencia, Cuauhtémoc llegó a disfrazar a mujeres de guerreros para aparentar ser más numerosos.

Luchó con furor, pero le perdió la afectación. Cortés le propuso en varias ocasiones un pacto. La respuesta fue:

«¿Pensáis que hay ahora otro Moctezuma para que haga todo lo que vosotros quisiéredes?».

Cuando los sicarios de Cuauhtémoc ajusticiaron a algunos españoles, el azteca, henchido de orgullo, puso al corriente de lo acontecido a los caciques de Cuernavaca, Xochimilco y Chalco, antiguos vasallos. Los emisarios presentaron cabezas y manos de los decapitados y testuces cercenadas de los equinos. Cuando se aventó la noticia, el apoyo a Cortés menguó y en cuestión de un par de días los veleidosos nativos abandonaron el campamento español permutando de bando. Frágiles son amores y rencores. Cuauhtémoc aseguró que en ocho jornadas los europeos caerían derrotados. Cuando eso no ocurrió, los aliados que habían cambiado de trinchera regresaron al lado de Cortés: el triunfo atrae a tantos como el fracaso aleja.

La batalla decisiva para Tenochtitlán se prolongó desde el 22 de mayo al 13 de agosto de 1521, un asedio de noventa y tres días. Cortés disponía de sus hombres y de más de treinta mil nativos. Cortó el suministro de agua potable. Cuauhtemoc decidió escapar, pero fue capturado por García Holguín. En un ápice llegó Sandoval y pretendió lucir él el éxito enzarzándose en una acalorada discusión. Cuando Cortés apareció fue él quien se arrogó el mérito de la presa. Pormenorizaré la trifulca.

LA IMPORTANCIA DE LA COMUNICACIÓN EN LA DICTADURA MEXICA

Las rémoras para el control del Imperio azteca eran magnas. Entre otras, las crecidas distancias y lo primario de los medios de comunicación. Los militares y los inspectores de Hacienda debían recorrer centenares de kilómetros, franquear altas cimas tratando de ponerse al socaire con sus hatillos, atravesar simas de densa vegetación, zigzaguear por extensas mesetas heladas antes de descender hacia las vertientes tropicales del Atlántico y el Pacífico. Todo sin la ayuda de los aún ignotos caballos ni recuas de mulas. El Ejército mexica alcanzó sofisticados servicios de información que contaban con veloces mensajeros que portaban las noticias, incluyendo mapas pintados. La diligencia en los avisos superaba la nocturnidad, los chubascos o las nevadas. Con todo, los estorbos eran descomunales.

Las provincias sojuzgadas a tributación en época de Moctezuma II eran treinta y ocho. Los sufridores subyugados estaban de todo menos alborozados. La tutela mexica agobiaba. Las frecuentes revueltas desencadenaban atroces desquites que por lo general zanjaban los aztecas con el aniquilamiento de los cabecillas y adicional presión fiscal. La Triple Alianza fue represiva y expansiva apalancada en la imposición. Los dirigentes que todavía no se habían sometido eran invitados a presenciar los sacrificios humanos. Recibidos en la capital con fingida afabilidad, se los situaba en las mejores localidades para que observasen cómo los capturados, en algunos casos parientes, eran inmolados. Pocos argumentos más convincentes a la hora de las sucesivas aproximaciones en torno a la conveniencia de pechar. La Triple Alianza manejó en ocasiones otros criterios para estimular la colaboración de las poblaciones satélites: a algunos regidores distantes les ofrecía un trato de favor, llegando a exonerar fiscalmente, parcial o totalmente, a quienes les servían de policías fronterizos.

La carga impositiva era draconiana. A una provincia como Xilotepec se le asignó una cuota de 800 cargas de vestidos de mujer (16.000 piezas), 816 de taparrabos, 800 de faldas bordadas, 3.216 de *quachtli*, dos trajes de guerreros con adornos y rodelas, cuatro silos de maíz y de otros cereales, además de águilas vivas.

La recaudación era la base del imperio. Innumerables porteadores convergían en la urbe. Cada año llegaban, rigurosamente auditadas, decenas de miles de toneladas de alimentos, en torno a cien mil vestidos de algodón, treinta mil fardos de plumas y una cantidad sobresaliente de objetos preciosos y animales exóticos. Entre otros, iguanas y garrobos. No faltaba, como se ha señalado, el aporte de trabajo físico en las obras públicas.

LA FORMACIÓN

Los dirigentes mexicas tuvieron clara la relevancia de la formación. La consolidación del carácter nacional pasaba por una unificación de los criterios curriculares. Junto a la enseñanza religiosa, se atendía a la inculturación nacionalista. Subrayaban las proezas realizadas por los antepasados, cuya gloria debían prolongar las nuevas generaciones con una profunda conciencia colonialista. El sistema educativo azteca anhelaba robustecer el diseño jerárquico.

En términos generales rezumaba severidad y pragmatismo. Los castigos caían sobre el gandul, a quienes sus progenitores pinchaban con espinas de maguey o forzaban a respirar el humo acre de la hoguera en la que emplazaban chiles rojos. Los profesores eran partidarios de un estilo adusto. Al fin y al cabo, abocetaban guerreros.

Sus principios evocan los de Licurgo, el legislador espartano. Los padres, según la legislación lecedemónica, no podían seleccionar pedagogos para sus vástagos. Estaban obligados a entregarlos al pedónomo, un ciudadano que controlaba la infancia. Se hacía acompañar de ayudantes con tralla por si alguno se desmandaba. Los críos deambulaban descalzos a la intemperie, porque se juzgaba que llevar zapatos no fortalecía. La vestimenta era, en fin, idéntica en verano e invierno. Las viandas que se les proporcionaban nunca eran suficientes para amansar el hambre. Podían robar siempre que no fueran descubiertos *in fraganti*, y si alguno hurtaba de más se le zamarreaba para que el éxito no le envaneciese... A miles de kilómetros de distancia, los principios eran paralelos.

En Egipto, por su parte, quedó escrito en el papiro Anastasi III: *«No pases el día haraganeando o te golpearán; la oreja de un muchacho se encuentra, de hecho, en su espalda y escucha cuando se la zarandea».* En un texto posterior, el papiro Anastasi V, se explicita: *«Mira lo que te digo: cuando tenía tu edad, estaba encerrado en un bastón; fue el bastón el que me domesticó. Así permanecí du-*

rante tres meses, atado en el suelo del templo mientras mis padres se encontraban en el campo con mis hermanos y mis hermanas. El bastón solo me abandonó cuando mi mano se volvió hábil, cuando sobrepasé al que me había precedido, cuando me encontré a la cabeza de todos mis compañeros, habiendo triunfado sobre ellos gracias a la calidad de mis escritos». En las *Enseñanzas de Ani* se encuentran referencias explícitas acerca de la conveniencia de formar con exigencia a las nuevas generaciones.

Las *calmécac* eran un equivalente a un instituto politécnico en la actualidad. Bien se las puede comparar también a las conocidas como *Napola* de las juventudes hitlerianas, o a los centros de adiestramiento de los pioneros en los países comunistas. La disciplina era implacable. Los nobles advertían a sus vástagos antes de la incorporación: *«Escucha, hijo mío* [en el *calmécac*], *no serás reverenciado, ni obedecido, ni apreciado. Serás humilde, despreciado y rebajado. Todos los días cortarás espinas de pita para hacer penitencia, y harás brotar sangre de tu cuerpo con esas espinas; te bañarás por la noche, aunque haga mucho frío... y cuando sea época de ayuno no lo quebrantarás. Presenta buena cara ante el ayuno y la penitencia».* El sistema educativo atendía, en fin, a los alevines de políticos, guerreros y vates, puestos reservados específicamente a sus hijos y ocasionalmente a pimpollos de señalados mercaderes y artesanos.

La exigencia en la formación es en múltiples ocasiones mencionada laudatoriamente, como en el caso de Beethoven, de quien refieren que llegó tan alto gracias a la severidad de su progenitor, aunque también explicitan que el carácter huraño, rebelde, altivo e introvertido del genial compositor emana de aquellos hechos.

Para quienes no eran nobles, existían las *telpochcalli* (casa de los mancebos, en náhuatl). En esos centros se educaba al pueblo a partir de los quince años. El objetivo era más práctico, sin consternación por lo conceptual. Se preparaban cubicularios y soldados. Combinaban religión con instrucción militar y deberes de carácter lacayuno encaminados a domeñar el carácter individual hasta conseguir, en ambos tipos de escuelas, humillarse de tal manera que la dependencia fuese mecánica.

Los mexicas desplegaron una élite de soldados que se encuadraban en dos órdenes o clubes militares: los *cuāuhpipiltin* o águilas y los *ocēlōpipiltin* o jaguares, que vestían con la piel de ese felino. Para formar parte de los primeros, debían prender a cierto número de enemigos. Tras su incorporación a la cofradía militar, adoptaban un casco que imitaba la cerviz de la rapaz con el rostro asomando por el pico abierto. El grado en la jerarquía militar se manifestaba en el plumaje con el que engalanaban. Los jaguares eran miembros de la clase popular (*mācēhualtin*) que habían apresado a doce contrincantes en dos campañas sucesivas. Águilas y jaguares endosaban algodón decorado con motivos que recordaban a las plumas del ave de rapiña o las manchas del ocelote. Unos y otros residían y se adiestraban en los cuarteles de la fraternidad (*cuauhcalli*) cerca del templo mayor. Disfrutaban de privilegios: no tributaban, participaban en banquetes de hermandad en los que consumían carne humana y el anís local (*octli*), disponían de concubinas, y en ocasiones compartían mesa y mantel en el palacio del *tlatoani*. Se instruía a los aspirantes con armas reales. También practicaban un espectáculo gladiatorio: cuando capturaban a un enemigo valeroso, lo ataban a una cuerda en el centro de una rueda de piedra de unos ocho metros de diámetro. Le entregaban macana y escudo. Se le enfrentaban tres o cuatro aspirantes a guerreros. La soga no le permitía salir en persecución de sus oponentes.

Esta era una de las canciones de marcha:

Allá, en el campo de batalla
quiero morir, ansío morir
bajo el cuchillo de obsidiana.
Lo que quieren nuestros corazones
es morir en la guerra.
Vosotros que estáis en el combate,
quiero morir bajo el cuchillo de obsidiana.
Lo que quieren nuestros corazones es morir en la guerra.

Los *macehualtin* (la referida clase social entre los esclavos y los nobles) recibían su instrucción profesional de los diez a los doce años en los *telpochcalli*. A partir de los trece podían endosar el *maxtlatl*, la simbólica prenda masculina que les confería la categoría de adultos.

Además de las diferencias de casta, la compostura azteca remarcaba las diferencias de sexo, manteniéndola diferenciada, como ha sucedido en múltiples países hasta épocas cercanas. A las hijas se las preparaba para esposas y madres, lo cual incluía conocimiento de cocina. La moral en la que se las instruía era cabal, con acento en un sigiloso recato.

Las escuelas centradas en la formación militar se ponían bajo la protección del Tezcatlipoca, dios juvenil hosco, adusto, cetrino, agresivo y predatorio que representaba la astucia y un poder diabólico destructivo y antisocial que de algún modo se oponía a Quetzalcóatl, patrono del *calmécac*. Quetzalcóatl simbolizaba los ideales: el sacrificio, la negación de los propios caprichos, la oración constante, el dominio inteligente, etc. Se identificaba con la nobleza nahua tolteca, que recogía esa respetada tradición.

Entre las obligaciones de los alumnos figuraba el adecentar las dependencias. También labraban las tierras del colegio y se implicaban en la construcción de acequias u otras obras públicas. La preparación física y moral incluía la prohibición de bebidas espirituosas. Los muchachos en estado de embriaguez eran liquidados. A los veinte o veintidós años se consideraba culminada la formación y abandonaban el colegio para emparejar.

Si alguien mostraba vocación religiosa, en ese momento se incorporaba al *calmécac*. Esta institución educativa, como se ha mencionado, se ajustaba a la preparación de las clases dirigentes, que incluía la casta sacerdotal. La exigencia ética era estricta. Se impartían conocimientos de teología, literatura, historia, astronomía, arte y administración. Los más avispados eran sometidos a una rígida disciplina con el fin de modelar su temperamento con austeridad y penitencias, para que aprendieran a contar los garbanzos. Debían reprimir su sensualidad sublimando lo espiritual.

La religión y la guerra dominaban la vida. Las causas eran múltiples: incrementar la exacción, base económica de Tenochtitlán, apoderarse de antagonistas para el sacrificio ritual, proteger a los buhoneros, someter a las regiones rebeldes y abroquelarse de agresiones externas. Las batallas no pretendían tanto aniquilar como acopiar prisioneros. Quienes morían combatiendo o eran sacrificados iban al cielo y se transformaban en pájaros de rica pluma. Su creencia en el más allá era sólida, aunque llena de incertidumbres, como refleja un poema de Ayocuan, príncipe de Tecamachalco:

> *¿Tendré que pasar*
> *como las flores que se marchitan?*
> *¿No quedará nada de mi nombre?*
> *¿Nada de mi fama en la tierra?*
> *¡Por lo menos flores! ¡Por lo menos cantos!*
> *¿Qué podrá hacer mi corazón?*
> *Para nada, hemos venido,*
> *para nada, pasado por este mundo.*
> *¡Disfrutemos, amigos, abracémonos!*
> *Ahora pisamos la tierra florecida.*
> *Nadie querrá que también mueran*
> *las flores, y los cantos*
> *continúan viviendo*
> *en la morada del Dador de la Vida.*
> *Aquí, en la tierra, es la región del momento*
> *fugitivo.*
> *¿Sucede lo mismo en el lugar en el que se vive de algún modo?*
> *Allá, ¿se puede disfrutar?*
> *Allá, ¿se conoce la amistad?*
> *¿O solo hemos conocido nuestros rostros*
> *sobre esta tierra?*

En el denominado *Libro de la muerte* de los mexicas se describe el cadáver amortajado y el alma que escapa de la morada terrenal, al igual que creían los egipcios, a través de la boca. Llegaba ante Tezcatlipoca, el Júpiter de los aztecas. El difunto se presentaba desnudo con un yugo de madera alrededor del cuello y esperaba sentencia. Era sometido a una ordalía. El cielo era el Tamohuanchan, la casa de la que se desciende; el Edén, la tierra fértil. Allí los ríos bajan jocundos, se multiplican las flores, abunda la caza y los mochuelos siempre germinan. La otra alternativa eran las tinieblas, el reino de Mictlan.

Para soslayar los engorros en las postrimerías, se proporcionaban jabalinas al finado. Entre los dientes se deslizaba una perla de jade que le serviría como corazón de repuesto. En las manos, dones para Mictlantecuhtli y Mictlancihualt, señor y señora del Hades. Había de pasar entre dos peñas. Si no avanzaba con destreza, caía. Más adelante, una serpiente se interponía. Si vencía, lo esperaba el caimán Xochitonal. Tras él, hasta ocho desiertos y serranías. Posteriormente, el vórtice de un torbellino afilado como un estoque. Al cabo, tropezaba con el fiero Izpuzteque, un demonio con espolones de gallo y también el diablo Nextepehua, que esparcía nubes de cenizas, y otros pavorosos enemigos. Superadas las pruebas, saludaba a sus antepasados.

Estas eran algunas de las bendiciones impartidas por los sacerdotes: «*Verás dos grandes montañas cuyas laderas se entrechocan de manera regular. Entrarás entonces en el tercer mundo infernal. Necesitarás de todo tu aliento para subir senderos escarpados y difíciles, que te conducirán a la cima. Allí sopla el viento glacial del cuarto mundo, cortante como una hoja de obsidiana. Si escapas de él, verás flotar las banderas del quinto infierno. Entonces las flechas del sexto dominio podrán atravesar tu cuerpo. Al llegar al séptimo, los jaguares comerán tu corazón; encuentra en ese momento la fuerza para franquear el desfiladero siniestro que conduce al octavo mundo...*».

Según el Código Magliabecchiano, ante un ídolo de Mictlantecuhtli eran degustados los restos humanos tras los sacrificios. Los *tlamacazqui*, hechiceros encargados de distribuirlos entre amigos y vecinos, participaban con agrado.

Creían en la existencia de un limbo, niveles correspondientes a Omelecuhtli y Omecihuatl. Allí permanecían las almas de los neonatos fallecidos. Consideraban que tras el fin del mundo serían la semilla del hombre que relanzaría a la humanidad.

LEGALIDAD Y LICITUD

El derecho penal era común para nobles y plebeyos. Ofrecía tanta seguridad que las casas no disponían de puerta bajo el dintel, ni prefiguraban fallebas. Se apremiaba la némesis personal. La embriaguez se consideraba atenuante de un delito si alguien era joven; también se eximía de responsabilidad si el autor era menor de diez años, al igual que a los miembros del Ejército en el caso de homicidio o adulterio si absolvía quien había recibido el oprobio. Por el contrario, ser brujo se consideraba agravante por la especial responsabilidad. Solamente se indultaba por haber realizado una hazaña notable o como consecuencia de la amnistía general que se concedía cada cuatro años con el quid de la francachela de Tezcatlipoca.

Las sanciones eran variopintas: destierro, pérdida de títulos, suspensión del empleo, o infamantes como esclavitud, arresto, demolición de la casa y otras pecuniarias o corporales. La muerte podía dictaminarse por decapitación, estrangulamiento, empalamiento, lapidación, etc.

Cada delito recibía sentencia en función de las circunstancias. Quienes afrentaban la seguridad del Estado mediante el espionaje eran desollados. La traición cosechaba descuartizamiento, confiscación de bienes, demolición del hogar y venta de los parientes como esclavos. A los hechiceros que propiciaban calamidades públicas se les extraía el corazón. La venta de pulque estaba regulada y solo podía producirse con permiso del juez, como si estuviese vigente la ley seca de comienzos del siglo XX en EE. UU. A los ancianos y a los enfermos se les permitía ingerir tres pequeñas tazas. A las parturientas, a modo de anestesia; a quienes realizaban trabajos duros y a los varones de más de treinta años se transigía con dos tazas cuando iban de bureo. Si un noble se achispaba se le podía condenar a la pérdida de su condición, el destierro o la decapitación. Si era *macehualtin*, se le cortaba o quemaba el cabello o, en otras circunstancias, perdía el empleo o se arrasaba su morada. Los reincidentes eran ajusticiados. Se considera siempre más grave si el delito se cometía en el palacio del *tlatoani*. A la alcahuetería se podían dedicar las bataclanas chanflonas, que eran marcadas.

Las trolas eran delito grave en el varón adulto. Se juzgaban como leves en la mujer. A los mozalbetes se les golpeaba en los labios sin andarse con chiquitas. Los embajadores que no cumplían su cometido y regresaban sin respuesta, los recaudadores de tributos que malversaban fondos, quienes cometían cohecho o los jueces que interpretaban torticeramente las leyes pagaban con la vida. La deserción, la indisciplina, amilanarse, robar o traicionar eran castigados con la máxima pena, con más motivo en periodo de guerra. Igualmente, si se dejaba escapar a un prisionero o se abandonaba el estandarte en manos del enemigo. También se aplicaba castigo capital a los presuntos reos de la derrota.

La moral azteca era tiquismiquis con la libido. En algunos casos se incineraba al pecador y sus bienes eran confiscados. Los hombres que se introducían subrepticiamente en los centros de adiestramiento de doncellas y las sacerdotisas que hablaban con varones eran finiquitados. La homosexualidad, al igual que la violación y el estupro, implicaba la muerte para los implicados. No se consideraba infracción la violación de una odalisca. Se juzgaba incesto las relaciones entre parientes ascendentes y descendentes, entre hermanos, hijastros, padrastros, suegros, yernos o nueras, e incluso entre esposos divorciados. El aborto implicaba muerte para la madre y los cómplices.

El Códice Florentino manifiesta que admiraban las mismas virtudes que enardecían a los caballeros de la Europa renacentista: el ahorro, la compasión, la sinceridad, la prudencia, el orden, el brío, la humildad, la modestia, la audacia... Rechazaban con armas y bagaje la indolencia, la desidia, la falta de compasión, la irresponsabilidad, la doblez, el humor atrabiliario, la torpeza, el despilfarro, las trapacerías, la falta de respeto y la traición. Un punto de sus costumbres era, sin embargo, garrafalmente contrario a la moral natural y fue *álibi* en la intervención española: la macabra cuita de los sacrificios humanos y la antropofagia. Algo no diferente por cierto de lo que sucedía en la Galia precristiana, donde los druidas inmolaban enemigos y, en ocasiones, también amigos.

A título de curiosidad, el Códice Florentino, obra de doce volúmenes del franciscano Bernardino de Sahagún, sufrió ataques. Su autor había pasado largos periodos entrevistando a locales, aprendiendo el antiguo idioma azteca del náhuatl y sus ritos consuetudinarios. De regreso a Europa en 1585, las autoridades confiscaron las copias y las destruyeron. Las únicas versiones del Códice Florentino que se publicaron estaban censuradas, cancelando casuísticas sobre las culturas mesoamericanas.

Pág. 51, del Libro IX del Códice Florentino (1575-1577). Autor: Bernardino de Sahagún. Biblioteca Medicea Laurentiana Florencia. Fuente: Wikipedia Commons.

Algunos españoles promovieron el principio de que su superioridad moral y espiritual por su fe en la Iglesia católica era incontrovertible. En 1554, Cervantes de Salazar ensalzaba la transición de los indígenas de la desdicha a la felicidad y de la servidumbre a la libertad, gracias a los predicadores.

Cortés y sus hombres no pretendieron eliminar a los conquistados, sino someterlos a la Corona española. Es relevante en este sentido recordar que diversos autores —entre otros, el historiador mexicano Miguel León-Portilla o el antropólogo holandés Rudolf van Zantwijk— han comparado a aquellos mexicas con los nazis por su supremacismo y racismo. Habría sido un estado parásito equivalente a la Alemania de Hitler o a la Rusia soviética. Solo por excepción se produjeron incorporaciones sólidas y mutuamente pactadas. León-Portilla ha señalado que la historia de México es también la de España y viceversa. Miles nacidos en España viajaron a América y generaron camadas junto a indígenas. Las sangres se fusionaron. Buscar en el presente solicitudes de perdón por una u otra parte resulta tan jocoso como estólido. Por estos y otros motivos, Marcelo Gullo detalla en *Madre Patria* que no hubo conquista, sino liberación de América.

La delincuencia en Tenochtitlán era escasa, quizá por lo tajante de las expiaciones. Unos inclementes magistrados presidían tribunales que administraban castigos implacables a través de funcionarios cuya obligación consistía en mantener el orden, arrestar a los sospechosos y hacer cumplir las sentencias.

Las familias de las altas instancias, también del monarca, se hallaban sujetas a las leyes. Si los delitos se cometían en otros lugares, los responsables de aquellas localidades tenían obligación de entregar al infractor. Si no lo hacían, sufrían el castigo reservado para el transgresor.

Por motivos de ejemplaridad y para enviar mensajes claros a la ciudadanía, la mayoría de los escarmientos –por ejemplo, quebrar la cabeza del delincuente a garrotazos– se llevaban a cabo en público. A los niños que se portaban mal se les imponían puniciones progresivamente más significativas: a los nueve años se les arrojaban las aludidas púas de maguey a la espalda; a los diez se los azotaba.

Si bien reconocían que el poder de los *tlatonais* tenía origen divino, los mexicas repudiaban el abuso de autoridad. No consentían la corrupción o la arbitrariedad. Los gobernantes se empeñaban en proporcionar buen ejemplo a sus gobernados, pues consideraban que la sociedad es un ave de la cual ellos eran la cabeza y el pueblo la cola. En Tenochtitlán no solo se sancionaba el cohecho, sino que sobre todo se educaba para prevenirlo. Los *huehuetlatolli* (en náhuatl, los dichos de los antiguos) conformaban extensos libros en forma de relato que describían las normas de conducta y las creencias. Estos textos fueron recopilados por fray Andrés de Olmos y por fray Bernardino de Sahagún. En ellos se resaltan la sumisión, la sobriedad, la rectitud y la honestidad. La subordinación era altamente valorada. Resultaba imperdonable traicionar los fundamentos de la propia civilización.

IMPUESTOS

Como se ha adelantado, además de las aportaciones en materias primas y productos manufacturados, las ciudades tributarias contribuían con trabajo, a trasmano de cualquier indolencia atávica. En algunos casos, por ejemplo, en minas cuya producción debía ser remitida a Tenochtitlán. En otros casos, la mano de obra enviada desde las provincias se encargaba de atender las hospederías, los baños o de conservar otros servicios de interés público. Periódicamente, los sometidos tenían que ceder esclavos para los sacrificios.

Estaban exentos de cotizar los miembros de la nobleza y la clase sacerdotal, los críos, los administradores locales, los maestros, y aquellos plebeyos que gracias a sus proezas militares habían ascendido por la pendiente social, además de determinados artesanos, mercachifles y agricultores. Los *macehualtin*, que sí tributaban, eran mayoría. Según las fuentes oficiales —nada diverso de lo que proclaman hoy infaustos gestores de lo público—, los miembros de esta clase isentían euforia de colaborar en trabajos de obras comunes!

El gravamen llegaba tras la conquista militar, de forma semejante a los anglosajones con sus colonias. El consorcio de pueblos que quedaban sujetos a Tenochtitlán pagaba en función de lo que se producía en la región. Cada ochenta días entregaban productos elaborados o materia prima: trajes de guerreros, piedras verdes, plumas valiosas, cargas de maíz, frijoles y otros frutos agrícolas, oro, turquesas, etc. En las poblaciones más cercanas era mayor el porcentaje de contribución con personal cualificado para erección o mantenimiento de edificios o calzadas.

Las bravatas de farolones con las que trataban a los conquistados retrotraen a las empleadas por los ribereños del Nilo. El maltrato era parte inherente de ambas civilizaciones. El orden (el *maat* de los egipcios) era mantenido con presión. En la mastaba de Mereruka se contempla cómo un contribuyente es arrastrado ante los escribas responsables de la recaudación. El funcionario lleva en la mano un bastón, idéntica herramienta a la portada por otros personajes también intimidatorios. No cabe duda de que el sujeto pasivo se verá forzado, quiera o no, al abono de lo exigido, sea o no justo. En la misma escena se contempla a otro ciudadano que está recibiendo una somanta de palos. Esas mismas representaciones podrían haber sido realizadas por los aztecas, los mayas o los incas. Si trascendían noticias de actuaciones inadecuadas, la superioridad actuaba, aunque solo fuese por ese culto que el vicio rinde a la virtud conocido como hipocresía.

LOS SACRIFICIOS HUMANOS

Bastantes comportamientos de los mexicas colisionan con unos mínimos de sensibilidad. Los nativos inmolaban recurrentemente a seres humanos, troceaban sus cadáveres y los devoraban tras cocinarlos con verdura. En ocasiones en el mismo campo de batalla. La mayoría eran conducidos a la capital para ser sacrificados, permaneciendo hasta ese momento en jaulas de madera.

Las cifras varían según las fuentes. Todas, sin embargo, convergen en que se perpetraban a mansalva. Diversos autores han calificado esta conducta como un dilatado holocausto. Los españoles dejaron constancia de las prácticas caníbales desde que desembarcaron en Tabasco en 1519. «*Después de que los hubieran muerto y sacado los corazones, llevábanlos rodando por las gradas abajo; llegados abajo cortábanles las cabezas clavándolas en un palo y los cuerpos llevábanlos a las casas que llamaban Calpul donde los repartían para comer*», describió Bernardino de Sahagún (1499-1590).

Y Bernal Díaz del Castillo: «*Sobre una plaza de Tlaxcala en la que se encuentran muchos templos había cráneos humanos ensartados en perchas, ordenados de manera tan regular que se podían contar con facilidad y que calculé superaban los cien mil. En otro lugar se veía tal pila de fémures que resultaba imposible dar una estimación; también había numerosos cráneos encajados entre vigas de madera y tres sacerdotes tenían la misión de custodiar todas esas osamentas*».

El canibalismo alentaba a los guerreros en las trifulcas. La carne humana era un manjar que se podía saborear tras combatir. No esquivaban tampoco la carne de ciervo, tapir, jabalí, zarigüeya, armadillo o conejo.

Fray Diego Durán (1537-1588) señala en *Historia de las Indias de Nueva España e islas de tierra firme* que los mexicas creían que mediante sus rituales convertían a la víctima en un dios reencarnado. Consideraban que todo aquel que ingiriera aquella carne después de llevar a cabo sus oraciones se vería imbuido de energía celestial. La antropofagia era una forma de veneración: resultaba imperativo moldear ofrendas. El canibalismo era, además de pleitesía a los dioses, *conditio sine qua non* para engendrar hijos.

Cortés partió hacia México con el objetivo de hacer valer las creencias de Carlos I. Desde el comienzo, Bernal Díaz del Castillo dejó patente que en los pueblos que tomaban los españoles había *cues*, pequeños templetes con forma de pirámide, repletos de cadáveres a los que se les había arrancado el corazón. «*Hallaron aquellos cuerpos muertos sin brazos y piernas e dijeron que otros indios los habían llevado para comer*». Díaz del Castillo certificó no solo que era habitual el canibalismo, sino que detalló que encerraban en armazones a quienes cebaban hasta que estuviesen adiposos para sacrificar y comer. El líder extremeño tanteó a los nativos para que desmantelasen aquella práctica, pero resultó inane. Díaz del Castillo garrapateó: «*Nuestro capitán les afeó el sacrificio y comer carne humana, lo que hizo que, desde entonces, [...] no le guisasen tal manjar*».

Ubicados sobre una pirámide para el ritual, se sujetaba por brazos y piernas a quien iba a ser asesinado. Un quinto abría el pecho del desdichado con un cuchillo de obsidiana y le arrancaba el corazón, que era ofrecido a los dioses y engullido. Se hacía rodar el resto del cadáver. «*Abajo, algunos a los que denominaban 'cuacuacuiltin' se apoderaban de él y lo llevaban hasta las casas que llamaban 'calpulli', donde lo desmembraban y lo dividían a fin de comerlo*», pormenoriza Díaz del Castillo. El torso con frecuencia se entregaba a las fieras. La cabeza era trasladada hasta un extenso altar en el que se agolpaba con las demás para la posteridad.

Los recién llegados eran un manjar altamente apreciado. El soldado Francisco de Aguilar (1479-1571), a punto de ser expulsados de la capital, dejó constancia de que la ciudad quedó invadida por masas de gente que esperaban con impaciencia la carne de los desdichados españoles. La Noche Triste dejó unos seiscientos cristianos muertos y obligó a los conquistadores a retirarse hasta Tlaxcala. Desde allí Cortés organizó un nuevo ataque contra la capital que fue precedido por escaramuzas para castigar a los poblados sublevados. En uno, el conquistador encontró muchas cargas de maíz y niños asados.

Durante los meses en que Cortés se halló a las puertas de la capital se reiteraron entre los sitiados copiosos episodios de canibalismo. El principal ritual era la oferta a Huizilopochtli, dios de la guerra, aunque tampoco era desdeñable la matanza en la ceremonia en honor a Izcalli, la deidad del fuego.

Una fecha recurrente era denominada *etzalcualiztli*, comer maíz y frijoles, del 9 al 28 de junio. Los fastos estaban dedicados a Tlaloc y Chalchiuhtlicue. Según crónicas dispares, quince infantes eran sacrificados en las montañas y las personas que representaban el papel del dios Tlaloc y su esposa cohabitaban con ellos durante veinte días antes de ser sacrificados a medianoche. Se atiborraba a las víctimas, pues muchos prisioneros llegaban escuálidos y huesudos a los prolegómenos de las calaveradas en que serían inmolados y apurados.

PRÁCTICAS SEXUALES

Escultura de Xochipilli, diosa azteca de las flores y el amor. Fuente: Shutterstock.

Las prácticas sexuales de los aztecas no eran diversas de las europeas. Unos y otros se encalabrinaban como verracos tras exiguos periodos de abstinencia. Quizá la diferencia más notable era la normalidad con la que muchos las vivían, frente al esfuerzo por contenerse de los creyentes católicos más comprometidos y a la hipocresía con la que algunos mostraban escándalo. Ellos establecían algunas lícitas, como las de los guerreros jóvenes con sus compañeras *auianime*. Muchos españoles, tras ronear lo imprescindible, también fornicaban con las indias, aunque no era admisible según la moral cristiana. El remedio moral era, para españoles o aztecas, la confesión. En el primer caso, sacramental; en el segundo, Tlazoltéotl equipaba a los pecadores al final de sus días.

La relevancia del sexo en el *temazcal* (sauna), que abría la espita de la lujuria, era tan evidente que los frailes españoles, con el sano afán de que decreciese el número de sátiros, pugnaron por clausurarlos. Al igual que hoy en algunos países, en los baños de vapor entraban hombres y mujeres desnudos. En el Códice Tudela se explícita: «*Acontecía meterse en este baño muchos onbres e mujeres, y allá dentro, con la calor, onbres con mujeres e mujeres con onbres e onbres con onbres ilícitamente husavan; y en México avía onbres vestidos en ábitos de mujeres y estos eran sométicos y*

hazían los oficios de mujeres, como es texer y hilar, y algunos seño-
res tenían uno y dos para sus vicios».

La presencia de los dioses era continúa en las más diversas realidades, desde el clima o las cosechas, hasta los aspectos más ínti-
mos de la sexualidad y el amor. Tres fueron los titanes del erotismo.
La diosa Tlazoltéotl representaba la fecundidad, la fertilidad y el re-
focilarse carnal. Era la guardiana de las parturientas. Xochipilli era
el de las coyundas ilícitas. También por tanto de las pelanduscas,
del meretricio masculino y las relaciones homosexuales. Además,
velaba por los juegos, la belleza, la danza, el maíz y la música. Xoxhi-
quétzal, esposa del dios Xochipilli, vigilaba sobre el placer venéreo.
Era particularmente reverenciada por las tejedoras.

Disponemos de extensa información sobre las zambras dedicadas a Xochiquétzal. Fray Juan de Torquemada se refiere al mes de
Quecholli como aquel en el que los mexicanos festejaban a Mixcóatl,
mientras los tlaxcaltecas y otros se lo dedicaban a Xochiquétzal:
«Les sacrificaban muchas doncellas en memoria de los amores. En
este mes, llamado Quecholli, se manifestaban las mujeres públicas
y deshonestas y se ofrecían al sacrificio en traje conocido y mode-
rado, que eran las que iban a las guerras con la soldadesca y las
llamaban maqui, que quiere decir las entremetidas, y se aventu-
raban en las batallas y muchas de ellas se arrojaban a morir en
ellas. Este género de mujeres era muy deshonesto y desvergonza-
do; cuando se arrojaban a morir, se iban maldiciendo a sí mismas
y diciendo muchas liviandades, infamando a las mujeres buenas,
recogidas y honradas. Salían en esta fiesta, asimismo, los hombres
afeminados y mujeriles en hábito y traje de mujer. Era esta gente
muy abatida y tenida en poco y menospreciada, y no trataban es-
tos sino con las mujeres y hacían oficios de mujeres y se labraban y
rayaban las carnes».

Las divinidades mencionadas –que para algunos investigadores eran en el fondo la misma– se hallaban presentes en cualquier
ceremonia en la que se castigase a quienes habían transgredido las
normas amatorias, porque en este tema, como en todas las sociedades, fueron instaurando una normativa, muchas veces rígida.

Lo que cambia es dónde se sitúa la línea roja con lo colectivamente aceptable. Se advertía sobre los riesgos de una abrumadora promiscuidad difundiendo el mito de la temible vagina dentada.

El matrimonio entre personas de distintas etnias era malquisto. Cada tribu hacía gala de su origen divino. No resultaba digno fusionar su sangre con la de otro pueblo. La poligamia prehispánica establecía un señor, su mujer principal y otras secundarias, que componían una familia, a la que se proporcionaba protección. Las secundarias y sus proles no merecían estigmatización. Según Francisco López de Gómara, Moctezuma y Nezahualcóyotl dispusieron de hasta dos mil concubinas en sus harenes. Se consentía que se refocilaran empleando una flor adulterina, una especie de alcachofa con bulbo en forma de pene.

Las aztecas debían ser sumisas ante su esposo. Las totonacas y otomíes, sin embargo, iban a la guerra igual que los varones y podían elegir marido.

Distinguían entre el homosexual activo y el pasivo. El activo representaba su rol masculino; el bardaje, al ser penetrado, se feminizaba. Por eso, a este último se le extraían las vísceras y le prendían fuego, mientras que al primero lo enterraban en ceniza. En otras ocasiones, la ley mexica castigaba el amaneramiento empalando al activo y con la extracción de las entrañas por el orificio anal para el pasivo. Las lesbianas morían por garrote.

La práctica homosexual de los pueblos mesoamericanos —*contra legem naturae nefanda*, la definían los cristianos— consta en escritos de los misioneros. Hernán Cortes explicita en sus *Cartas de relación*: «*Hemos sabido y sido informados de cierto que todos son sodomitas y usan aquel abominable pecado*». Bernal Díaz del Castillo añade en *La historia verdadera de la conquista de Nueva España*: «*No tenían mujeres, mas tenían el maldito oficio de la sodomía... había otra gente más sucia y mala, y de peores costumbres no lo hubo como esta de la provincia de Panuco, porque todos eran sodomitas y se embudaban en las partes traseras*».

Las odaliscas eran estigmatizadas y socialmente repudiadas. Sin embargo su actividad era tolerada. Moctezuma, alentado por una difusa percepción de la ley natural, ordenó reducir a pavesas una casa de lenocinio, porque pensaba que debido a esas transgresiones los aztecas habían sido penados con la llegada de los españoles.

El adulterio era considerado una contravención y merecía la muerte. En ocasiones se dejaba que el comienzo del castigo lo aplicara el mismo marido, quien arrancaba a mordiscos la nariz de su esposa y del amante.

El onanismo mediante la masturbación del miembro viril masculino fue frecuentemente reproducido en esculturas y pinturas. Según su cosmovisión, el semen era semilla que fructificaba la tierra. Los mexicas consideraban el placer sexual un don divino, tan necesario como el alimento o el remoloneo. Para disfrutarlo en plenitud debía ser ejercitado con comedimiento. A pesar de ese ideal genérico, y como sucede con mayor o menor intensidad en cualquier cultura, resume Bernal Díaz del Castillo sobre los huatecos: «*Influidos por los invasores aztecas: tenían excesos carnales, hijos con madres, hermanos con hermanas y tíos con sobrinas, hallarónse muchos que tenían este vicio de esta torpedad; pues de borrachos no les sé decir de tanta suciedad que entre ellos pasaba*».

MATRIMONIO Y DIVORCIO

Los hombres se casaban en torno a los veinte años y las mujeres a los diecisiete. La clase social determinaba el número de esposas o concubinas de que podía disponerse. Los altos jerarcas eran los únicos que en principio atesoraban féminas. Quien disfrutaba de más disponibilidad era el *huey tlatoani,* con la coartada de consolidar su linaje. Suponía una estrategia política casarse con la hija o hermana de algún dirigente. Nobles y guerreros acaparaban concubinas, que por lo general residían cada una en vivienda propia.

Los guerreros de alto rango recibían una barragana por cada acción heroica. Acumulaban cuantas pudieran mantener. Las concubinas eran de clase baja o esclavas; las esposas legítimas, de origen noble. El resto de la población vivía en monogamia. Si no lo hacían, se les juzgaba por adulterio.

Pocos matrimonios se celebraban por amor. Los mexicas, volcados en acciones militares, al igual que los alemanes hitlerianos o los rusos estalinistas, concedían importancia al crecimiento de su población tanto que cuando a los treinta años un hombre no se había casado se le afeaba y se le impelía a hacerlo. Si se enrocaba se le consideraba un petimetre y le era vetado tocar a una mujer durante el resto de su vida bajo pena capital.

Los bailes, con anhelos de euritmia, suponían una óptima oportunidad de los jóvenes para coquetear. Durante la jornada de asueto de la escuela paseaban y se relacionaban con mozas de su clase social. En torno a los diecinueve años el joven insinuaba a su padre a quién le gustaría esposar. La decisión final correspondía a los progenitores.

Un flirteo parejo al actual era común entre los plebeyos y clases intermedias —comerciantes, plateros, maestros, albañiles, carpinteros, guerreros de baja categoría...–, pues se casaban por amor si los padres aceptaban la decisión del vástago. En cambio, en las clases altas era impuesto como parte del entramado económico y diplomático. Ya tendrían ocasión de enamorarse una vez ligados.

Los padres se encargaban de la pedida y de la boda. Cuando el hijo expresaba deseos de desposarse o cuando el padre le urgía, se reunía a los parientes para solicitarles consejo. Una vez que discutían si el joven estaba enjaezado, daban su visto bueno, o por el contrario lo rechazaban recomendándole que siguiera aprendiendo el arte de la guerra. La mujer escogida precisaba de la aquiescencia familiar. El siguiente paso era consultar a un hechicero para que, de acuerdo con la fecha de nacimiento, anticipase, a modo de horóscopo, el futuro.

Tras contar con las aprobaciones, el padre animaba a su hijo a tener un detalle con el progenitor de la prometida. Las dos mujeres más ancianas de la familia portaban el regalo a la casa de la novia. Era tradición que el padre se negara argumentando que su hija no estaba capacitada, presentando como excusas que no sabía barrer ni cocinar. Entre los mexicas estaba mal visto que el padre aceptara a la primera. Las ancianas insistían al día siguiente con un nuevo don. En esta ocasión, el progenitor lo recogía como señal de amor del joven por la chica y ahora sí definitivamente consentía o rechazaba. Si se aceptaba, las decanas lo notificaban al ascendiente del prometido y acudían nuevamente con el oficiante.

La ceremonia consistía en trasladar a la prometida a la casa del muchacho acompañados por cuatro féminas venerables con antorchas encendidas. La futura se adornaba con ramas y flores. El pretendiente salía para recibirla con un incensario, rodeado de personas con teas ardientes. En muchos casos era el momento en el que los futuros se veían por primera vez. Se instalaban en la sala principal sobre una estera que aludía al compromiso y anudaban sus túnicas, símbolo de unidad y permanencia. Se encendía una hoguera con copal. La mujer se situaba a la izquierda.

El nigromante impartía una bendición antes de que se iniciase el banquete en el que los enamorados se entregaban viandas en la boca. Luego, parientes y amigos ingerían pulque y danzaban. Caída la noche, abandonaban a los contrayentes, que se quedaban durante cuatro días rezando y ayunando. Cada uno yacía en diferente lecho. Pasado ese lapso se trasladaban a la morada donde se establecerían, en un cobijo dispuesto con adornos de jade y plumas. Esa noche los casados tenían su primera relación íntima. Era tal vez un modo de desemparejar amor y sexo.

Las parteras, *ticitl*, jugaban un papel cardinal. Proporcionaban a las embarazadas atenciones prenatales según sus conocimientos herbolarios y anatómicos. Llegado el momento suministraban a la mujer brebajes para subyugar el dolor y recibían al recién nacido. Se animaba a mantener relaciones sexuales hasta el séptimo mes, porque rumiaban que de otro modo el bebé nacería enteco. Para el parto, la mujer se posicionaba en cuclillas y la sujetaban de los talones, pues en esa posición la gravedad contribuía a la salida del bebé. Cada área residencial de plebeyos disponía de un temazcal, baño de vapor o socaire, casa de calor. Los niños a menudo nacían en la sauna.

Enterrar el cordón umbilical era el ritual indicativo de que quedaban atados a sus estirpes. El de un niño era inhumado fuera de su hogar, bajo un arco y égida en miniatura. El de las niñas, debajo de una piedra de moler, símbolo de su raigón en esa casa, donde permanecería conectando ascendencia y prole. Si la madre fallecía en el parto se la ensalzaba como mártir, al igual que un guerrero extinto en acto de servicio.

Fray Bernardino de Sahagún presume que las mexicas daban a luz con menor esfuerzo que las españolas y se recuperaban a matacaballo. El bebé era bañado con agua fría como ofrenda a la diosa Chalchiuhtlicue para que purificara su corazón y le hiciera bueno y limpio. La madre yacía en el temazcal para relajarse.

El divorcio estaba tan sistematizado como el matrimonio, fraccionando los bienes conforme a lo que cada uno hubiera aportado. Se instaba a los progenitores a que no se tornasen a juntar so pena de muerte. Existían dos causas de divorcio: la mujer no podía procrear o aposta no cumplía con sus deberes, es decir las labores de la casa y el cuidado de la prole. Ellas también, tras una retahíla de improperios, podían romper. Las chispas eran que el hombre no pudiese sostener el hogar o que, brusco, la maltratara. Resuelto el vínculo, podían contraer nuevas nupcias.

EL RESPETO A LOS ANCIANOS

Los ancianos eran considerados con aprecio, como repertorios de sabiduría. Gozaban de privilegios que no se permitían a los demás, como catar pulque. Se les requería como asesores. Describió Sahagún: «*El viejo es cano, tiene la carne dura, es antiguo de muchos días, es experto, ha experimentado muchas cosas; acumuló por sus trabajos. El buen viejo tiene fama y honra, es persona de buenos consejos y castigos; cuenta las cosas antiguas, y es persona de buen ejemplo. El mal viejo finge mentiras, es mentiroso, borracho y ladrón; es caduco, fanfarrón, miente y finge».*

A partir de los cincuenta y dos años, podía disfrutar como deseasen y beber de un buche cuanto hiparan. Era lúgubremente frecuente avistar ancianos amorrados. Se consideraba que habían completado con éxito sus deberes y no le debían nada a la sociedad, más bien al contrario. Pocas leyes se les aplicaban.

El respeto por los ancianos se refleja también en el panteón del más allá. Uno de ellos era Huehuetéotl o Xiuhtecuhtli, dios viejo, del fuego y del año. Se le representaba como un cano sedente, desdentado, con arrugas y dos protuberancias en la cabeza. Muchas figuras en piedra de este ídolo se han encontrado en las ofrendas del Templo Mayor, lo que no es de extrañar pues ese edificio era considerado el centro del universo, y es precisamente Huehuetéotl-Xiuhtecuhtli quien con su sabiduría custodiaba el equilibrio universal. Así se plasma en el Códice Fejérvary-Mayer: *«El dios se halla en el centro y de él parten los cuatro rumbos universales. Un canto en honor del dios clama: Madre de los dioses, Padre de los dioses, acostado sobre el ombligo de la tierra, dentro de la pirámide de turquesa, agazapado en las nubes y en el agua azul como el pájaro de turquesa, viejo dios. Mictlan brumoso, Xiuhtecuhtli».*

Con la suma de años aumentaban las dolencias. Los facultativos disponían de amplia farmacopea de origen vegetal, animal y mineral. Los mexicas distinguían al galeno del charlatán. Sahagún sincopó: *«El médico suele curar y remediar las enfermedades; el buen doctor es entendido, conocedor de las propiedades de las yerbas, piedras, árboles y raíces, experimentado en las curas, el cual también tiene por oficio saber concertar los huesos, purgar, sangrar y sajar, y dar puntos, y al fin librar de las puertas de la muerte. El mal facultativo es burlador y por ser inhábil, en lugar de sanar empeora a los enfermos con el brebaje que les da, y aun a las veces usa hechicerías y supersticiones para dar a entender que hace buenas curas».*

Disponían de innumerables remedios para revertir enfermedades y accidentes. Para las cataratas, por ejemplo, se recomendaba rozarlas con una raíz llamada *cocoztic* y de noche obtener zumo de ella y depositarlo en los ojos. Las laceraciones de los labios, algunas urañadas, se cosían con un cabello de la cabeza para después rociar jugo de maguey. Cuando se fraccionaba un hueso se estiraba el miembro con el fin de acomodarlo en su posición original y se le ubicaba una raíz llamada *zazálic*. La parte fracturada se entablillaba con yeso. Para las trabas al hacer aguas menores se recomendaban ciertos arbustos: «*Acontece taparse el caño de la orina por la mala digestión del estómago, y por algunas materias gruesas que tapan el caño, y al que esto sucediere echarle han una medicina de una raíz que se llama 'cococpatli', y de otra nombrada 'tzontecomaxóchitl', y esto se hará dos o tres veces*» (Sahagún).

Numerosas terapias quedaron representadas en el Códice de la Cruz Badiano, documento colonial en el que se halla una delineación de los remedios y representación de las plantas. Cuando la muerte alcanzaba, se celebraban rituales. Creían en que los guerreros se reencarnarían en colibrí para vivir entre las flores. La vivencia de la trascendencia, más allá de que hubiera o no premio o castigo moral posterior, era fervorosamente sentida.

Para ayudar al fallecido a vencer los presuntamente exigentes escarceos, se le proveía de un can al que se mataba e incineraba. También se quemaban ofrendas a los ochenta días tras los funerales, al cabo de doce meses, y también dos, tres y cuatro años después. Transcurrido ese plazo se consideraba que el muerto había culminado su tenebrosa marcha. En ese momento ocuparía su lugar entre los muertos porque tendría que haber llegado al noveno averno, postrero círculo del Mictlán, territorio de la concluyente quietud.

Como se ha anticipado, para alistarse a bien morir, quienes habían cometido durante su vida al-

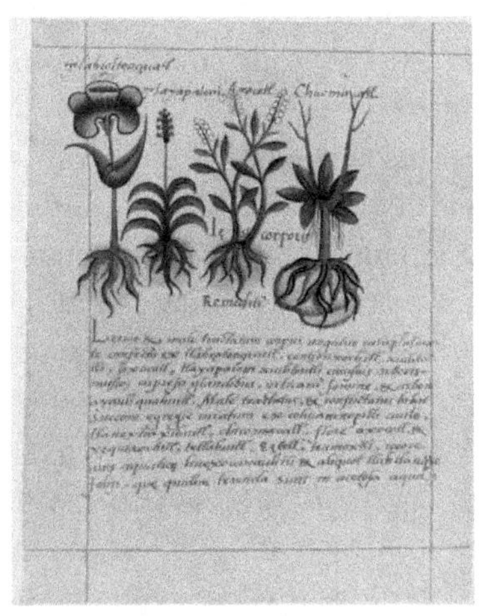

Una página del *Libellus de Medicinalibus Indorum Herbis*, herbario azteca compuesto en 1552 por Martín de la Cruz y traducido al latín por Juan Badianus, que ilustra las plantas de axocotl y chicomacatl, que se usaban para hacer un «remedio para un cuerpo herido» en la herbolaria azteca. Fuente: Wikipedia Commons.

guna falta grave, que eran la mayoría de los que se examinaban con sinceridad, se disponían a desembuchar. Siempre, sin duda, los adúlteros. La confesión no tenía como objetivo proporcionar la remisión al convicto, sino prevenir la acción de los tribunales. Solo era posible una en el transcurrir terreno. En consecuencia, muchos recurrían a este procedimiento lo más tarde posible. Tras la confidencia, el oficiante imponía penitencia: ayunos dilatados o punzarse la lengua, entre otros. Una vez cumplida, el creyente certificaba no ser penado sobre esta Tierra. El pastor debía guardar un riguroso secreto, porque lo que se le había confiado era para la divinidad.

CLAVES ECONÓMICAS

El sistema económico de la sociedad azteca fue complejo. La Triple Alianza era *de facto* una organización confederal que a la vez consentía la actuación independiente de Tenochtitlán, Texcoco y Tlacopan. La economía de mercado, en su sentido más estricto, se desarrolló gracias a los comerciantes, los *pochteca*, que promovían expediciones a larga distancia. A pesar de su riqueza no exhibían cornucopia. A menudo se envolvían con harapos.

La presencia de los mercaderes se remonta a tiempos de Tlacatéotl. Empezaron a comerciar con telas de algodón, plumas, pieles de jaguar y de puma o cacao. Su consolidación en la jerarquía social se produjo tras un episodio protagonizado por una caravana. Fueron emboscados por los zapotecas en el istmo de Tehuantepec. Se parapetaron en una barbacana y resistieron cuatro años. Algunos, tras atravesar las líneas enemigas, reclamaron ayuda a Tenochtitlán. El emperador ordenó al futuro Moctezuma que los apoyara. A medio camino se encontró con los *pochteca*, que habían doblegado a sus adversarios y portaban un grandioso botín de vuelta a casa. Fueron acogidos con vítores y del soberano recibieron el privilegio de portar joyas de oro y adornos de plumas en sus alharacas.

Los *pochteca* constituían una clase aparte con barrios y dioses específicos (Yacatecutli, el señor que guía) y privilegios, como un código jurídico conveniente y tribunales de justicia ceñidos, ceremonias religiosas particulares, etc. Actuaban incluso como jueces en los pleitos entre los comerciantes a pie de calle y los clientes. Ejercieron muchas veces como informadores y embajadores preparando la ocupación militar y estableciendo pactos comerciales.

Una fórmula semejante se encuentra en el Imperio romano. Los encargados de alimentar al Ejército –los *frumentarii*– también se desempeñaron como informadores. Ese cuerpo estuvo compuesto por unos doscientos legionarios. Se emplearon a fondo en diversos momentos, también en la inicua persecución contra los cristianos. En el alborear del siglo III, Septimio Severo ordenó que se les construyera una residencia en la colina de Celio. La denominaron Castra Peregrina. Su factótum, el *princeps peregrinorum*, reportaba al emperador. Con Diocleciano (244-311) se sustituyó a los *frumentarii* por los agentes *in rebus*, enviados por el emperador para misiones concretas, de carácter muchas veces policial.

En el caso de los mercaderes-espías aztecas, el asesinato de uno fue en ocasiones pretexto para una movilización. Si alguno sucumbía en una expedición, su cuerpo vestido de guerrero era ubicado sobre un cerro para facilitar su ascenso hasta el cielo e incinerado para hermanarse con el séquito del dios sol. Se entraba en esta clase por herencia. De no ser así, se aquilataba un privilegio real para que un ciudadano estándar pudiese nominarse *pochteca*. Salvo que se viesen presionados por insoslayable envite, cuidaban el *branding* vistiendo un traje diferente y contaban con dos atributos: un palo en forma de lanza con regatón, emblema del dios Yacatecutli, defensor de los viajeros y dios de los comerciantes, y un aventador de plumas.

Se clasificaban en gremios bajo una rígida estructura. Según los escritos de Bernardino de Sahagún, existían categorías de especialistas en ámbitos concretos como el comercio de oro y metales preciosos, el cacao, los esclavos, los animales, el maíz y otros productos. Se esbozan las siguientes categorías:

1. Un director general.
2. De alto rango, retirados de los negocios, que verificaban la calidad de la mercancía, presidían las ceremonias de partida y tornaviaje de caravanas, representaban a sus corporaciones ante el emperador y limaban contenciosos.
3. Esclavistas.
4. Funcionarios que viajaban e intercambiaban productos por su cuenta o la del rey.
5. Disfrazados para conocer países lejanos y sus lenguas, de tal manera que se introducían como nativos de aquellos lugares y servían de chivatos, y quizá de embajadores. De sus viajes elaboraban informes sobre las defensas de las etnias visitadas. Elegían a su jefe y luchaban bajo sus propias banderas y consignas, diversas de las de otros guerreros.

Los políticos, como sucede sobre todo en entornos socialistoides, ansiaban controlar los procesos de producción y distribución. La rama más importante de la economía era la agricultura, que pivotó originariamente en torno a los alimentos y otras materias primas básicas. La tierra y el trabajo eran sus puntales y ambos estaban intervenidos por los políticos. Junto al maíz se cultivaban la pimienta, los frijoles, el maguey o el tomate.

La unidad más simple era el grupo doméstico, que comprendía varias parejas, siempre emparentadas, además de los criados y esclavos. Este grupo doméstico quedaba encuadrado en un *calpulli*, que tributaba al *tlatoani* o a una casa señorial.

Los campesinos practicaban la *macoa* o ayuda mutua, esquema de reciprocidad común tanto en Mesoamérica como en los Andes. Los *macehuales* se organizaban según barrios por grupos de veinte para recaudar tributos y para la realización de obras públicas. Como aún acaece, los gremios se agregaban por zonas. Fueron creándose, entre otros, los barrios de fabricantes de cuchillos de obsidiana, artesanos de esteras, alfareros, curtidores, tejedores, componedores de flores, orfebres y plumarios.

Una unidad de producción diferente era el *tecallí* o *tecpan*, el palacio señorial, que podía ser la del *tlatoani* de una ciudad-estado con la casa de un señor, las de los nobles y las de los macehuales adscritos que tenían la obligación de entregar tributo y trabajo a su patrón.

El palacio de un *tletoani* o señor de menor rango era una unidad de producción para la que había mayordomos encargados de organizar. La elaboración artesanal también se realizaba aparte de la economía de los palacios.

Para el intercambio de bienes fungían como moneda los granos de cacao y capas, a veces canoas de cobre y plumas adornadas con oro en polvo. Una prenda pequeña podía valer entre sesenta y cinco y cien granos de cacao. El múltiplo conocido como *xiquipilli* (saco) contenía unos ocho mil granos. También se empleaban hachas de cobre de doble filo. En ocasiones, recurrían al *quachtli*, textil cuyo múltiplo era la carga de veinte piezas de tela. Los servicios prestados se abonaban generalmente en especie.

EL EJERCICIO DE LA GUERRA

En la belicosa sociedad azteca, la jerarquía militar ofrecía una rampa andadera para adquirir una posición brillante, honores y propiedades. Además, era el medio para discurrir la eternidad en el paraíso de los *quauhteca*, el cortejo de batalladores que acompañaban al sol. Tanto caer en acometimiento como ser aprisionado y sacrificado aseguraba una memorable inmortalidad.

Entre los funcionarios más destacados se encontraban los cuatro paladines que dirigían las tropas de cada sector. El rey ostentaba el título de *Tlacatecuhtli*, señor de los hombres. Le seguía el *Tlacatéccatl*, el que pilota las guarniciones, y el *Tlacohcáñcatl*, responsable de la intendencia de los arsenales. Eran los funcionarios merecedores de más honores. Se distinguían por la suntuosidad de las mansiones, el ropaje, las joyas y los tocados de plumas.

La sociedad azteca vivía implícita o explícitamente militarizada y cualquier varón era un beligerante. A los seis años, si no podía optar al *calmécac*, ingresaba en la casa de jóvenes presidida por el dios Tezcatlipoca. A los diez años le cortaban el cabello dejando un mechón sobre la nuca que se seccionaría cuando hubiera hecho un prisionero. Los ascensos eran consecuencia del número de cautivos. Era ineludible, como se ha mencionado, aprovisionarse de individuos para cumplir con las ofrendas, fundamentalmente en los momentos en los que se cobraban los impuestos: Tlacaxipeualiztli, Etzalqualiztli, Ochpaniztli y Panquetzaliztli. Desde el principio aplicaban la dirección por objetivos. Si en sus primeros combates el joven guerrero no lograba galeotes, debía renunciar a la carrera militar y con ello a privilegios como las joyas o los vestidos de algodón bordados. Acabaría como un prosaico *macehualli*.

Quienes, por el contrario, destacaban, con más motivo si habían conseguido al menos cinco enrejados, eran honrados con el título de *otomitl*. Quien lo conseguía en guerras especialmente apuradas era ensalzado como *cuachic*. Por esos méritos recibían propiedades, derecho a participar en los consejos militares, a exhibir vestimentas, insignias y armas, a gozar de privilegios durante las ceremonias y rituales y a acceder a cargos honrosos. Como un plebeyo que se hubiera distinguido durante un combate tomado a pecho podía ocupar un alto cargo, muchos escogían la carrera militar aspirando a convertirse en versados batalladores que participaran en la danza sagrada celebrada durante la fiesta de *huey tecuilhuitl*.

Los altos mandos militares correspondían a miembros de la nobleza de nacimiento, y los dos de mayor rango formaban siempre parte del clan real. Estos oficiales de alta cuna se ocupaban de las estrategias, abanderar las tropas, la construcción de trochas y proveer el abastecimiento.

Un cuerpo especializado del Ejército, el de los rapados, empleaba el prototipo de los hoplitas. A semejanza de los griegos, luchaban por parejas, en las que uno defendía y el otro atacaba. Se comprometían a no retirarse nunca del frente, a precio incluso de sus vidas. Si al fallecer uno, el otro intentaba escapar, los demás acababan con el cobarde. En algunos periodos, a los cautivos les seccionaban una oreja. De ese modo no quedaba duda de quién había lidiado con más eficacia. La contabilidad era relevante en una sociedad en la que la promoción se realizaba en función del número de aprehendidos.

Tras cada enfrentamiento, y siempre que las operaciones bélicas lo consentían, los cirujanos de guerra (*texoxotlaticitl*) y médicos-brujos (*tlamacazque*) atendían a los descalabrados. Los interfectos de mayor rango eran incinerados y sus pavesas regresaban con las partidas. Otros eran descarnados y los despojos consagrados a los dioses. Se elaboraban listas para compensar a las familias. Se anotaba quiénes habían descollado y el número de arrestados. También llegaban enlazados a Tenochtitlan féminas y mocitos de la tribu arrasada. Al gran ceremonial de abril asistían los máximos mandatarios para presenciar la inmolación de los capitulados.

INNOVACIÓN

El calendario azteca se basaba en observaciones astrológicas del sol, la luna y los planetas. Empleaban dos: el *xiuhpohualli* contaba con 365 jornadas y describía los días y rituales relacionados con las estaciones. Se le adjetivaba como el calendario agrícola. El *tonalpohualli,* o recuento de fechas, solo sumaba 260. Era el almanaque sagrado. En la vida cotidiana, el año azteca constaba de dieciocho meses de veinte días cada uno que componían el calendario *xiuhpohualli*. Había cinco días infructíferos denominados *nemontemi,* en los que se ayunaba y se abstenían de actividades sexuales. En esas jornadas se involucraban en sangrías voluntarias para apaciguar a los dioses. El calendario era el corazón de las festividades y eventos aztecas. Muchos son conocidos gracias a Diego

Durán, dominico, nacido en España y desembarcado en México, aún niño, en la década de 1540.

Las *chinampas* o campos de cultivo construidos en las lagunas del valle de México fueron una brillante innovación introducida en la quinta década del siglo XVI. Estacaban el lecho de las lagunas y vertían tierra del fondo en esos cercados que daban lugar a islas provistas de un suelo ubérrimo al que añadían fertilizantes, incluidos excrementos humanos. Las áreas perimetraban espacios de 30 por 2,5 metros y los aztecas las medían en *matl* (equivalente a 1,67 metros). Marcaban los límites con trancas hincadas. Vallaban empleando un material de construcción liviano, el zarzo. Tejían ramas delgadas y las ataban a varas verticales para concertar una red tupida.

Los cultivos absorbían de la capa freática. Resultaron de vital importancia para que Tenochtitlán dejara de depender de suministros foráneos. Fueron en gran medida responsables de la magnitud de la ciudad que, con doscientos mil habitantes, tal como se ha apuntado, superó la población de las demás metrópolis mesoamericanas. En su momento de máximo esplendor, las lagunas meridionales de Chalco y Xochimilco sumaron más de 930.000 hectáreas. Se multiplicaron las canoas con cercos que preservaban la intimidad. Quienes lo precisaban, se asentaban en ellas para aligerar el vientre. Los residuos eran empleados de abono. Se promovía así una limpieza que contrasta con lo que acaecía en muchas localidades europeas.

El área metropolitana de Tenochtitlán, antes de la llegada de los españoles censaba entre uno y dos millones seiscientos mil habitantes. En ese tiempo, la ciudad más populosa en Europa era París con entre cien mil y ciento cincuenta mil habitantes. Londres sumaba entre cincuenta mil y sesenta mil.

Los aztecas fueron innovadores en múltiples cuestiones. Cuando Cortés diseñó las mantas o ingenios para proteger a sus hombres, semejantes a las maniobras de tortuga de las legiones romanas, los aztecas enmendaron, para responder, su capacidad militar. Igualmente, cuando fueron conociendo la caballería, diseñaron largas lanzas para derrumbar a los jinetes cuando estos cargaban y levantaban muros para ralentizar o desviar la marcha de los rocines.

Se ha insistido en que, pese a la superioridad numérica y excelencia de los guerreros mexicas, fueron abocados a la derrota por las armas españolas. Algunos han comparado la diferencia entre las de los mexicas y los españoles con una guerra nuclear o bacteriológica. Se ha afirmado que, si bien los mexicas lanzaban cascajos con fuerza y una gritería permanente trataba de cohibir a los enemigos, su armamento era paleolítico: mazos planos hechos de madera en cuyas estrechas ranuras metían hojas de obsidiana, dardos provistos de puntas de pedernal arrojados con lanzaderas o con arcos. Esas afirmaciones pecan de reduccionistas.

Tras cruzar un océano en el que muchos vomitaron hasta los calostros, se asearon malamente a gañafadas, se alimentaron con mazamorra y almodrote, y tras ahondar en kilómetros de selva o de escalar inhóspitas anfractuosidades con sus petates, los españoles descubrieron tecnología diversa a la que ellos empleaban. Si Hernán Cortés transportó en sus bodegas arcabuces o ballestas, los aztecas disponían de artilugios para nada despreciables. No por aparentemente simples fueron menos letales: «*Vinieron por la costa muchos escuadrones de indios (...), con sus (...) arcos y flechas, y lanzas y rodelas, y espadas que parecen de a dos manos, y hondas y piedras*», condensó Bernal Díaz del Castillo.

El *átlatl*, lanzadardos, era letal. Consistía en una palanca de madera con dos extremos. El inferior lo asía el guerrero, mientras que en el superior se colocaba un virote. La propulsión del proyectil jamás habría sido igualada de ser disparado con el brazo. El eyector tomaba el arma por el mango con la mano derecha, con el dedo pulgar recogido interiormente. Con la izquierda ajustaba un extremo en la acanaladura o gancho. Apoyaba el aparato sobre el hombro derecho y se posicionaba. Se vigorizaba de forma notable la potencia.

El *átlatl* fue empleado masivamente en México, al igual que en Polinesia y Australia. Tezcatlipoca, dios de la providencia, era representado asiendo uno. Simbolizaba tanto a los militares como a la clase alta. La elaboración se realizaba con extremo cuidado el décimocuarto mes, en el que se ejecutaban sacrificios humanos. Los aztecas elaboraban dos modelos de *átlatl*. El más sencillo consistía en una vara que se asía con el puño. El otro disponía de dos agujeros en el pomo para introducir los dedos. En manos de un asendereado podía atravesar una puerta y acabar con un objetivo a unos ciento cincuenta metros de distancia. A la fuerza con la que se arrojaba el proyectil o *tlacochtli* se sumaba la punta endurecida al fuego. Muchas saetas contaban con tres filos para incrementar el deterioro y no podían ser extraídas una vez clavadas. Pedro de Alvarado, conocido como Tonatiuh por los aztecas por su blonda pelambrera, quedó lisiado al impactar una en su pierna.

El arco –*tlahuitolli*– y las flechas –*mitl*– fueron empleados intensivamente. El cuerpo y las cuerdas eran fabricadas con madera flexible, tendones de animales, pelo de ciervo hilado y fibras de plantas. No empleaban arco compuesto. Transportadas en aljabas, las puntas podían contar con dientes o picos y se elaboraban con cobre, obsidiana o espinas de peces en los pueblos costeros. A los plumeros se les dotaba de forma de espiral para proporcionar rotación y mayor penetración. Disparaban como un parpadeo, hasta el punto de que eran capaces de mantener una mazorca al aire sin dejarla caer al suelo hasta que derramaba el último grano. El malquisto alcanzado quedaba casi siempre concluyentemente baqueteado.

Bernardino de Sahagún detalló que la elaboración de los dardos se llevaba a cabo con mimo durante una ceremonia celebrada en el *quecholli* (el aludido décimocuarto mes), en la que se inmolaban humanos: «*Al sexto día juntábanse los que estaban a cargo de los barrios; mandaban que se buscasen cañas para hacer saetas (...) y todos juntos ofrecían sus cañas a Huitzilopochtli; poniéndolas en el patio, delante de este dios (...). Otro día venían al patio todos los que habían llevado cañas para enderazarlas al fuego. El desenlace cuajaba mediante un ritual en el que cortaban las orejas a jóvenes y durante el que nadie pernoctaba con mujer ni bebía pulque*».

Los aztecas manejaron boleadoras, dos o tres esferas de gran peso unidas entre sí por una cordel. Las explotaron puntualmente contra los alazanes. Las hondas o *tematlatl* eran perfiladas con fibras de vegetales de *ixtle* que se extraían del maguey. Los proyectiles eran piedras pulidas que, en manos de un guerrero avezado, alcanzaban cien metros. Eran peligrosas, como demuestra la muerte de Juan Pizarro, narrada en crónicas contemporáneas: «*En la toma della mataron a Juan Pizarro una noche de una pedrada que le dieron en la cabeza; porque, a causa de otra herida que antes tenía, no se había podido poner la celada; la cual muerte fue una gran pérdida*».

Diseñaron hoyos-treta que, tras ser excavados, se ocultaban con vegetación. El enemigo que se desplomaba en el agujero era apaleado hasta la expiración. No faltaban bombas: calabacines repletos de abejorros. Al quebrarse en los escudos, los insectos avivaban la anarquía con sus picaduras.

Las crónicas hablan del poder destructivo del *macuahuitl*, capaz de extirpar la cabeza de un tusón de un tajo. Consistía en un bastón de madera de entre setenta y ochenta centímetros de altura al que se le añadían puntas de obsidiana. Su objetivo principal era punzar, también a los animales.

Las láminas de obsidiana eran cortantes y las cuchillas afiladas por un lado se colocaban intercalando sus filos para infligir mayor perjuicio. Para unirlas al cuerpo del *macuahuitl* se usaba arena mezclada con sangre de murciélago. El resultado era tan resistente que impedía que la espada-maza se descompusiera. Aunque el más extendido era el de setenta centímetros, existían otros. El más corto se asía junto a un escudo. El de 150 centímetros debía ser utilizado con dos manos. Ambos pendían de las extremidades superiores mediante un cordón.

Otra arma popular era la lanza o *teputzopilli*. De punta romboidal, le introducían también pequeñas lascas cortantes de obsidiana. Las más extensas podían medir casi dos metros, aunque era más común una versión más corta o *huitzauhhqui*. Particularmente escalofriante era el sonido de los *ehecachichtli*, pitos de doble diafragma o de muelle de aire, fabricados con arcilla cocida o hueso, que emitían aullidos espeluznantes, capaces de lastrar el ánimo del adversario.

Al regreso hacia Tenochtitlán, tras la diáspora de la Noche Triste, Cortés se dirigió hacia la ciudad fluvial de Iztapalapa. Casi dos terceras partes estaban asentadas sobre pilares. Los aztecas abrieron el dique de Nezhualcoyotl con el propósito de ahogar a los de Cortés. Habían esperado que acampara en la ciudad. Sin embargo, aconsejado por los caciques texcocanos, el general español se alejó del lugar y se dirigió hacia tierras elevadas. Dirá Cortés en carta al emperador Carlos V: «*Cuando llegué, aquella agua había tanta y corría con tanto ímpetu que la pasamos ahora a pie y se ahogaron algunos sitios de nuestros amigos y se perdió todo el despojo que en la ciudad se había tomado*». Si Cortés y sus hombres no hubieran evacuado, habrían fallecido ahogados. Numerosos tlaxcaltecas perdieron la vida por haberse centrado en el saqueo sin percatarse.

Cortés y sus hombres verificaron al regresar a Tenochtitlán que Cuauhtémoc y sus principales habían adoptado eficaces medidas defensivas. Entre otras, incorporar escudos de madera en las canoas convirtiéndolas en las reforzadas embarcaciones denominadas *chimalacalli*. Cuauhtémoc había recabado información sobre las naves que Cortés carenaba para el asalto a Tenochtitlán, que pasaba también por desmochar las pirámides. Creyó que eran embarcaciones similares a las que había visto navegar por las lagunas en cruceros de placer o de caza con un apesadumbrado Moctezuma y que serían utilizadas contra él. Hizo construir añagazas submarinas.

El articulado de los bergantines se llevó a cabo en una dársena seca, a tres kilómetros de la orilla. Construyeron un canal de 3,60 metros de anchura y otros tantos de profundidad, con las paredes aseguradas con tablones y estacas. Allí vararon las enormes lanchas de doce metros de longitud y dos de anchura, de calado bajo, con uno o dos mástiles, que transportaban hasta veinticinco hombres, incluidos los remeros encargados de bogar. En la construcción del canal encorvaron el torso ocho mil indios durante casi dos meses. Otros dos mil levantaron las cabañas en las que se alojaban los de Cortés. La conquista se logró gracias a la movilización de imponentes masas auxiliares.

Cierta mañana, los capitanes españoles divisaron una flotilla. Los aztecas habían embozado esquifes con maleza y juncos como si trataran de ocultar lo que transportaban insinuando que se trataba de matalotaje. Propulsados por velámenes y remos se lanzaron en persecución. Antes de que los capitanes, entre ellos Pedro Barba y Juan Portillo, pudieran darse cuenta de que los habían conducido a una fullería, los navíos chocaron con trancas empotradas bajo las aguas y quedaron aprisionados. Mientras los remeros se esforzaban, hileras de canoas de guerra, alrededor de cuarenta, atestadas de aztecas, surgieron de un cañaveral. Hasta los bogantes tuvieron que abandonar sus puestos y blandir tizonas o puñales para defenderse de las lajas de sílex.

Conocían, en fin, a la perfección, la guerra psicológica. Cuando los españoles asediaron su capital, tanto de día como de noche aparejaron un estruendo de tambores y bocinas destinado a perturbar el reposo: «*Tornó a sonar el tambor muy doloroso del Huichilobos, y otros muchos caracoles y cornetas, y otras como trompas, y todo el sonido de ellas espantable. Y mirábamos al alto Templo Mayor en donde las tañían: vimos que llevaban por fuerza las gradas arriba, a nuestros compañeros capturados en la derrota que dieron a Cortés. Y desque ya los tuvieron arriba en una placeta que se hacía en el adoratorio donde estaban sus malditos ídolos, vimos que a muchos dellos les ponían plumajes en las cabezas y con unos como aventadores les hacían bailar delante del Huichilobos; y desque habían bailado, luego les ponían de espaldas encima de unas losas que tenían hechas para sacrificar, y con unos navajones de pedernal los aserraban por los pechos y les sacaban los corazones bullendo, y se los ofrecían a los ídolos, y los cuerpos los arrojaban por las gradas abajo*». El testimonio es de Bernal Díaz del Castillo.

LAS CLASES SOCIALES POTENCIADAS POR MOCTEZUMA I

Moctezuma I consolidó una estratificación enferma de hidrocefalia mediante reglas que establecían barreras entre monarcas y señores, entre estos y altos funcionarios, entre ellos y burócratas menores, entre los últimos y el pueblo llano. Tenía meridianamente claro que *quod licet Jovi non licet buoi*, lo que era lícito a Júpiter (sus personales antojos) no estaba permitido para los demás. La vestimenta y los usos delimitaban las distancias. Los nobles endosaban capas de algodón bordado y taparrabos, sandalias doradas, orejeras y besotes de piedra, concha en el labio inferior. El pueblo llano se contentaba con fibra de maguey. Tampoco les estaban permitidas togas más abajo de la rodilla o calzar sandalias ante sus superiores. Únicamente los nobles podían construir casas de dos plantas o beber chocolate. Los cuencos que a modo de platos emplean las familias menos pudientes se elaboraban con barro cocido, y sus muebles, incluidos los trastajos, eran habitualmente del mismo material pintado o vidriado.

La sociedad mexica quedó estratificada en dos grandes grupos sociales mencionados: los *pillis* o gentes pertenecientes a la nobleza (aproximadamente el 5 % de la población), y los *macehualtin* o pueblo llano. Los primeros ejercían el control económico, político y social. Eran militares de alto rango, los dedicados al culto, administradores y, sobre ellos, el *tlatoani*, el que tiene el poder de la palabra.

Era seleccionado dentro de la Casa real, pero no se producía necesariamente la sucesión de padre a hijo como en las monarquías europeas. Su elección se hacía por medio de consejeros áulicos con la implicación de los señores de Texcoco y Tacuba, aliados de Tenochtitlán. Era ineludible que el candidato hubiese destacado en la guerra y conociese en profundidad los abecedarios de la religión. El *tlatoani* impartía justicia y atendía a la prosperidad. Fungía como gran capitán del Ejército y sumo mago, pues poder militar e ideológico subsistían fusionados.

Los nobles acudían al trabajo en los edificios administrativos en torno al Templo Mayor. Algunos supervisaban las entregas de los treinta y ocho pueblos tributarios (*altépetl*) en los que los mexicas mantenían un inspector de hacienda (*calpixque*). Otros despachaban consultas del *tlatoani*. Algunos ejercían de jueces.

La mayoría de la población eran *macehualtin*, trabajadores con oficio específico: albañiles, peones, alfareros, tejedores, artesanos de la pluma, lapidarios, pintores, taxidermistas, orfebres, médicos, arquitectos... Los aparceros y los cazadores eran numerosos. Laboraban en los *calpulli* en función de las necesidades. El Palacio real fichaba a los más destacados.

En la guerra, muchos pasaban a constituir parte de los contingentes. También de los *calpulli* procedía la mano de obra para la construcción o mejora de las infraestructuras: calzadas, templos, viviendas nobles, etc. Muchas fábricas recuerdan, por cierto, soluciones arquitectónicas del Imperio romano, como los *impluvium* de las villas, que también emplearon los aztecas en algunas casas. Entre otros lugares, en Tollan.

EL CASO MOCTEZUMA II

«Conquista de México por Cortés». El sitio de Tenochtitlán por el conquistador español Hernán Cortés, durante la Conquista de México, en la cual Leonel de Cervantes formó parte. Segunda mitad del siglo XVII. Autor desconocido. Fuente: https://s.libertaddigital.com/2021/08/09/conquista-de-mexico.jpg. Wikipedia Commons.

Sobrino del último monarca y nieto del penúltimo, fue elegido en 1502, preferido a sus hermanos, a quienes sobrepasaba en talento como soldado y ungido, funciones fusionadas en los candidatos al trono mexica según costumbre que recuerda a Egipto.

En cuanto se consolidó el nombramiento, Moctezuma II desplegó una frenética actividad. Su primera expedición se encaminó contra una provincia inconformista. Regresó con cautivos a mansalva destinados a inmolación por su investidura. Durante los primeros años de reinado, un nimbado Moctezuma permaneció ininterrumpidamente en guerra. Dirigía con frecuencia las operaciones. Las enseñas aztecas hondearon en provincias del golfo de México y en regiones de Nicaragua y Honduras. No descuidó el gobierno interior.

Modificó la organización de los tribunales de justicia haciendo cumplir las leyes con rigor. Su largueza brilló en las obras de utilidad pública, en la construcción de nuevos templos y en el embellecimiento de los antiguos. Grandes acueductos transferían desde Chapultepec el agua potable, hasta entonces escasa en la capital.

El sentido común previo a su elección trocó en desatinado ornato. Su tren de vida, que puntualizaremos, desplegó un lujo ignoto en sus predecesores. Cuando se dejaba ver exigía infamantes testimonios de respeto. Para dar cumplimiento a sus sibaritismos de tarambana, incrementó los impuestos para proseguir con las prodigalidades. Las tasas fiscales gravitaban sobre los conquistados, en los que no escaseaban lógicos resentimientos emponzoñados y revueltas. Una pequeña parte del imperio oprimía a los más. Nada diferente de lo que siglos más tarde, como hemos apuntado, obrarán los británicos en la India o los belgas en el Congo.

La muerte de Nazahualpilli, rey de Texcoco, en 1516, privó a Moctezuma de un sesudo consejero. Los hijos del finado, de menor valía, se disputaron la herencia. El desencuentro concluyó con una distribución alícuota: las provincias del norte fueron para Ixtlixochitl, quien en adelante se declaró enemigo mortal de Moctezuma. El resto recayeron en Cacamatzin. Este, legítimo sucesor de Texcoco, acabaría torturado por instigación de su hermano cuando llegó acompañado por los españoles.

El complejo palaciego era vasto, sobrepasando el nivel de despropósito. La arquitectura de los jardines era tan o más sofisticada que la de la Europa medieval. Los templos donde el pueblo azteca practicaba su religión eran tan grandiosos como las pirámides del Nilo. Las sahumadas estancias privadas de Moctezuma, aromatizadas con perfumes florales, se hallaban en los pisos superiores. Al emperador le encantaban los juegos y la música.

Tlaxcala, situada a media distancia entre el valle mexicano y la costa, cobijaba al peor refractario. Desde hacía dos siglos, esa ciudad había abrigado su emancipación frente a los aztecas. El valor de sus guerreros no tenía nada que envidiar al de los demás pueblos del Anáhuac. Cuando Cortés llegó, los pueblos sometidos a ultranza no esperaban más que la chispa para embestir a su enérgico rival. El imperio contaba con puntales en apariencia inamovibles: la firmeza del monarca, la costumbre de estarle sometido, el tosco espanto que producía su nombre, el valor de sus levas en las que abundaban tanto envejecidos como garrulos conducidos por hábiles jefes. Una vez que se quebró el halo de imbatibilidad de los aztecas, los oprimidos reaccionaron con rencor atesorado por décadas. Cortés alentó las ansias de libertad.

El sistema de ascenso fue en ocasiones más por meritocracia que por dinastía. Así, tras el golpe de gracia contra los pobladores de Tutotepec, Moctezuma nombró de una tacada a doscientos sesenta noveles dignatarios, guerreros que habían mostrado valor en combate.

Cuando en 1518 se anunció a Moctezuma que en la costa veracruzana había naves, las de la expedición de Grijalva, su terror fue extremo y decidió esconderse en la gruta de Cicalco. Sus adivinos, atemorizados por los malignos augurios, se atrevieron a confesarle que ya estaban puestos en camino *los que nos han de vengar las injurias y trabajos que nos ha hecho y hace*. Cuando encargó los preparativos de los aderezos que enviarían al supuesto Quetzalcoatl, indicó a sus mensajeros que solicitaran a los dioses que volvían *que me deje morir y que después de muerto venga mucho norabuena y tome su reino pues es suyo y lo dejó en guarda a mis antepasados*. Cuando llegaron Cortés y sus huestes en 1519, tras el episodio de embarrancar las naves dejándolas garrear, exigiendo oro y adentrándose en los señoríos mexicas, Moctezuma debió haber abandonado su creencia en el regreso de Quetzalcóatl, pero no fue así. Es decepcionante que divulgadores, incluso con cierto renombre, por falta de sensibilidad investigadora sigan tergiversando los sucesos aquí detallados a la vez que se atreven a explicar cómo será el planeta en 2030 o, puestos, en 2050.

El paradigma del regreso del conquistador expulsado o derrotado lo encontramos en otras culturas. Constantino Paleólogo llegó a ser un personaje heroico en el imaginario griego y, tras la caída de Constantinopla, muchos compatriotas consideraron que su último emperador en realidad no había muerto, sino que se había transformado en una estatua de mármol, a la espera de ser despertado por un ángel para que excretara a los invasores turcos.

La actitud de Moctezuma II ante los españoles fue pendular. Impulsado por un instinto de supervivencia, a través de terceros diseñó asechanzas y remitió mensajes tratando de persuadirlos de que no se aproximasen a México, pero les envió presentes ofreciendo el tributo que fijaran con tal de que se volatilizaran.

Según el Códice Florentino de Bernardino de Sahagún, esto es lo que arguyó en su discurso de bienvenida: «*Nuestro Señor (...) has venido aquí a sentarte en tu trono, a sentarte bajo su dosel, el cual he guardado por un tiempo para ti. Porque los gobernantes y gobernadores* [del pasado] *se han ido: Itzcóatl, Moctezuma I, Axayacatl, Tiçocic y Ahuitzotl.* [Puesto que se han ido], *tu pobre servidor ha estado a cargo de ti, para gobernar la ciudad de México. ¿Volverán al lugar de su ausencia? Si llegara uno, podría ser testigo de la maravilla que ha tenido lugar en mi tiempo, ver lo que estoy viendo, como el único descendiente de nuestros señores. Porque no solo estoy soñando, no solo sonámbulo, no viéndote en mis sueños. No solo estoy soñando que te he visto y te he mirado cara a cara. He estado preocupado por un largo tiempo, mirando hacia lo desconocido de donde has venido, el lugar misterioso. Porque nuestros gobernantes se fueron, diciendo que vendrías a tu ciudad y te sentarías en tu trono. Y ahora se ha cumplido; tú has regresado. Ve a disfrutar de tu palacio, descansa tu cuerpo. Bienvenidos nuestros señores a esta tierra. Solo entonces Moctezuma II condujo a los boquiabiertos conquistadores dentro de su palacio*».

El éxito lo cubre todo, el fracaso lo desabriga. A toro pasado, algunos autores afirman que, si en su lugar hubiese gobernado un hombre menos supersticioso y engreído, un guerrero decidido a defender su patria como Xicoténcatl «El joven» o como Cuauhtémoc, la Conquista no habría sido viable. He aquí un testimonio indígena expresivo de aquellos sentimientos encontrados, presentes en el análisis de la muerte de Moctezuma según el Códice Ramírez: «*En viendo los mexicanos al rey Moctezuma en la azotea haciendo cierta señal cesó el alarido de la gente poniendo todos en gran silencio de escuchar lo que quería decir entonces el principal que lleva consigo alzó la voz y coreó las palabras que quedan dichas (que se sosegasen porque no podrían prevalecer contra los españoles), y apenas había acabado cuando un animoso capitán llamado Cuauhtémoc de edad de dieciocho años que ya le querían elegir por rey gruñó en alta voz: '¿Qué es lo que dice ese bellaco de*

Moctezuma, mujer de los españoles que tal se puede llamar pues con ánimo mujeril se entregó a ellos de puro miedo y asegurándonos nos ha puesto a todos en este trabajo? No le queremos obedecer porque ya no es nuestro rey y como hábil hombre le hemos de dar el castigo y pago'».

Señalan algunos que tras la matanza de Alvarado, le atizaron una pedrada a Moctezuma en la frente, por lo que murió. Recoge un cronista anónimo la versión oriunda que afirma que hallaron a Moctezuma extinto *«a puñaladas que le mataron los españoles a él y a los demás principales que tenían consigo la noche que se huyeron».*

Bernal Díaz, quien alentó por Moctezuma admiración y respeto, escribió este retrato: *«Era el gran Moctezuma de edad hasta de cuarenta años, de buena estatura y bien proporcionado, cenceño y de pocas carnes, y el color no muy moreno, sino propio color y matiz de indio. Traía los cabellos no muy largos, sino cuanto le cubrían las orejas, y pocas barbas, prietas, bien puestas y ralas. El rostro algo largo y alegre, los ojos de buena manera, y mostraba en su persona, en el otear, por un cabo amor, y cuando era menester, gravedad. Era muy pulido y limpio, bañábase cada día una vez a la tarde. Tenía muchas mujeres por amigas, hijas de señores, aunque tenía dos grandes cacicas por sus legítimas mujeres, que cuando usaba con ellas era tan secretamente, que no lo alcanzaban a saber sino algunos de los que le servían. Era muy limpio de sodomías. Las mantas y ropas que se ponía un día no se las ponía sino de tres o cuatro días. Tenía sobre doscientos principales de su guarda en otras salas junto a la suya, y esto no para que hablasen todos con él, sino cuál y cuál, y cuando le iban a hablar se habían de quitar las mantas ricas y ponerse otras de poca valía, más habían de ser limpias, y habían de entrar descalzos y los ojos bajos puestos en tierra, y no mirarle a la cara, y con tres reverencias que le hacían, le decían en ellas: 'Señor, mi señor, mi gran señor', primero que a él llegasen».*

Describe enseguida el protocolo de sus almuerzos: *«En el comer, le tenían sus cocineros sobre treinta maneras de guisados, hechos a su manera y usanza, y teníanlo puestos en braseros de barro chicos debajo, porque no se enfriasen, y que aquello que el gran*

Moctezuma había de comer guisaban más de trescientos platos, y más de mil para la gente de su guarda.

Oí decir que le solían guisar carnes de muchachos de poca edad, y como tenía tantas diversidades de guisados y de tantas cosas, no lo echábamos de ver si era carne humana o de otras cosas, porque cotidianamente le guisaban gallinas, gallos de papada, faisanes, perdices de la tierra, codornices, patos mansos y bravos, venado, puerco de la tierra, pajaritos de caña, palomas, liebres y conejos, y muchas maneras de aves y cosas que se crían en estas tierras, que son tantas que nos las acabaré de nombrar tan presto».

Capítulos más adelante describió Bernal Díaz la pena que abrigaron los españoles por el fallecimiento de Moctezuma: «*Cortés lloró por él, y todos nuestros capitanes y soldados, y hombres hubo entre nosotros, de los que le conocíamos y tratábamos, de que fue tan llorado como si fuera nuestro padre, y no nos hemos de maravillar de ello viendo cuán bueno era. Decían que hacía diez y siete años que reinaba, y que fue el mejor rey que en Méjico había habido, y que por su persona había vencido tres desafíos que tuvo sobre las tierras que sojuzgó».*

De comportamiento pendular, Moctezuma había ordenado enjaular y finiquitar a siete jueces corruptos. Según su maquiavelizante teoría, lisonjero anticipo del estalinismo, a la gente que no quería ser tratada con amor se le debía asustar con temor. Quizá su inflexibilidad anterior y su rigor hizo que no todos se apenaran al verle derrocado. Fray Durán aseguraba, por el contrario, que era modesto, virtuoso y prolijo, adornado de las virtudes que en un buen príncipe se deberían hallar.

El emperador mantuvo una guardia empedrada de señores provinciales, así como abundantes hombres armados a su disposición. Solía asir unos bocados de entre los numerosos platos para evitar dispepsia, mientras entregaba otros a quienes se sentaban con él. Después solía distraerse con bufones o música de zampoñas, quenas, tamboriles o chirimías.

Acopió incontables concubinas. Se le estiman entre diecinueve y ciento cincuenta hijos. Aun así no le faltó disposición para sus retiros espirituales cada doscientos sesenta días.

MANAGEMENT Y CLAVES PARA LA DESAPARICIÓN DE UN IMPERIO

Los mexicas desplegaron un frenesí invasor durante extensas calendas. Ahuitzotl ocupó las costas del Pacífico. La conquista de la provincia de Oaxaca iniciada bajo el reinado Moctezuma I hizo fluir hacia México ricos tributos de oro, cochinilla y algodón teñido. Pronto la ciudad zapoteca de Tehuantepec se convirtió en meta de los mexicas.

En 1500, Tehuantepec pidió ayuda a Ahuitzotl (1486-1502) contra las tribus de la región situada en la frontera del actual Guatemala a más de mil kilómetros de México. La campaña se preveía embarazosa. Era necesario destinar considerables recursos para asegurar el abastecimiento. Por si fuera poco, los soberanos de Tacuba y Texcoco excusaron su colaboración. Ahuitzotl se puso al frente de las tropas. El avance escampó en soconusco, ya que los ejércitos se batían al unísono en varios frentes contra señoríos del valle de Puebla y Tlaxcala.

La tendencia expansiva afectó a Moctezuma II. Cuando llegaron Cortés y sus hombres, los dirigentes tlaxcaltecas se reunieron para analizar qué posición tomar. Algunos defendían el enfoque de favorecerlo para luchar contra los explotadores mexicas. Xicoténcatl era partidario de guerrear. Su padre, del mismo nombre, apelado «El viejo», se inclinaba por el contrario a apuntalar a los españoles. El mandatario del tercer distrito también era proclive al enfrentamiento. Adujo una estrategia ignominiosa: acoger a los europeos y dar largas a la connivencia. Mientras eso acaecía, el joven dispondría de una mesnada de otomíes para sorprender a los intrusos cuando estos, confiados, hubieran bajado la guardia. Si Tlaxcala se proclamaba triunfadora, se celebrarían los acostumbrados banquetes con los correspondientes sacrificios humanos. Si perdía, responsabilizarían a los otomíes. El equipo directivo aprobó con entusiasmo el tortuoso plan. Como en otras ocasiones a lo largo de los siglos, incluida Cuba en el siglo XX con respecto a Estados Unidos, los pueblos subsidiarios de los mexicas hablaban del bloqueo que les impedía surtirse.

El fin de los imperios cuenta siempre con características comunes. Una principal, junto a la excesiva expansión e insuficiente integración, es el aburguesamiento de los dirigentes. Moctezuma, como se acaba de mencionar, asombró a los españoles por sus riquezas y privilegios. El mismísimo Hernán Cortés relató en sus cartas de relación que disfrutaba de lujos que él jamás hubiera creído posible siquiera para un soberano europeo. Al igual que tantos pueblos, basta recordar a los etruscos frente a los romanos o a los atenienses frente a Esparta, los mexicas caídos en la molicie serían presa de sus enemigos, encabezados por los españoles, casi por ósmosis. Un Hernán Cortés, por cierto, que supo ir creando un gran equipo, en el que se encontraron personajes como Gonzalo de Sandoval, Cristóbal de Olea, Andrés de Tapia, Bernal Díaz del Castillo, Martín Dorantes, Juan Rodríguez de Villafuerte y otros. Un engreimiento altanero, es relevante tenerlo presente, provocó que algunos de sus adláteres como Pedro de Alvarado, Alonso Hernández de Portocarrero o Francisco de Montejo, hidalgos o semihidalgos, no admitiesen bien sus indicaciones.

Una vez conquistado Tenochtitlán, Hernán Cortés se dio que hacer para encontrar ocupación para su gente. Ese fue el motivo de enviar a Villafuerte a Zacatula; a Cristóbal de Olid, a Michoacán; a Francisco de Orozco a Oaxaca. También remitió al desazonado Pedro de Alvarado para pacificar la que Cortés denominaba provincia de Tatutepeque. Todo eso llegará más adelante, en una época en la que el intrépido extremeño aplicó para su caso el principio español de «se acata, pero no se cumple».

En su cuarta década, Moctezuma II era de buena estatura y bien proporcionado. Se hacía trasladar en andas y bajo un palio que manejaban enaltecidos caciques. Portaba plumas verdes con primorosas labores de oro, con innumerables perlas y piedras preciosas que colgaban como bordaduras. Todo era lujo, desde la manera en la que era atendido por sus sirvientes hasta su ajuar, que incluía espectaculares penachos y calzado con suela de oro. El exuberante palacio en el que residía era extremadamente fachendoso, al igual que aquel en el que alojó a los españoles, que había pertenecido a su padre Axayácatl.

Le agradaban las maderas nobles y trabajadas, así como las paredes de piedra nutridamente adornadas. Recolectaba paramentos de algodón, de pelo de conejo y de pluma. La grandeza de aquel palacio era tal que Cortés confesó en su segundo informe a la Corona que a pesar de haber transitado por allí no pudo recorrerlo por completo, pues se agotó antes de culminar. Moctezuma, en fin, allegaba oro y piedras preciosas en una estancia oculta por una mampostería, pero que fue al cabo descubierta. Disponía de un zoológico privado, una decena de estanques tanto de agua dulce como salada junto a los que anidaban innumerables aves. Trescientos esclavos las cuidaban.

Moctezuma exigía que fueran nobles quienes directamente atendieran sus necesidades, pero vestidos con suma austeridad, para que los atuendos de otros no opacaran los suyos. Nadie debía sostenerle la mirada. El aire que respiraba debía estar perfumado y el suelo que pisaba cubierto con pétalos. La ropa solo la endosaba una vez. Bajo ningún concepto se le podía tocar o darle la espalda. Como se ha mencionado, cultivaba extremas medidas higiénicas. Mientras los españoles podían tardar semanas en bañarse, Moctezuma repetía en ocasiones tres veces por día.

Por encima del espectáculo de contemplarlo con sus ricos vestidos, sandalias adornadas con piel de jaguar y oro, una diadema imperial y penachos, lo que más pasmó a los españoles es que alrededor de mil mujeres se entregaban al servicio de Moctezuma entre criadas, intendentes y cocineras.

PROLEGÓMENOS A LA
LLEGADA DE CORTÉS

A comienzos del siglo XVI, España desempeñaba un papel protagonista en Europa. Diversos reinos se encontraban consolidados bajo una única monarquía. Los musulmanes habían sido expulsados tras una guerra de liberación que había durado ocho siglos. El éxito de los ejércitos españoles corría en paralelo al desarrollo de las artes y las ciencias. España poseía amplios territorios en Europa y en África, y el descubrimiento del Nuevo mundo retaba a la madre patria con insólitos campos de actuación.

El 23 de enero de 1516, el trono español pasó de Fernando e Isabel a manos de su hija Juana, y más específicamente a su nieto Carlos V. Durante los dos años sucesivos a la muerte de Fernando, la regencia fue confiada, por ausencia de Carlos, al cardenal Cisneros, quien, a su audacia, inteligencia y aptitudes para magnánimas iniciativas, sumaba ademanes altaneros y parcos escrúpulos en los medios. El prelado deseaba lo mejor para su patria, aunque las formas no siempre lo acompañaban.

Carlos V, por su parte, se sintió originariamente extranjero en tierra de sus progenitores cuando desembarcó en noviembre de 1517. Balbuceaba español sin particular acierto. Los ciudadanos holandeses de su séquito cayeron como plaga de langostas sobre la economía española. Entre los yerros del rey destaca el nombrar a un flamenco como canciller de Castilla y sentar a otro en la gallarda sede episcopal de Toledo.

Los españoles, acostumbrados a la justa administración de los Reyes Católicos, reaccionaron contra semejante irrupción. El inicial afecto mutó de un plumazo en inquina. La lamentable gestión por parte de los extranjeros se sintió también en las colonias. El Consejo de Indias y la Casa de Contratación o Cámara de Indias en Sevilla no fueron inmunes al desencanto.

Los emprendedores que no encontraban ocasión para merecer laureles ni en África ni en Europa, reticentes a cualquier pesebrismo se lanzaron con avidez hacia las Américas. Atravesar el Atlántico implicaba una aventura de alto riesgo. Se mezclaban ansias de descubrimientos, escapar a la desbandada de los resabios peninsulares, afán por honores y opulencia, y anhelos de esparcimiento de la fe.

Como se ha señalado, los reyes legislaron para que no se explotase a los habitantes de las tierras recién bojadas. Isabel vetó, por ejemplo, la cesión de indios como esclavos. Cuando posteriormente el gobierno lo toleró fue con severas restricciones. Las denuncias descabelladas y abultadas de Bartolomé de las Casas acicatearon al regente Cisneros a remitir a América una comisión revestida de plenos poderes para acrisolar la exactitud de los aspaventeros indígenas y hacer justicia. Disponían de autoridad para investigar la conducta de los funcionarios y enderezar abusos. De las Casas, lamentablemente, había aplicado en sus textos *ante litteram* el principio: «*Nunca dejes que la verdad te estropeé un titular impactante*». Bernal Díaz del Castillo, años más tarde, hastiado de las exageraciones de muchos, también de Bartolomé de las Casas, describió como imposibles las descripciones que se habían hecho, «*pues de aquellas grandes matanzas que dicen que hacíamos, siendo nosotros 450 soldados los que andamos en la guerra, harto teníamos que defendernos no nos matasen o nos llevasen de vencidos, que, aunque estuvieran los indios atados, no hiciéramos tantas muertes*».

Cuba fue la segunda isla descubierta. Colón, tras haber contorneado la costa meridional, dio las últimas boqueadas con la convicción de que formaba parte del continente. En 1511, Diego, hijo y sucesor del almirante, que mantenía la sede del Gobierno en La Española, reconociendo que las minas estaban agotadas propuso ocupar la isla vecina conocida hoy en día como Cuba, entonces Fernandina, en honor del monarca español. Concitó una flota bajo la dirección de Diego Velázquez. Este oficial había trabajado como soldado durante diecisiete años en las guerras de Europa. Era hombre en principio honrado, de gran imperio, ávido de gloria y riquezas. Ya gobernador de Cuba, erigió pueblos cuyos nombres aún se mantienen. En la costa sureste constituyó Santiago como sede del Gobierno. Fomentó el cultivo de la caña de azúcar.

Un hidalgo nacido en Cuba, Hernández de Córdoba, se había hecho a la mar con tres navíos hacia las Bahamas, con la intención de procurarse esclavos indios. Era el 8 de febrero de 1517. Tres semanas de navegación más tarde, arriando, drizando, halando, ciñendo, orzando al compás de la saloma, alcanzaron un enclave desconocido. Preguntó a los cenceños indígenas por el nombre del país y le endosaron Tectecan, que significa no entendemos, pero los españoles tomaron esa expresión por el nombre del lugar convirtiéndolo en Yucatán.

Les dejó atónitos la grandeza de las edificaciones de piedra y cal tan disparejas de las frágiles viviendas de juncos y cañas de los insulares. Llegaron hasta Campeche. Hernández de Córdoba optó por regresar a Cuba tras carear el antagonismo encarnizado de los locales. La mitad de los 110 hombres de tripulación había perecido. La chapucera narración de los tesoros columbrados espoleó a Diego Velázquez a profundizar.

El 1 de mayo de 1518 abandonó el puerto de Santiago de Cuba una exigua flota compuesta de cuatro naves bien embreadas y calafateadas bajo el mando de Juan de Grijalva. Se dirigió hacia el sur llegando hasta la isla de Cozumel. Desde allí, zarpó hacia el continente y costeó lugares semejantes a los de su antecesor. Grijalva impuso a la península el nombre de Nueva España, denominación que más tarde se aplicó a un territorio más amplio.

Grijalva, al igual que Hernández de Córdoba, fue recibido con hostilidad, pero llegaba mejor preparado. Uno de los capitanes, Pedro de Alvarado, mitad bravura mitad bravata, entró sin procrastinación en un río que conserva su nombre. Fue en un curso de agua próximo, río Banderas por los estandartes desplegados en sus orillas por los indios, donde Grijalva contactó por primera vez con los lugareños.

El cacique anhelaba captar información para transmitirla tierra adentro. Se entendieron por señas. Los españoles entregaron baratijas a cambio de oro y vasijas. Grijalva regresó creyendo haber cumplido su misión. Al llegar a Cuba verificó que se estaba combinando otra expedición. Un escamado Velázquez le reprochó haber perdido la sublime ocasión de fundar una colonia, quizá porque temía que otros lo hicieran y desaprovechar así su presunto derecho a ese territorio.

Solicitó permiso a la Comisión de Santo Domingo y envió a su capellán a España con informes y el oro que correspondía al rey. Solicitaba poderes para una colonización sin incuria. Sin esperar respuesta escudriñó en busca de un emprendedor que compartiera los gastos y asumiera el mando. Su conocido Hernán Cortés fue seleccionado. Nacido en Medellín, en 1485, su padre, Martín Cortés de Monroy, había sido capitán de infantería, hombre de honor, tenido en alta estima. Su madre fue Catalina Pizarro Altamirano. Tras su décimo cuarto cumpleaños fue enviado a Salamanca. Su progenitor quería destinarlo a la abogacía, pero el muchacho no albergaba esos objetivos. Regresó dos años después. Le atraían las armas y la vida aventurera. Con diecisiete cumplidos solicitó enrolarse, pero sus padres lo atollaron.

Alentó propósito de incorporarse a una expedición bajo las órdenes de Nicolás de Ovando, pero la caída desde un muro previa o posterior a un lance adulterino lo sepultó bajo escombros. Retenido en su yacija, la flota zarpó. Penaría dos años más en España. Aprovechó por fin la partida de una flota mercante. Era el año 1504, el mismo en que España perdía a Isabel la Católica. Una reina, por cierto, calumniada de disparejos e indignos modos por sus enemigos.

Uno de los denuestos que afectan a la figura de una de las más grandes soberanas de la Europa moderna es el de su conjeturada falta de higiene. Documentos del archivo histórico de la Fundación Tatiana Pérez de Guzmán el Bueno (Palacio de los Golfines de Abajo, en Cáceres) proyectan una imagen extremadamente alternativa sobre su aseo personal. Según Sancho de Paredes Golfín, su jefe de cámara desde 1498, la reina recurrió a perfumes y cosméticos que en algunos casos provenían de Oriente.

Los libros de cuentas que pormenorizan el inventario fueron redactados por Sancho de Paredes, que ingresó en la corte de Isabel en 1484 como edecán de su suegro Martín Cuello. El 15 de marzo de 1498 asumió el cargo de teniente de camarero.

En la documentación por él generada se recogen los expendios de la reina en cosméticos: algalia, almizcle, anime —resina de especies botánicas orientales—, benjuí —goma de un árbol originario del sudeste asiático– o estoraque real. El tocador de la monarca era también prolijo en perfumes elaborados, como el ámbar fino, el aceite de azahar, el agua de murta, que se utilizaba como desodorante, o el aceite de rosa de mosqueta. Todas estas fragancias eran custodiadas en cofrecitos, arquetas, redomas, barrilitos o recipientes de vidrio. Cuando Paredes se retiró a su Cáceres natal, la Contaduría Mayor le restituyó los epítomes y otros documentos, que encuadernó.

Al llegar a La Española, Cortés se dirigió a cumplimentar al gobernador, viejo conocido. Ovando estaba ausente, pero su secretario le recibió con afabilidad y le brindó una concesión.

La desenvuelta réplica de Cortés fue: «*Yo vengo para encontrar oro y no para trabajar como un campesino*».

Ovando lo persuadió de que era mejor enriquecerse con parsimonia y seguridad. Cortés recibió un terreno y un lote de indios y fue nombrado además notario de una pequeña localidad. Siguió siendo afectivamente inquieto y eso le costó más de una peripecia que le añadiría cicatrices. Realizó también expediciones dirigidas por el lugarteniente de Ovando, el citado Diego Velázquez. Nicolás de Ovando, por cierto, en momentos de profundos galimatías para Colón le dejó abandonado sin prestarle ayuda durante meses. Finalmente, en marzo de 1504, ante el clamor de los clérigos desde los púlpitos contra la inhumana indiferencia y los imparables chismorreos de la población, el gobernador envió un barco con abastos para socorrer al almirante y su tripulación, encallados en la costa jamaicana. Solo en junio de 1504, Diego Méndez salvó al almirante con dos naos que acudieron en su socorro. El áncora de Colón pudo por fin retiñir al ser alzada, librando a sus hombres de más sinsabores.

En 1511, cuando Velázquez emprendió la conquista de la ciudad de Cuba, Cortés renunció a su vida bonancible para sumarse. Su coraje le mereció el rendibú del comandante. Cuando Velázquez, en fin, fue nombrado gobernador, eligió a Cortés para ser su secretario, pero este se alió con los descontentos de la isla y mantuvo conciliábulos. La mayor parte de aquellos revolucionarios creían que al ejecutarse el reparto de tierras y empleos se habían valorado a la baja sus servicios.

LA MOTIVACIÓN DE CORTÉS

Retrato de Hernán Cortés, 1530. Autor: Christoph Weiditz. Fuente: Wikipedia Commons.

Tras diversos avatares, incluida la huida de Cuba antes de que Velázquez pudiera tascar el freno, Cortés acabó en Potonchán, asentamiento dedicado a la pesca, junto con un modesto equipo entre los que se incluían treinta ballesteros, doce arcabuceros, catorce culebrinas y escasos cañones broncíneos. Con sumo cuidado, Cortés y sus hombres emplearon cuerdas y poleas para desembarcar las dieciséis monturas cuya existencia los indígenas desconocían. También lo acompañaban mastines. Cortés no había olvidado esclavos caribeños como porteadores. Era marzo de 1519. En la enseña, de fondo blanca y azul, descollaba una cruz colorada, con la leyenda: «*Amici, sequamur crucem, si nos fidem habemus vere in hoc signo vincemus*», amigos, sigamos la cruz, que si tenemos fe verdadera en este signo triunfaremos.

El arcabuz no era el bálsamo de fierabrás en las batallas. Implicaba una carrera de obstáculos en un entorno generalmente inhóspito. Se clavaba la horquilla en el suelo. Enseguida se cargaba por la boca con pólvora para introducir la bola de plomo y atacarla con la baqueta. Se disponía candela en la mecha y se cebaba con pajuela el punto de fuego. La yesca seca solían portarla en la escarcela. La chispa generada con el hierro y el pedernal se franqueaba sucesivamente de unos a otros. La cuerda solía mantenerse con los dientes. Todo ya preparado, se estribaba el arcabuz en la horqueta, se ajustaba al hombro y se alistaba. Si todo había marchado, el tirascazo podía ser tan pujante que atravesando a uno matase o lastimase al siguiente también.

Hernán Cortés diseñó una política retributiva. Como empresario independiente de hecho, porque de derecho seguía teóricamente dependiendo en ese momento de Velázquez, indicó que a los argonautas y menestrales, fuera de la aventura en sentido estricto, se les pagaran salarios regulares. Los capitanes y soldados no percibían soldada, sino un porcentaje del botín. Conforme a los usos de la época, de lo obtenido se apartaba un quinto para el rey. En el convenio que el aún precarista Cortés impulsó en el Cabildo de Veracruz en 1519 impuso otro quinto para sí mismo. Esa decisión encendió resquemores y acervas críticas. El resto se repartía entre capitanes y soldados con proporciones no siempre cabalmente justas. Tanto durante los preparativos como en los años de guerra, el capitán-empresario se hacía cargo de la comida, armas y curación de los suyos; en ocasiones adquiría caballos y se ocupaba de herrajes y aperos. Las naves y aparejos, así como el armamento mayor, corrían de cuenta del emprendedor, fuese su capital o préstamos.

Hernán Cortes fue caballero de contrastes: pendenciero, acopiaba valentía, desparpajo, emprendizaje, ambición, ilusiones desbordadas, cordialidad; era paternalista, escurridizo, chabacano y matasiete. Sus acicates forman un mejunje sin un amojonamiento estricto. Como en todo ser humano, lo sublime y lo rastrero fueron limítrofes. Anudó en su existencia magnánimas venturas e inescudriñables dislates. La fe, en cualquier caso, estuvo bien presente. Siempre que era viable, antes de entrar en batalla asistía a misa o imploraba ante la cruz o frente a una imagen de la Virgen.

La isla de Cozumel presentaba signos de una civilización superior a la de otras regiones. Hernán Cortés y los suyos encontraron bohíos construidos de canto y yeso, y templos con torres de varios pisos. Columbraron en un patio de un templo una cruz de piedra de unos diez palmos de altura. Algunos consideraron que alguien había introducido el símbolo cristiano en aquella región.

Entre las múltiples características atribuibles a Cortés se encuentra la de una magna capacidad de visión periférica, que solo se diluiría en sus últimos años de vida. George S. Day y Paul J.H. Schoemaker hubieran hecho bien en analizar la toma de decisiones del héroe español cuando escribieron su magnífico libro con ese acertado título.

Abochornado por las prácticas de los indígenas, los estimuló a abrazar el cristianismo. Intentó convencerlos de que los rivales no eran meras reservas de sangre para inmolar a los dioses, como era la acendrada percepción de la mayoría de las tribus precolombinas. El licenciado Juan Díaz y el mercedario Bartolomé de Olmedo, leal acompañante de Cortés por fas o por nefas, se emplearon a fondo para que los pobladores de Cozumel se avinieran a demoler ídolos. Los indígenas clamaron que, si se ejecutaba lo que consideraban tropelía, sus dioses arrojarían rayos contra los culpables. El mercedario Olmedo fue quien parlamentó con Pánfilo de Narváez para informar luego a Cortés, y quien propuso al ingenuo Narváez que hiciera una demostración de su poderío en una inútil parada militar para que sus hombres se cansasen en la víspera del irrevocable enfrentamiento. Sembró de sobornos a algunos oficiales, en especial a los responsables de la artillería panfilista, lo que facilitaría el triunfo de su patrón.

Cortés prefería la acción a los argumentos. Ordenó derribar los fetiches. Los alaridos de los indígenas fueron descomunales. Pese a los vocingleros, se elevó un altar en donde se situó una imagen de la Virgen con el Niño Jesús. Poco después se celebraba por primera vez la misa en un templo indio de Nueva España.

Aconteció entonces uno de los albures que tanto beneficiaron al tablajero Cortés y que algunos motejan de milagro. Diego de Ordás había regresado de Yucatán sin noticias de cautivos españoles. La flota municionada dejó en los primeros días de marzo aquellos lares. Una vía de agua constituyó coerción definitiva para regresar a puerto. Apenas desembarcados, llegó de las costas vecinas de Yucatán una canoa. Uno de los remeros preguntó en español si eran cristianos, y al recibir respuesta afirmativa se postró para loar a Dios. Se trataba del mencionado Jerónimo de Aguilar, que había formado parte de la colonia española en Darién. Cortés lo acogió y cubrió su desnudez con su manto. Durante su larga estancia había aprendido los dialectos mayas de Yucatán. Rindió servicios como intérprete.

La habilidad de innovar del extremeño era portentosa, reinventándose de continuo. Un ejemplo distintivo sucedió cuando, meses más adelante, le llegó la noticia de que su antiguo patrón, Velázquez, conspiraba contra él. Había enviado para capturarlo diecinueve barcos con más de ochocientos soldados, ochenta jinetes, ciento veinte ballesteros y ochenta arcabuceros. El Ejército estaba dirigido por Pánfilo de Narváez, a quien se le ordenó devolver a Cortés engrilletado a Cuba. Este galvanizó una fuerza de doscientos cuarenta hombres y salió de Tenochtitlán. Emboscó el campamento enemigo a altas horas de la noche, remitiendo al jefe preso a Veracruz. Pánfilo de Narváez había pecado de una arrogancia montaraz que le había llevado a desoír al centinela que había escapado de la encerrona de Cortés. Si hubiera sido un líder no habría hecho caso omiso y el suceso hubiera discurrido por otros cauces. Cortés, al cabo, empleó el talento de orador para seducirlos con la riqueza azteca, por lo que se unieron a sus fuerzas y lo siguieron de regreso a la capital mexica.

Previendo la llegada de hombres de Velázquez, Cortés había consumado con antelación un plan para mofarse de la autoridad sin salirse de la ley. Había convocado a sus fieles para arengarlos de que debían convencer a los demás para que clamasen por la fundación de una villa. Al erigir un concejo, escamoteaban automáticamente la autoridad de Velázquez. Solo rendirían cuentas ante el soberano español. La nueva urbe quedaría fuera de la jurisdicción de Cuba. Le resultó andadero persuadirlos. Pocos días después, la tropa hipaba por la fundación. Fueron con la propuesta a Cortés. Fingió el paripé de la resistencia precisa para que, en un hipotético futuro juicio, confesasen que había cedido contra su voluntad y solo por evitar un motín. Firmaron 344 personas, según el minucioso estudio elaborado por María del Carmen Martínez Martínez. El capitán Francisco de Montejo y el piloto Alaminos identificaron la ubicación. Finalmente bautizaron el enclave como Villa Rica de la Vera Cruz. Así nació la porteña Veracruz. Fueron nombrados regidores Pedro de Alvarado, Alonso de Ávila, Alonso de Grado y Cristóbal de Olid. Montejo fue designado alcalde *in absentia*. A su llegada, Cortés ya había sido ensalzado como capitán general. Al principio fueron solo escasas chozas sellando la plaza mayor en la que se erigía una cruz y una picota. Por el mero acto de su fundación, Veracruz se transformó en un municipio español, como Trujillo o Sevilla. Juan Álvarez, nombrado alguacil en Veracruz, vomitaría sapos y culebras contra Cortés, desvelando la martingala.

En las mañas de Cortés se iluminó Pedro de Valdivia para urdir un proceso semejante en Chile años más tarde. También él, al igual que su paradigmático inspirador, desarrolló la visión periférica. Solo la *hybris* malbarató esa preciosa capacidad innata. Tras hacerse de rogar, tal como había incubado con los suyos, aceptó ser nombrado regidor con las siguientes palabras: «*Ya vuestras mercedes saben los requerimientos que me han hecho para que yo acepte el cargo de electo gobernador y capitán general por vuestras mercedes en nombre de S.M. para que en su real nombre las gobierne y tenga en justicia, hasta en tanto que hecha la relación, mande proveer aquello que más a su servicio convenga. Y pues vuestras mercedes han visto mis respuestas y no curado de ellas me ponen delante que en aceptar lo que me piden sirvo más a S.M. que en dejarlo de hacer. Y porque yo creo que así es, pues vuestras mercedes todos a una voz lo dicen, y yo solo soy el que lo contradigo, podría estar errado. Y aunque acertase yo, vale más errar por el parecer de todos. Cuanto más que este debe ser el bueno, pues se dice que la voz del pueblo es la de ellos. Y porque aquí al presente no hay letrado con quien yo me pueda aconsejar y me declaré en este caso lo que más conviene al servicio de S.M. y mi voluntad es de no errar en él, debajo el protesto que aquí presento, sacado de mi pobre juicio y del estudio de las armas en que yo he hecho profesión y no de letras, digo que, aceptándolo vuestras Mercedes y debajo del, y acepto el cargo electo gobernador por el Cabildo, justicia e regimiento y por todo el pueblo de esta ciudad de Santiago del nuevo extremo en nombre de S.M. y así me intitularé hasta tanto que S.M. otra cosa envíe a mandar, por mejor poder servir a nuestro príncipe, rey y señor natural, y no en otra manera, por hacer placer a vuestras Mercedes, señores justicia y regimiento, y a todos los demás caballeros y gentiles hombres de este pueblo que aquí presente estáis y tanto que lo habéis rogado y lo deseáis*».

No le faltó a Valdivia, al igual que a Cortés, y a todos los próceres de la historia, su esfera de vanidad. Bien podría aseverarse de él que su vanagloria hubiera resucitado si se hubiera abierto su ataúd, de haberlo tenido. Así se describía a sí mismo: «*El primero a los peligros, porque así convenía; padre para los favorecer con lo que pude y dolerme de sus trabajos, ayudándoselos a pasar, de hijos y amigos en conversar con ellos; geómetra en trazar y poblar; alarife en hacer acequias y repartir aguas; labrador y gañán en las cementeras; mayoral y rabadán en hacer crear ganados; y, en fin, poblador, criador, sustentador, conquistador y descubridor*». Aun así, no les faltaba la visión sobrenatural para entender que estaban de paso sobre la Tierra. Escribirá, al cabo, Valdivia a Carlos V, a la vez que le solicita que no facturase nuevos directivos: «*No pido esta merced al fin que otras personas de abarcar mucha tierra, pues para la mía siete pies les basta, y la que a mis sucesores hubiera de quedar para que en ellos tuve mi memoria, será la parte que V.M. se servirá de me hacer merced por mis pequeños servicios, que por pequeña que sea, la estimare en lo que debo; que sólo por el efecto que la pido es para más servir y trabajar*».

La aproximación de los conquistadores al mundo descubierto fue de entrada respetuosa. Leemos en la *Historia verdadera de la conquista de nueva España* de Bernal Díaz del Castillo: «*Vimos tantas ciudades y villas pobladas en el agua y en tierra firme otras grandes poblaciones, y aquella calzada tan derecha y por nivel como iba a México. Nos quedamos admirados y decíamos que parecía a las cosas de encantamiento que cuentan en el libro de Amadís, por las grandes torres y edificios que tenían dentro del agua y todos de cal y canto, y aun algunos de nuestros soldados decían que si aquello que veían será entre sueños y no es de maravilla que yo lo escriba aquí esta manera porque hay mucho que ponderar en ello que no sé cómo lo cuente: ver cosas nunca oídas ni vistas ni aun soñadas como veíamos*».

Los españoles quedaron encandilados por las capacidades artísticas de quienes iban conociendo. Hacían justicia.

Durante su tiempo en Tenochtitlán, tras su primera incursión y paseando con Moctezuma —no hay que olvidar la altitud de 2.250 metros y que el español llevaba armadura—, el azteca propuso ascender al gran templo. Al llegar Cortés jadeante tratando de recobrar el aliento, sentenció: «*Los españoles no nos cansamos en cosa ninguna*».

A Moctezuma debió sobrecogerle el descomedido empaque al escuchar los agónicos resuellos de Cortés y sus hombres.

Años después, rico y famoso, Cortés fundó un seminario de teología para la formación de futuros sacerdotes, un hospital y un monasterio. Financió la construcción y el mantenimiento de iglesias. Su obrar fue periódicamente incoherente, porque mientras él se permitía amantes imponía normas de comportamiento estrictas: que nadie blasfemase el Santo nombre de Dios, que no hubiese riñas de español con otro, que no se jugasen las armas ni el caballo, que no forzasen a las mujeres, que nadie cogiese ropa ni cautivas e indios ni hiciese correrías ni saquease sin licencia suya y acuerdo del Cabildo. Es interesante la expresión «sin licencia suya». La pauta relativa al juego incluía una curiosa disposición sobre los naipes, pues la prohibición excluía los aposentos privados del cabecilla.

Muchos criterios tenían por objetivo mantener una disciplina estricta. Los actos díscolos, desertar, abandonar el puesto o adormecerse podían ser castigados con la muerte. Estableció que no se podía atacar a los indios sin su explícito beneplácito. Era también punible con el ahorcamiento que un soldado ocultase parte del pillaje. Cortés tenía bien en mente el quinto real y... el suyo.

Algunos hablan de su buena racha. Sin excluirla, es conveniente remachar su visión estratégica. La batalla de Otumba, decisiva como pocas, fue vencida porque en el momento preciso, cuando los españoles podían haber sucumbido, identificó a uno de los jefes indígenas y con sus más fieles –Sandoval, Olid, Alvarado...– acabó con él volteando la casi ineluctable hecatombe. Juan de Salamanca fue quien acabó con el mandamás indio, posible por la perspicacia de Cortés.

El *cihuacóatl* o comandante que capitaneaba era Matlatzincátzin, hermano de Cuitláhuac, y era transportado sobre un palanquín. Rodeaban al mexica caciques y caudillos de pueblos aliados. Cortés había retratado la oportunidad de vencer golpeando al adalid. Y lo había logrado. Se lo facilitó la grandilocuencia de Matlatzincátzin por enfatizar su presencia mediante un guerrero que sostenía en alto el estandarte *tlahuizmatlaxopilli* y vistosas enseñas de dos decenas de castas de la nobleza.

Otra muestra sublime de la capacidad visionaria de Cortés se produjo cuando prácticamente se quedaron sin pólvora. Por orden suya, Francisco de Montano y Juan de Larios ascendieron al Popocatépetl. Al clarear del segundo día, ya sin porteadores, treparon por la endurecida colada de lava. Desde el cono del volcán, Montano descendió atado a una soga sujeta por un improvisado cabrestante hasta donde amarilleaban los terrones de azufre. Atiborró el saco, repitiendo en siete ocasiones la arriesgadísima excursión. Larios replicó la operación otras seis. Acumuladas ocho arrobas de azufre (unos noventa kilos) y auxiliados ahora sí por los indios, regresaron al campamento.

Consumada la proeza de la conquista de México, Cortés se centró en la construcción de navíos para explorar el Pacífico. Ordenó preparar un astillero en la desembocadura del río de las Balsas (Zacatula). Consideraba que lo logrado hasta el momento era relevante, pero que sería mayor éxito el llegar al Oriente. En la segunda de sus cartas de relación a Carlos V le manifestó que avanzaría hasta Asia para promover que llegara a ser emperador del planeta. Más le hubiera valido atender a las palabras de su esposa, la marquesa Juana de Zúñiga: *«No porfíes más con la fortuna, vuestra fama corre ya por el ancho mundo, regresad»*.

EL FIN DE CORTÉS

En 1524, Hernán Cortés protagonizó una desastrosa expedición a las Hibueras, en el actual Honduras, para castigar la rebelión de Cristóbal de Olid, uno de sus mejores capitanes, que aspiraba a brillar con luz propia. Cortés apetecía escarmiento para que otros no cayeran en la tentación de emularlo. En una demostración de nepotismo envió una flota de castigo al mando de su pariente Francisco de las Casas. En cualquier caso, sin consultar a Dios ni al diablo, se personó para dar a Olid su merecido. Era hombre de acción, de escasa paciencia.

A Carlos V le comunicó que tenía ganas de volver a la faena, y eso que contaba con cuarenta años, edad provecta para la época. Aseguraba querer descubrir el paso que presuntamente comunicaba el Atlántico con el Pacífico. Bernal Díaz del Castillo afirma que más bien rebuscaba oro, porque era mezquino. La comitiva no fue austera, sino ahíta de extravagancias. Llevaba vajilla de oro y plata para comer y músicos para que lo distrajeran. Tanto lujo impedía avanzar con celeridad. El éxito se le había subido a la cabeza y su exceso de seguridad le llevó a perderse en el exuberante verdor de la selva, que los engulló.

Bernal Díaz del Castillo rememoró años después el hambre. Cortés salió vivo de milagro. Cuando llegó a destino, Olid ya había transitado a su morada eterna. Cortés regresó a Ciudad de México, donde verificó que sus propiedades habían sido saqueadas.

Además de un desaforado afán de protagonismo, estos sucesos pusieron de manifiesto carencias directivas en Cortés. Cuando tuvo que nombrar a quienes ejercieran la gobernación durante su ausencia, se fijó en oficiales reales como forma de blindarse ante el monarca. Como estaban acostumbrados a reñir entre ellos, presupuso desatinadamente que no se aliarían contra él. Tras disputar se confabularon. Los tres principales implicados fueron el justicia mayor Alonso de Zuazo, con escasa capacidad de liderazgo, y los intrigantes

Salazar y Chirinos, que tras enemistarse en público se fusionaron. Del primero de los últimos citados Gonzalo de Ocampo escribió:

«¡Oh, fray Gordo de Salazar
factor de las diferencias!
Con tus falsas reverencias
engañaste al provincial.
Un hombre de santa vida
me dijo que me guardase
de hombre que así hablase
retórica tan polida».

Chirinos y Salazar implantaron una dictadura que expropió y erosionó por igual a religiosos y seglares, a cobrizos y blancos. Su vesania llegó a ordenar que contrajesen nuevas nupcias las esposas de los de Hibueras con el alegato de que todos habían muerto. Quienes se negaron fueron azotadas ante sus vecinos.

Cortés reasumió el gobierno, pero fue destituido sin dilaciones. Tuvo que tenérselas tiesas desde entonces con la suspicacia de Carlos V, desazonado por el desmesurado anhelo del conquistador. Le habían trasladado que un pedigüeño Cortés demandaba ser proclamado rey de México. El soberano le otorgó el título de marqués del Valle en 1529, pero no el Gobierno.

Un poliédrico Cortés se tornó recalcitrante con reverdecer antiguos laureles. Alcanzó California, pero fracasó y tuvo que evacuar la localidad que había fundado con el nombre de Santa Cruz. En 1535, desembarcó en Nueva España el virrey Antonio de Mendoza. Cordial al inicio, pretendía poner a Cortés en su sitio. Ambos tenían proyectos sobre el mismo territorio al sur de lo que hoy es Estados Unidos. El virrey utilizó su autoridad para coartar la libertad de trasiego de su competidor, al que amenazó con multa si se atrevía a conquistas por su cuenta.

Cortés viajó a España en 1540 con el deseo de que el Consejo de Indias lo apoyara, pues solo así neutralizaría a sus refractarios. Cortés había colisionado primero con Nuño Beltrán de Guzmán, gobernador de Nueva Galicia, y luego con Antonio de Mendoza, el virrey de Nueva España, a causa de las capitulaciones para penetrar y asentarse en la Mar del Sur. En su llegada a España en 1540 ansiaba lograr el sostén de la Corona en su favor. Sus enemigos no se amedrentaron. Las denuncias se multiplicaron: desde que había asesinado a su esposa Catalina Juárez hasta que había sido capcioso con la entrega del quinto real, pasando por su axiomática promiscuidad sexual y llegando a denunciar los abusos a mansalva con respecto a sus subordinados, y por supuesto con los indígenas. Algunos clamaron para que se le decapitara. Su juicio de residencia nunca culminó y transcurrió el resto de su existencia en lucha contra la burocracia en una inagotable maraña de alegaciones. Fue considerado un impertinente pleiteador. Su gran desvarío consistió en no retirarse a tiempo, embrollándose con zarandajas. López de Gómara resumió bien sus últimos años: era recio porfiando, y así tuvo más pleitos de los que convenía a su estado.

En cierta ocasión, y para su descargo, aseguraba Cortés que no era cierto que gobernase como un tirano autócrata, pues se había limitado a cumplir estrictamente las órdenes reales; que no era cierto que hubiese obtenido para sí el mayor provecho de la Conquista, porque sus inversiones habían sido descomunales; que no era real que hubiera dejado de realizar envíos a su majestad, ya que había remitido incluso más de lo pactado; solicitó a Carlos V que lo autorizase a viajar a España para explayarse, aunque carecía de medios.

Entre los amargos sucesos que se desarrollaron en el último tramo de su vida cabe señalar que, de regreso a España, el capitán Gonzalo de Sandoval enfermó gravemente en Puerto de Palos. Mientras sus azacanes se dirigían al monasterio de la Rábida para informar a Cortés, el hospedero, cordonero de jarcias, aprovechando la debilidad del viajero le hurtó los trece lingotes de oro que componían su patrimonio y huyó a la vecina Portugal. Sandoval falleció poco después sin conocer en plenitud su indigencia y fue sepultado en el monasterio de Nuestra Señora de la Rábida.

En 1541, Cortés formó parte de la expedición de Carlos V contra Argel. El enfrentamiento concluyó en chasco a pesar de las cuatrocientas naves y veinte mil hombres entre españoles, italianos y alemanes. El desacierto fue optar por el mes de octubre. Numerosas naos, temiendo el naufragio habían aligerado la carga, incluidos los abarrotes, y abandonaron a los soldados sin provisiones.

La jactancia del extremeño desbordó el finito aguante de los más cercanos al emperador. En cierta ocasión, llegando tarde a misa, transitó delante de ilustrísimos funcionarios y se sentó junto a Carlos V. Su baladronada lindó con el desacato.

Las opiniones fueron, en fin, profundamente dispares. En carta de Diego de Ordaz de 2 de junio de 1530, dirigida a su sobrino Francisco Verdú, se asegura: *«Hago saber que el marqués no tiene más conciencia que un perro»*. Ordaz había sido capitán en la Conquista y mantenía buenas relaciones con Cortés hasta el comienzo de un litigio económico. Frente a esa aspereza, fray Toribio Motolinía testificó: *«Dios lo visitó con grandes aflicciones, trabajos y enfermedades para purgar sus culpas y limpiar su alma, y creo que es hijo de salvación y que tiene mayor corona que otros que lo menosprecian»*.

En sucesivas requisitorias rubricó el secretario Francisco de Cobos: *«No hay que responder»*. Cortés hubiera hecho bien en aplicarse el principio *sutor, ne ultra crepidam*. Encontrándose en el pueblo de Castilleja de la Cuesta sufrió un ataque de disentería y entregó su alma el 2 de diciembre de 1547. Su testamento, redactado como casi todos *sub specie aeternitatis*, instituyó indemnizar a sus vasallos indios por los impuestos excesivos que pudo haberles cobrado. Ordenó que se entregaran a los nativos ciertas tierras, pero sus herederos ignoraron esas cláusulas. Hernán Cortés había promovido dos hospitales en la capital de México, el de San José y el de la Limpísima Concepción, además de otros en Puebla y Acapulco. No fue el único español azacanado por este aspecto tan relevante. El sevillano Hernando de Santillán (1519 1574), primer presidente de la Real Audiencia de Quito, fundó en 1565 el hospital de San Juan de Dios, con el nombre de Hospital de la Santa Misericordia de Nuestro Señor. Atendía tanto a españoles como a indígenas, incluidos quienes carecían de medios económicos.

La jornada siguiente al entierro comenzaron las cinco mil misas que Cortés había prescrito: mil por las ánimas del purgatorio, dos mil por quienes murieron en su compañía durante sus conquistas y descubrimientos, y dos mil por las ánimas de las personas con quienes Cortés hubiese tenido cargos y no se hubiera avenido.

Su existencia se condensa en tres etapas: la primera y más extensa fue la de la formación, desde su nacimiento, en 1485, hasta

1519, en que llegó a tierras mexicanas, con treinta y cuatro años. La segunda, azacanada, de 1519 a 1524, lustro en el que como inigualable emprendedor realizó la conquista, inició la organización del nuevo país y acumuló poder. La última, desde 1524 hasta su fallecimiento en 1547, veintitrés años en los que, iniciando por la expedición a las Higueras (Honduras), solo recolectará frustraciones, salvo relampagueantes e ilusorios laureles. Fue en ese tiempo denunciado y progresivamente relegado.

Algunos, como he señalado, lo describen como aventurero, desabrido, mujeriego, sifilítico, tacaño, promotor de crueldades y matanzas, asesino de su primera esposa. Otros lo pintan como un cruzado que, con cientos de españoles, posibilitó la cristianización de un continente, un civilizador que implantó en México la lengua e instituciones más desarrolladas de Europa, propagó los cultivos, los ganados y las industrias, descubrió la Baja California, escribió relatos magistrales y sobrellevó envidias e ingratitudes de andrajosos lacayos intelectuales.

Hernán Cortés. Óleo sobre tela. Museo Del Prado. Autor. José Salomé Pina. Fuente: Wikipedia Commons.

La corrupta administración desde 1528 a 1530 de la primera Audiencia, órgano de gobierno que sustituyó a Cortés, empeoró la situación en la que el conquistador había dejado el país, pues se incrementaron los impuestos, tanto en especie como en servicios a la comunidad. El Gobierno de la segunda Audiencia, de 1531 a 1534 intentó detraer abusos, pero las tasas no se rebajaron.

Hernán Cortés requirió que a sus mencionadas exequias acudieran los curas y frailes de la ciudad, se vistiera a cincuenta zampalimosnas de paño y con caperuzas para que llevaran hachas encendidas en su sepelio, que sus criados y los de sus familiares recibieran ropas de luto y seis meses de sueldo; pero sobre todo se cuidó de acuciar para que mimaran el hospital de la Concepción en la ciudad de México. A ese lado del Atlántico había depositado buena parte de su corazón.

CONCLUSIÓN

Independientemente del juicio que cada uno formule, provoca arrobo que una exigua falange acabase con una autocracia consolidada, de una complejidad organizativa y acervo cultural notables. No era precisamente una tribu de desharrapados. Cada batalla llena de pasmo. El Imperio azteca fue, ya se ha explicitado, socavado por otros indígenas que emplearon tácticas europeas. De no haber llegado Cortés, la rebelión hubiera explotado. Probablemente con una consecuencia –de padres gatos, hijos michinos– de mayor sufrimiento por ausencia de fuerza unificadora.

La codicia jugó un papel definitivo tanto para los europeos como para los aztecas. Los españoles sumaban motivaciones espirituales con sed de oro. Los aztecas fueron aniquilados porque sus antiguos aliados se volvieron contra ellos, apesadumbrados por una asfixiante carga tributaria. Durante décadas, los mexicas se comportaron como luego los anglosajones en sus conquistas coloniales.

Una sabia inscripción en la Plaza de las Tres Culturas reza: *«Ni una victoria ni una derrota, sino el doloroso momento del nacimiento del México de hoy, de una raza de mestizos»*. Un alumbramiento al que España dedicó recursos con generosidad. A partir de 1539 ya funcionaban tipografías y cinco colegios, entre otros uno fundado por Zumárraga y dedicado expresamente a los indios. En la primera universidad que se erigió, se estableció –ya se ha dicho– una cátedra de nahua en 1553. Será uno de los diversos núcleos de reflexión sobre las aportaciones intelectuales de las civilizaciones previas a la fusión con los españoles. Frailes como los mencionados Francisco Bernardino de Sahagún y Diego Durán recopilaron vivencias para mejorar comportamientos futuros. En ninguna invasión colonial anglosajona, germana, gala o belga se hizo algo siquiera semejante.

CRONOLOGÍA DEL FIN DEL IMPERIO

- 1466 o 1468. Nace Moctezuma, probablemente en Tenochtitlán.
- 1485. Llega al mundo Hernán Cortés en Medellín (Cáceres, España).
- 1492. Cristóbal Colón desembarca en América.
- 1496 o 1502. Nace Cuauhtémoc, hijo de Ahuítzotl.
- 1502. Moctezuma es elegido noveno señor de Tenochtitlán. Sucede a Ahuítzotl.
- 1518. Llega a las playas del Golfo de México la expedición de Juan de Grijalva enviada por Diego Velázquez desde Cuba.
- 1519. Desembarca en Veracruz-Ulúa la expedición de Hernán Cortés el 21 de abril. Hacia el 24 comienzan a llegar los mensajeros de Moctezuma. La expedición de Cortés parte de Cempoala hacia el interior de México el 16 de agosto. Moctezuma recibe y aloja a Cortés y sus hombres el 8 de noviembre. El 14 del mismo mes se decreta la prisión de Moctezuma.
- 1520. Matanza en el Templo Mayor en la Ciudad de México a mediados de mayo. Guerra de los mexicas contra los españoles. Muerte de Moctezuma en junio. Derrota en la Noche Triste y desbandada de los españoles el 30 de junio.
- 1521. Cortés y sus tropas inician el asedio de la Ciudad de México el 30 de mayo. El 13 de agosto capturan a Cuauhtémoc y rinden Tenochtitlán.
- 1524. Cortés sale de expedición y lleva consigo a Cuauhtémoc y otros señores indios.
- 1525. Cuauhtémoc es ahorcado por Cortés en Acalán el 28 de febrero. Junto a él fueron ajusticiados Pedro Cortés Tetlepanquetzatzin, señor de Tlacopan y Pedro Cohuanacochtzin, señor de Texcoco.

ENSEÑANZAS PARA EL MANAGEMENT

1. Nada es blanco ni negro; todos los juicios reclaman una amplia gama de grises.
2. Los aztecas exudaban preeminencia, reflejada en una desproporcionada imposición tributaria, que les hacía repulsivos a una constelación de pueblos.
3. La codicia y arrogancia de los mexicas apuntaló el deseo de los demás a desflecarse de su yugo.
4. La revuelta discernió, como es lógico, tecnología y estrategias europeas, pero antes o después hubiera estallado.
5. El empuje de Cortés le hubiera llevado a emprender en cualquier actividad.
6. Los aztecas hicieron a los demás lo que ellos habían sufrido previamente. Y padecieron lo que ellos habían ejecutado con terceros.
7. Las motivaciones de unos y otros fueron múltiples. Algunas tangibles y muchas intangibles.
8. El proceso de evangelización de los españoles templó muchos ánimos impidiendo que se llevasen a cabo barrabasadas permanentes como los de los anglosajones, belgas, japoneses, chinos, rusos o germanos en sus conquistas.
9. Enseguida se trasladaron profesores españoles a América para formar a los indígenas, cosa que no sucedió por parte de ningún otro pueblo conquistador.
10. La innovación de las armas españolas tiene su contrapunto en las no parcas artimañas de los mexicas.
11. Cortés triunfó por sus capacidades y también porque dispuso de un extraordinario equipo de directivos.
12. En la Noche Triste fallecieron muchos que por codicia no prescindieron del oro por salvar sus vidas.

13. La voluntad férrea de Cortés se vio ayudada por colaboradores tan eficaces como Juan de Salamanca en la batalla de Otumba. Sin ellos no habría triunfado.

14. Liderar tiene mucho que ver con pegar la hebra y nada con enervar. Denominar *tlatoani* a los dirigentes es señal de que bien lo entendían los aztecas.

15. Las antítesis de hogaño permanecen presentes en toda persona y culturas. También entre los aztecas, con mezcolanza de asesinatos masivos con sofisticación ética. Fueron en muchos aspectos Jekyll y Hyde.

16. Los emprendedores salen adelante contra viento y marea. Así hicieron los aztecas en medio de los sucesivos avisperos.

17. Nunca gustan nuevos tahúres. Cuando aparecieron los aztecas, las tribus preexistentes intentaron deshacerse de ellos.

18. La tergiversación de la historia está al alcance de cualquiera.

19. Ninguna expansión organizativa se ha realizado sin dolor.

20. El escrutinio ético de la Conquista española fue diferencial.

21. Todas las organizaciones, dado que están compuestas por seres humanos con instintos similares, se acaban pareciendo entre sí, sobre todo en sus errores, que se repiten una y otra vez. Conviene pues mirar antes hacia dentro que hacia fuera.

TERCERA PARTE

EL IMPERIO INCA

Estatua de Pachacuti en la Plaza de Armas de Cuzco, Perú. Fuente: Shutterstock.

INTRODUCCIÓN

El Tahuantinsuyo o periodo incaico no constituyó el primer intento de centralización de la región, pero fue el que con más éxito instauró un compacto aparato estatal, con el arbotante del militarismo. El Imperio inca, que llegó a gobernar a diez millones de individuos, fue sometido por menos de doscientos foráneos. A pesar de la hercúlea apariencia, se desmenuzó como un azucarillo cuando Francisco Pizarro llegó con ciento sesenta y ocho hombres. ¿Cómo fue hacedera esa vertiginosa metamorfosis?

Inca o quechua es el nombre de la civilización que, durante los tres siglos anteriores a la llegada de los españoles a América, se extendió por lo que hoy son Perú, Bolivia, Colombia, Ecuador, Chile y Argentina. La configuración del imperio con capital en la sagrada Cuzco se mantuvo tras la colonización.

Los incas no eran autóctonos del valle del Cuzco, sino que provenían de la Puna alta, en los alrededores del lago Titicaca. La arqueología ha mostrado que la cerámica inca se encuentra relacionada con restos hallados en Ayacucho, Nazca y Tiahuanaco, y no con las del valle del Cuzco denominada *killke*, de origen *ayarmaca*.

La configuración política, la organización social y el engranaje militar no se conciben sin la argamasa religiosa y mitológica. Los piadosos orígenes alumbran algunos paralelismos con el génesis bíblico, lo que incita a pensar en que, en un sentido antropológico, hay relatos fundacionales con evidentes similitudes desde su moral hasta su escatología, consustanciales a todas las culturas, entre otras razones porque los afanes y anhelos de los seres humanos no difieren tanto entre sí. Algunas crónicas narran un principio en el que reinaba la oscuridad, ante la cual Huiracocha, generador de todo, deidad originaria, fue configurando paulatinamente el universo. En el proceso creador formó gigantes disformes en grandeza, para valorar si sería pertinente configurar a los hombres con esa dimensión. Habría zanjado: «*No es oportuno que las gentes sean tan crecidas;*

mejor será que sean de mi tamaño». Y así crió a los hombres a su semejanza.

Las criaturas no se habrían sometido a las normas recibidas. Huiracocha aniquiló entonces con un diluvio parte de lo creado y acometió la formación de un nuevo cosmos desde el lago Titicaca. A los individuos de la segunda generación los encaminó bajo tierra en dirección a puntos geográficos prefijados. En el momento en que les ordenó multiplicarse y llenar la Tierra habrían surgido varones y hembras en enclaves determinados.

La versión espiritual continúa con la narración de los desplazamientos de Huiracocha para sanar a los enfermos y exhortar a la buena conducta. En la zona de los canas, hoy Cacha, los habitantes planearon asesinarlo. Huiracocha, consciente de tan torticeras intenciones, expidió fuego que arrasó la localidad. Prosiguió su recorrido y, antes de desaparecer, hizo algo que contribuye a entender la interpretación que muchos hicieron de la llegada de los españoles: profetizó que surgirían gentes a las que no deberían atender. Él enviaría mensajeros con indicaciones precisas. Concluida la admonición, se adentró en el mar y desapareció... Y por el océano asomaron Francisco Pizarro y sus hombres que, entre otras cosas, esgrimieron argumentos religiosos en una conquista (1530-1540) que alumbró el Virreinato del Perú.

Yerra el hombre al creerse potencial acaudalado sin serlo. Ese vendaval de avidez impulsa su éxodo por el planeta, con la esperanza huera de considerar que metamorfosearán las tornas y su podredumbre culminará en mansiones de mármol que nunca se derrumbarán. Fabula la criatura con un cántaro de leche, cuya delirante pompa al cabo revienta. Se corre sin interrupción el riesgo de que un resbalón quiebre la vasija. Aunque así no sea, se repite una y otra vez un principio reiteradamente inhibido:

«—¿Hay algo peor que desear una cosa y no tenerla?

—Sí, desearla y tenerla».

Los conquistadores no entienden de sutiles discernimientos. Siguen resonando las audaces palabras de Francisco Pizarro en la isla del Gallo cuando sus hombres, abuhados, reventaban por regresar a Panamá: *«Amigos y camaradas, de este lado de la raya están las fatigas, el hambre, la desnudez, las lluvias torrenciales, la deso-*

lación y la muerte; del otro el bienestar y el placer. Allí está el Perú con sus riquezas, aquí Panamá y su pobreza. Que cada cual escoja lo que más conviene a un valeroso castellano. En cuanto a mí, yo voy hacia el sur».

Francisco Pizarro en la isla del Gallo invitando a sus soldados a cruzar la línea trazada en el suelo. Autor: Juan Lepiani (1864-1932). Museo Nacional de Arqueología, Antropología e Historia del Perú, Pueblo Libre - Lima. Fuente: Wikipedia Commons.

Los trece ilustres, los de la fama, fueron: cinco andaluces (Nicolás de Ribera el viejo, Cristóbal de Peralta, Pedro de Halcón, García de Jaén, Alonso de Molina), dos castellanos (Antón de Carrión, Francisco de Cuéllar), dos de Extremadura (Juan de la Torre, Gonzalo Martín de Trujillo), un leonés (Alonso Briceño), un griego (Pedro de Candía), un vasco (Domingo de Soraluce), y un soldado de origen desconocido (Martín de Paz).

Antes de que todo esto acaeciera, la agricultura constituía el eje fundamental de la economía inca, al igual que lo había sido en las culturas precursoras. Se desarrollaron los terraplenes para aprovechar las laderas de los cerros, asumiendo sistemas de riego preincaicos. Los principales cultivos eran maíz, maní, yuca, papa, frijoles, algodón, tabaco, coca, etc. Las tierras eran de propiedad comunal y se trabajaban en forma colectiva. Algunos lo han apodado socialismo inca.

En cuanto a la ganadería, descollaban los camélidos sudamericanos como la llama y la alpaca. Por sus caminos (*cápac ñan*) transitaban mercancías variopintas: pescado, conchas rojas *spondylus* (conocidas como *mullus*), sal, artesanías...

De sus expresiones artísticas señorean templos (Sacsahuamán y Coricancha), palacios y complejos como Machu Picchu, Ollantaytambo o Písac. No es de escasa relevancia la piedra empleada, tanto por sus precisas formas (incluso de más de seis lados) como por el modo de ensamblarlas. Las talladas encajaban sin argamasa para acoplarlas ni espacio para un alfiler entre ellas.

Es conveniente tomar en consideración los siguientes prolegómenos:

- La incaica es la más próxima a la nuestra. Es una amalgama de múltiples culturas que se desarrollaron en la zona desde siglos antes. Muchas costumbres eran heredadas o destiladas del conjunto de tribus anteriores (ver anexo sobre culturas preincaicas).
- Gran parte de los datos y referencias se han transmitido por vía oral, con las parcialidades que esto implica.
- No hay unanimidad sobre numerosas cuestiones, arrancando con la cronología y denominación de los monarcas. Algunas discrepancias provienen de las inconsistencias para hallar conexión del relato histórico con los restos arqueológicos.
- Se multiplican las variaciones en la transcripción de los nombres. Según las versiones empleadas, y entre otros muchos ejemplos, puede leerse, Quisquis o Quizquiz, Challco Chima o Calcuchímac.
- Las imprecisiones se incrementan por la imperiosa necesidad de traducir del quechua al español.

DIVISIÓN TERRITORIAL
Y ESTRUCTURA

El Imperio inca quedó instituido en cuatro territorios, denominados *suyos*. Por debajo de ellos se encontraban las provincias o *huamani*, con desemejante extensión. Llegaron a ser más de ochenta. Cada demarcación se encontraba divida a su vez en dos o tres particiones denominadas *saya*. Una *huamani* era dirigida por un funcionario, el *tocricuc*, pariente del *sapa inca*. Era administrador económico, representante político y judicial. Cada *saya* era gobernada, por su parte, por un *hatun curaca* bajo el que se situaban el resto de curacas.

El *hunu* era el escalón inferior de la organización decimal impuesta, compatible con la local dirigida por los curacas. Fue usada para el censo y la sistematización de la mano de obra tributaria.

Las claves fundamentales de la estructura de poder eran las siguientes:

- El inca era la máxima autoridad. Se le atribuía un origen divino y títulos como *sapa* (divino).
- El consejo imperial estaba compuesto por ocho personas que lo asesoraban.
- Los gobernadores de los suyos (*suyuyu*) eran cuatro, sin interferencias mutuas.
- El príncipe heredero (*auqui*) fue una tradición instaurada por Pachacútec, fundador de Machu Picchu. Su hijo Túpac Yupanqui fue el primero.
- El sumo sacerdote (*willaq uma*) regía las ceremonias religiosas junto al inca.
- Los amautas (*hamawt'a*) eran los sabios que moldeaban a la élite.
- El general del Ejército imperial (*apuskipay*) capitaneaba a las tropas durante las guerras.

La sociedad era jerárquica-piramidal y rígida.

Con alta probabilidad, si hubiera conocido y aplicado los más versátiles principios de Juan Carlos Eichholz expuestos en *Adaptive Capacity* hubieran sobrevivido más tiempo.

Los individuos se distribuían en:

a. Realeza

- El núcleo duro, conformado por la familia directa del inca: el *auqui* (hijo), la *coya* (esposa).
- La *panaca* real: parientes de primera línea.

b. Nobleza

- De sangre: miembros restantes de las *panacas*, parientes.
- De privilegio o individuos que destacaron por sus servicios: hechiceros, *acllas*, altos gerifaltes.

c. El pueblo

- *Ayllu hatun runa*: el pueblo en general.
- *Mitimaes*: grupos reubicados para colonizar regiones enseñando a los conquistados las nuevas costumbres.
- *Yanaconas*: servidores del inca y el imperio. Muchos, prisioneros de guerra.
- *Piñacunas*: esclavos en la selva alta.

Las leyes priorizaban el esfuerzo y sancionaban a indolentes y cleptómanos. El trabajo era la actividad central. Se dividía en tres tipos:

a. La *mita*: en favor del imperio. Se atendía por turnos a la construcción de sendas, fortalezas, puentes, centros urbanos, templos, canales de riego y minas. Existían labores especiales como los cargueros de las andas del inca, *chasquis*, danzantes y músicos. Se encargaban de esta labor adultos casados de entre dieciocho y cincuenta años, nunca féminas.

b. La *minka*: labor comunal gratuita por turnos en favor del *ayllu*. Familias enteras participaban en construcciones para el Estado, como canales de riego o reparación de edificios. Quien se negaba era desterrado. El *ayllu* no era una comunidad de bienes, sino de brega.

c. El *ayni*: trabajo familiar recíproco entre miembros del *ayllu*. Un grupo ayudaba a una familia, que tenía que corresponder.

ORGANIZACIÓN SOCIAL

Cuadro cuzqueño del siglo xvii con los linajes incas mentados por las crónicas coloniales y su relación con las reinas reales del Cuzco, que esconden tras de sí una compleja representación de la organización social incaica. Fuente: Museo Nacional Antropología de Perú. Fuente: Wikipedia Commons.

Para evitar la no siempre *peccata minuta* de la acronotopología al analizar sucesos y contextos, conviene advertir que las comparaciones utilizadas son aproximadas. Con esta acotación interpretativa cabe asemejar la organización social del Imperio inca con los modelos absolutistas en la Europa medieval. El paralelismo no incluye que el carácter hereditario del poder recayera, indefectiblemente, en el hijo mayor. Las creencias incas jugaban un papel determinante, desde Manco Cápac, fundador mitológico del imperio, hasta el Inti (la deidad del sol) o Huiracocha (dios creador).

El inca, rey o emperador, hijo del sol, era un hombre-dios. Su eternal antepasado y padre lo convertía en señor de la Tierra y ordenador del mundo. Tal privilegio le obligaba a posesionarse de las cuatro divisiones (suyos) del imperio: Chinchaisuyo, el más importante, situado al noroeste de Cuzco; Collasuyo, el más extenso, al sureste; Antisuyo, el menor, al noreste y más allá de los Andes; y Contisuyo, al suroeste de la capital. El nombre Cuzco (ombligo) surge de que los incas consideraban la ciudad como el centro de la Tierra. Unificaban con la denominación Tahuantinsuyo las cuatro partes del mundo iluminadas por el sol.

El Tahuantinsuyo, reitero, junto a la mayoría de los estudiosos, no fue un imperio benéfico, sino dictatorial, patriarcal, teocrático y militarista, que se expandió por los Andes centrales concertando una estructura multiétnica que fue el resultado de la irremediable resignación de los pueblos invadidos. Cada uno procuró mantener contra viento y marea sus divinidades e idioma. Los máximos directivos, según detalla el Inca Garcilaso, disponían además de un lenguaje críptico propio.

Las autoridades locales rendían cuentas en Cuzco o en el centro administrativo adjudicado. Los pitones de los máximos responsables fueron subyugados con la impuesta prerrogativa de formarse arremolinados a la clase dirigente. La meta era doble: mantenerlos como rehenes y familiarizarlos con el culto solar y la lengua común (quichua), que proporcionaban unidad. Algo parecido, exceptuado el primer aspecto, a lo pretendido por las becas *fulbright* de EE. UU. o las de la Fundación Carolina en España.

Al igual que los nazis y comunistas en el siglo XX, las autoridades asignaban cambios de residencia a poblaciones autóctonas, habitualmente por grupos de diez mil individuos. Era un modo de incaizar territorios, lo mismo que Hitler pretendía germanizar Checoslovaquia y Polonia, y Stalin rusificar Estonia, Letonia o Georgia.

La *chakana* (puente a lo alto) era un distintivo de su cultura. Esa figura geométrica presenta la forma de escaleras de cuatro lados, aunque hoy se hacen adaptaciones en forma cuadrada o circular. Utilizada para encasillar conceptos matemáticos, religiosos, filosóficos y sociales, simboliza la unión entre lo terrenal y lo que está arriba o cosmos.

Los eslabones de la *chakana* son simétricos, con un círculo central y dividido en dos para significar la dualidad. Las puntas son las cuatro divisiones del Tahuantinsuyo. La chakana simboliza, ya se ha dicho, el encuentro con la madre Tierra (*Pachamama*).

El séquito real se ocupaba del transporte del soberano con impuesta flema y lisura sobre una litera o anda de oro macizo, portada por pecheros ataviados con metales preciosos. El privilegio del transporte sobre andas (*ushnu*) se justifica en que alguien endiosado no se avillanase con la prosaica función de caminar. El inca cambiaba de vestuario cuatro veces al día y nunca reiteraba atuendo. Sus títulos eran *sapa inca* (solo señor) o *cápac inca* (rico en virtudes y armas de guerra); el saludo de la turbamulta al monarca era *cápac apo inca* (gran señor hijo del sol). El protocolo indicaba que todo quisque que compareciese ante él se descalzara, se postrara de hinojos, siempre a distancia, y nunca lo mirase directamente. El emperador solo observaba de frente a alguien cuando se avecinaba un premio o una punición.

Medio centenar de camareros atendían las tres comidas diarias, un maestresala (*ancosanaymaci*) con atribuciones de sumiller escanciaba el licor de maíz en la copa. No sorprende que sufriera dispepsia... Una larga serie de funciones se distribuía entre los ocho mil siervos atentos a cualquier prurito del patrono. Cincuenta eran los encargados de su habitación. Los más próximos al emperador eran dos mujeres. Una recogía los pelos que se desprendían de su cabellera y se los comía para evitar que alguien los utilizara para sortilegios. La otra hacía lo propio con los esputos.

El matrimonio del inca solía coincidir con su coronación regia, aunque algunos se casaron siendo príncipes. Según la tradición del apócrifo incesto del sol y la luna, la esposa elegida (*coya*) era, proverbialmente, una hermana. A la pareja oficial se agregaba un número indeterminado de concubinas para que holgase.

Cuando fallecía se momificaba el cadáver. Su funeral comprendía sacrificios de esposas, sirvientes y llamas: marrones para Huiracocha y blancas para Inti. Para reverenciar a la momia (*malqui*), los descendientes instauraban una *panaca*, grupo de poder con tierras, inmuebles y siervos. La regulación de una estirpe amplia y con un orden de preferencia nítido forjaba, en efecto, la *panaca*, que abarcaba a los descendientes de un inca, excluido el sucesor y su progenie. Estos incas selectos (*collana*) aseguraban interactuar con el difunto mediante un servidor especializado, para comunicarle al presente *sapa inca* opiniones y mandatos. Esta élite comprendía a los hechiceros, jefes militares de alto rango y otros administradores. El peor oprobio era que la momia a la que servían fuese destruida. Esta costumbre explica las consecuencias que tuvo semejante acción a cargo de los hombres de Atahualpa (1532-1533) cuando arrebataron Cuzco y —a espaldas de su líder, aún en el norte— calcinaron los restos de Túpac Yupanqui.

El soberano era varón. El centro del poder imperial se ubicaba en Cuzco y se articulaba mediante los nobles, que incubaban rivalidades. Buen paradigma fue la inquina entre Huáscar y el arribista Atahualpa, transformado luego en mansueto prócer, umbral del hundimiento que enseguida indagaremos.

Las competencias del *sapa* eran omnímodas en economía, política y ejército. La configuración del Estado combinaba el centralismo con una relativa autonomía regional ejercida por los gobernadores. El protocolo revelaba con tersura que el señorío con mayúscula solo recaía en el *sapa*.

Los príncipes (*pihuichuri*) eran los brotes legítimos del inca con la esposa oficial (*coya*). Los bastardos de las concubinas eran príncipes, aunque peor posicionados en la carrera sucesoria. Fue la situación de Atahualpa respecto a su hermano Huáscar.

Todo noble cursaba cuatro años de estudios e interiorizaba el sentido del deber y la ejemplaridad. La muerte era la pena por violar cualquier ley. Por el contrario, la recompensa por sus méritos tenía diversas concreciones. La más alta, recibir la invitación para almorzar con el monarca. Otros laureles eran joyas, mujeres, vestuario, tierras y ganados.

El machismo era rampante. He aquí algunas muestras en las leyes por las que se regían: «*Que ninguna mujer valga por testigo, por ser embustera y mentirosa y pusilánime (...), que la viuda tuviese luto y toda su vida no conociese a otro hombre, que estuviese honesta y recogida y criase a sus hijos en su hacienda y casas y chácaras y que llorase allí como viuda y pobre (...), que la mujer estando en su kamachina (regla) no entre en el templo ni al sacrificio de los dioses, y si entrare, sea castigada con cien azotes (...), que la mujer no coma en el plato del hombre, porque es sucia y corrompe*».

Algunas estimaciones cifran la población entre cinco y diez millones de habitantes, de los cuales Cuzco pudo albergar alrededor dc 200.000: 40.000 en el núcleo, 10.000 en acantonamientos militares y 150.000 en la periferia. Tampoco es fácil precisar el número de edificios. Crónicas hiperbólicas los cuantifican en 100.000. Más verosímil resulta la cifra de 20.000, de los cuales los ubicados en el centro rondarían los 3.000. Entre los mejores, los palacios reales. Según algunos relatos, Manco Cápac levantó el suyo en lo que hoy es la iglesia de San Cristóbal. Una explicación plausible es que el inca Pachacútec lo legó.

La ciudad se repartía entre cuatro barrios: Quiticancha, Chumbicancha, Sairicancha y Yarambuycancha. Posteriores planes urbanísticos desagregaron la capital en dos: Hurin Cusco, zona baja, donde habitaban los incas de la primera dinastía; Hanan Cusco, la superior, donde residían los soberanos de la segunda estirpe.

Los incas manifestaron su maestría en ingeniería hidráulica. Un enclave significativo es el complejo arqueológico de Tipón. Muestra la impresionante tecnología para transportar el agua proveniente de un manantial natural a través de diferentes canales tanto horizontales como verticales, así como el empleo de un portentoso acueducto que franquea una quebrada con múltiples sistemas de riego. El historiador peruano Luis Antonio Pardo considera que su denominación puede derivar de una palabra quechua que significa efervescente y alude a que al brotar las aguas parece que el líquido estuviese hirviendo. Se encuentra a veintiún kilómetros al sudeste del Cusco, a una altura de entre los 3500 y 4000 metros sobre el nivel del mar con una extensión de 239 hectáreas. El lugar estuvo ocupado desde el 1200 a. C. por culturas preincaicas. Se calcula que tal como lo conocemos hoy fue construido hacia el año 1.400 por Huiracocha y luego ampliado y mejorado por Pachacútec en una pinza temporal que abarca medio siglo. Los trece andenes se construyeron sobre una hoya parvamente pronunciada, con sus respectivos sistemas de irrigación. Los canales terminan en fuentes y alcantarillas. El acueducto es una proeza de ingeniería, con sesenta metros de longitud a una altura de 4,6 metros. Captaba y transportaba las aguas del río para irrigar las terrazas de la zona baja de la muralla, construida con la finalidad de proteger el recinto de las persistentes incursiones. Algunos historiadores rumian, en fin, que su construcción correspondió en realidad a la cultura Wari.

El *ayllu* aglomeraba gravitaciones preincaicas, como tantas otras instituciones sociales, políticas, religiosas y económicas. Los soberanos la emplearon como entramado básico. La reactivaron donde existía y la crearon donde no se conocía. Se consolidaron los siguientes niveles jerárquicos:

- El *puric* o jefe de una familia
- El *pisca camayoc* o cabeza de cinco
- El *chunca camayoc* o regente de diez
- El *pisca chunca camayoc* o guía de cincuenta
- El *pachaca camayoc* o cabecilla de cien
- El *pisca pachaca camayoc* o rector de quinientas
- El *huaranca camayoc* o gobernador de mil
- El *pisca huaranca camayoc* o responsable de cinco mil
- El *huno camayoc* o líder de diez mil

Los *tucuy-ricuj* (quienes todo lo ven) eran funcionarios estatales que viajaban, habitualmente de incógnito, auditando la observancia de las leyes. Se identificaban ante los habitantes por medio de unos hilos de la *mascapaicha* del Inca. Disponían de vastas atribuciones para imponer tributos y sanciones. Contaban con línea directa con el Inca y únicamente de él recibían dictámenes y solo a él rendían cuentas.

Los impuestos eran anuales y se desdoblaban en dos abonos semestrales, que debían pilotar los *puric* hasta cumplir los cincuenta años. El *puric* lo entregaba al *curaca* y este se lo cedía al *tucuy-ricuj* o a otro recaudador.

LA IMAGEN DE MARCA

Los varones de la élite, tras el rito denominado *huarachico*, lucían distintivos. Por ejemplo, el *ilauto*, trenza que ceñía la cabeza con cuatro o cinco vueltas, el corte de pelo y las orejas horadadas, motivo por el que fueron tachados de orejones. La jerarquía estaba singularizada por el material y por el tono. El *ilauto* común era negro, mientras que el del *sapa inca* lucía colores; las orejeras podían ser desde madera hasta oro. El *sapa inca* y su heredero disponían de un elemento propio: la borla o *mascaypacha* roja

La sociedad inca era clasista. Los conceptos de *collana*, *payan* y *cayao* lo explicitan. El trinomio era aplicado a dos niveles. En Cuzco los incas de sangre eran *collana*; *payan*, los de privilegio; y *cayao*, el resto. En cambio, en el conjunto del imperio eran *collanas*, tanto los incas de sangre como los de privilegio. Las autoridades locales eran *payan*, que conformaban el grupo intermedio entre los funcionarios incas, cargos ocupados por ambas clases, y la población *cayao* de los *ayllus*.

Para ser inca de sangre –mimetiza las reglamentaciones de otros nacionalismos antecedentes y posteriores al nazismo–, ambos progenitores debían ser cuzqueños, aun si el lugar de nacimiento era distinto a Cuzco: «*Judío es el que yo señalo*», aseveraba Goering; «*catalán es el que yo indico*», afirmaba Jordi Pujol. Aunque el grupo estuviera en lo alto de la pirámide social, existían al menos dos subdivisiones. La alta aristocracia era aquella cuyo parentesco con el *sapa inca* era contiguo. Ese grupo era denominado *auquicuna* y sus hijas *ñusta*. A los demás se los calificaba como *incacuna* y a sus hijas, *palla*. Los *auquicuna* exhibían dos plumas en la cabeza.

REYES INCAS

No existe una cronología perentoria. Varios *sapa inca* de sucinto reinado no son considerados por algunos estudiosos. Es el caso de Tarco Huamán, depuesto por Capac Yupanqui; o Urco, hijo predilecto de Viracocha y corregente junto a él. He aquí el elenco elaborado por Santos García Ortiz en su *Historia del Perú*:

I	Manco Cápac	(¿1150?-1178)
II	Sinchi Roca	(1178-1197)
III	Lloque Yupanqui	(1197-1246)
IV	Mayta Cápac	(1246-1276)
V	Cápac Yupanqui	(1276-1321)
VI	Inca Roca	(1321-1348)
VII	Yawuar Huácac	(1348-1370)
VIII	Huiracocha	(1370-1420)
IX	Pachacútec Inca Yupanqui	(1420-1477)
X	Amaru Inca Yupanqui	(1478-1478)
XI	Túpac Yupanqui	(1478-1488)
XII	Huayna Cápac	(1488-1525)
XIII	Huáscar	(1525-1532)
XIV	Atahualpa	(1525-1533)

La cronología de José Antonio del Busto Duthurburu, en su *Perú incaico*, establece que los cinco primeros monarcas pertenecían a la dinastía Huria y los ocho últimos a la Hanan:

INCAS LEGENDARIOS

I Manco Cápac   (entre los siglos XII-XIII)

II Sinchi Roca

INCAS PROTOHISTÓRICOS

III Lloque Yupanqui

IV Mayta Cápac

V Cápac Yupanqui

VI Inca Roca   (albores del siglo XIV)

VII Yawuar Huácac   (en torno a 1350)

VIII Hulracocha   (periodo 1350-1410)

INCAS HISTÓRICOS

IX Pachacútec   (1408-1468)

X Túpac Yupanqui (1468-1480)

XI Huayna Cápac   (1480-1528)

XII Huáscar   (1528-1532)

XIII Atahualpa   (1532-1533)

Manco Cápac (1150-1178), el gran señor, fue el héroe fundacional de Cuzco, en cuyo relato cohabita lo mítico: habría nacido en el lago Titicaca junto a su hermana y luego esposa. De origen divino, atribuido al sol. Algunas fuentes aseguran que entró centenario en el valle del Cuzco y concluyó su recorrido terrenal con 144 años. Antes de entregar su alma al Creador formó a sus seguidores en arquitectura, religión y subordinación. Su hermana habría instruido a las mujeres para tejer y atender al clan. Dejaron nombrados caciques y curacas, además de instaurada la adoración a la estrella reina.

Sinchi Roca (1178-1190), el indómito, primogénito de Manco Cápac, impuso el nombre de Cuzco a la ciudad y fue el primero en llevar la corona (*mascapaicha*) que visualizaba su poder sobre el Tahuantinsuyo. Entre las proezas que se le atribuyen figura el desecar un lago para ampliar tierras fértiles. Extendió el imperio gracias a su capacidad de persuasión. Fue respetado por sus súbditos sin necesidad de violencia.

Lloque Yupanqui (1197-1246), renuevo del anterior, era zurdo (*lloque*). Conlleva un halo semejante al del Abraham judeo-cristiano. Anciano y sin descendencia, inquietaba la continuidad imperial. Se le proporcionó esposa y, aunque se dudaba de la capacidad generativa del decrépito, engendró a Mayta. Logró adquisiciones territoriales sin guerrear. La fortaleza de Pucara fue ensamblada como remembranza de la inicial resistencia de los Ay Abiri, que acabaron sometiéndose.

Lloque fue temido. Ordenó que sus súbditos observasen dieta dos meses al año absteniéndose de sal y picante, con la desalmada prohibición de mantener en esas fechas devaneos sexuales. Castigó con severidad los pecados públicos, el hurto, el asesinato, además de la sodomía. Quien era atrapado en alguno era desorejado, desnarigado y ahorcado.

Mayta Cápac (1246-1276), primogénito del precedente, nació, al parecer, con solo tres meses de gestación. Esta precocidad fue anticipo de habilidades guerreras prematuras por las que lo distinguieron como el Hércules andino. Alentó la malevolencia hacia su persona con sus violentas travesuras iniciales y sus conductas brutales de adolescente. Asesinó a varios cuzqueños y parientes de los fallecidos trataron de finiquitarlo, aunque sin éxito. Su padre, enterado de su lamentable obrar, procuró poner coto. No lo logró.

Mayta ordenó la construcción de los primeros puentes colgantes monumentales y de las iniciales calzadas. Quizá adelantarse en demasía a los tiempos lo condujo a muerte temprana, sin ver culminadas sus avideces expansionistas, no sin antes desheredar a su primogénito... por feo. Dictaminó que lo enterrasen con cantidades ingentes de oro, plata y piedras preciosas, además de mucha plumería, comida y bebida. Sacrificaron a varias de sus mujeres más queridas y a otros allegados, para que no le faltase compañía.

Cápac Yupanqui (1276-1321), estolón de Mayta Cápac, ascendió a la cúspide por ser más agraciado que el mayor. Desarrolló infraestructuras, como un puente flotante de paja que permitía el desagüe del Titikaka. Con la colaboración de Auqui Titu, fue el primero que salió a zamparse tierras fuera del valle. Sometió por el norte las provincias de Cotapampa y Cotanera, y por el sur las de Cochapampa y Chayanta. Se casó al menos dos veces, pero ninguno de sus hijos recibió el legado imperial. Murió envenenado por los chisgarabises de Inca Roca. Con él se selló la dinastía Hurin.

Inca Roca (1321-1348), el príncipe prudente, estrenó en el poder a la estirpe Hanan, que viró hacia lo ampuloso, la balumba, los suntuosos banquetes y la ostentosidad. Se construyó un nuevo palacio y cerca edificó la Casa del Saber para formar a los niños de la nobleza. Si la anterior dinastía guardaba veneración por el dios creador Huiracocha, el nuevo soberano impuso el culto al sol. Allega semejanzas con Akenatón (1372-1335 a. C.), el faraón egipcio que maniobró en paralela dirección, tal como detallo en *Egipto, escuela de directivos* (LID). Inca Roca, en fin, promovió tres grandes campañas militares. En la primera sometió la provincia de Chancas.

Yawuar Huácac o Titu Cussi Hualpa (1348-1370), primogénito de Inca Roca, lloró sangre al nacer, quizá por padecer hemofilia. Vivió atemorizado. Se apoyó en su hermano. Reinó poco tiempo y los escurridizos y melifluos sucesos de su mandato esbozan decadencia. Él deseaba vivir en paz, pero no eran tiempos fáciles. Cuando Anco Waillo, al frente de treinta mil guerreros, llegó a Cuzco, Hatun Túpac Inca salió en defensa de la ciudad con veinte mil guerreros, donde sumaban cusqueños, canas y quechuas. La batalla duró varias jornadas. Un refuerzo de cinco mil quechuas salvó a los incas de ser arrasados. Los chancas dejaron dos tercios de sus soldados muertos o agonizantes. A partir de entonces, a aquella área se le denominó Yawar Pampa o llanura de sangre. Hatun Túpac Inca fue ensalzado como Huiracocha.

Se sucedieron asonadas entre los pueblos sometidos. Según algunas fuentes, Yawuar Huácac fue aprisionado y asesinado por los *cuntis*. Otros afirman que falleció de melancolía y comezón por su incapacidad. A su muerte muchos pensaban que llegaba un bandazo de época, a pesar de que la descendencia estaba asegurada.

Huiracocha Inca (1370-1430), octavo rey inca. Aunque no era hijo natural fue designado heredero. Tomó el nombre del dios porque aseguraba que se le había aparecido mientras cuidaba los rebaños del rey sol. Construyó casas, plantó árboles y promovió ropa bordada con su imagen de marca (Viracocha Tocapo). Logró bonanza y estabilidad. Testimonio del rencor a su antecesor es el monumento que hizo erigir para perpetuar en la memoria la vergonzosa conducta de Yawar Huácac y exaltar al alimón su propia victoria.

El Collado estaba habitado por dos tribus: los lupaca y los colla, de habla aymara, que discutían la supremacía de la región del lago Titicaca, al sudeste de Cuzco. Al estallar la conflagración, ambas partes buscaron el respaldo de los incas. Huiracocha se comprometió con los lupaca, pero los colla atacaron antes de llegar los incaicos y vencieron la truculenta batalla de Pautat Colla. Los lupaca quedaron así desbancados de la lucha por la hegemonía. Los colla serán, por su parte, arrasados por el ejército pilotado por Cussi Yupanqui.

Huiracocha envejeció prematuramente por su debilidad ante las pasiones carnales. Erigió un templo del dios que llevaba su nombre y estableció la cogobernanza con su hijo predilecto, el pedante Urco, con quien cogobernó sus postreros años de poder. Cuando los chancas se rebelaron, escaparon juntos. Algunos autores sitúan a Urco en la cronología de los monarcas, si bien su gestión fue tan deficiente que no prosiguió en el poder tras la desaparición de su antecesor. Cussi Yupanqui, el hijo que defendió Cuzco y expulsó a los invasores, asumió el nombre de Pachacútec.

Pachacútec (1430-1478), el noveno inca, quien transforma la tierra, inicia la nómina de los históricos. Las festividades por su coronación se pro-

Retrato facial del Inca Pachacutec en fragmento de cierre de billetes de 5 soles (1974). Fuente: Shutterstock.

longaron tres meses. Su reputación de nunca vencido y siempre victorioso se refrendó cuando aniquiló a los chanca y luego sobrevivió al atentado contra él perpetrado por Haransaya e Hirinsaya. El reino de los chanca, al oeste de Cuzco, anheló territorios. La victoria parecía sencilla, porque los incas en aquel momento eran escasos en número y estaban enfrentados. El rey del momento, Huiracocha, como acaba de apuntarse, era añoso y abandonó la ciudad para protegerse en la fortaleza de Caquia Xaquixahuana. Pachacútec, de unos veinte años, tomó la iniciativa. Con una cabeza de puma sobre la propia, se alió con los canas y se enfrentó a los chanca apoyados por los aymara. Vistieron a unas piedras para simular que eran más de los que en realidad luchaban. Los de Pachacútec derrotaron a los intrusos, gracias también a triquiñuelas sabiamente distribuidas, y tomaron numerosos prisioneros, mostrando que un desastre inminente puede ser transformado en una magna victoria. Las cabezas de algunos asaltantes quedaron enclavadas en lanzas para recordar el riesgo de enfrentarse a los incas.

Se predispusieron celebraciones en Cuzco, a las que invitaron a Huiracocha, quien incitó la asistencia del beodo y frívolo Urco, su vástago preferido y correinante en el momento de la invasión. Pachacútec rechazó recibir a su medio hermano. Este organizó una escuálida mesnada para derrocar a Pachacútec, pero fue descalabrado. Urco, tumefacto de una pedrada, al parecer durante el intento de asesinato de su victorioso hermano, fue prontamente descuartizado. Sus restos acabaron en el cauce del río Tambo. Huiracocha nunca regresó. Los historiadores debaten si antes instituyó como heredero a su bizarro hijo. Quizá el nombramiento fue realizado a regañadientes.

Pachacútec, héroe para sus gentes, reedificó en Cuzco el templo Inticancha y lo denominó Coricancha o patio de oro. Mejoró los canales. Ordenó construir el Machu Picchu, que entre sus innovaciones incluyó un espectacular sistema de drenaje y fuentes públicas extraordinariamente bien diseñadas desde el punto de vista ingenieril y también estético. Sobresalió como legislador y reformador. Promovió la recopilación de la historia. Se le calificó de sabio, famoso por frases que recuerdan al bíblico *Libro de los proverbios*. He aquí algunas de sus memorables sentencias:

- *«El rigor y la justicia son necesarios, aunque siempre con prudencia».*
- *«La impaciencia es molde de ánimo vil y bajo, mal enseñado y peor acostumbrado. Es un gusano que roe y carcome las entrañas».*
- *«La embriaguez, la ira y el disparate marchan a la par; las dos primeras son voluntarias y mudables, la tercera es perpetua».*
- *«Cuando los súbditos obedecen sin renuencia, los reyes y gobernantes deben usar de liberalidad y clemencia; rigor y ecuanimidad, siempre con continencia».*
- *«El varón noble y animoso es conocido por la imperturbabilidad que muestra en el infortunio».*
- *«Quien mata con alevosía a sus semejantes debe morir».*
- *«El adulterio deteriora la reputación o la cualidad de otro, crea inseguridad y turbación. El convicto es, en este caso, ladrón y a la sazón debe ser condenado a muerte sin ninguna remisión».*

La sistematización de las *panacas* es atribuida al acumen de Pachacútec, quien inauguró con solemnidad el culto a los *sapa inca* fallecidos tras morir su progenitor. Las *panacas* reales recibieron palacios en la parte alta de la ciudad. Los *sapa inca* en vida y luego muertos lideraban cada una, pues las propiedades que les fueran asignadas seguían perteneciéndoles y sus descendientes eran usufructuarios. Tradiciones análogas del reino chimú inspiraron a los cuzqueños, pues las heterogéneas culturas pre incaicas están entrelazadas.

Además de a los chanca incorporó a otras tribus, como los chicha, tras arrasar sus localidades y apropiarse del oro. A los bisoños los convirtió en reclutas de su reforzado ejército. Algunos huyeron para mantener su independencia, hasta la llegada de los españoles. No faltaron actuaciones sanguinarias para domar a los pueblos que rechazaban el sometimiento, entre otros, los mitimae cañari, los chincha, los nazca o los chimú. Durante su mandato, multiplicó el imperio en un 1000 %. Reorganizó, en fin, el culto a los dioses y el calendario.

No faltaron ángulos oscuros. En primer lugar, el mencionado afán por acumular oro, que arrancaba a los sometidos por las buenas, y más frecuentemente por las malas. Lívido por el miedo cerval a ser depuesto, ordenó finiquitar a sus dos hermanos Cápac Yupanqui y Huayna Yupanqui, como también a sus hijos, Tilca Yupanqui y Auqui Yupanqui.

Amaru Inca Yupanqui (1478), primogénito de Pachacutec, descubrió el río Amarumayo (Madre de Dios), pero pintó mal para sus fieles en el forcejeo con las tribus regionales. Tras cogobernar con Túpac Inca Yupanqui, le cedió el puesto. Más poeta que dirigente, le faltaron arrestos para timonear.

Túpac Yupanqui (1478-1488), el que resplandece, armado caballero a los dieciocho, demostró ser un guerrero de éxitos, que incluyen la conquista de Chile.

Confirmó la capitulación del pueblo chimú, exterminó a los chirihuano, los masco, etc. Conquistó las provincias del sur hasta el río Maule, en el actual Chile. Creó un cuerpo sanitario con remedios contra los rehiletes enherbolados de ponzoña. Sus mesnadas sufrieron penalidades contra los chachapoya, indomables enriscados, de gran pericia. De nuevo entre la mitología y la historia aparece un personaje de nombre Ollantay, titán de los Andes, una especie de Capitán América. Según la leyenda, el emperador, después de las victorias le nombró gobernador de la región del Antisuyo. Por aspirar a nupcias superiores a su clase social, Ollantay fue quemado en una hoguera en la plaza de Cuzco.

Jaranero, a Túpac Yupanqui se le achacan más de doscientos vástagos. Destacó como aventurero irredento, con el supuesto descubrimiento de unas islas, que unos califican las Galápagos y otros Oceanía, a donde habría viajado con veinte mil soldados en un periplo de dos años. De su autarquía habla una ley por él dictada: «*Al pueblo no es lícito darle educación, para que gente baja no se eleve y ensoberbezca y dañe la república*».

Según algunos cronistas, su esposa lo envenenó, amoscada con el nombramiento de un sucesor ajeno a sus gustos. Según Sarmiento, falleció a los ochenta y cinco años. Dejó dos hijos legítimos, sesenta naturales y treinta hijas. De los primeros escogió por sucesor a Huayna Cápac. Poco antes de fallecer, habría afirmado: «*La ambición impide que el hombre se domine a sí mismo y a los otros*».

Huayna Cápac (1488-1525) es para muchos el último gran emperador. Tuvo en sus primeros años un regente poco fiable, Hualpaya, quien estrujó su posición para favorecer a su propio hijo, motivo por el que fue ajusticiado. El día de su coronación, Huayna Cápac maridó con su hermana Cusi Rimay. Adoptó el título de «pastor de los rebaños del sol» y, como su padre, cultivó el afán expansionista. Su reinado marca el máximo esplendor.

La insumisión asomaba por diversas zonas, como en Tumibamba, donde los cayambi y los caranqui aspiraban a despojarse del yugo cuzqueño. Huayna Cápac se encontraba en la zona de Quito, acompañado por su hijo Atahualpa. La crueldad del progenitor fue extrema. En la guerra contra los caranqui, la laguna se tiñó de rojo, y desde entonces, se la conoció como *yahuarcocha* o lago de sangre. Otro ejemplo fue el apresamiento del líder opositor, al que asesinaron. Convirtieron su piel en tambor ceremonial en Coricancha durante las fiestas del sol.

TRANSICIÓN FALLIDA:
RIVALIDAD HUÁSCAR-ATAHUALPA

Retrato del Inca Atahualpa del siglo XIX. Museo Nacional de Arqueología, Antropología e Historia del Perú, Lima. Fuente: Wikipedia Commons.

En el año 1525, una epidemia de viruela que no cribaba entre clases causó estragos en la población. Huayna Cápac, en previsión de agravamiento, designó sucesor al mayor de sus diez hijos, Ninan Cuyuchi. Varios nobles fueron a comunicar al príncipe su nombramiento y le encontraron muerto. De regreso para consultar con Huayna Cápac, el Inca también había fallecido. Para diversos investigadores del periodo fue el veneno y no la viruela lo que le había catapultado.

Los partidarios de Huáscar, en Cuzco, y los del hipocondríaco Atahualpa, en Quito, configuraron una testarudez que acabaría con ellos y con el imperio. Algunos peritos creen que las rivalidades en la nobleza cuzqueña (los hurin frente a los hanan) fueron más relevantes que la pugna norte-sur.

No hay consenso sobre el lugar de nacimiento de Atahualpa, si bien la teoría más aceptada lo ubica en Cuzco. Tampoco hay acuerdo sobre quién fue su madre. Algunos historiadores mencionan a Paccha Duchicela. Con trece años se le reconoció mayor de edad y viajó junto a su padre para hacer frente a la rebelión iniciada por los caranqui en el actual Ecuador. Atahualpa destacó como guerrero. Impertérrito y fornido, recibió excelsa preparación.

Huáscar carecía del coraje y liderazgo de Atahualpa. Zahareño, gozaba de más *potestas* que *auctoritas*. Su padre le nombró gobernador de Cuzco, lo cual influyó en el posterior arbitraje de los nobles (orejones) de la ciudad. Su personalidad huraña suscitaba desconfianza crónica. A la postre pagarían cara la recíproca aprensión.

Con Ninan Cuyuchi fuera de la línea de sucesión, el siguiente era Huáscar, a quien los orejones refrendaron. Con ese aval, Huáscar ordenó trasladar de Quito a Cuzco la momia de su padre y dirigió mensajeros a Atahualpa, a quien temía por su magnético carisma. Para mantenerlo alejado, el líder inca le intituló gobernador de Quito. Temeroso de una rebelión, Huáscar le impuso prometer que no conquistaría territorios ni ampliaría dominios. Atahualpa accedió a las exigencias fraternales y, para evitar pejigueras, expresó lealtad.

Atahualpa no se sumó a la comitiva fúnebre hacia Cuzco, sino que utilizó intermediarios para transmitir su sometimiento. El envío por su parte de ropa, pedrería y plumería de gran valor fue apreciado como insufrible desplante por un susceptible Huáscar. Silabeó a los mensajeros: «*¿Para qué me envía mi hermano estas cosas a mí? ¿Piensa por ventura que acá no las hay, que me faltan acá? Las tengo yo mucho mejores que no allá, y los oficiales que las hacen y él tiene allá consigo son míos y no suyos*».

Mandó quemar las dádivas y suprimir a varios embajadores. De sus cueros se elaboraron atabales para bailes lozanos.

El tiempo acrecentó la nada sutil reticencia de Huáscar y desaprobó a su hermanastro como traidor experto en camelos. Indicó que se seccionaran las narices de nuevos emisarios y, con el pene al aire, desnudos de cintura para abajo, los remitió de vuelta a Quito. Algo semejante se vivió en la Iberia romana con los traidores Audax, Ditalcón y Minuros, en el caso de Viriato, cuando Cipión rezongó: «*Roma no paga a traidores*».

La inquina llevó a Atahualpa a organizarse, tras un quinquenio, para guerrear contra su hermano. Se apoyó en tres generales: Calcuchímac, Quisquis y Rumiñahui. En paralelo, Huáscar envió orejones a Tumibamba con la excusa de recoger mujeres y enseres. El objetivo era en realidad vigilar las zancadas del enemigo norteño. Atahualpa apresó y pasó por las armas a los cuzqueños. Desollados, prolongaron la turbadora rutina de elaborar tambores con sus pieles.

La zona geográfica de Quito era una tierra rica y más poblada que los territorios de Huáscar. El ejército de Atahualpa era numeroso y mejor entrenado. La fútil tregua entre ambas facciones se quebró en añicos. Cualquier trajín de Atahualpa se observaba con recelo en Cuzco. Entre otras iniciativas, maliciadas como matonerías, ordenó alzar edificios en honor de Huáscar. Ambos fraguaron conspiraciones. No faltaron personajes que malmetieron, con el objetivo de pescar en río revuelto. Entre otros, Uelco Coya, cacique de los cañares, y Ato. Describieron a Huáscar que el hermanastro se había apropiado de las andas de su padre y endosado sus vestidos y aderezos. Aquel turbulento aliento por hostigar a los hermanos lo pagarían con sangre.

Tiempo más tarde, Quisquis (langosta) y Chalco Chima, deseando que se les temiese aún más, asesinaron a los chachapoya y cañares prisioneros, empezando por caciques, capitanes y principales. Se les golpeó con bastones endurecidos al crepitar del fuego: se les aplastó a mazazos. A otros se los empaló. La excusa fue que Uelco Colla había interferido entre hermanos, aunque en realidad fue el deseo de Quisquis y Chalco China de mejorar su *branding*. Los dos inhumanos generales de Atahualpa asesinarán también delante de un derrotado Huáscar a más de ochenta hijas e hijos del capitulado.

En su desesperación, Huáscar se dirigió al Creador: «*¡Oh Hacedor!, que por tan poco tiempo me diste ser. Ten por bien que por quien tantos males me vienen, se vea de la misma suerte que yo, que en su presencia y con sus mismos ojos vea la desventura que yo veo ahora en mis hijos y queridos, para que llegue a sentir en su corazón lo que yo siento*».

Escasas fueron las mancebas de Huáscar que sobrevivieron a la cruel matanza. Únicamente las no embarazadas, porque la orden de Atahualpa miraba a que no quedase rastro de generación de Huáscar. Algo parecido, en fin, a la *damnatio memoriae* de egipcios y romanos llevada al extremo.

GUERRA CIVIL

Volvamos atrás. Algunas fuentes reducen el enfrentamiento Huáscar-Atahualpa a un desplante breve y con única batalla, que culminó con el apresamiento de Huáscar. Otros relatos más verosímiles amplían las hostilidades a una conflagración jalonada con hasta una quincena de pugnas. Resulta impracticable certificar los datos. Parecen terminantes estos hitos:

- Tumibamba: las tropas de Huáscar, dirigidas por Huanca Auqui, apresan a Atahualpa, que se fuga de la prisión.
- Cotabamba: el ejército de Atahualpa, liderado por los generales Calcuchímac y Quisquis, prende a Huáscar y prosigue su marcha hacia Cuzco.
- Cajamarca: con el voto de rendirle pleitesía antes de coronarse soberano inca en Cuzco, Pizarro apresa a Atahualpa.

Para Huáscar resultó decisivo el apoyo de los cañari, etnia poderosa que dominaba zonas del norte y que odiaba al hermanastro, porque los había combatido durante las campañas de su padre.

Un primer encuentro pudo ser el de Riobamba, derrotado por Atahualpa, quien decretó erigir pirámides con huesos de los vencidos. El segundo, ubicable en Tumibamba, se decantó inicialmente por el bando de Huáscar, dirigido por su general Huanca Auqui. Cronistas contemporáneos narran las barbaridades infligidas. Entre otras, abrir la barriga de las embarazadas ultimando ante ellas a los fetos despiadadamente extraídos.

Huáscar había sistematizado sus ejércitos en tres grupos. El primero, con oriundos de Cuntisuyu, Charcas, Collasuyu y Chile, dirigido por el general Uampa Yupanqui, siguió la ruta por las alturas de Cotabamba. El segundo, conducido por Huanca Auqui, Agua Panti y Paca Yupanqui, marchó hacia Tumibamba y flanqueó al enemigo. Huáscar dirigió la tercera hueste, que incluía a los nobles de

Hurin como escoltas especiales del Inca, además de los chachapoya y cañari.

En las cercanías de Tumibamba, emisarios de Atahualpa solicitaron parlamentar sobre su apuesta por la avenencia. Resultó infructuoso. El objetivo de los jefes cuzqueños era desmochar al quiteño. Ante este panorama, ocupó, antes que Huanca Auqui, el puente del río Tumibamba. El desencuentro se alargó dos días y concluyó con Atahualpa cautivo.

Huanca Auqui, por cierto, pestañeó sobre el bando al que ofrecer sus servicios. Entre otras cosas porque Huáscar puso en cuarentena su fidelidad. Lo acusó de haberse concertado con Quisquis. Acabaría, poco más tarde, asesinado junto a Huáscar.

Encarcelado Atahualpa en un albergue (*tambo*), cundió la desolación entre los quiteños, que anticiparon que sus captores pronto lo llevarían a Cuzco ante su hermanastro. Rumiñahui indujo a una niña de doce años, Quella, para que visitara a Atahualpa en la gayola. La joven consiguió el permiso sin despertar sospechas por su pertenencia al pueblo cañari. Llevaba una barra de plata y cobre celada en sus vestiduras. Con tal herramienta, Atahualpa soltó los amarres y abrió boquete en un muro. Tomó las de Villadiego de madrugada. Siguiendo instrucciones de Quella, se dirigió al cerro Molleturo, donde se habían reagrupado sus milicias, sitiadas por el general Huanca Auqui.

A sus incrédulos fieles les costó asimilar que fuese su jefe quien se acercaba, pues lo tenían por difunto. Recibido con vítores y aclamaciones, Atahualpa compartió con ellos una elucidación legendaria: que el dios Inti lo había liberado convirtiéndolo en serpiente permitiéndole escapar por un minúsculo orificio. Los guerreros creyeron que los cielos estaban de su parte. Rumiñahui contempló la situación con sonrisa cómplice.

Atahualpa y su ejército, reanimado por el regreso, redobló la pendencia. Lucharon con la garra necesaria para superar el cerco, salir a la llanura y hacer añicos a las tropas cuzqueñas. Se sucedieron batallas con distinta intensidad y balance desigual.

Los *sinchis* Calcuchímac y Quisquis se reorganizaron, y tras solazarse unos días, marcharon sobre Tumibamba, conforme a la profesionalidad que se les presuponía. Huanca Auqui, el general cuzqueño, reagrupó a sus tropas en las afueras de la ciudad y esperó el ataque de los quiteños, que capitaneados por Calcuchímac y Quisquis, guerrearon con tesón... y vencieron. Atahualpa entró triunfante en Tumibamba, la capital cañari. Bilioso por la traición padecida, mandó exterminar a los habitantes, incluidos ancianos e impúberes. Ordenó lo mismo para los pobladores de Tumbes, en castigo por haber seguido a su medio hermano.

Huáscar nunca anticipó que su hermano pudiera contar con tropas tan aguerridas. Las enquistadas relaciones entre tribus, vale la pena reiterarlo, pronto facilitarán enormemente la labor de los españoles. Como veremos, Hernando Pizarro aprovechó un desencuentro entre Tumbalá y el jefe de los indios de Tumbes, Chilimasa. Cuando detuvo al primero junto a tres de sus vástagos y a una decena de miembros de su corte los entregó a los de Tumbes. Estos actuaron sin misericordia y los decapitaron de inmediato. Un entumecido Hernando Pizarro fue herido y su caballo murió en la batahola. Al concluir la algarabía, Hernando Pizarro liberó a trescientos cautivos de Tumbes que los indios de la Puná retenían, uno de los aguijones de la tirria entre ambas etnias. Los enfrentamientos eran múltiples. Los de Tumbes odiaban a los de Cuzco. También alentaban semejantes sentimientos los huambo, los huayacuntu, los huamachuco, los huayla, por no hablar de los encolerizados huanca en el Perú central.

Volvamos atrás. Huanca Auqui fue clave como máximo jefe de las tropas de Huáscar. Partió hacia el norte acompañado por otros generales. Al enterarse Atahualpa envió contra ellos a Quisquis y Calcuchímac. Derrotado, Huanca Auqui, que habría negociado en secreto con Atahualpa, puso los pies en polvorosa hacia Cajamarca. Esa presunta colaboración explicaría el que Atahualpa estuviera prevenido de la intención de Huáscar de circunvalarlo, así como que fuera consciente de que al desafío fraterno se sumaba la amenaza de los españoles.

Huanca Auqui se topó en Jauja con una compañía de nobles cuzqueños liderada por Mayta Yupanqui, quien lo sofrenó en nombre de Huáscar y lo relevó de sus funciones de general al mando. Contrariado por la reprimenda, Huanca Auqui retó a Mayta Yupanqui a poner a prueba sus fuerzas contra Atahualpa. En vez de prepararse para el siguiente combate, transcurrió beodo las siguientes jornadas en el valle de Jauja. Este relato hizo fortuna con la conocida expresión actual, jauja, que el Diccionario de la Lengua incluye: «*Lugar o situación imaginarios donde reinan la prosperidad y la abundancia*». Tiempo después, extinguida la guerra civil, al encaminarse Hernando de Soto a Jauja, las etnias sometidas por los incas, los soras, los ancares, los pocras, etc., lo recibieron con amistad.

La lista de batallas fratricidas es amplia. Merece atención el éxito inicial de Uampa Yupanqui. Con la batalla en tablas, al anochecer, los ejércitos de Calcuchímac y de Quisquis se retiraron a una zona próxima a Huanacopampa cubierta por paja. Esta circunstancia animó a Huáscar a prender fuego. La hierba seca ardió y murieron innumerables soldados de Atahualpa. Los generales, sin embargo, se salvaron atravesando a tiempo el río Cotabamba.

La ineptitud militar de Huáscar (1525-1532)

Huáscar, en vez de aprovechar el batiburrillo para rematar la victoria, optó por celebrarla precozmente. Con falta de criterio no mandó perseguirlos. El derrotado Calcuchímac reconfiguró las tropas. Sus espías le informaron de las maquinaciones de Huáscar, que pretendía dividir sus efectivos para envolver al ejército de Atahualpa. Solo al día siguiente Huáscar indicó a Topa Atao que serpentease con un escuadrón por un desfiladero para descubrir el propósito del enemigo. Calcuchímac repartió su ejército a ambos lados del barranco y esperó al enemigo en la hondonada. Calcuchímac aherrojó a Topa Atao. El craso error táctico se tornó palmario.

Huáscar acantonó al tercer ejército en Huanacopampa y, ayuno de información actualizada, siguió la ruta de Topa Atao. Calcuchímac avisó a Quisquis para sorprenderlos por la retaguardia en el desfiladero. Cuando Huáscar alcanzó al derrotado escuadrón de Topa Atao fue consciente de que había sido emboscado. Pretendió huir, pues en la tradición inca, cuando el jefe caía prisionero concluía la batalla. El general Calcuchímac divisó el anda de Huáscar, lo apresó y pergeñó una hábil artimaña. Él mismo se repantingó en el palanquín del Inca bajo el quitasol y encaminó la comitiva hacia la llanura de

Huanacopampa, donde se hallaba el tercer ejército de Huáscar. Marcharon los hombres de Atahualpa como si de los de Huáscar se tratase. En apenas veinticuatro horas el emperador inca pasó de estar a punto de derrotar al enemigo a desmoronarse ante él.

Con su hermano preso, Atahualpa aceleró su marcha hacia Cuzco para proclamarse *sapa inca*. Un contingente fue en avanzadilla y, una vez en la capital, se extralimitaron en su afán revolucionario. Procedieron al exterminio de los partidarios de Huáscar: familiares, sacerdotes, vírgenes del sol y de la corte. Quienes lograron escapar se diseminaron entre los diferentes *ayllus* y pueblos cuyos parajes no dominaban los norteños. Las tropas de Atahualpa hicieron algo especialmente grave: profanaron las momias de emperadores como Túpac Yupanqui. No solo tocó la china del vandalismo a las casas: el saqueo y los incendios se desbordaron por los palacios. Algunos cálculos cifran en más de un millón las personas exterminadas durante la guerra civil.

Huáscar acabaría maltratado, haciéndole padecer hambre y sed, dándole a comer excrementos de auquénidos: llamas, vicuñas y guamacos. Su gorro fue atiborrado de orina de animales andinos. Sus pulsiones sexuales fueron embromadas sarcásticamente colocándole en la cama una larga piedra vestida de mujer. Al cabo, por orden de Atahualpa fue asesinado y sus restos lanzados a un río. Todo esto sucedió contemporáneamente al encuentro de Francisco Pizarro y Atahualpa, que enseguida se detallará.

Al igual, por cierto, que en los regímenes comunistas y nazi (*La lengua del Tercer Reich*, de Víktor Kemplerer), los incas trataban de trufar con las palabras. La propaganda estatal impelía a que las campañas siempre fueron coronadas por la victoria. El Inca era siempre vencedor. Cuando era derrotado se señalaba que no avanzaba en territorio enemigo porque había decidido postergar la cruzada.

Transportado en parihuelas de oro, Atahualpa emprendió el viaje hacia la capital del ahora su imperio. El cortejo hizo un alto para francachelas en los Baños del Inca, junto a Cajamarca. Hozó rodeado de mujeres y parientes de la nobleza quiteña, así como de soldados, mientras que la enjundia de su ejército permanecía en Cuzco. Como colaborador más estrecho, lo asesoraba Rumiñahui.

A su arribo a los baños, un *chasqui* le informó de que los extranjeros habían irrumpido en Cajamarca. Aprovechando el buen tiempo habían viajado desde el norteño puerto de Manta y habían fundado la ciudad de San Miguel. Múltiples *hatunrunas* de los *ayllus* formaban parte del séquito de Francisco Pizarro. Numerosos incas consideraron dioses a esos barbudos que lucían armaduras inéditas en aquellas latitudes. Los más iban armados de pies a cabeza, con el peto, la pancera, los brazales, los quijotes y las grebas, oscurecida la faz, en función de la orientación del sol, por el morrión. Cabalgaban además sobre unos ignotos equinos. Incorporado al equipo español se hallaba Felipillo, el traductor.

Llegada de Pizarro a Cajamarca

Tras el prolongado y abrupto recorrido desde la costa, Francisco Pizarro alcanzó Cajamarca el 15 de noviembre de 1532. Ocupó los aposentos en torno a la plaza principal, cuya edificación más prominente era el Palacio de la Serpiente. Sus tropas hicieron lo propio en estancias paredañas. Requirió a Hernando de Soto, uno de los más eficientes capitanes, valiente, arrojado y diestro con la lanza, a que trasladase de inmediato sus cortesías y promesa de alianza a Atahualpa.

De Soto partió con una quincena de soldados hacia el balneario donde se solazaba el Inca. A la puerta de las termas, soldados ataviados con protección de batalla —corazas de cuero acolchadas de algodón y cascos de caña hueca— cerraron el paso al destacamento.

Informaron a Atahualpa, que accedió a recibirlos. En la entrada, flanqueada por dos soldados, intimidaron a Hernando de Soto para dejar sus armas y descalzarse. Se arrodilló. Al alzar la mirada la cruzó con la de Atahualpa. Según las crónicas, la del inca era calmosa, con apariencia inédita para el enviado de Pizarro. Este le trasladó a la embajada.

Atahualpa no estaba familiarizado con recibir órdenes. Menos aún mediante subalternos. Tanta era la admiración que provocó en De Soto que, según algunos, este le regaló un preciado anillo, recuerdo de su madre, como muestra de respeto. El Inca lo habría depositado en una bandeja de oro.

Con ambiente relajado, el anfitrión le ofreció chicha. Se percibió agitación en el exterior. Se notificó la arribada de un segundo contingente, encabezado por el picajoso Hernando Pizarro. Se le conocía como «El Viejo» por su experiencia. Se le permitió entrar, no sin antes prescindir del calzado, como otrora lo hiciera De Soto.

Francisco Pizarro había enviado a su hermano para averiguar por qué De Soto se demoraba. «El Viejo» se presentó y el Inca lanzó una pregunta lógica: «*¿Todos acostumbran a llamarse Hernando?*».

Ambos Hernando rieron. Contagiaron a Atahualpa, que se carcajeó con fruición. Rumiñahui, en un discreto segundo plano, se sumó a la risotada.

En paralelo, y mientras Pizarro y Atahualpa perfilaban sus siguientes acciones, Huáscar vislumbró como irremediable su batacazo. La quemazón se apoderó del Tahuantinsuyu por el acaparamiento de contratiempos: la guerra civil, el incremento de las mitas, la repartición del imperio, tropas mermadas... Atrás quedaba el ejército imbatible de su abuelo Túpac Yupanqui. Huáscar, preso, ayeaba su sino, que habría sido otro si no hubiera alentado la tremebunda guerra fratricida. Se esfumaba la prometida ayuda de los españoles para zambullirse contra Atahualpa. En el interludio en el que el cuzqueño oteaba su ocaso, el conquistador español acariciaba su amanecer.

Un yanacona envolvió a Atahualpa en unos lienzos cuando emergió de la poza para enjuagarse después desnudo bajo una cascada de aguas sulfurosas. Ya ceñido con sus mantos se encaminó a la recepción.

Los españoles accedieron a la opción gastronómica a la vista de las bandejas y vasos dorados con fruta y bebida. Tanto por el continente (oro) como por el contenido (ambrosía), los conquistadores aliviaron su tensión y se dejaron servir.

Un cariacontecido Rumiñahui susurró a Atahualpa lo que consideraba una amenaza. Este no se había dejado comer la oreja: «*No creas que me engañan; sé que han fundado ciudades en nombre de su rey. Eso solo se hace cuando se anda de conquista. Hermano, presta mucha atención a lo que te voy a decir: presiento que el Ta-*

huantinsuyu se está desmoronando. Es la hora de unirnos; no podemos mantenernos separados ni aun con mi hermano. Creo que si Huáscar se entera de la verdadera razón de la presencia de los extranjeros, abandonará su odio y rencor y se sumará a nosotros. Estoy dispuesto a dejar el trono a su favor. No disponemos de otro camino. Los pueblos sin dirigentes son abandonados a la deriva, y el tal Pizarro se está aprovechando. Debes ir hasta donde está Calcuchímac y hablar con Huáscar».

Pizarro remitió a Felipillo con una camisa bordada y una fastuosa copa de cristal para Atahualpa. Sería la ocasión de obtener información fehaciente de las intenciones del Inca. Resultaba abracadabrante la pasividad ante la palpable conquista. No podía ser un crédulo de la fábula de los españoles como enviados de Huiracocha.

Cumplida la misión de entregar las dádivas, Felipillo merodeó. Supo del viaje de Rumiñahui hacia el valle de Hatunmayo para parlamentar con Huáscar. Informado Pizarro, envió a un grupo de incaicos para olisquear, teniendo en cuenta que los cuzqueños conocían mejor esa zona que Rumiñahui. Pizarro había apiñado en derredor a muchos detractores de Atahualpa, a quien odiaban por considerarle responsable de los excesos en Cuzco. Resultó fácil atraerlos para derrocar al tirano.

La cronología varía según los cronistas. En cualquier caso, Atahualpa intuía amaños, a los que él era tan asiduo: cree el ladrón que todos son de su condición. Sin noticias de Rumiñahui, el tiempo corría en su contra. Aún no era oficial su proclamación como *sapa inca*. Sin esa ceremonia que debía celebrarse en la capital y sin la *mascaipacha* sobre su cabeza colocada por el Huillac Huma, su poder no sería efectivo. Solo después, y si Huáscar aceptaba, abdicaría a su favor si era la voluntad popular. Hasta entonces el imperio no debía estar sin gobernante.

ATAHUALPA, DERROTADO POR SU PETULANCIA

Con la esperanza de éxito en la misión de Rumiñahui, Atahualpa prosiguió hacia Cuzco. El dato inspiró al español la estratagema que transmitió a Atahualpa mediante el traductor: quería rendirle homenaje en su paso, en Cajamarca había un pueblo que anhelaba rendirle pleitesía. Estas palabras surtieron efecto en el rimbombante Atahualpa. Se avino.

Atahualpa pensó que sería un agradable trámite previo a la coronación. Consideró que quizá así lograría la deseada unificación incaica. A Cajamarca se accedía por una entrada angosta. El servicio de vigilancia español avistó el movimiento del ejército inca, que levantaba su campamento en la colina de Cónoc. El plan de Pizarro consistió en ubicar camuflados infantes, arcabuceros, ballesteros y jinetes.

Al alba de aquel día en el que Atahualpa acariciaba su inminente gloria, fue transportado por treinta y dos *apus* del *ayllu* imperial en una litera cubierta con pulquérrimos mantos tejidos y flecos de oro. Precedía a la comitiva un grupo de *yanaconas* que retiraban piedras del pavimento, al tiempo que doncellas adornaban la trocha con pétalos.

Atahualpa lucía ante los españoles el metal dorado que tanto apreciaban. Su objetivo era capturar a los extranjeros, asesinar a la mayor parte, castrar al resto y emplearlos como guardias eunucos de su harén. Se haría también con los magníficos caballos. Con ellos extendería sus conquistas. Doce mil soldados constituían su primer círculo; entre bastidores, otros cinco mil se centrarían en dominar los equinos. Otros setenta mil guerreros apoyados por treinta mil servidores los seguían de cerca.

A su llegada se abrieron las estrechas puertas de la villa. Fray Vicente, dominico, se le acercó con la Biblia y un crucifijo. Tras predicarle sobre la pasión y muerte de Jesús, proclamó al Dios cristiano como el único verdadero y lo conminó a asumir la fe. No era catarsis menor que el hijo del sol descendiente de Huiracocha abrazase el cristianismo. En su afán argumentador, la apologética cristiana en busca de la conversión mutó en loa al rey español porque el papa, sucesor de san Pedro, le había regalado aquellas tierras.

La exhortación incrementó el desconcierto de un Atahualpa que reafirmó su soberanía: *«Soy el primero de los reyes del mundo y a ninguno le debo acatamiento. Tu rey debe de ser grande, porque ha enviado criados suyos hasta aquí pasando sobre el mar, por eso te trataré como a un hermano. ¿Quién es ese otro rey o dios del que me hablas, que ha regalado al tuyo las tierras que no le pertenecen porque son mías? El Tahuantinsuyu es mío. Además, me parece absurdo que me hables de ese dios al que los hombres creados por él han asesinado. ¿Con qué autoridad te atreves a decirme las cosas insensatas que me has dicho?».*

«Con la que me da este libro sagrado» espetó Valverde.

El clérigo entregó la Biblia a Atahualpa, quien la fisgoneó. Cuando el fraile intentó ayudarle a abrir el libro, el Inca le retiró la mano de un porrazo, pues nadie tenía permiso para rozarlo. Tras un nuevo conato infructuoso de entender el texto sagrado, lo arrojó despectivamente. Valverde se alejó.

Pizarro bramó: «¡*Santiago y a ellos*!».

Se entabló, lo que luego vendría a ser denominado en la II Guerra Mundial una *blitzkierg*. Convocados a rebato, estalló una cacofonía ensordecedora de mosquetes, arcabuces, trompetas, relinchar y resollar de caballos —pronto matalones—, expeliendo espumarajos que sentían las espuelas prietas como nunca en sus ijadas. La sobresaltada comitiva inca amagó con retroceder, al tiempo que quienes Atahualpa pensó que le rendirían honores arrojaban lanzas y saetas contra su séquito.

El desánimo, el agrio tono elegiaco agazapado, se ensanchó al vislumbrar a los soldados españoles con sus relucientes armaduras. Con miedo al miedo, muchos consideraron que eran antiguos dioses de su mitología. Pizarro se puso frente a Atahualpa a modo protector y se despepitó: *«¡Quien estime en algo su vida que se guarde de tocar al indio!»*.

El desbarajuste alcanzó tal grado que los incas, buscando desesperadamente salir de la plaza, derribaron un muro. Los cuzqueños, familiarizados con los ruidos de las armas hispanas, atacaban en tropel y con fiereza a sus compatriotas. La única sangre española que corrió aquel día fue la del propio Pizarro, herido al proteger a Atahualpa. Su hermano Hernando apuntaló que debían tratar al cautivo según rango, preservar sus derechos y atenderlo en su alcoba del Palacio de la Serpiente. Francisco Pizarro ordenó que los allegados supervivientes lo acompañasen. Él se alojó en una habitación contigua.

Al patidifuso Atahualpa se le agregó el encrespamiento por la derrota y el apresamiento. La noche de aquel día aciago, Pizarro le aclaró: «*No debéis preocuparos, no deseamos haceros daño. He venido a invitaros a una cena esta noche. Es en vuestro honor*».

Respondió el inca: «*¿Así me pagas el haberte permitido estar en mis tierras? Has matado gente de mi pueblo y me mantienes prisionero, ¿qué clase de invitación es esta?*».

Contraatacó verbalmente Pizarro: «*Nosotros no os hemos agredido, fue vuestro propio pueblo el que lo hizo. Nosotros estamos resguardando vuestra integridad*».

Clamó Atahualpa: «*No fue eso lo que yo vi. Tenías preparado un subterfugio, ahora me doy cuenta de que deseas aprovecharte de la situación que mi reino está atravesando, pero ese es problema nuestro, no tuyo, no tienes por qué defenderme. Te aprovechas de mi gente con fullerías*».

Prosiguió el español: «*Vos sabéis de conquistas. Nosotros representamos a nuestro emperador, y su orden fue anexar a su imperio nuevos territorios*».

Rectificó el inca: «*Ustedes son extranjeros que desean trastocar los pensamientos que tenemos por mentiras, como las del hombre aquel que se atrevió a decirme esa sarta de pamplinas con el ídolo que ustedes cargan*».

Aclaró el cristiano: «*Él es el representante de la Iglesia católica y romana. Su palabra es la verdad; representa nuestras creencias, que son las únicas y verdaderas*».

Se burló el eximio prisionero: «*¿Y quién lo bisbiseó? ¿Un hombre crucificado por sus propios creyentes, o un dios que envió a su hijo para que fuera asesinado?*».

Pizarro se preguntó cómo podía conocer tanto de la fe cristiana. Comenzó un cautiverio de baja intensidad, ya que se normalizaron cenas entre ambos y también partidas de tartana, el ajedrez inca. Pronto el emperador aprendió a farfullar español y compartió con Francisco Pizarro largas y animadas peroratas. Pizarro siempre mantuvo un trato llano, fruto de su baja extracción social. Con el tiempo se fue aficionando a algunos deportes, propios de la clase a la que pertenecía. Esparcimientos como la caza o el adiestramiento de halcones nunca le gustaron. Eran los equivalentes al golf o la navegación en yate contemporáneos. Él prefería solazarse con las bochas.

Atahualpa, atemperado ante el derrumbe del imperio, buscaba ganar tiempo. Inmerso en cavilaciones, negoció su propio rescate. La clave sería beneficiarse de la efervescencia de los españoles por el oro y la plata. Mantuvo la esperanza de convencer a Huáscar para batirse juntos contra los españoles. Confiaba en que Rumiñahui, al saber de su apresamiento, se hubiese dirigido a Quito. Pasaban los días y el inca especuló por qué lo mantenían con vida. Siguió pergeñando la propuesta que plantearía a Pizarro.

Algunos aconsejaron a Pizarro que acabase con los soldados de Atahualpa, o que al menos les seccionase las manos. El cronista Francisco de Jerez informa de que la respuesta de Pizarro fue que no era bueno ser tan cruel. La costumbre de mutilar venía de antiguo. Los romanos la practicaban asiduamente. Escipión «el Africano», por ejemplo, al saber que los guerreros de Lutia se aprontaban a socorrer a los de Numancia, amputó a cuatrocientos.

Mestizaje y cristianización

Las relaciones hispano-incaicas adquirieron profundidad y fecundidad. Comenzó el mestizaje. Dos hermanos menores de Francisco Pizarro (Gonzalo y Juan) se casaron con dos *ñustas*. La integración incluyó también la gastronomía, que los españoles pronto incorporaron: la papa, el boniato, el maíz y la chicha.

Fueron tiempos de inculturización. Los frailes bautizaron y cristianizaron los nombres. Valverde instruyó a los runas con la historia sagrada de la Biblia y la doctrina de la Iglesia católica. La traducción poco precisa de Felipillo facilitó toques mágicos en los relatos, lo que pudo contribuir al sincretismo.

Atahualpa reconfirmó la atracción que suscitaban el metal precioso y los tapices. Les describió el oro que festoneaba sus aposentos y los templos. Verbalizó una promesa: *«Llenaré de oro una sala así a cambio de mi libertad. La colmaré de cántaros, objetos de los templos y adornos de las mujeres nobles. Y dos habitaciones más las inundaré con plata».*

Narró las hazañas de Túpac Yupanqui y mencionó riquezas. *«Hay minas cerca de aquí, en Anyamarca. Y tenemos templos cuyas paredes están cubiertas de oro. Para nosotros eso que a ustedes tanto les gusta solo nos sirve de fanfarria. Nos gusta más la lana de vicuña, nuestro principal tesoro».*

Rumiñahui, en su misión para engatusar a Huáscar, se encaminó al valle de Hatunmayo, donde se encontraba preso. El emisario de Atahualpa intuía que los extranjeros lo rastrearían. Acompañado por seis soldados, avanzó medroso. Anhelaba que cuando diese pábulo a la propuesta de Atahualpa, Huáscar aceptara la unificación.

Llegaron al río Huancamayo y creyeron, equivocadamente, que nadie los seguía. Felipillo había alertado a un grupo de incas que conocían la zona para que permanecieran al acecho de los movimientos de Rumiñahui y diesen con la ubicación de Huáscar.

Cuando descendieron hacia el valle, los hombres de Rumiñahui, delatados por su acento norteño, fueron identificados como leales a Atahualpa. Los llevaron hasta Calcuchímac, a quien Rumiñahui expuso el plan del inca. Calcuchímac informó a Huáscar del apresamiento de Atahualpa y de su propuesta de ir a liberarlo. Huáscar se encontraba a su vez recluido en una zahurda sin ventanas para evitar su fuga.

Tardía propuesta de reconciliación

Huáscar calibró argucias contra los españoles. Mientras él deliberaba, Calcuchímac se impacientó por reorganizar las achicadas tropas. Lejos quedaban los doscientos mil soldados del imperio en la época de Túpac Yupanqui. También eran historia los ciento cincuenta mil de Huayna Cápac.

Después de cabildear, Huáscar comunicó su veredicto a Rumiñahui: *«Creeré en la palabra de Atahualpa. Debemos hacer conocer a todos mis seguidores y a los quiteños que ahora peleamos en un mismo bando».*

Dio instrucciones a Calcuchímac y atendió al prudente criterio de su curtido general. Rumiñahui viajaría al norte para armar un ejército. Quizá tendría que apelar a la extinta confederación quiteña, algo peliagudo a la vista de que debía convencerlos de luchar junto a Huáscar, mientras él mismo pensaba que tal vez los españoles pudiesen unificar el imperio. Muchos cambios en poco tiempo.

Ejecución del último emperador incaico, Atahualpa (1497-1533), por el conquistador español, Francisco Pizzaro, el 29 de agosto de 1533. Fuente: Shutterstock.

Los hombres de Rumiñahui aguardaban. Vieron a Huáscar, que no solo no parecía preso, sino que iba escoltado por Rumiñahui y Calcuchímac. Los únicos que le inspiraban certidumbre eran los generales quiteños. La soledad de Huáscar aumentaba pareja al balance que actualizaba por momentos: había desparecido su casa del Cuzco, igual que las *panacas* de sus ancestros, sus mujeres y sus soldados. La situación de Atahualpa no era mejor. Huáscar ordenó finiquitar a los seis mensajeros.

En vista de que no regresaban los enviados tras Rumiñahui, Pizarro conjeturó movimientos insurreccionales. En medio de estas cavilaciones llegaron indígenas que acusaron a Atahualpa de haber promovido el asesinato de su hermano en Anyamarca. Al parecer, albergó a destiempo el temor de que, liberado por Pizarro, se convirtiera en el nuevo emperador. Los restos de Huáscar, tal como se ha anticipado, habrían sido arrojados al río Yanamayo.

Tras entregar el rescate, acusado de traición, incesto, poligamia, fratricidio, herejía e idolatría, el 26 de julio de 1533, los españoles y sus aliados condujeron a Atahualpa a la plaza central de Cajamarca para su ejecución. Consciente de que lo iban a achicharrar, accedió a la segunda de las opciones que le propuso Valverde. Eran, respectivamente, morir como infiel en la hoguera o recibir el bautismo y perecer por el garrote vil. Atahualpa, bautizado con el nombre de Francisco, falleció a los treinta y tres años. La mayoría de los tributarios de los incas se alegraron de la desaparición de quien personificaba la opresión a la que habían estado sometidos durante décadas. Felipillo, traductor principal, proveniente de una etnia de la costa norte del Perú, habría participado en la turbiedad de traducir apócrifamente para enquistar las relaciones, que acabaron en el ajusticiamiento.

El religioso dominico, fray Vicente Valverde, que llegó a ser el primer obispo de todo el Perú años más tarde, fue rematado por los indios de la isla de Puná, quienes se lo merendaron.

Al no celebrarse ninguna ceremonia inca tras la muerte de Atahualpa por haberse convertido al catolicismo, sus hermanas y esposas se suicidaron por no haber sido inhumadas vivas junto al difunto. El cuerpo fue enterrado en la iglesia de Cajamarca. Días después sus restos mortales desaparecieron, igual que los de sus esposas y hermanas. Quizá fuese momificado, según las costumbres incas.

Atahualpa había engendrado numerosos hijos con sus concubinas, entre las que probablemente se contaban sus hermanas. Se ignora el destino de muchos de sus vástagos. Francisco Pizarro prohijó a los más pequeños, que se criaron en un convento y, ya adultos, solicitaron reconocimiento de su filiación.

LA COMUNICACIÓN EN LA DICTADURA INCA

Múltiples experiencias de la guerra civil inca muestran la relevancia de la comunicación. Se practicaba lo que hoy denominamos servicio de Inteligencia, tanto por lo visual como por lo audible. Felipillo añadió a su actividad como traductor la no menos efectiva de oyente de chácharas, comidillas, rumores y runrunes en el entorno de Atahualpa, que tan valiosa información proporcionó.

«CHASQUIS», TRADUCTORES Y ESCRITURA

Los heraldos (*chasquis*) constituyeron un elemento clave, aun limitados con frecuencia a una transmisión oral. Con ese sistema, cuando el mensaje es un guirigay, se multiplicaban las imprecisiones o tergiversaciones. Se trataba de jóvenes de entre dieciocho y veinte años. El trabajo era arduo. Mientras otras ocupaciones implicaban dos o tres meses sin interrupción, los *chasquis* servían solo uno. Cada localidad se dotaba de nuncios para el tramo correspondiente a su jurisdicción. Debían permanecer a la espera en su respectiva posta y trabajaban en turnos de seis a doce horas.

Complemento de la función de *chasquis* y traductores fueron los medios de comunicación empleados para recados urgentes en largas distancias. El tambor resultaba eficaz entre el follaje de la selva, donde prima la llanura, para superar el ulular y el aullar. En la sierra, sin embargo, no servía, porque solo resonaba en el interior del valle donde se repicaba. Al sinfín de contrariedades orográficas se añadía en ocasiones el viento contrario, que acribillaba las mejillas. Con estos condicionantes, la solución *ad hoc* era el fuego con humo en las cumbres.

Mención especial requiere el multilingüismo inicial, que fluctúa, según las fuentes, entra las setecientas y las dos mil lenguas. Estas cifran pueden deberse a no diferenciar claramente entre idioma y dialecto. Fuera uno u otro, no solo variaba entre valles, sino también dentro del mismo, como ocurría con los tres que se manejaban en la depresión de Jauja. La transición al monolingüismo del runa *simi* (boca del hombre) corrió pareja a la unificación del territorio. Su imposición como lengua oficial se consideró claro ejemplo de poder ejecutivo y sentido común. En cuanto a la escritura, se discute si hubo o no. Determinadas crónicas refieren la existencia de pergaminos. Sea como fuere, no han subsistido.

Algunas versiones detallan la presunta consulta que un inca realizó al dios Huiracocha sobre la conveniencia de repristinar la escritura. La deidad se habría opuesto por considerarla causa de la ruina. Hay constancia de la expresión *quilca* o *quillca* (generalmente, libro o papel; también letra o carta mensajera) y sus derivados: *quillcana* (escribanía), *quilcamayoc* (escribano), quilcaquippo (libro de cuentas), *quilcascuni cunigui* (leer letras o cartas), *quilcascayachac* (que lee mucho), etc.

«Quipus»

Se especula con que el ecosistema de escritura fue reemplazado por los *quipus*, sistema preincaico tanto para la contabilidad tributaria como para los relatos. Constaba de soga gruesa y horizontal de la que pendían cuerdas delgadas y verticales, que a su vez llevaban nudos de diversas layas y colores, además de cordones subsidiarios. El tamaño de los *quipus* era variable, con bramantes gruesos de hasta 1,65 metros de longitud y verticales de hasta 67 centímetros.

La lectura de los *quipus* empezaba por la derecha y se requería una formación específica tanto para elaborarlo como para descifrarlo. Según las escuelas, uno podía interpretar un *quipu*, pero no otros. Parece que, así como en el abecedario son posibles diversas combinaciones y significados, algo semejante acaecía con los lazos y colores. Las investigaciones que más han profundizado apuntan a tres tipos de *quipus*. El primero, estadístico, ampliamente manejado. El segundo, ideográfico simple, al alcance de la clase dirigente. El tercero, avanzado, empleado por relatores.

Sobre los tonos, algún cronista detalla que el amarillo simbolizaba el oro, el blanco la plata y la paz, el rojo la sangre o la guerra, el negro el tiempo o era, el morado se refería a los *curacas*, el encarnado aludía al Inca, etc. El esmerado empeño en compartir un relato facilitó el tránsito de lo cuantitativo a lo vivencial y se pasó del *quipu* estadístico al histórico. Interpretar *quipus* vendría a ser un modo de escribir y leer. Se conservan numerosos ejemplares.

«TOCAPOS»

Algunos investigadores proponen que los incas sí tuvieron una escritura de palabras (no de letras ni de sílabas) conformada por unos cuatrocientos signos rectangulares de los que apenas se habrían descifrado unas tres docenas. El sistema de *tocapos*, comparable al de mayas y aztecas, habría evolucionado de forma pareja al de los *quipus*. Se diferenciarían en que en estos últimos el nudo significa el número y no la palabra, y en el *tocapo* expresaría el vocablo y no el guarismo. Para sustentar esta tesis suelen mencionarse los dibujos de Huamán Poma que muestran vestidos con bordados de *tocapos* mezclados con cifras arábigas.

Menos cabildeos surgen en torno al prácticamente nulo acceso que la población habría tenido a la escritura. Este privilegio se reservaba para nobles y sacerdotes.

El clan de ungidos era abigarrado. Tras el sumo sacerdote o *huillachumu*, había diez amautas pertenecientes al clan, quienes conservaban las tradiciones. Grupos inferiores eran los *hacuc, hamurpa* y *yanapack*. Se dedicaban a la adivinación y a la medicina, como cirujanos. También inquirían remedios vegetales en la flora. Algunos eran monjes, habitualmente eunucos, denominados *huancaquilli*, que vivían retirados y se mortificaban. En un a modo de convento residían las vírgenes del sol o *aclla*, que eran enterradas vivas si no se avenían a su compromiso de continencia. Se las juzgaba como servidoras del sol y por tanto del Inca, del que podían llegar a convertirse en concubinas. Sus obligaciones eran alimentar el fuego sagrado, confeccionar las ropas de la Casa Real y preparar viandas para las celebraciones.

LÉXICO MÉDICO: DE PUERICULTURA A GERONTOLOGÍA

Es anchurosa la lista de denominaciones de enfermedades y defectos físicos, así como de vísceras. Hay constancia de referencias a tétanos, cáncer, tifus, tuberculosis, reumatismo, paludismo, epilepsia, etc.

Sorprende la meticulosidad en neuropsiquiatría. Unas trescientas palabras designan con precisión y riqueza significativa a partir de lo que llaman *yuyac*: alma racional. Allí ubican el corazón, las arterias y las venas relacionadas con los nervios y la columna vertebral, estados emocionales y patologías mentales. Se estudia, por ejemplo, la modorra en relación con las percepciones. También abundan las referencias a alifafes, calambres, entumecimientos y parálisis. Sin entrar en menudencias sobre los tratamientos, cabe apuntar la farmacopea desarrollada a partir de medicinas de origen animal, vegetal y mineral.

Llama la atención la ramificación de especialidades, desde la puericultura hasta la gerontología, todas con minuciosidad léxica. También entonces tenían sus generaciones X, Y, Z, *milennials, centennials*... El joven (*huayna*) que llegaba a adulto era pocoscaruana, edad previa a la madurez (*pactascalla uiñainiyocruna*), que tenía su paradigma en el cincuentón (*tacyacmachu*). El jubilado (*llactahuacaichacchu*) se distinguía del anciano con temblores de manos y pies (*chucchumachu*), diferente del que carecía de dientes y muelas (*unumullmacmachu*), no comparable con el decrépito (*huaira upiacmachu*) y próximo al ponderadamente vetusto que, incapaz de levantarse, había que sacar para calentarse al sol (*mullpa machu*). Preveían un largo recorrido antes de llegar a difunto (*aya*).

El corazón (*soncco*) ocupa lugar preferente en su ecosistema médico y lo definen como órgano que late y se hace presente mediante sensaciones específicas cuando el hombre anhela, rechaza, sufre, goza, teme o ama. Muestras del diccionario médico inca son fiebre (*rupay uncuy*), sangre (*yahuar*), hemorragia (*usputay*), pus (*quessa*), vómito (*qupnay*), diarrea (*quechay*), cicatriz (*quella*), ampolla (*pusullu*), absceso (*chupu*) o gangrena (*uanucuy*).

Transparencia selectiva

La limpidez no era un valor extendido en la alta dirección y magistratura. Si el soberano enfermaba, la noticia se ocultaba. Cuando fallecía, se imponía mutis hasta el nombramiento de sucesor.

Algo similar acontecía con la información militar. Los incas, ya se ha mencionado, pueden considerarse precedentes milenarios de nazis y comunistas. Las victorias se amplificaban y revestían de desfiles de ostentación, mientras que las derrotas se atenuaban y disfrazaban como campañas postergadas.

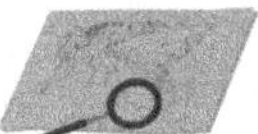

CLAVES ECONÓMICAS

El Imperio inca fue eminentemente agrícola y su organización laboral obligatoria. Con el término *Pachamama* se designaba a la tierra, diosa de la fertilidad incaica a la que atribuían las virtudes y defectos del sexo femenino. La representaban oronda y desnuda, con dos trenzas sobre sus pechos. Otras veces su símbolo fue una papa monumental con muchos ojos. Le hacían ofrendas, derramaban vasos de chicha para que degustase el licor de maíz y se mostrara agradecida con quienes la obsequiaban. En torno a la *Pachamama* rotaba el culto, la vida social y el calendario.

La distribución temporal del año (*huata*) sufrió cambios cardinales introducidos por Pachacútec, que inició el calendario con el solsticio de diciembre. Según los anales, varía la denominación de los meses: diciembre (*cápac raymi*), enero (*camay raymi*), febrero (*hatun pucuy*), marzo (*pacha pucuy*), abril (*inca raymi*), mayo (*hatun cusqui*), junio (*inti raymi*), julio (*chacra conacui*), agosto (*chacra yapui quilla*), septiembre (*coya raymi*), octubre (*uma raymi quilla*) y noviembre (*aya marca raymi*).

Trabajo regulado para mujeres y hombres

Afanarse era síntoma de salud asociado a la felicidad –más vale un diente que un diamante– y ámbito de la ejemplaridad. Al ocio se le impregnó de carácter delictivo y se expiaba con labores forzadas carentes de culminación. Era el caso del transporte de piedras desde la entrada hasta la salida de un valle y portarlas de vuelta. El infructuoso trayecto atenuaba en el futuro la gandulería.

Una primera división del trabajo procedía del sexo y la edad. Aunque las mujeres y los hombres andinos se rigieron más por su capacidad física para determinadas tareas que por su edad cronológica, diseñaron concordancias edad-actividad:

Mujeres:
1. *Llulu uaua*: recién nacida.
2. *Llucac uamra*: niñas entre uno y dos años, que gatean y el *ayllu* cultiva sus tierras.
3. *Pucllacoc guamra*: entre cinco y nueve años, ayudan a sus padres a cargar leña y agua, y a criar a los menores.
4. *Pauau-pallac*: entre nueve y doce, cogen hierbas para la comida y flores para elaborar tintes y teñir lana.
5. *Coro-tasque*: entre doce y dieciocho, hilan y tejen, elaboran chicha, estregan las paredes y suelos, cuidan ganados y atienden sementeras.
6. *Cipas cona*: mujeres casaderas.
7. *Aucacoc guarmi*: hasta los cincuenta, trabajan el campo y hacen tejidos finos y ordinarios.
8. *Paia-cona*: mayores de cincuenta, criadas de las mujeres de los señores, solo tejen ropa ordinaria.
9. *Punoc paia*: dormilonas octogenarias, la comunidad trabaja sus sementeras; las que pueden hilan, guardan patos o cuidan niños.
10. *Uncoc-cumo*: las enfermas y con minusvalías desempeñan labores apropiadas.

Hombres:

1. *Uauaquiraupicac*: recién nacido.
2. *Llullo-llocac*: entre uno y tres años, lactantes.
3. *Pucllacoc*: entre cuatro y nueve, retozan en casa.
4. *Toclla-coc*: entre nueve y doce, cazan pajaritos.
5. *Macta*: entre doce y dieciocho, arriman el hombro colaborando con sus progenitores a guardar ganados y cazar aves.
6. *Saia paiac*: entre dieciocho y veinticinco, bajo la tutela de sus mayores, sirven de mensajeros, pastores y cumplen el servicio militar.
7. *Aucacamayoc*: entre veinticinco y cincuenta, tributan al estado o militan en la guerra. Al tributario casado se le nombra jefe de familia (*puric*).
8. *Puricmacho*: entre cincuenta y ochenta, exentos de tributo, no salen de la aldea. Acarrean paja y leña, anudan sogas, desgranan corontas de maíz, desempolvan casas y, sobre todo, amonestan a los niños groseros y bastos.
9. *Ructomacho*: mayores de ochenta, viejos sordos que solo comen y duermen. Los que podían hacían sogas o criaban *cuyes*. Muy respetados por su experiencia y consejo.
10. *Uncos*: incapaces por terca enfermedad o minusvalía, servían según sus habilidades.

Todos se casaban con su igual: el invidente con la ciega, el cojitranco con la coja y el taciturno con la muda.

Estas clasificaciones justifican el que muchos no supieran dar razón de su edad. Con variaciones menores, estos sistemas descriptivos de sexo-edad coinciden en que, por principio, todos trabajaban. También los críos, aunque fuera jugar con sus hermanos menores o espantarles las moscas para que pudieran dormir. Algunas crónicas cuentan que los ciegos se ocupaban de la contabilidad de piojos en los villorrios, en los que se exigía tributación de parásitos con fines profilácticos. Enanos y jorobados fungían de histriones.

«Ayni»

La forma de ejecutar el trabajo en los *ayllus* contemplaba variaciones según la época. El *ayni* consistió en la brega de los integrantes del *ayllu* y se caracterizaba por el ahínco colectivo, aplicado habitualmente a la agricultura en beneficio de la comunidad. La organización regulada y obligatoria recuerda a la imposición comunista ejercida, por ejemplo, en el régimen soviético, norcoreano, cubano, venezolano o chino. O a la equivalente nazi.

«Minca»

La *minca* abarcaba servicios en beneficio del Estado y la religión, ya que se trabajaban tierras o rebaños del Inca y de los servidores del sol. Era una especie de fiesta anual a la que acudían mayores e infantes en torno a un despliegue de comida, bebida, música y bailes. Este trabajo solo se podía realizar tras haber cumplido con el *ayni*. Participar en la *minca* comportaba reciprocidad: la comunidad servía al Inca y al sol, convencidos de que, si hubiera necesidad, el Inca y el sol se ocuparían de ellos. Mediante la *minca* se sostenía la estructura de funcionariado relativa al soberano, su familia, oficiantes, nobles y militares.

«Mita» y «Chunca»

La *mita* era un trabajo reservado a varones de entre veinticinco y cincuenta años, distribuidos en turnos sucesivos de unos tres meses. Se asemejaba a un servicio militar focalizado en la construcción y el mantenimiento de infraestructuras. Algunos documentos del siglo XVI dejan vislumbrar un cuarto epígrafe laboral: la *chunca* o convocatoria masiva de miembros útiles del *ayllu* para construir, rehabilitar o derribar de modo urgente en beneficio del colectivo. Como en la *minca*, se convocaba con una trompeta de caracol marino (*pututo*).

No es asequible descifrar si la presunta felicidad de los trabajadores era cierta o fingida. Arar las tierras se revestía con cantos organizados que contribuían a aparentar regocijo. El jefe de hilera incoaba las baladas, recitaba versos y marcaba el compás. Los labriegos respondían con un estribillo que hacía más llevadera la rutina.

Administrar un imperio no hubiera sido viable sin contar con un sistema de comunicaciones, al que periódicamente se dedicaba alguno de los paradigmas laborales esbozados. Los estados militaristas precursores habían afrontado la cuestión: existían vericuetos que los incas rehabilitaron y en torno a los cuales construyeron una red viaria de unos cuarenta mil kilómetros. La ruta principal, norte-sur, quedó conformada por dos senderos, uno por la costa y otro por la sierra. Se multiplicaron los itinerarios secundarios y las rutas conectoras. Las vías andinas no eran usadas por vehículos, pues ni se empleaba la rueda ni se disponía de animales de tiro. Eran transitadas por personas y auquénidos. El desplazamiento ocioso no estaba permitido, pero sí las movilizaciones laborales, el tránsito del ejército o el funcionariado y el traslado de mercancías. La llama, además de ser empleada para el transporte, proporcionaba carne y lana y era un complemento en sacrificios pero nunca sustitución del holocausto humano.

A lo largo de las trochas se construyeron los *tambos*. Servían para el hospedaje, el acopio y el aprovisionamiento. Se situaban cada cuatro leguas, unos veinte kilómetros aproximadamente. Un contable, el *quipucamayoc*, llevaba el control de las entradas y salidas de producto.

Los depósitos o *collca* mantenían los productos perecederos. Se localizaban en las faldas de las colinas, en lugares frescos y ventilados.

En los *tambos* operaban los correos o *chasquis* al coincidir su estación o *chucla*. Las *chuclas* distaban dos kilómetros y las ocupaban dos *chasquis*. Los encargados eran jóvenes en buenas condiciones. Siempre permanecía uno vigilando a la espera de un mensaje, que se transmitía oralmente, aunque en ocasiones apalancado en un *quipu*. Si estallaba una rebelión, se ponía sobre aviso a Cuzco con hogueras consecutivas en las *chuclas*.

El transporte marítimo no recibió particular atención. En la costa se practicó el cabotaje. El transporte fluvial tampoco era una práctica común salvo en puntos como el lago Titicaca.

Algunos cruces de ríos se realizaban en balsas, pero fue más común el uso de puentes, algunos semejantes a funiculares, *oroya*, compuestos por un pilar en cada orilla y una cesta. Los colgantes eran más largos y se realizaban con dogales trenzados que soportaban suelos de madera, fibra y broza, en ocasiones con paredes laterales. Otros viaductos eran de piedra, con falso arco o flotantes mediante balsas concatenadas.

PRIMER SECTOR: VARIADO Y ABUNDANTE

La actividad económica del primer sector contaba con una severa planificación. Los agricultores abonaban en julio, araban en agosto y sembraban en septiembre. Se regaba hasta febrero o marzo y en abril las mazorcas maduraban. En mayo, las cosechaban y en junio las allegaban. Ese mes era el de cosechar la papa y la quinoa.

Sobresaliente es la variedad de especies vegetales que manejaban:

- Leguminosas: pallar, frijol, nativo, numia, tauri, tarhui.
- Cereales: maíz, cañagua, quinoa.
- Cucurbitáceas: lagenaria, zapallo, shupe, achoccha, avinca, mate.
- Amarantáceas: quihuicha, coyo, coimi.
- Frutas: lúcuma, chirimoya, granadilla, ciruela, papaya, aguacate, huaba, higo chumbo, ulluyma, huagoro, pajuro, mito, pitajaya, guayaba, guanábana, gongapa, chuna, curi, puchipuchi, pepinillo, cocona, tomate, molle, piña.
- Tubérculos: papa o patata (principal aportación alimentaria peruana), batata, yuca, oca, olluco, maca, mashua, llacón, arrancacha, jíquima, añu, achira, ulluma, chimu, motocorro, cauri.
- Juncos: yuro, mirmi, sipenti, quejmillo.
- Nueces: nuez india, anacardo, cacahuete.
- Condimentos: ají (hasta cuarenta variedades), paico.
- Hierbas: coaca, soycosoyco, siqui, patacauri...
- Algas: cochayuyo, yuyucha, murmunto, etc.

Los canales, acueductos y otras instalaciones hidráulicas contribuían al desarrollo agropecuario. El ganadero se centraba, con su garrocha, en pastorear llamas y alpacas.

EL EJERCICIO DE LA GUERRA

Se trataba de un precepto divino. En ese ecosistema era prioritario el ánimo expansionista por la vía bélica. Al igual que los españoles practicaron la inculturización de su fe cristiana, los incas «quechuizaron» los territorios violentados. No los convertían en colonias, sino en provincias.

Un elemento común de política de gobierno implícita de los sucesivos reyes fue el criterio de paz en el interior mediante conflagración en el exterior. No se verbalizaba así, pero la práctica era reiterativa.

La organización social perfilaba la dedicación de los varones a la guerra. La instrucción militar se extendía de los diez a los dieciocho años. Solo después podían maridar. Se los instruía en la lucha cuerpo a cuerpo, el espionaje, la simulación de combates y habilidades como trepar o atravesar ríos caudalosos, emular el sonido de alimañas, fingir retiradas...

Una de las pruebas consistía en especificar a un soldado a qué congénere debía matar. Si la supuesta víctima se estremecía o se apartaba quedaba fuera de la selección. Seguía en el ejército, pero con la función de carguero, mientras que el envalentonado que se mostraba impasible ascendía en el *ranking*.

Dos grupos de élite, los diez *ayllus* custodios y las once/dieciséis *panacas* o *ayllus* reales poblaban Cuzco. Gozaban de privilegios como no realizar tareas manuales, ser mantenidos por el Estado o recibir insignias alambicadas. Junto a los hijos de las autoridades locales acudían al *yachayhuasi*, la exclusiva institución educativa para los varones de la clase alta.

El rey solía delegar en un general (*apuquispay*), casi siempre familiar cercano. La nomenclatura era abundante para denominar los escalafones, desde teniente general (*apusquin rantin*) hasta soldado raso (*auca runa*). La tropa residía en campamentos, en los que también había criados, cargueros y mujeres que preparaban la comida y convivían con los soldados. Eran solteras no especialmente atractivas.

Las armas habituales eran hondas, estólicas (propulsor o lanzadera) y tiraderas (dardos), arcos y flechas, lanzas, boleadoras, cerbatanas, galgas, porras, hachas, mazas, etc. El espionaje era usual. A la vez que negociaban, los comerciantes se adentraban en nuevos territorios, suscitaban interés por sus productos, sutilmente creaban necesidades... al tiempo que estudiaban a sus nuevos clientes, observaban sus posiciones defensivas y regresaban al Tahuantinsuyo con informes estratégicos.

Tras la labor del espía (*chapac*), llegaba la del embajador (*cachasca*), quien obsequiaba con regalos a los foráneos y, con cortesía, les dejaba elegir entre paz sumisa o guerra inmisericorde. Cuando la vía diplomática fracasaba, la opción castrense se desarrollaba en fases. Aproximarse requería avanzar con sigilo y, cuando era viable, posicionarse con nocturnidad siguiendo las indicaciones de los exploradores. *Ad cautelam*, los capitanes urgían el silencio antes de ordenar el ataque. En la ofensiva se volteaban banderas, sonaban tambores y se multiplicaban los aspavientos y el griterío. Los alaridos amedrentaban.

El espíritu militar inca solo contemplaba vencer o morir en una guerra, para ellos santa, en la que los guerreros invocaban al sol. La lucha era diurna o nocturna con luna llena. Objetivo señalado era capturar a los jefes. Si se empeñaban en rechazar la rendición, se los decapitaba y se alzaba su cabeza sobre una lanza. También se asesinaba a los vencidos que intentaban huir.

En la liturgia de la victoria tenía singular importancia la exhibición de trofeos humanos. Numerosos relatos dan cuenta de pasmoso salvajismo. Había tres grupos de despojos: momias, cráneos y pellejos. La de Manco Cápac se perdió en la conquista de Quito, mientras que hay razonable certeza de que Calcuchímac y Quisquis capturaron la de Túpac Yupanqui al entrar en Cuzco por orden del hierático Atahualpa. En cuanto a los cráneos, no solo se exhibieron, sino que se celebraron victorias degustando chicha en las calaveras. Similar saña se practicó al confeccionar tambores con la piel de los avasallados. Es la suerte que corrieron enemigos de Atahualpa, incluidos sus hermanos. En menor medida, estas profanaciones también las practicaron los españoles, exponiendo cadáveres o cabezas de ajusticiados: el de Almagro el Mozo o la de Blasco Núñez de Vela, por no mencionar el penacho que con sus barbas se hizo Juan de la Torre.

LOS PROCESOS PENALES

Los principios por los que se regía tanto la moral como parte de la legislación eran a la pata la llana: *Ama sua*: no robes; *Ama llulla*: no mientas; y *Ama kella*: no seas bigardo.

Creían en la trascendencia. El creador del cosmos, Huiracocha, dividió el universo en tres mundos: el cielo *hanac paca* o mundo alto, donde acudían los benévolos para ser premiados por sus virtudes. *Hurin pacha* era el entorno de la generación y la corrupción. Debajo se halla el *uku pacha*, centro de la Tierra, mundo inferior donde acaban los ruines, también conocido como *zupaipa huacin*, casa del demonio.

En la legislación inca quedaron reguladas las penas para conductas inadecuadas. Los juicios eran públicos y se celebraban en las plazas, con la intervención de declarantes. Se empleaban el juramento y el tormento, y se invocaba a huacas y oráculos. Hubo juicios de Dios: quienes sobrevivían salían absueltos.

Una de las funciones del *sapa inca* fue la de magistrado. También los *curacas* y los *tocricocs* ejercían ese cargo. Cuando el Inca silueteaba sus posesiones, él juzgaba e imponía los castigos. El *sapa* ingresaba en andas precedido de su séquito. Llegado a destino, ocupaba el lugar más elevado, en ocasiones de tapadillo tras una manta. A su lado se acomodaban dos *quipucamayocs* especialistas en la legislación, prestos a resolver dudas. Un orejón debía indicar los antecedentes del juzgado y sus características, si pertenecía a la nomenklatura o si ostentaba logros militares, para calibrar agravantes o atenuantes. También reincidencias. Un orejón interrogaba a los testigos, a la víctima y al acusado. Es probable que el Inca hiciera preguntas. Todos hablaban desde sus posiciones.

El *sapa inca* podía dictar sentencia. Si titubeaba, el acusado permanecía preso hasta que se realizaran ulteriores chafardeos, para lo cual no existía plazo, y podía persistir encerrado a cal y canto el resto de su vida o ser liberado cuando fuera probada su inocencia. En los delitos graves, y si el reo trasegaba mala reputación, era factible la tortura en prisión, no en público.

En algún caso tuvo lugar la apelación. Sucedió que el capitán Apo Quibacta fue condenado al destierro con sus huestes. Al mostrar disconformidad, se dirigió a Cuzco. Túpac Inca Yupanqui escuchó y tomó la decisión de dejar sin efecto lo juzgado. Túpac Inca Yupanqui era por otro lado un autócrata. Consideraba que el conocimiento no debía compartirse con el pueblo; solo sirve para hinchar y volver vanas y arrogantes a las personas de rango inferior. Tales personas tampoco deberían inmiscuirse en los asuntos de gobierno, ya que ello haría caer en descrédito a los altos cargos y causaría ultraje al estado.

Túpac Inca Yupanqui fue de los que más asesinatos dictaminó. Sacrificaba a los principales señores que capturó. Luego repartía a los demás cautivos entre los principales, adjuntando oro y plata, y otras piltrafas de los derrotados. Solicitaba toda laya de caprichos, haciéndose llevar a Cuzco pescado fresco desde la costa.

El homicidio, la sublevación y el adulterio eran penados con la muerte. Se castigaba con la misma pena a los traidores y desertores. Los incas no fueron, como difunden algunos ilusos mal informados o intencionados, un país pacífico de bondadosos labradores, sino de terribles guerreros.

En algunos temas, el respeto a la ley natural era inexistente. Se vivieron costumbres profundamente inmorales. Según una relación de los agustinos, del año 1557, en la región de Huamachuco, los jóvenes participaban en danzas rituales referidas a la fecundidad. Una era celebrada en honor de Chaupiñanca, diosa de la sensualidad. Los varones terminaban bailando completamente desnudos. Creían que al verlos de esa guisa disfrutaba más la *Pachamama* o madre Tierra. Otras solemnidades culminaban en orgías. En la de fecundidad de Acataymita, en el mes de diciembre, se apandillaban mozas y rapazuelos, todos en cueros, en un descampado rodeado de huertas. Corrían velozmente hacia un cerro. El varón que alcanzaba a una hembra la tumbaba y copulaba. Este rito bárbaro duraba seis días con la excusa de una influencia mágica en la maduración de los frutos.

El lenocinio estuvo ampliamente difundido en el Tahuantinsuyo. Quienes practicaban este oficio recibían el nombre de *pampayrunas* o rameras. Algunos historiadores defienden que algunas mujeres eran obligadas a esta actividad para evitar violaciones y adulterios.

Según Waldemar Espinoza, Pachacutec impuso resoluciones para reglamentarla:

1. Que las mancebías estuviesen edificadas fuera de las ciudades.
2. Que trabajaran solo mujeres capturadas en las guerras.
3. Que percibiesen pago por cada cliente.
4. Que en caso de quedar embarazadas y dar a luz se les quitara a los rebrotes para alojarlos en casas especiales a cargo de mujeres honestas que carecieran de descendencia.

Se consideraba a los chiquillos hijos de los hombres que habían cohabitado con sus madres. Una vez crecidos, se los encaminaba como trabajadores a los cocales. Vivían en chozas individuales, impedidas de entrar en las *llactas y ayllus*. Se les decía *pamopayrunas*, mujeres públicas, dispuestas a recibir a cuantos querían acercárseles, por lo que también se las calificaba de *mitahuarmis*: mujeres de turno.

SISTEMA EDUCATIVO

La Casa del Saber (*Yachayhuasi*) era el centro de formación por excelencia. Promovido por el sexto emperador, Inca Roca, reunía a los varones de la realeza y la nobleza, que se convertirían en la clase dirigente.

Los dirigentes incas, imbuidos de tendencias que hoy en día denominaríamos populistas, privaron al pueblo, como se ha anticipado, del acceso a conocimientos superiores, capaces de inducir a la población a la sibilina crítica política. Pretendían, como los modernos sistemas comunistas, fascistas o nazis, obediencia a pies juntillas. Quien pensara viviría sobre ascuas.

El plan de estudios se organizaba en torno a cuatro grandes materias:

1. Lengua: Gramática, Retórica, Poesía, Teatro y Música.
2. Religión: Teología, Filosofía Cosmogónica, Astrología y Astronomía relacionadas con el almanaque.
3. Aprendizaje de *quipus*: Matemáticas, Geometría, Economía, Contabilidad, Estadística, Agricultura e Hidráulica.
4. Historia del Tahuantinsuyu con perspectiva militar: Geografía, Política y Derecho.

Todo pueblo debía tributar *acllas*, mujeres escogidas. Un funcionario se ocupaba de seleccionar, de entre niñas de cuatro años, a las más peripuestas, sin defectos físicos y con reseñable lucidez. A los diez años tenían que elegir continuar en el *Acllahuasi* o regresar con sus padres. Las que se quedaban disponían de un nuevo trienio para hilar, tejer, cocinar. Finalizado, viajaban a Cuzco como tributo de su respectiva tribu. Allí se procedía a una tercera selección, para la que debían comparecer ante un jurado, en el que también se aposentaba el monarca. Se loaban seis requisitos: virginidad, edad, hermosura, haber superado el *quicuchico* (primera menstruación), aceptar libremente la nueva vida y condición social. Superado este filtro se les preguntaba si querían ser vírgenes del sol o casarse con quien el Inca propusiera.

Ennumeraban prehombres (por nacer) o vida latente/expectante; hombres (nacidos) cuya vida está sujeta a leyes; y poshombres (muertos) con vida separada del cuerpo. En su esquema mental, la separación del cuerpo no era simultánea al morir: la momificación retardaba la marcha. Era el modo de evitar el hedor de la putrefacción del cadáver y el alma continuaba junto al cuerpo hasta que partía hacia el más allá.

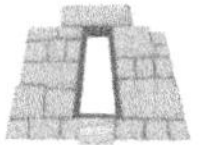

TRES MUNDOS EN LA COSMOLOGÍA INCA

La cosmología inca visualizaba tres biosferas:

- La superior era el Cielo (*hanan pacha*) o mundo alto, al que accedían los buenos para recibir el laurel en premio a sus virtudes. Era la morada de los dioses excelsos: Huiracocha, el sol, la luna, el arcoíris, el rayo y las estrellas. Junto a ellos se acurrucaban las almas de los premiados, que no entendían la otra dimensión como espiritual, sino tan corporal como la vivida. Su interpretación de la resurrección los llevaba a atesorar uñas y cabellos en bolsitas que los acompañaban en la sepultura.

- La de los vivientes (*hurin pacha*) es la que conocemos y donde se producen tanto la generación como la corrupción. Por su condición semidivina, el soberano cumplía una función intermediadora entre el *hanan pacha* y el *hurin pacha*. Vivía en la ciudad sagrada de Cuzco, porque el *coricancha* o Templo del Sol era el epicentro de los tres mundos.

- El lugar de los muertos (*ucu pacha*) era el entorno germinal de los hombres, animales y plantas por nacer. Su salida a la vida era consecuencia de que otra terminaba. Se consideraba el enterramiento como la plantación de semillas. De ahí la relevancia del culto a los extintos. También se mencionaba al *ucu pacha* o infierno, en el centro de la Tierra y destinado a los viles. Algunos lo denominaban casa del demonio: *zupaipa huacin*.

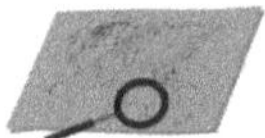

EL OCIO

El *Inti Raymi* era una celebración espiritual andina tradicional de la comunidad *kichwa* (aymara). Escribió al respecto el Inca Garcilaso de la Vega: «*Este nombre Raimi suena tanto como pascua o fiesta solemne (...), era la que hacían al sol por el mes de junio, que llamaban 'Intip Rimi', que quiere decir la pascua solemne del sol.*

Celebraban esta fiesta al sol en reconocimiento de tenerlo y adorarlo por sumo, solo y universal dios, que con su luz y virtud criaba y sustentaba todas las cosas de la Tierra. Y en reconocimiento de que era padre natural del primer Inca Manco Cápac y de la Coya Mama Ocllo Huaco y de todos los reyes, y de sus hijos y descendientes, enviados a la tierra para el beneficio universal de las gentes».

José de Acosta detalló: «*El séptimo mes, que responde a junio, se llama 'Aucaycuzqui Intiraymi', y en él se hacía la fiesta llamada 'Intiraymi', en que se sacrificaban cien carneros guanacos, que decían que ésta era la fiesta del sol; en este mes se tallaban gran suma de estatuas de leña labrada de quinua, todas vestidas de ropas ri-*

cas, y se desarrollaba el baile, que llamaban 'cayo', y en esta fiesta se derramaban muchas flores por el camino y venían los indios muy embijados y los señores con unas patenillas de oro puestas en las barbas, y cantando todos. Hase de advertir que esta fiesta cae cuasi al mismo tiempo que los cristianos hacemos la solemnidad del Corpus Christi, y que en algunas cosas tiene alguna apariencia de semejanza, como en las danzas, o representaciones, o cantares, y por esta causa ha habido, y hay hoy día entre los indios, que parecen celebrar nuestra solemne fiesta de Corpus Christi, mucha superstición de celebrar la suya antigua del 'Intiraymi'» (Historia natural y moral de Las Indias. Sevilla, 1590).

Garcilaso añade: «*Se hallaban en ella todos los capitanes principales de guerra ya jubilados y los que no estaban ocupados en la milicia y todos los curacas del imperio. No por precepto que les obligase a ir ella, sino porque ellos holgaban de hallarse en la solemnidad de tan gran fiesta que, como contenía en sí, la adoración a su dios el sol y la veneración del Inca su rey, no quedaba nadie que no acudiese u ella*».

El Inca Garcilaso de la Vega insiste en la relevancia de estrenar indumentaria para la ocasión.

En el *Inti Raymi*, en pleno solsticio, se realizaba el ritual del baño y sanación de las energías, para que del cuerpo y el espíritu, al sumergirse en el río, las aguas arrastrasen las energías negativas y se revitalizasen para soportar los embates de la vida. En el transcurso de la celebración se prendían fogones para caldear y como símbolo de que sigue encendido el fuego del sol.

Se reclamaba un alto nivel ético, con valores orientados a respetar la propiedad y la seguridad. Para garantizar el bienestar integral en el *Inti Raymi*, figuran personajes como el *ayay uma*, los capitanes, los *wachukamaks*. «*Que las filas de los danzantes vayan al retortero, ellos se preocupan del bienestar del grupo y de garantizar que todos vuelvan a sus casas*».

Se insistía en cuatro referentes morales:
- Honradez: *ama killa, ama llulla, ama shua*, las familias reciben la llegada de diversos grupos que festejan el *Inti Raymi*. Las puertas permanecen abiertas, también por las fuertes repercusiones penales para quien robe.

- Confianza: las familias no adoptaban medidas de seguridad sobre sus bienes.
- Solidaridad: los propietarios recibían a todos; brindaban *asua*, licor y comida, a quienes visitan.
- Fe: la acción de desprendimiento se realiza en reciprocidad a la madre Tierra, a quien se ofrendan los productos seleccionados, asociados a danza, música y plegarias. Compartir alienta un sentido sagrado, porque los productos llegan por la bondad de la madre Tierra. Una manera de expresar ese agradecimiento es compartir. La danza del *amaru*, símbolo de fecundidad, rememora el movimiento de la Tierra y de la Vía Láctea.

Quienes se han dirigido a otras comunidades serán atendidos con la misma actitud. Permea la idea de que quien coopera será favorecido con abundantes cosechas.

MANAGEMENT Y CLAVES PARA LA DESAPARICIÓN DE UN IMPERIO

Quizá el motivo más evidente del talegazo de los incas fue la división interna por la pugna fratricida entre Huáscar y Atahualpa. La ausencia de cohesión facilitó la segunda: el avance conquistador. Constituye un milenario precedente práctico de lo que deslinda Peter Senge en *La quinta disciplina: el arte y la práctica de la organización abierta al cambio: «Muchos líderes tienen visiones personales que nunca se traducen en visiones compartidas y estimulantes (...). La mayoría de la gente prefiere seguir una meta elevada, no solo en momentos de crisis sino en todo momento»*.

Son múltiples las enseñanzas para el *management* que pueden extraerse de la gestión que condujo, por acción u omisión, al ocaso. Un DAFO a tiempo por parte de Huáscar y Atahualpa les habría evitado el tenebroso final. Peter Drucker, de haberse adelantado cuatro siglos y haber bajado del norte al sur de América, les habría recapitulado las cinco funciones directivas que detalla en *Management: Tasks, Responsabilities, Practices*: fijar objetivos, organizar, motivar y comunicar, medir y, finalmente, desarrollarse y desarrollar a las personas

La confianza, que se inspira y no puede imponerse, quizá habría salvado el proyecto. Huáscar es paradigma de líder suspicaz. Sospechó de su hermano Atahualpa desde el primer día. Receló de sus más próximos, de sus generales y, por supuesto, de los emisarios de una reconciliación *in extremis*. No es descartable que tantos melindres procedieran de su inseguridad. Daniel Goleman le habría venido bien; al menos, un resumen ejecutivo de dos de los cinco pasos de *Inteligencia emocional:* la autogestión de las propias palpitaciones y las habilidades sociales.

Pareja a la familiaridad suele transcurrir la comunicación, tanto la profunda que lleva a compartir auspicios halagüeños, como la más formal referida a la transmisión informativa. Ejemplo de esto último fue lo que ocasionó el apresamiento de Huáscar: su falta de contacto con el contingente que avanzaba favoreció el que la emboscada resultara redonda para los de Atahualpa. No priorizó bien, prestó más atención al hacer que al reflexionar. No contó con un asesor que le advirtiera de dos ideas nítidas de pensamiento ejecutivo que Enrique Sueiro ilustra con ejemplos empresariales en *Brújula directiva: 25 horizontes*. La primera, que importa más la brújula que el cronómetro. La segunda, que diriges si comunicas... y que debes empezar por escuchar.

La prudencia es virtud preciada en los liderazgos sostenibles. La capacidad de anticipar faltó a Huáscar en los tiras y aflojas con su medio hermano. También careció de ella Atahualpa en episodios como el que condujo a su captura por Pizarro. Entraba dentro de lo predecible que adentrarse en Cajamarca para darse un supuesto baño de multitudes entrañaba riesgos. Buen complemento a sus agallas habría sido la capacidad que Michael Porter reclama para entender una organización y su contexto holísticamente. Quien ayuna de este entendimiento aumenta las posibilidades de ser víctima de varias de las siete sorpresas directivas que el profesor de Harvard desgrana en su obra *Ser competitivo*. En concreto:

2. Dar órdenes es proceloso

3. No es fácil saber qué pasa realmente

4. Siempre estás enviando un mensaje; y, muy especialmente

7. No eres más que un ser humano

Vinculada a la prudencia se halla la sabiduría para calar en la naturaleza humana. Este saber incluye la consciencia de los efectos que tienen pasiones como la altivez, talón de Aquiles de Atahualpa, o la codicia, debilidad del cascarrabias Pizarro y sus caballeros. Disponer en aquel contexto de un Cuadro de Mando Integral, aunque fuera embrionario, habría preservado el imperio, sobre todo en lo referido al cliente y a los procesos internos.

De entre los activos clave, merece atención la unidad. El salmo II de la tradición judía advierte que *omnia regnun divisum contra se desolabitur*: todo reino dividido contra sí será desolado. La desunión se torna aún más letal cuando, como en el caso inca, se suma un enemigo externo. Lynda Gratton habría dispuesto de un excelente campo de trabajo para cohesionar equipos y abrillantar aún más su obra *Estrategias de capital humano*.

Efecto colateral de defender la unidad es mimar los procesos de transición. Los liderazgos precavidos preparan esos canjes con tiempo: ni demasiado pronto para no desestabilizar ni demasiado tarde para evitar vacíos de poder. La ejecución requiere repasar *Los siete hábitos de la gente altamente efectiva*, de Stephen Covey, quizá en particular el quinto: primero comprender y después ser comprendido.

En el ámbito de lo táctico hay una clave tan importante como cuajar la visión global del proyecto: embridar la gestión local. Pizarro fue hábil para fichar a traductores que, además de su función de truchimanes para negociaciones, constituían una conexión de primera mano con una realidad novedosa. Comprender una realidad desde una atalaya diferente de la propia no es sencillo. Un Nobel de Economía como Daniel Kahneman habría sido consejero eficaz para ayudar al Inca a gestionar con tino los sesgos cognitivos. A buen seguro la Casa del Saber, que era como la escuela de dirección de la época y de la zona, de haber existido, habría incluido la obra *Pensar rápido, pensar despacio* en su biblioteca.

PROLEGÓMENOS A LA
LLEGADA DE PIZARRO

Con treinta y ocho años, Francisco Pizarro había formado parte de la expedición española de Vasco Núñez de Balboa. El 25 de septiembre de 1513, después de atravesar la selva panameña, no exenta de marjales, había clavado el estandarte de Castilla en la costa del Pacífico. Tan lejos había llegado el de Trujillo, bastardo de un noble y abandonado en una iglesia al nacer.

Su reputación fue mayor con las armas que con las letras. Como ya se ha detallado, en 1517 le encargaron inmovilizar a su exjefe, Balboa. Era hombre, en fin, que llevaba el alma entre los dientes. En 1524, ya cincuentón, seguía nutriendo su ambición y pergeñaba proyectos. Con su amigo Diego de Almagro, también analfabeto, soñaba en nuevos albures, como los que relataba Pascual de Andagoya (1495-1548). Se cuenta de este que de sus andaduras americanas cosechó más mataduras que tesoros, incluida una rodilla renca al caer del alazán mientras fanfarroneaba de ser buen jinete. A Pizarro le intrigaban las historias de un presunto rey que en la región del Pirú (Perú) tapizaba de oro sus ostentosos alcázares. Esa descripción coincidía con lo que un indio le había confiado: la existencia de un país en el que se comía y bebía en vajilla de oro.

En noviembre de 1524, Pizarro zarpó con ochenta hombres y cuatro caballos. En sus luchas con los nativos fueron inicialmente más elevadas las pérdidas (Almagro, un ojo) que las prebendas. Las expediciones no eran gangas y Pizarro atesoraba más utopías que fondos. Gracias a la persuasión del padre Hernando de Luque (+1533), el 10 de marzo de 1526 un contrato selló la alianza entre Pizarro, Almagro y el clérigo. En cuatro páginas escritas con letra chica se plasmaron las cláusulas por las que el Perú, aún ignoto, quedaba vendido, prorrateado y regimentado. Ocho meses después salían dos carracas, con ciento sesenta hombres y varios palafrenes, rumbo al jactancioso objetivo. Pizarro arribó a la desembocadura del río San Juan, en la actual costa colombiana, al tiempo que Almagro regresaba a Panamá en busca de cooperaciones. La nave de Pizarro prosiguió setecientos kilómetros al sur hasta su primer contacto con la civilización inca. Se trató casi de un abordaje debido a que una embarcación se acercaba veloz. Las naves quedaron arrimadas. Los españoles se alegraron por ver a bordo mujeres, oro y plata.

Semanas después, el rey de España, Carlos I, recibía un informe descriptivo de Pizarro: «*Como adornos personales llevaban numerosas piezas de oro y plata, sin contar las coronas, las diademas, los cinturones, brazaletes, corazas y quijotes; ni tampoco los bro-*

ches, los collares y las joyas cubiertas de perlas y rubíes, los espejos adornados de plata, las copas y otros enseres. Estaban vestidos con ropas de lana o algodón, que se asemejaban a las túnicas moriscas... y otros tejidos color escarlata o carmesí, azul, amarillo y de todos los colores. Las telas tenían bordados rebuscados que reproducían aves, animales, peces o árboles. Disponen de pesos minúsculos para calcular el oro... En sacos hechos con un tejido de perlas, transportaban cantidad de pequeñas piedras preciosas: esmeraldas y calcedonias, así como otras joyas y objetos de ámbar o de cristal. Era su moneda para cambiar por algunas especies de conchas que trabajan en forma de fichas, coral, escarlata o blancas».

Cientos de miles de personas se enfrentaban a los recién llegados, pero el Imperio inca abundaba en debilidades: una extensión de cuatro mil kilómetros de norte a sur, el desconocimiento de la rueda... Ni siquiera habían desembarcado en la Edad de los metales.

Los conquistadores prolongaron su búsqueda por el litoral mientras el hambre y el desánimo prosperaban. Muchos se arrastraban cargados de consternación como escarabajos con sus pelotillas de inmundicia. Se les arrugó el alma. Pizarro, consciente del valor de la ejemplaridad, marcó la mencionada línea en la arena y los retó: *«Compañeros, de un lado de esta línea están la muerte, las luchas, el hambre, las tempestades, pero también el camino hacia el Pirú y sus riquezas. Del otro lado está la facilidad y además la ruta hacia Panamá y la pobreza. ¡Elegid, como buenos castellanos!».*

Apenas una docena traspasaron la raya. La mermada expedición zarpó de nuevo, y tras veinticinco días llegaron a una ensenada al sur del actual golfo de Guayaquil. Se encontraban en Tumbes, el más norteño de los puertos incaicos. La nave se vio rodeada de balsas con hombres armados. Pizarro los invitó a vino escanciado de las damajuanas. La gestión relacional pronto obtuvo el beneplácito del curaca local, que se esmeró en hospitalidad.

Para implorar refuerzos de Carlos I, Pizarro se embarcó hacia España. Su regreso coincidió con el de Hernán Cortés, que tributaba muestras del esplendor descubierto en México.

El 26 de julio de 1529, al parecer en ausencia de su marido, la reina firmó la autorización para que Pizarro explorase y conquistara

Perú. Seis meses después procedió hacia allí con tropas de refresco y tres hermanos: Juan, Gonzalo y Hernando. Cuando finalmente llegaron lo hicieron tan al norte que debieron caminar meses por el litoral, combatiendo por igual la peste y a los nativos. Llegaron exangües de nuevo a Tumbes, en ruinas humeantes. No quedaba rastro de los afincados. Los indígenas le describieron la cruenta guerra civil que los asolaba. El motivo de la masacre de Tumbes se había debido a que sus habitantes eran miembros del antiguo Imperio chimú y habían apoyado a Huáscar. Atahualpa les había dejado exánimes. Los gobernantes incas, que habían establecido un social comunismo *ante litteram* entre los conquistados, no admitían desacatos, al igual que ningún seguidor de esa perversa ideología que castra el entendimiento. Una muestra de esto último es que los marxistoides señalan que el elemento individual no tiene relevancia en la historia, como afirmaba Jorge Plejanov, traspasando la delgada línea que introduce en el ridículo.

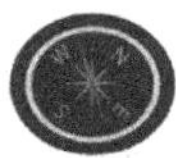

EL FIN DE PIZARRO

Transcurrido el turbulento periodo de conquista (1530-1540), la habilidad de Pizarro le llevó a contar con el apoyo de algún representante inca para sus urdimbres. La ocasión se presentó de la mano del príncipe Túpac Huallpa (Toparpa o Tobalipa para los de Pizarro), hermanastro de Huáscar, a quien nombró soberano con la aquiescencia de los nobles cuzqueños supervivientes. Entonces partió hacia Cuzco, aunque pronto topó con nuevo desvelo: el recién elegido apareció muerto sin saber a manos de quién.

Aun con Atahualpa y Huáscar muertos, sus facciones seguían en armas. En medio del barullo, Pizarro se dirigió a Cuzco. De camino se cruzó con las tropas del Quisquis, el último general de Atahualpa en territorio de Huáscar. Se trataba del ejército que habían preparado juntos para cuando consiguieran liberar a Atahualpa.

Los españoles solo tuvieron que emplear sus lombardas y arcabuces. Los incas lucharon entre sí. Los españoles fueron simples fuerzas mercenarias. Los de Atahualpa, derrotados, se retiraron hacia el norte, a Quito, donde se unieron a Rumiñahui. Allí plantarían batalla en defensa del último bastión.

Pizarro prosiguió su avance y llegó al pueblo de Jaquijaguana. Lo recibió Manco Inca Yupanqui, príncipe heredero de los cuzqueños. En el encuentro, que contó con el apoyo de partidarios del desaparecido Huáscar, se le eligió *sapa inca*, lo que facilitó una alianza contra los de Atahualpa.

Este acuerdo no generó unanimidad, pues algunos cuzqueños seguían apostando por la simbiosis malograda de los seguidores de los hermanastros. Manco Inca Yupanqui pergeñó un proyecto autónomo, que pasaba por consolidar su poder y prescindir de los foráneos. La realidad le demostró que no era tan sencillo, entre otras razones porque multitud de oriundos preferían a los españoles. Entre las medidas que tomó se incluyó el asesinato de sus hermanos Inquill y Huaspar.

Los conquistadores captaron expeditamente que la lealtad de Manco Inca era quebradiza... y lo apresaron. No faltaron ni siquiera en esos peculiares momentos las sarracinas dinásticas. El sobrino de Manco Inca, llamado Pasac, y su medio hermano, Atoc-Sopa, eran el núcleo de un grupo de rivales. Ambos confabularon contra Manco Inca incrementando el descontento. La muerte de Atoc-Sopa a manos de los hombres de Diego Almagro intensificó las timbas intestinas en el linaje de Manco Inca. En medio de aquellos artificiosos avatares y entre dimes y diretes, Manco y su hermano Paullu se aliaron temporalmente con Almagro. Sus oponentes lo hicieron con Pizarro.

Con ayuda externa y flagrantes y melindrosos dijes a Hernando de Pizarro, que lo consideraba su amigo, consiguió fugarse y avanzar hacia Cuzco. Para perpetrar la huida, Manco Inca había propuesto a Hernando ir a por una estatua de oro enterrada. Al cabo de una semana, estaba de regreso con aquel objeto que medía unos ochenta centímetros. Poco más tarde, el ladino Manco se ofreció para una operación semejante, pero en esta ocasión en Yucay, una aldea situada a unos cuarenta kilómetros, en el valle del Vilcanota, conocido en la actualidad como Valle Sagrado, en la ruta hacia Machu Picchu. Pero en esa ocasión no regresó.

Las opiniones sobre Hernando Pizarro entran en liza, porque se prestó a ello. Personaje contradictorio donde los haya, procuraba tratar bien a los indios, mientras que era irascible y aterrador para sus conmilitones. Resultó audaz, escasamente consistente en sus amistades e implacable en el toma y daca. Fue un gran guerrero, pero su carencia de principios éticos inoculó toxicidad en la conquista. Era, en fin, un individuo cegado por la altivez y la codicia, además de empecinadamente salaz. Si hubiera controlado su descomunal protervia quizá hubiese sido un gran dirigente.

Sus balandronadas, siempre presentes, se habían desbocado en el viaje que lo llevó a España en 1533 para entregar al emperador el quinto correspondiente al botín de Cajamarca y del santuario de Pachacámac. Ni Cristóbal Colón ni Hernán Cortés fueron recibidos con tanta pompa. Carlos V concedió a Hernando Pizarro el título de criado de la Real Casa. Se le entregó el hábito de la Orden de Santiago en Toledo el 20 de mayo de 1534 y en la jornada sucesiva dos caballeros de esa venerable institución le calzaron las escuelas en el templo de Santa Olalla. Para su hermano Francisco, Hernando obtuvo el título de marqués, veinte mil vasallos adjuntos a ese título nobiliario y setenta leguas más para su gobernación. Para Diego de Almagro, la gobernación del Nuevo Toledo con un territorio de doscientas leguas.

El motivo último y abismalmente justificado del enfurruñamiento de Manco Inca fue que varios españoles, ebrios como cubas, habían orinado sobre él. Con la colaboración de su tío, el general Tiso, el más relevante de los mandos militares de Huayna Capac, y de Villac Umu, el responsable del poder religioso, Manco reunió cien mil soldados con intención de sitiar la ciudad y aniquilar a los españoles y sus coagentes. La pendencia a punto estuvo de brindarle el éxito. El sitio fue cabal: el general Cahuide cerró el acceso del Chinchaysuyo, el príncipe Roca Yupanqui selló el sendero del Collasuyo y dos mandos militares clausuraron el Contisuyo y el Antisuyo. El designio era que nadie escapase con vida.

Entre otros medios, las huestes de Manco Inca incendiaron Cuzco envolviendo piedras en algodón inflamable y lanzándolas mediante ondas sobre los tejados vegetales. Implementó también técnicas novedosas como inundar determinadas áreas para azorar el trote de la caballería, cavar agujeros para que los animales trastabillaran, la multiplicación de acción de honderos, etc. La audaz toma de la fortaleza de Sacsahuamán por parte de los españoles trastornó los planes indígenas, a costa de la vida de Juan Pizarro y de otros españoles.

Manco Inca consiguió sucesivas victorias cuando las tropas de Pizarro salieron una mañana de garúa de la recién fundada Lima, bautizada como la Ciudad de los Reyes. Docenas de europeos, tanto a horcajadas como a pie, fueron masacrados. La estrategia fue hacerles luchar en laderas, donde los alazanes malversaban su efectividad. Si bien Manco Inca mantuvo cercada Cuzco durante un largo periodo, los españoles se impusieron después de recibir refuerzos de Centroamérica y el Caribe. Manco Inca fue cediendo posiciones hasta que, por último, se internó en la selva. Había asimilado experiencias y en la persecución a la que le sometió Gonzalo Pizarro empleó espingardas escamoteadas a los españoles.

Simultáneamente, Rumiñahui se esforzó en cumplir lo prometido a Atahualpa y reunió en Quito a cinco mil hombres. Puso en jaque y derrotó al ejército de Sebastián de Belalcázar, remitido por Pizarro. Sin embargo, el valor de los incas ante los españoles flaqueó con la erupción del volcán Tungurahua, pues los de Rumiñahui lo consideraron de mal agüero. Con los pocos fieles que quedaron dispuestos a luchar incendió Quito y Tumibamba. También extrajo todo el oro de sus templos y palacios, sabedor de que era un preciado botín para los españoles. El suculento tesoro quedó en algún recoveco de los Andes y para evitar filtraciones asesinó a sus acólitos. El coraje de Rumiñahui se mantuvo hasta el final. Capturado y torturado para que desvelase la ubicación, no abrió la boca. Con las pocas fuerzas que le restaban, ascendió hasta la cima del volcán y se arrojó en él.

A mediados de 1537, Manco Inca se estableció en la región de Vilcabamba. Era una zona impenetrable. La resistencia se prolongó durante tres décadas, en las que se sucedieron Sayri Túpac (envenenado en el valle de Yucay, en 1560), Titu Cusi Yupanqui (primogénito del anterior), y finalmente Túpac Amaru I. Este último fue decapitado en 1572 en la Plaza de Armas del Cuzco por orden del virrey Francisco de Toledo. Así concluyó la era incaica, treinta años después de la desaparición de Atahualpa. Tras una breve ocupación, la ciudad de Vilcabamba, deglutida por la maleza selvática, se incorporó a la leyenda. Francisco de Toledo remató en ese 1572 la obra comenzada por Pizarro. Los territorios del precedente imperio habían cambiado de dueño.

Hernando de Soto regresó a España dispuesto a disfrutar de la crecida fortuna amasada. La ambición y su espíritu aventurero lo embarcaron de nuevo en una expedición que partió el 15 de julio de 1539. Con cargo a sus caudales organizó una campaña a La Florida. La zona (situada en las actuales Carolina del Sur, Carolina del Norte, Alabama y Misisipi) se hallaba ocupada por los españoles. Su objetivo era ir a gobernar territorios que habían dejado vacantes los ya difuntos Pánfilo de Narváez y Lucas Vázquez de Ayllón. Actuó por eso como un reguero de pólvora, ya que muchos anhelaban aquellas tierras. Entre otros, Pedro de Alvarado, Nuño Beltrán de Guzmán, gobernador de nueva Galicia, y el medellinense Hernán Cortés. De Soto y un millar de hombres se adentraron, mediando la colosal batalla de Mauvila (1540), en el estado de Alabama, en lo que hoy es Arkansas, Oklahoma y el norte de Texas. Buscaron, pero no encontraron, los añorados tesoros.

A esa decepción se adicionó el enfrentamiento con los cherokee. Evaporada su hacienda, De Soto murió zarrapastroso en 1542. Se hallaba en busca de El Dorado y no sobrevivió a las fiebres tifoideas, conocidas entonces como tabardillo, mientras navegaba por un Misisipi atestado de mosquitos. Sus compañeros lo hundieron en el río, para que los indios creyeran que había subido al Cielo en prueba de su inmortalidad. Capitaneada por Luis de Moscoso, la expedición descendió en balsas artesanalmente fabricadas. Cuando alcanzaron la desembocadura, los supervivientes viajaron por mar hasta desembarcar en México en septiembre de 1543.

Diego de Almagro dio sus últimas bocanadas tras urdir el asesinato de Atahualpa. Como se ha mencionado, el emperador Carlos V lo comisionó gobernador de Nueva Toledo, como se denominaba al reino de los chilis, tierra de mapuches. Almagro guerreó contra los combativos araucanos, antropófagos, ya conscientes de la caída del Imperio incaico. Exinanido tras casi un trienio de batallas infructuosas, Almagro regresó al Cuzco, donde fue ajusticiado (1538), quebrado el occipucio por orden de los hermanos de Pizarro, cada vez más acaracolados en su apellido, tras ser derrotado en una guerra incivil por el control de la ciudad. Vaca de Castro fue el jefe del escuadrón responsable de la derrota almagrista. Este delegado imperial, llegado a Cuzco, y como enésima prueba del objetivo final de la conquista, erigió monasterios, solicitó más clérigos y gestionó nuevos obispados. A ningún anglosajón de los llegados al norte del continente se les hubiera pasado por la imaginación semejantes disposiciones. Las metas eran palmariamente divergentes.

El superior de la Orden de la Merced en Perú, Francisco de Bobadilla, fue el último en intentar una solución pacífica entre Diego de Almagro y Francisco de Pizarro. Según los términos de un acuerdo *in extremis*, Pizarro y Almagro se encontrarían en Mala, valle situado al sur de Lima. Irían acompañados de una reducida escolta: doce jinetes, cuatro pajes, un capellán, un secretario y un maestresala. Desafortunadamente, uno procuró engañar con trampantojos al otro y el otro lo intentó con el uno. Todo acabaría, como se ha anticipado, tras la Batalla de las Salinas. Uno de los motivos del triunfo de los Pizarro, en este caso Hernando, fue el empleo en esa conflagración de las denominadas pelotas de alambre, proyectiles disparados de dos en dos y retenidos por un filamento que, al estirarse, producían un amplio impacto, destrozando todo a su paso. También influyó que el portainsignia de Almagro, Francisco Hurtado, desertara al campo adverso, siendo imitado por otros. Las secuelas de la avanzada sífilis (enfermedad endémica local) de Diego de Almagro, también la paresia, le obligaron a mantenerse prácticamente al margen. El tiempo no había pasado en balde ni siquiera para un personaje de su empuje y fortaleza. No fue esa enfermedad venérea la única transmitida a los europeos. Muchos sufrieron desde el comienzo con la baquía y la modorra, que afectaron a los recién llegados de Europa, con una mortalidad en sus primeros momentos de entre el 30 al 50 %.

La decadencia alcanzará también a Francisco Pizarro. Tras la conquista, se había implicado solo o con socios en diversos negocios: importación de tejidos desde España, fabricación y venta de azúcar en el valle de Nazca, alquiler de naos, etc. En paralelo había sembrado enemigos por el camino.

El rey Carlos I lo cesó en 1540 como gobernador del Perú. En su lugar encumbró a Cristóbal Vaca de Castro, quien ejercería como mediador entre este y el hijo de Diego de Almagro («el Mozo»). Antes de que el nuevo gobernador llegase a Perú, los almagristas, dirigidos por «el Mozo», habían vengado la muerte de su padre y finiquitado a Pizarro en Lima. Le habían ido avisando. Una noche amarraron a la horca levantada en el centro de la gran plaza tres cuerdas cuyas extremidades fueron enlazadas a las fachadas de las casas de Juan Velázquez, alcalde mayor, Antonio Picado, secretario del marqués, y la del mismísimo Francisco Pizarro.

De las veinte personas que acompañaban a Pizarro en el momento del asalto de los almagristas, solo los pajes Juan de Vargas y Alonso Escadón, el caballero Gómez de Luna y un medio hermano del conquistador, Francisco Martín de Alcántara, permanecieron a su lado. Al capitán Francisco de Chaves, que había salido a frenarlos interpretando erróneamente que eran soldados quejosos, lo habían rematado.

Juan Rodríguez Barragán, uno de los asaltantes, le estampó una cerámica en la cabeza cuando Francisco Pizarro solicitaba el sacramento de la penitencia. Añadió un sofión: «*Confiésate en el infierno*». *Mors acerba, fama perpetua*, cabe zanjar.

Diego Méndez, otro de los asesinos de Pizarro, huyó a Vicos con Manco Inca. Más adelante apuñaló a Manco para congraciarse con Blasco Núñez, el nuevo virrey. Pagó con la vida, porque los *aints*, colaboradores de los incas, circunvalaron la bandería de homicidas y los aniquilaron.

Un año después fue decapitado Almagro el Mozo y expuesta su calavera en Lima por traidor al rey de España. Un trienio más tarde, en el abracadabrante 1544, porque la rueda de la fortuna tiende a befarse de los humanos, Vaca de Castro fue encargado de tomar las medidas necesarias para la reorganización del país. Promulgó leyes para mejorar el gobierno. Fundó escuelas para formar a los locales, restringió los repartimientos. Sin apenas dinero y careciendo de tropas había logrado poner orden gracias a su buen hacer y audacia. Siempre juzgó la rebelión como un crimen imperdonable y con carácter austero fue implacable en el ejercicio de la justicia. Sin embargo, tras haber aflorado tendencias autocráticas, o así lo juzgaron sus opositores, elucubraría sobre su vida encarcelado en la sentina de un barco.

El nuevo virrey, Blasco Núñez de Vela, era originario de Ávila. Había desempeñado diversos cargos de confianza obteniendo el beneplácito de Carlos V. El emperador había redactado una carta de su puño y letra para Vaca de Castro en la que le agradecía los servicios prestados y le ordenaba que, tras trasladar al representante su experiencia, regresase a Castilla para ocupar su puesto en el Consejo real. De naturaleza desconfiada, Blasco Núñez, en vez de sacar provecho de los sabios consejos de su antecesor, infatuado de su rango había ordenado la detención de Vaca de Castro. Tras doce años de prisión en la fortaleza de Arévalo, en España, Vaca de Castro fue absuelto.

El nuevo delegado, dejándose llevar de la ira, asesinó a un caballero, Illán Suárez de Carbajal. Ordenó que el cadáver del finado fuera sacado por una escalera secreta, amortajado en su capa y enterrado a toda prisa. Sin embargo, el trágico acontecimiento no permaneció soterrado. A partir de ese momento todo fueron desatinos.

El todavía virrey, plenamente aislado, que había retenido a un hijo de Gonzalo Pizarro antes de enfrentarse al progenitor, fue derrotado en la Batalla de Añaquito, en enero de 1546. La cabeza expuesta a modo de trofeo de Blasco Núñez de Vela manifestó la osadía de los Pizarro y demás encomenderos. Las barbas del finado fueron rapadas y repartidas entre los verdugos, quienes las emplearon como adornos en sus sombreros. Pasado el tiempo, la cabeza fue reunificada con el cuerpo y honrada en la catedral de Lima durante un funeral con las ínfulas correspondientes a la dignidad de un virrey.

Ese mismo año fue comisionado Pedro de La Gasca, sacerdote, diplomático y militar. De ascendencia noble, había ingresado en el seminario de Alcalá de Henares, patrocinado por el cardenal Cisneros. De Alcalá pasó a Salamanca. Fue elegido miembro del Consejo de la Inquisición. A finales de 1545, el Consejo de Felipe II designó a La Gasca para restablecer el orden en Perú. Aceptó tras declarar: *«Mi falta de salud me hubiera hecho más grato descansar en mi casa que cumplir tan peligrosa misión; pero mi rey me lo ordena y no puedo negarme; si, como es probable, no vuelvo a ver a mi patria, tendré por lo menos el consuelo de haber hecho cuanto estaba a mi alcance para servir intereses».*

Al llegar, La Gasca tendió la mano a Gonzalo Pizarro a cambio de su rendición, pero sin respuesta.

«Usted no pretendía protestar contra las ordenanzas y obtener su revocación —le manifestó para demostrar que no era ingenuo—, *sino usurpar la jurisdicción y la gobernación. A pesar de que el virrey suspendió la ejecución de las ordenanzas, usted lo persiguió hasta la muerte, dando a entender que, en lugar de impedir la ejecución de las ordenanzas, usted pretendía conseguir la gobernación y quitar de en medio al virrey, que estaba en condiciones de impedírselo».*

La Gasca convocó setecientos arcabuceros, quinientos piqueros y cuatrocientos jinetes, bajo el mando del Alonso de Alvarado. La colisión con las fuerzas de Gonzalo Pizarro se produjo en Jaquijahuana, contiguo a Cuzco, el 9 de abril de 1548. Once años antes, por cierto, Alfonso de Alvarado había dirigido la sexta intentona para ayudar a librar Cuzco de las tropas de Manco Inca. Había partido de Lima a inicios del mes de noviembre de 1536 y en su largo recorrido hasta julio de 1537 tuvo que vencer numerosas bandas indígenas. Al saber, llegado a Abancay, que los hombres de Diego Almagro iban a atacarlo, hizo proteger el puente sobre el río Apurímac y se aprestó a recibir a los adversarios. Uno de sus lugartenientes, Pedro de Lerma, rencoroso por no haber sido designado jefe de la expedición, se pasó a los almagristas, y el 12 de julio, en Cochacaxas, permitió a los españoles de Cuzco apresar a la columna de Alvarado con sus bártulos. El jefe de la expedición había terminado en prisión junto a los hermanos Pizarro.

Volvamos a 1548. Numerosos gonzalistas, comenzando por Cepeda, uno de sus hombres de mayor confianza, se pasaron al bando de La Gasca. Gonzalo Pizarro y los principales cabecillas fueron capturados. Cuarenta y ocho fueron condenados a muerte. Gonzalo fue decapitado y Francisco de Carvajal, su mano derecha, destazado a pesar de sus ochenta y cuatro años. Antes de que su cabeza rodara, Gonzalo pronunció las siguientes palabras: «*Muchos de entre vosotros os habéis hecho ricos por las liberalidades de mi hermano y mías. Sin embargo, de todas mis riquezas nada me queda sino los vestidos que llevo puestos, y ni aun estos no son míos, puesto que le corresponden al verdugo. No dispongo, por lo tanto, de medios para pagar una misa por mi alma, y os ruego que, en recuerdo de los beneficios pasados, me hagáis la caridad, cuando haya muerto, de hacerme decir una misa para que también os aproveche en la hora de vuestra muerte*».

Cepeda sobrevivió poco a Gonzalo Pizarro. Había llegado a Perú con cargo de responsabilidad. Traicionó al virrey al que debía apoyar, a la audiencia con la que había debido colaborar y al superior al que prometió servir con lealtad. Toda su carrera fue una trapisonda, una prolongada perfidia. Muchos propusieron a La Gasca que lo enviase al patíbulo, pero este hizo caso omiso, probablemente por el relevante servicio realizado a la Corona con su defección, que encauzó la de otros. Fue remitido a España. Gracias a intrigas urdidas por bien posicionados estaba a punto de caramelo la absolución cuando falleció en prisión.

Se vislumbra en estos sucesos el anhelo de la aristocracia nacida de la conquista y de sus descendientes por lucrarse de una independencia frente a la península. Durante largos años fue cuajando la nostalgia de una América desgajada. La emancipación, como he mencionado, será obra de hispanos, algunos oriundos de España y otros de la América española, que fueron instilando veneno de discordia. En 1808, en concreto el 15 de septiembre, trescientos hombres, por indicación del rico hacendado Gabriel de Yermo, apresaron al virrey José de Iturrigaray, dentro de los inescrutables hechos en los que se proclamaba la fidelidad a Fernando VII y el desarreglo por la invasión napoleónica de España. En aquellas aguas turbias, Miguel Hidalgo, párroco del pueblo de Dolores, personaje ilustrado y ex rector del colegio de San Nicolás de Valladolid, convocó a misa. Era el 16 de septiembre. Una vez reunidos los feligreses los incitó a luchar contra el mal Gobierno. Pocos días más tarde, en Celaya, la muchedumbre encumbró a Hidalgo como generalísimo y al capitán Ignacio Allende como teniente general. En el santuario de Atotonilco, Hidalgo proporcionó la primer enseña: una imagen de la Virgen de Guadalupe. Quince días más tarde, los insurgentes llegaron a Guanajuato, donde dieron matarile a quienes permanecieron fieles a la legalidad. A partir de ahí se mezclaron intereses políticos, económicos, religiosos, etc., fruto de un movimiento populista generado por la invasión francesa de España. En octubre, las huestes de Hidalgo derrotaron a tropas realistas. Comenzó una cruenta guerra civil que se eternizó.

Volvamos atrás. La Gasca trató de negociar con los incas en rebelión, pero en medio de aquellos intentos falleció Paullu, hermano de Manco Inca. Quedó pues en la selva Sayri-Túpac, jefe de los revoltosos. Cuando expiró lo sucedió Titu Cusi en el simbólico trono de Vilcabamba. Y tras él su mencionado hermano Túpac Amaru, quien fue apresado junto a su esposa embarazada. El fautor de la detención fue el capitán García de Loyola, sobrino de Ignacio de Loyola, fundador de la Compañía de Jesús. Túpac Amaru –reitero– murió ajusticiado en la Plaza de Armas de Cuzco, el 24 de septiembre de 1572, siete lustros después de que Manco Inca hubiese encabezado la rebelión.

La Gasca, tras mejorar la vida de los indios y la administración municipal, regresó a España. Su partida fue lagrimeada por los agradecidos indígenas. Le regalaron vajilla de plata como reconocimiento. La Gasca no la aceptó. Él había ido a servir a Dios y al rey, y no quería que nadie considerase que había pretendido enriquecerse. Diversos colonos ocultaron 20.000 castellanos en su barco. La Gasca, ya en España, localizó a los familiares de los donantes y distribuyó entre los más necesi-

Grabado colonial que representa a don Pedro de La Gasca y que se encuentra en la portada de la iglesia de Santa María Magdalena, en Valladolid. 1847. Fuente: *History of the conquest of Peru* de William Prescott. Biblioteca Nacional del Perú. Wikipedia Commons.

tados. Nombrado obispo, primero ocupó la sede de Palencia hasta 1561 y posteriormente la de Sigüenza. Pereció en medio de la admiración y el respeto de sus conciudadanos.

Francisca Pizarro, una de las hijas naturales de Francisco Pizarro generada con Inés Huaylas (también conocida como Inés Yupanqui o Quispe Sisa), hermana de Atahualpa, trasladada a España tuvo como principal conturbación el desarrollo de los conventos mercedarios por él iniciados. A la vejez viruelas, Francisca se enamoró de su tío Hernando Pizarro, prisionero en el Castillo de La Mota (1542-1561) como consecuencia del asesinato de Diego Almagro. Ya viuda, superadas sus tendencias al lujo y la ostentación llevó vida recatada.

La prolongada estancia de Hernando Pizarro en la prisión del Castillo de La Mota se debió tanto a sus impropios comportamientos en las Indias como a que fray Alonso García de Loaysa, provincial de Castilla, quedara fuera del Consejo de regencia en 1543. Loaysa era uno de los patrocinadores de Pizarro y contrario a fray Pedro de Córdoba. La historia siempre es fruto de la microhistoria. En aquel Consejo, tan importante para el mayor de los Pizarro, se incluyó al arzobispo de Toledo, don Juan Tavera, a don Fernando de Valdés, presidente del Consejo de Castilla, y a Francisco de los Cobos, que fungiría de secretario.

¿Cómo olvidar, por cierto, esa otra microhistoria que hace referencia a Alonso de Ercilla, paje de Felipe II, autor de *La Araucana*? Aquel crío pendenciero fue condenado a ser degollado por el jefe de su expedición, García Hurtado de Mendoza, e indultado cuando ya estaba en la plaza. Su animadversión hacia su superior le llevó a idealizar al enemigo araucano. Los españoles de su texto son personajes grises, los araucanos parecen extraídos de *La Ilíada*.

La mayor imputación contra Hernando Pizarro fue la presentada por Alonso Enríquez de Guzmán. Acusó a Hernando de rencor hacia el adelantado Diego de Almagro y de la inmoderada avidez que provocó el levantamiento del Manco Inca Yupanqui. Hernando, efectivamente, había aliñado el ahorcamiento del adelantado encargándoselo, para mayor desdoro, a un hombre de color. El resentimiento de Enríquez era profundo y personal, porque en 1538, la víspera de San Lázaro, se había producido un intento de asesinato contra su persona por parte de un enviado de Hernando. Salvada la vida por los pelos, había invertido en su curación más de mil ducados. Enríquez lo acusaba de crimen de lesa majestad y de perdulario, por lo que solicitaba la máxima pena. La acusación, formulada el 31 de mayo de 1544, puso en peligro a Hernando, que se salvó por los obsequiosos aportes que la conquista había generado para las arcas del emperador.

En sus últimos años, Hernando Pizarro fue como un tallo torcido a punto de chafarse que sostenía su caletre como un fruto desecado. Era un anciano forzado a mirar el suelo, con una expresión de perplejidad. Los ojos se habían tornado vidriosos, hendidos por pequeñas grietas rojas. Su piel era como una rutilante arcaica tela picada de manchas; los brazos rígidos, como cogederas inservibles, soportaban temblores que se dilataban por el cuerpo.

La administración de las encomiendas de indios pertenecientes a doña Francisca en ningún momento se limitaron al cobro de rentas. Siempre estuvo cariacontecida por la formación cristiana de los indígenas y las malandanzas de los encomenderos. En marzo de 1553 encargó a Martín Alonso, mayordomo enviado al Perú, que situase a una persona religiosa, mejor un clérigo, para adoctrinar y administrar los sacramentos. Insistía en que se defendiese de malos tratos tanto a los indígenas como a los importados esclavos azabaches.

El Imperio incaico, en fin, quedó enterrado por el tiempo y la maleza. Buena parte de su historia se ha transmitido oralmente. Los relatos dependen no pocas veces del bando de los narradores: atahualpistas o cuzqueños, norteños o sureños, costeños o andinos, nobles o runas, mestizos o indios, sin olvidar a cristianos o fanáticos, a incaicos o europeos.

Muchos españoles buscaron riquezas, pero una grandiosa mayoría se entregó a la mejora de las poblaciones. En 1692, y es un ejemplo entre innumerables beneméritas iniciativas anteriores, contemporáneas y posteriores, fue inaugurada la Universidad Nacional de San Antonio Abad del Cuzco.

TÚPAC AMARU

El 4 de noviembre de 1780, José Gabriel Condorcanqui Noguera, quien utilizaba en ocasiones el nombre de Túpac Amaru para recalcar su pedigrí real, almorzó con el corregidor Antonio de Arriaga en casa del párroco de Yanaoca, Marcos Rodríguez. Túpac Amaru era el curaca de tres pueblos situados al suroeste de Cuzco. Era el encargado de recaudar los tributos y mantener el orden. Tenía cuarenta y dos años. Tras apurar la pitanza, apresó a Arriaga y lo obligó a redactar varias cartas a su tesorero en la ciudad de Tinta, en las que requería dinero y armas. Túpac Amaru robó setenta y cinco fusiles, un cajón de pólvora, balas, cartuchos, escopetas y veintidós mil pesos de impuestos. El 9 de noviembre, esgrimiendo un falsificado documento en el que el rey de España le concedería poderes, ordenó el asesinato de Arriaga.

José Gabriel nació el 10 de marzo de 1738 en Surimana, localidad de la que su padre era curaca. Además, ejercía tal puesto en Pampamarca y Tungasuca. El hijo heredó el cargo y explicó su nombre: los *amarus* son serpientes mitológicas aladas, mientras que Tupa denota proximidad al Inca. José Gabriel aseguró ser descendiente directo del último gobernante inca, decapitado por el virrey Toledo en 1572, como hemos mencionado. El apellido de la madre, Noguera, sugiere nostalgias españolas, en concreto catalanas. Heredó trescientas cincuenta acémilas, que empleaba entre Cuzco-Alto Perú, la ruta de comercio que ligaba a Lima y Cuzco con las prolíficas minas de Potosí.

Como toda revolución, hubo antecedentes económicos, con unos años previos de escollos. Si bien Túpac Amaru disponía de considerables recursos en 1780, también acopiaba relevantes deudas. Por si fuera poco, la carga fiscal se había incrementado.

Micaela Bastidas, su arpía esposa, nació en 1744 en Pampamarca. No se limitó a ser una compañera; se convirtió en una colaboradora comprometida con la actividad política de su marido, instigadora de ferocidades. Era probablemente descendiente ilegítima de un hombre de color.

Los motivos de la insurgencia fueron económicos y de ambición, porque, como tantos, consideraba que él ejercería el poder con más sabiduría que quienes en ese momento lo ostentaban. No faltaba el resentimiento. Túpac Amaru libró una prolongada batalla judicial tanto en Cuzco como en la Real Audiencia de Lima con Diego Felipe Betancur. Ambos aspiraban al título nobiliario del marquesado de Oropesa, un rico feudo que databa del siglo VII. Los dos presentaron documentación según ellos probatoria de ser descendientes directos de Túpac Amaru I. Cada uno acusó al otro de superchería. El juicio se prolongó. Cuando Túpac Amaru ahorcó a Arriaga en noviembre de 1780, todavía no se había dictado sentencia.

Entre los antecedentes de Túpac Amaru se incluye una reclamación de Esteban Zúñiga, recaudador del diezmo de la provincia de Azángaro y residente Pampamarca, que denunció el maltrato al que el presunto último Inca sometía a sus subordinados. Según Zúñiga, cuando intervino para defender a una tía de Micaela Bastidas, a quien Túpac Amaru estaba pateando, fue golpeado. Zúñiga señaló que Túpac se comportaba como si fuera la única autoridad, azotando y arrestando a su antojo y actuando con hostilidad impropia contra mestizos y españoles.

En las excéntricas revueltas de la época, los pasquines proclamaban ¡Viva el gran Carlos III y muera todo mal Gobierno! o ¡Viva Carlos III y muera todo aduanero! Túpac Amaru, en su revolución en ciernes, apoyó incondicionalmente al monarca español.

Túpac quemó, saqueó, declaró la derogación de la alcabala, el reparto y la mita, y el fin de los corregidores. Populismo en estado puro. En el corto plazo a todos agrada no abonar impuestos, pero no entendían que antes o después alguien sustituiría a los denostados opulentos. Cuando el campamento de Túpac fue alcanzado por los realistas, descubrieron que la cama del jefe rebelde disponía de una cabecera de seda y base de oro, que había pertenecido al corregidor Arriaga. Cuando Micaela fue detenida le fueron incautados zarcillos, sortijas, hebillas y gargantillas de oro, cientos de pesos de plata, cuatro cajas de oro, plata labrada y muchas otras riquezas.

Al emplear el quechua, Túpac satisfacía a las masas. Permitir espoliar a los hacendados era otra de sus ventajas competitivas. Se presentó con frecuencia como un mesías, aunque no empleaba ese término, que corvetearía un sistema justo, y aseguró su capacidad traumatúrgica para resucitar a quienes murieran batallando, obviamente por su causa. Su relación con la Iglesia fue controvertida. De un lado se proclamaba católico, pero por otro condenaba a todo aquel que no gravitase en torno a él. La influencia de lo eclesial era magna. Solo en Cuzco, con treinta mil habitantes, había nueve conventos, tres monasterios, ocho beaterios y siete colegios. Las principales órdenes masculinas habían sentado sus reales en la cosmópolis. Desde la catedral, el obispo presidía una diócesis en expansión, con más de ciento treinta parroquias. El número total de miembros del clero secular y regular era de unos mil. Los jesuitas construyeron una imponente iglesia en la Plaza de Armas, similar en majestuosidad a la catedral, y los dominicos, mercedarios y franciscanos no se rezagaron. Desde el siglo XVI España envió un alud de los mejores maestros europeos para entrenar el numen de los artistas indígenas. El resultado fue la conspicua Escuela cuzqueña.

En la feroz lucha de Túpac no faltaron actuaciones tan inhumanas como envenenar a los anquilosados prisioneros. Narra un cronista que cuando los rebeldes se refugiaron en la localidad de Calca, dieron muerte cruel a cuantos españoles hallaron de ambos sexos, reputando por españoles y mestizos a todos los que tenían camisa. *«Usaban torpemente de las mujeres de representación agradable, quitándoles después la vida, llegando a la mayor impiedad de incubar sobre los cadáveres de otras».*

Los enfrentamientos se prolongaron con conductas gravemente improcedentes por ambos bandos. Al concluir mayo de 1781, las cabezas de Túpac Amaru y Micaela Bastidas, además de sus extremidades y otras partes del cuerpo, fueron exhibidas en Tinta, Tungasuca, Pampamarca, entre otras localidades.

En 1783, y coherentemente con el sistema polisinodial, una Junta reunida en Madrid revisó los procesos de 1781 contra Túpac Amaru y sus seguidores con el objetivo de valorar si los procedimientos, sentencias y castigos habían sido idóneos. La Junta amonestó a los jueces por haber ordenado que a José Gabriel se le cortase la lengua estando vivo, algo vedado por las leyes de Castilla y las de Indias. También rechazaron que los cuerpos hubieran sido quemados y sus cenizas esparcidas.

Túpac Amaru ha sido instrumentalizado como un mito. Dos grupos subversivos adoptaron su nombre: los tupamaros en Uruguay entre 1960 y 1974, y el movimiento revolucionario Túpac Amaru en Perú, entre 1980 y 1997. El Gobierno Revolucionario de las Fuerzas Armadas del general Juan Velasco Alvarado, de 1968 a 1975, convirtió al insurgente en su emblema, imprimiendo su imagen en monedas y billetes. Un asesor de Velasco puso en boca de Túpac una frase en realidad inventada por él: *«Campesino, el patrón ya no comerá de tu pobreza»*. Fue lema de la campaña.

ENSEÑANZAS PARA EL MANAGEMENT

1. Los procesos de *assessment* han de contar previamente con perfiles adecuados.
2. La comunicación es un elemento esencial para el buen gobierno.
3. Las ínfulas ciegan en la toma de decisiones. La arrogancia es síntoma de debilidad.
4. El talento no es brillar mucho, sino realizar con eficacia las responsabilidades que cada uno tiene adjudicadas.
5. Las organizaciones no pueden cimentarse exclusivamente en la presión militar. Han de drenar la violencia si quieren integrar y prolongarse en el tiempo.
6. El poder absoluto, aunque sus orígenes procuren ser beneficiosos, camina hacia la dictadura.
7. Todo grupo humano tiende a sacralizar a la autoridad, siquiera para sacar tajada.
8. El nepotismo es una patología presente en cualquier grupo humano.
9. Toda organización diseña un sistema de auditoría interna.
10. No hay enemigo liliputiense.
11. Nunca hay que dar una batalla por ganada.
12. Un pueblo en guerra incivil (sic) es fácil de conquistar.
13. La unidad fortalece; la división hace vulnerable.
14. El marketing puede encubrir durante algún tiempo las tendencias totalitarias de un régimen, pero acaban por descubrirse.
15. La microhistoria abarca paráfrasis de muchas decisiones.
16. Los intereses personales o de grupo pueden llevar a ser complacientes con comportamientos infames.
17. Cuando la implicación se ha logrado mediante la imposición falta el compromiso y los proyectos se diluyen.
18. La información fiable y en temas esenciales resulta clave para vencer batallas.

19. Los objetivos valiosos reclaman trabajo constante.

20. La ausencia de ética es casi siempre un atajo (indigno) para lograr resultados.

21. La superpotencia inca se mantuvo gracias a una estructura rígida cuya inflexibilidad fue la causa también de su hundimiento. Toda organización debe mutar para sobrevivir, aunque sin perder lo esencial.

22. El exceso de cachaza no beneficia a los directivos.

23. Los campanudos están obnubilados para la toma de decisiones valiosas.

24. La definición de puestos es una clara ventaja competitiva.

25. La eficacia de las estructuras e infraestructuras de comunicación es esencial para el mantenimiento de la unidad.

26. Con frecuencia resultan ridículas las pretensiones de protocolo por parte de los directivos.

27. Hasta el más sublime tiene en su vida comportamientos menos ejemplares.

28. La narración de la historia admite ser torturada hasta decir lo que alguien por intereses políticos o ideológicos desee.

29. La microhistoria permea siempre la historia. Sin entender la primera, la segunda es un enigma.

30. Existen pocas personas inapelablemente buenas o malas. Hay personas que obran más el mal que el bien y viceversa.

31. La codicia no debe confundirse con la ambición. Es un fin en sí misma, una adicción insaciable e interminable.

32. Despreciar a otras culturas y no tratar de comprenderlas, reduciéndolas a un cliché supremacista, denota indigencia intelectual.

ANEXO: CULTURAS PREINCAICAS

Esculturas incas. Fuente: Shutterstock.

Resulta inviable tratar del *management* de los incas sin referirse, siquiera esquemáticamente, a las culturas que los antecedieron. Algunas costumbres superaron el filtro del tiempo, otras se diluyeron. No fueron estrictamente sucesivas, muchas se solaparon en tiempo y territorio. La gestión de personas y organizaciones en el imperio fue resultado ecléctico y ambivalente de características punteadas por otros clanes.

Puede descargarse información sobre estas otras culturas preincaicas con ayuda de este código QR:

CUARTA PARTE

MAYAS

Detalle del Dintel 26 de Yaxchilán. Museo Nacional de Antropología, Ciudad de México. Fuente: ProtoplasmaKid. Wikipedia Commons.

INTRODUCCIÓN

Los mayas, que para muchos aparecen revestidos de misterio, han entusiasmado a Occidente, más significadamente desde que el explorador americano John Lloyd Stephens y el arquitecto inglés Frederick Catherwood redescubrieron esa civilización en la década de 1840.

Los antecedentes remotos se remontan al designado Periodo arcaico (7000 a. C.) y la cronología más aceptada lo fracciona en tres (preclásico, clásico y posclásico), que concluyen con la decadencia, rematada con la conquista española de México (1521). Aunque los historiadores discrepan, es comúnmente aceptada esta secuencia temporal:

- Periodo arcaico: 7000-2000 a. C.
- Periodo preclásico:
    - Temprano: 2000-1000 a. C.
    - Medio: 1000-300 a. C
    - Tardío: 300 a. C.-250 d. C.
- Periodo clásico:
    - Temprano: 250-600
    - Tardío: 600-900
- Periodo posclásico:
    - Temprano: 900-1250
    - Tardío: 1250-1521
- Periodo colonial: 1521-1821

En el Preclásico se produjeron los primeros asentamientos en lo que hoy es la península de Yucatán (México), El Salvador, Guatemala, Honduras y Belice. A lo largo de dos milenios se desarrollaron proyectos grandiosos como las pirámides levantadas en zonas hoy selváticas hacia el 600 a. C.

La etapa clásica fue la de mayor suntuosidad. Al final de esa época colapsaron las meridionales. Las del norte siguieron floreciendo durante el Posclásico, aunque registraron altibajos y mutaciones en el poder de los pequeños estados, que pasaba de una ciudad a otra. Este descontrol, sembrado de guerras civiles de diverso perfil, facilitó el quehacer de Hernán Cortés.

La civilización maya generó desarrollo en matemáticas, astronomía, arquitectura, artes plásticas y escritura a un nivel que muchos equiparan al del entorno árabe o hindú. Se ha llegado a tildar a los mayas de griegos del nuevo continente. Como otras culturas analizadas en este libro, habían desarrollado un notable *corpus* cultural, para nada desdeñable.

No se desplegaron por generación espontánea. Los predecesores olmecas habitaron a lo largo del Golfo de México y sus ciudades de piedra dieron paso a mitos de gigantes en esta área. La artesanía olmeca era sofisticada. Algunas esculturas sobreviven como cata de sus habilidades. Destaca la ausencia de representaciones de barahúndas. O no se involucraron en exceso o no les interesaba presumir. Los olmecas han sido considerados la madre de las civilizaciones mesoamericanas, tanto de mayas como de aztecas.

En la mitología olmeca representada en sus templos y esculturas hay rastros de prácticas chamánicas. Es reiteradamente representado un hombre jaguar. Los mayas contemplaban a ese animal nocturno, símbolo del inframundo. Los dioses gemelos de los mayas, con indudables antecedentes olmeca, constituyeron una forma de expresar la dualidad entre el día y la noche, la vida y el óbito, lo masculino y lo femenino... El culto a los antepasados fue tan relevante para los olmecas como para los mayas, de modo semejante a cualquier grupo humano.

La superficie por la que se extendió la cultura maya comprendió en su momento álgido más de 300.000 kilómetros cuadrados divididos en dos regiones: tierras altas y bajas. La península de Yucatán descansa en una plataforma caliza. Son incontables los ríos subterráneos y los pozos naturales, que los indígenas denominan cenotes, en torno a los cuales se agrupó la población prehispánica. El acuífero fue utilizado por los mayas con tres objetivos: fuente, emplazamiento de rituales relacionados con el inframundo y ocasionales cementerios.

La cultura maya brotó entre el 1800 y 1500 a. C. La arquitectura y la escritura surgieron entre el 600 y 500 a. C. El auge de los mayas no supuso el final de los olmecas, aunque el desarrollo de los primeros coincidió con decadencia de los segundos.

ORGANIZACIÓN SOCIAL

El mundo maya, cuando los españoles desembarcaron, era pilotado por dos castas en mutuo contrapeso: nobles y chamanes. Bajo ellos, el pueblo, y en la base, los esclavos. Pierre Ivanoff detalla que cada uno de los veinte estados de Yucatán dependía de un jcfc supremo, un *haluch uinic*, el verdadero hombre. Era un cargo hereditario.

El rey contaba con un Consejo y juntos atendían las cuestiones del Estado. Entre otras funciones examinaban a los aspirantes a convertirse en gobernadores. Los procesos de *assesment* se realizaban en una jerigonza reservada. El equipo dirigente era algo semejante a una empresa familiar, que acotaba la elección del *halach uinic*. La nobleza, con títulos también hereditarios, se denominaba *almehenoob*, aquellos que tienen padre y madre. En estos estratos sociales, el *halach uinic* reclutaba a los jueces. Se priorizaba el que la población respetase de modo reverencial a los ungidos y velase por la ejecución de los trabajos agrícolas. Su función principal consistía en asegurar el puntual abono de los tributos. Para esa labor –mucho y bien el pájaro no vuela– contaban con la ayuda de delegados, los *ah leloob*.

En tiempos de conflicto bélico, los jefes reclutaban milicias que se ponían a las órdenes del *nacom*, el guía militar. El puesto de comandante supremo se prolongaba un trienio. Su responsabilidad era máxima y se le veneraba como a un ídolo. Recibía ofrendas de incienso y era trasladado al templo en procesión.

La jerarquización no se diluía ni con la llegada de la parca. Los enterramientos mantenían los estratos: el lugar en el que se inhumaba, el hacerlo individual o colectivamente, si el cuerpo se disponía en un contenedor especial —sarcófago, cista (fosa rectangular cubierta de piedras), urna...–, la postura en que se depositaba —extendido, flexionado, sedente, etc.–, o el ajuar. Si se aplicaba la cremación, los restos se introducían en vasijas cerámicas que se instalaban en plazas principales. Igual acaecía con las ofrendas, desde nimias hasta magnánimas. En las mejores no faltaban objetos de piedra, concha o hueso. Hayek recomendaba visitar los cementerios de un país para conocer mejor qué tipo de sociedad tenían. La muerte es también inapelable en lo social.

Siete clases sociales

Un grupo privilegiado diferenciado ostentaba el poder y gozaba de beneficios. La movilidad era limitada. Ascender, encrespado.

El estatus y las ocupaciones solían transmitirse a los hijos. La igualdad de oportunidades para la mujer era inexistente. Campaban por sus fueros en lo referido a formar parte de los ámbitos económico, religioso y gubernamental, pero solo podían casarse con miembros de idéntico estrato. La clase alta disfrutaba de clamorosos privilegios.

1. Gobernantes. Los pertenecientes a específicas familias hozaban entre riquezas y lujos. Solo había un modo de que alguien externo alcanzara esa posición: una conflagración. La parentela vencedora tomaba el control. Vestían de manera fastuosa. Durante los rituales religiosos lucían tocados esmerados y distintivamente elevados.

2. Nobles. Aprendían a leer y escribir. Lo habitual era que no se dedicasen a nada productivo. Quienes laboraban lideraban las áreas del comercio o del servicio militar. No tributaban y disfrutaban de boato.

3. Sacerdotes. La gente corriente solía creer que los hechiceros eran capaces de comunicarse con los dioses. Recibían dinero y regalos de la comunidad. Numerosas personas trabajaran para ellos sin retribución. Al frente se situaba el Señor serpiente, *ahaucan*. Los arcanos se transmitían de padres a hijos. Era el asesor principal del jefe del territorio y la actividad cultural caía bajo su palmeta. Interpretaba los movimientos astrales, presidía los sacrificios, redactaba códigos y controlaba la construcción de las ciudades sagradas. Era auxiliado por algunos sacerdotes, los *ahkim*.

   Los más respetados, los *chilam*, estaban especializados en adivinación. La gente los portaba a hombros para que no se mancillasen hollando el suelo. Uno era comisionado para los sacrificios humanos. Cuatro asistentes, los *chaces*, inmovilizaban a las víctimas.

4. Comerciantes. Podían ser miembros de la nobleza o campesinos dedicados a mercadear. Los mayas desarrollaron redes de intercambio mercantil que facilitaban la conexión entre municipios. En la actividad comercial global solo intervenían figuras relevantes de la élite.

5. Soldados. Los líderes eran nobles, pero al igual que los jenízaros procedían de múltiples orígenes. Aunque lo habitual era heredar la pertenencia a este estrato, también hubo agricultores forzados a dejar sus tierras para alistarse.

6. Campesinos. Sus casas eran pequeñas, con techo de paja, ubicadas en el extrarradio. La mayoría vivía con penurias y si escaseaban los esclavos se constituían como señalados candidatos para ser sacrificados en los rituales. Los plebeyos proveían a la nobleza de porteadores, sirvientes, operarios y otras labores de parca sofisticación.

7. Esclavos. Los esclavos, *pentacoob*, constituían el último escalón. El destino de los de mayor rango solía ser la inmolación. Además de acérrimos enemigos de guerra capturados, había

perdularios, personal vendido por los progenitores y huérfanos. Algunos investigadores consideran que la esclavitud la iniciaron los *cocomes* de Mazapán, en Yucatán. Otros enjuician que la práctica existía en el Período clásico.

Los miembros de un clan se identificaban con un antepasado de carácter mítico, que en bastantes casos era un animal. Eso explica el origen de muchos apellidos del área de Yucatán: *Chan* (serpiente), *May* (venadillo), *Uk* (piojo), *Balam* (tigre o jaguar), etc.

En jaguar o *balam* era para los soberanos el símbolo del derecho divino de su posición jerárquica. El dios jaguar residía en el mundo inferior, el de los difuntos. Cada madrugada se transformaba en dios del sol y transitaba al cielo hasta regresar al inframundo. De igual manera, los monarcas desafiaban la muerte renaciendo más allá del inframundo, del que ningún individuo estándar escapaba y dedicaban ritos específicos para contentar al dios jaguar y para que se mantuviera en su papel de intermediario entre los espíritus y lo terrenal. Con ayunos y solemnidades, los reyes y otros miembros de la élite entraban en éxtasis y visitaban a los espíritus para aportar energía celestial a los terrícolas. Las insignias de los monarcas acopiaban un relevante significado simbólico y espiritual. Las plumas del ave sagrada, el quetzal, ornamentos en jade, pieles de jaguar, conchas, etc. manifestaban su capacidad de interceder ante los dioses.

Durante los rituales del Capacocha, uno de los más importantes, se ofrendaba a los volcanes Ampato y Pichu-Pichu (Arequipa). A los elegidos, impúberes y mozos particularmente bien dotados y desarrollados, se les preparaba desde el nacimiento con nutrición especial. Antes de ser inmolados se les obligaba a apurar brebajes que les hacían entrar en trance y por tanto reducían su defensa ante el cruel fin. Los chamanes consideraban que a las deidades les cautivaban los sacrificios humanos y a cambio los bendecían con prosperidad.

Entre otros se han estudiado los despojos de muchachos encontrados en áreas ceremoniales a más de 5.000 metros de altura, en las cumbres mencionadas. El análisis de esos restos parcialmente momificados permitió establecer que correspondían a menores de entre tres y siete años, en su mayoría féminas. Es altamente probable que las víctimas procedieran de las altas clases sociales, porque estaban bien cebadas, con un percentil elevado de crecimiento en comparación con los estratos sociales inferiores.

MATRIMONIO

Los mayas eran tendencialmente monógamos. En la adolescencia eran agrupados según su sexo. Los varones quebraban un cántaro de la hembra que les gustaba. Si ella no protestaba constaba su anuencia. En caso contrario el varón seguía inquiriendo.

Los matrimonios requerían prolongadas negociaciones mediante terceros. El brujo fijaba la fecha de la celebración en función de la interpretación astral. La cita incluía comida regada con *balché*, una bebida de aguamiel. Específicas sustancias alucinógenas eran privilegio de los dirigentes. Lo mismo sucedía con el tabaco. Los mayas creían que estas sustancias permitían comunicarse con los dioses y con sus antepasados, mediación consagrada a los oficiantes. Durante entre tres y seis años después de los esponsales, el hombre debía residir con sus padres políticos.

La esterilidad de la mujer suponía un grave estigma y encauzaba al divorcio. Soñar con una serpiente, al igual que en otras culturas símbolo erótico, presuntamente garantizaba una inminente maternidad. Tras el parto, la instrucción del infante encarecía el rendibú a los padres, valor que se realzaba con el que sus progenitores mostraban hacia los abuelos. Se prevenía de la cochambre y la chabacanería.

En las familias acomodadas se practicaba un tipo de prensado del cráneo del párvulo entre tablillas. El objetivo era generar el perfil ahusado de obús que se aprecia en numerosos relieves. Tallaban los incisivos o incrustaban en sus dientes pequeños confeti de pirita de hierro. Así se consideraban más atractivos.

Hasta el matrimonio, los jóvenes se acicalaban de negro cuerpo y rostro. Ya ligados, el color diferencial pasaba a ser el rojo, salvo en tiempo de ayuno, de nuevo fosco. El azul correspondía a los sacerdotes. Para pintarse empleaban sellos de cerámica grabados que humedecían en tinte. Las mujeres maquillaban el busto, salvo los senos.

Calendarios

Los mayas idearon un calendario que recogía los ciclos lunares y solares, a los que concedían un significado religioso. El anuario presentaba ciclos recurrentes basados en los movimientos del sol, la luna y los planetas. Cualquier día concreto se repite en intervalos periódicos, análogamente al paradigma gregoriano. El ciclo completo del calendario maya de *cuenta larga* dura 5.125 años. Establece una cronología absoluta en la cual cualquier fecha es singular. El de *cuenta larga* calcula las jornadas que han transcurrido desde la fecha mítica de la creación maya, el 11 de agosto de 3114 a. C.

La unidad básica de tiempo era el día (*k'in*) y la equivalencia era la siguiente:

20 *k'in* = 1 *uinal* o 20 días
18 *uinal* = 1 *tun* o 360 días
20 *tun* = 1 *katún* o 7.200 días
20 *baktún* = 144.000 días

La fecha de *cuenta larga* se escribe en formato de columna siguiendo la lectura de los glifos, signos grabados, escritos o pintados. Sus calendarios más conocidos eran el *Haab*, el *Tzolk'in* y el citado de *cuenta larga*, que incorpora a los dos primeros, entrelazados en un ciclo de 52 años. A modo ilustrativo, la fecha de redacción de estas líneas (20 de octubre de 2021) en *cuenta larga* sería: 13.0.7.17.0 4 *Ajaw* | 3 *Sak'* | G7. Esta referencia incluye pues las fechas del *Tzolk'in* (4 *Ajaw*), del *Haab* (3 *Sak'*) y añade el correspondiente *Señor de la Noche* (G7), que es uno de los nueve que forman las deidades tenebrosas.

El ciclo de trece *baktún* del calendario maya de *cuenta larga* dura 1.872.000 días o 5.125,366 años tropicales. Es uno de los ciclos más prolongados en el sistema de calendario maya.

El ciclo del *Haab* es de 365 días y se aproxima al año solar. Es un calendario de diecinueve meses: dieciocho llamados *uinal*, de veinte días, y un mes de cinco días, denominado *Wayeb*. De este modo, 18 x 20 + 5 = 365 días.

Los agricultores de Yucatán llevaban a cabo ofrendas y rituales en los mismos meses, siguiendo el ciclo de 365 días del *Haab*. Estas ceremonias se denominan *Sac Ha'*, *Cha'a Chac* y *Wajikol*. Los mayas en las tierras altas de Guatemala marcaban sus celebraciones especiales durante el mes *Wayeb* del *Haab*, el de cinco días.

El calendario sagrado maya se denomina *Tzolk'in* en yucateco y *Chol Q'ij* en quiché. No se fracciona en meses, sino que se halla compuesto por una sucesión de glifos de veinte jornadas en combinación con los números 1 al 13, de manera que se producen 260 días únicos. La duración del *Tzolk'in* coincide con los nueve ciclos lunares y con el tiempo de gestación de los seres humanos. El *Tzolk'in* también se relaciona con los movimientos solares, el paso cenital y el ciclo del maíz.

Los *Ajq'ijab'* de las tierras altas de Guatemala celebraban cada 260 días una ceremonia de año nuevo –*Waxjaqib' B'atz'*–, y daban la bienvenida a otro ciclo en el calendario sagrado maya *Chol Q'ij*. Con ese ritual se iniciaban los nuevos contadores del calendario. Ese oficio recaía en personas específicamente capacitadas.

Otro anuario es la *rueda calendárica*, donde los *Haab* y *Tzolk'in* se entrelazan. En este formato, cualquier combinación de un día del *Tzolk'in* con un día del *Haab* no se repetirá hasta que hayan transcurrido 52 períodos de 365 días. Los mayas creían que cuando una persona alcanzaba los cincuenta y dos años lograba la sabiduría de los talludos.

Para cualquier acontecimiento de más de cincuenta y dos años, los antiguos mayas recurrían al de *cuenta larga*, con cinco ciclos de tiempo que, como el gregoriano, cuenta días, meses, años, siglos y milenios. El sistema maya también lo hace, pero la diferencia está en el nombre y magnitud de los ciclos. Al igual que la matemática maya, el sistema de *cuenta larga* cuenta de veinte en veinte. La excepción está en el tercer ciclo porque 18 x 20 (360) se aproxima más al ciclo *Haab* o el ciclo solar de 365 días, en vez de multiplicar 20 x 20 (400).

Además de los cinco ciclos, una fecha completa en el calendario de *cuenta larga* incluye fechas del *Haab* y *Tzolk'in*. Por ejemplo, el 1 de enero del año 2000 se escribe 12 *baktún* 19 *katún* 6 *tun* 15 *uinal* 2 k'in 11 *Ik'* 10 *K'ank'in* usando el sistema maya o 12.19.6.15.11 *Ik'* 10 *K'ank'in*. Mientras el calendario gregoriano cuenta los días cronológicamente a partir del nacimiento de Cristo, el maya de *cuenta lar-*

ga lo hace a partir de la fecha de la creación mitológica de 13.0.0.0.0 4 *Ajaw* 8 *Kumk'u*, la ya citada fecha del 11 de agosto de 3114 a. C.

El ciclo actual del calendario de *cuenta larga* alcanzó nuevamente 13.0.0.0.0 durante el solsticio de invierno el 21 de diciembre de 2012, cuando la fecha de la *rueda calendárica* fue 4 *Ajaw* 3 *K'ank'in*.

El rey dios

En la cúspide se asentaba el rey-dios, que ejercía como representante de la divinidad y máxima autoridad del Estado, el Ejército y la Administración. La Tierra se habría creado y destruido cuatro veces y ahora viviríamos en un quinto mundo. Su tradición enuncia relatos similares a los bíblicos.

Los mayas quichés de la zona guatemalteca forjaban con tintes de terror los prolegómenos de la Creación. El relato más elaborado se halla en el *Popol Vuh*, su libro sagrado. En sus páginas se lee que «*solo el cielo vacío está allí (...), tan solo el mar vacío se reúne bajo el cielo; no hay nada más que esté reunido allí*». El dios hacedor recibe diversos nombres, como *Corazón del Cielo* o *Huracán*. Esta deidad descendió para encontrarse con otro dios, la *Serpiente Emplumada Soberana*, que habitaba en las aguas cubiertas por las sombras. Tras los circunloquios, compartieron sus preocupaciones, planificaron su acción creadora, que se ejecutó cuando pronunciaron la palabra mundo.

A semejanza del *Génesis* de la tradición judía, la Creación maya enumera fases. En el turno del mundo animal se particularizan especies: ciervos, aves, pumas, jaguares, serpientes de cascabel, sierpes mordedoras amarillas... Sin embargo, los dioses no parecían satisfechos, porque estos seres «*solo graznaban, solo parloteaban, solo aullaban*». En su afán de pulir su obra, los mayas culminaron un proyecto humano que pudiese «*hablar, rogar por nosotros, custodiar nuestros días*». Así llegaron las tribus y, finalmente, «*aparecieron el sol, la luna y las estrellas, cuando alboreó y se hizo el día en la faz de la Tierra, sobre todas las cosas que había bajo el Cielo*».

La aparición humana, según ese relato, se debe a que los dioses escamotearon maíz blanco y amarillo del interior de una montaña y, hasta nueve veces, una diosa hembra trituró las panochas. Con maíz modelaron la carne de los primeros humanos y a partir del agua brotó sangre. Esta explicación contextualiza ese cereal sagrado, regalo de los dioses y esencia de los humanos. El alimento habría surgido en las tierras cálidas el sur y el golfo de México, futuro territorio de olmecas y mayas, más de tres mil años a. C. Esa planta facilitaba hacer el caldo gordo para otras actividades: intelectuales, artísticas, religiosas, etc. Eric Thompson apunta que *«el maíz constituía más que la base económica de la civilización maya, el punto focal del culto, y todos los mayas que trabajaban el suelo le habían elevado un altar en su corazón. Sin el maíz no hubiesen podido disponer de tanto tiempo, ni disfrutar de la prosperidad necesaria para construir sus pirámides y sus templos; sin el amor místico que los inspiraba, los campesinos no se hubieran sometido a las continuas llamadas de sus dirigentes para ejecutar prodigiosos programas. Pero sabían que trabajaban para atraerse a los dioses del cielo y del suelo, de quienes dependía su cosecha de maíz».*

Antes de sembrar, ayunaban, practicaban continencia y realizaban ofrendas. Ilustra el fenómeno lo que escribió un monje del siglo XVIII: *«Su éxtasis al contemplar sus 'milpas'* (los campos cultivados en los claros de la selva, antes quemados) *es tal que se olvidan de los niños, la mujer y todos los demás placeres, como si las 'milpas' fueran la meta final de su existencia y el manantial de su felicidad».* Esta actitud impulsaba al anhelo de nutrir la tierra con su cadáver como contraprestación al alimento que ella les había prodigado.

Brújula maya

Según la cosmología maya, los dioses habían empleado una cuerda para ejecutar su Creación. Partida por la mitad, la estiraron en el cielo y en la Tierra hasta unir cuatro esquinas. La superficie terrestre formaba un plano horizontal y cada ángulo apuntaba a una dirección cardinal. A cada una se le asignó un árbol, una hierba, un ave, un color y varios dioses.

- Este: rojo, dirección del sol naciente
- Oeste: negro, lugar del descenso y la muerte del sol
- Norte: blanco.
- Sur: amarillo

Una quinta dirección (arriba y abajo) se hallaba en el centro de la tierra: verde azulado. Allí crecía el árbol del algodón (*ceiba*), que mantenía la unión del universo maya y se hundía hasta el arcano Mundo Inferior. El trono se prolongaba de la Tierra al cielo y, con una rama a cada lado, alineaba una cruz.

El *Libro de Chilam Balam*, crónica maya de Yucatán, vierte sucesivas creaciones, una de las cuales concluyó con un diluvio: «*El cielo cayó sobre la Tierra y cuatro dioses llamados Bacabs, de pie en las esquinas de la Tierra, sostuvieron la corte celestial*». Resulta ilustrativa la explicación adrede de Federico González Frías sobre *Chaac*: dios de la lluvia, la fertilidad y el trueno para los yucatecos, equivalente al *Tláloc* de los náhuatl. Los quichés de Guatemala le llamaban *Tohil*. Era divinidad universal de la máxima categoría con cuatro personalidades, una por cada punto cardinal. A tenor del número de sus representaciones en los códices, podría considerarse aún más importante que *Itzamná*. La figura de *Chaac* aparece 218 veces en los tres códices (Dresde, Madrid y París), mientras que la de *Itzamná* 103 (ninguna en el francés Códice Peresiano).

Chaac, para los dioses de los puntos cardinales, ostentaba color diverso:

- *Chac Xib Chaac*, el Hombre Rojo Chaac del Este
- *Sac Xib Chaac*, el Hombre Blanco Chaac del Norte
- *Ek Xib Chaac*, el Hombre Negro, Chaac del Oeste
- *Kan Xib Chaac*, el Hombre Amarillo Chaac del Sur

A diferencia de la teología sobre la Santísima Trinidad –un único Dios con tres personas divinas–, los mayas se refieren a cuatro dioses.

Al dios *Itzamná* se le conoce como fundador y habitante de la ciudad de Chichén Itzá. Habría sido un sabio. Se le atribuye la invención de letras fundamentales en la comunicación. Ascendió a la categoría de dios, vinculado con el sol, la luna y las estrellas. Señor del día y de la noche y rey de la ultratumba, se le considera delegado de la medicina y la agricultura. Sobre esta última se le atribuye haber mostrado la práctica del cultivo y el uso del *ki*, planta sagrada de Yucatán. La acción de *Itzamná* buscaba favorecer a las criaturas, no provocar catástrofes. Hijo del dios creador *Hunab Ku*, se casó con *Ixchel*, diosa de la luna, el amor y la gestación. Tuvieron trece vástagos, obviamente dioses.

Mundo Inferior (Xibalbá) y sus señores

La cultura maya —reitero— ofrece explicaciones en términos de opuestos: macho y hembra, noche y día, estación seca y húmeda, la muerte inevitable que completa la vida, etc. Enumeraban trece niveles de cielo y nueve del mundo inferior, bajo tierra. *Xibalbá* era un entorno de pestilencia y putrefacción en el que regían los nueve señores de la noche. A este lugar se precipitaba el sol en su crepúsculo para padecer peligros nocturnos y resurgir al reír el alba para emprender su jornada diurna.

Los mayas creían que los humanos tenían coesencias animales. Uno de los que acompañaba al soberano era el jaguar, intermediario entre vivos y muertos, además de protector y símbolo de las casas reales durante el periodo clásico. En el Altar Q en Copán están representados dieciséis monarcas de la dinastía real; en el 775 d. C. el rey Yax Pac sacrificó y enterró en la cripta quince jaguares.

Montañas y cuevas eran referentes visuales de la transición entre lo físico y lo espiritual. La puerta de entrada a los templos simbolizaba una gruta que conducía al centro de esa montaña y al mundo inferior.

Hunahpú y Xbalanqué, dioses gemelos

El *Popol Vuh* narra que dos gemelos, Hunahpú y Xbalanqué, viajaron a *Xibalbá*. El relato presume una metáfora de los ciclos sin tiempo y en perpetua repetición, así como de la regeneración de la

Tierra y los seres vivos. Los hermanos de la fábula jugaban a pelota al borde del *Gran Abismo* y los temidos nueve señores de ese mundo inferior, escaldados por el jaleo, los emplazaron. Los obedientes críos descendieron por un acantilado hasta ese abismo hediondo. Los convocantes habían acabado previamente con la vida del padre y el tío de los infantes, también gemelos. Adentrarse en tal inframundo garantizaba casi con seguridad no librarse de él.

Hunahpú y Xbalanqué desafiaron con ingenio engallado su sino. Pasaron la primera noche en la intitulada *Casa de la Penumbra*, donde se les retó a mantener una antorcha y dos chicotes encendidos toda la vigilia. Se las ingeniaron para enganchar plumas de guacamayo a la antorcha y brillantes luciérnagas en la punta de los cabos. En la *Casa de los Jaguares* se libraron con huesos de la fiereza de estos animales. Engañaron a los señores de *Xibalbá*, que dieron a los gemelos por devorados por los ocelotes. Una casa en llamas apenas chamuscó a los airosos que, como vagabundos andrajosos, cantaron y bailaron de tal manera que los señores quedaron amenizados.

Entre los números del espectáculo, los gemelos sacrificaban un can al que luego retornaban a la vida. Sacudidos por el prodigio, los señores rogaron que hicieran lo mismo con un humano. Según crónicas, la siguiente petición fue *«sacrificadlo otra vez, o mejor sacrificaos a vosotros mismos»*. Complacidos por el nivel del espectáculo, dos de ellos gorgoritearon: *«¡Sacrificadnos a nosotros!»*. De esta forma los gemelos no solo acabaron con dos de los nueve señores, sino que declararon que, en adelante, los únicos humanos que permanecerían en *Xibalbá* serían los violentos, inútiles y culpables.

Concluida la hazaña y expresada su declaración final, Hunahpú y Xbalanqué salieron transformados del *Gran Abismo*. Hoy uno es el sol y el otro la luna. La leyenda añade que cuatrocientos muchachos, antes dioses asesinados, se transfiguraron en estrellas celestes.

Antropofagia y sacrificios humanos

En el universo maya hay constancia de antropofagia e innumerables pruebas de sacrificios humanos. Para algunos, candoroso salvajismo. Un caso depurado fue el contacto entre mayas y españoles en 1511. Se trata del naufragio de expedicionarios que viajaban de Darién hacia La Española. Demudados por una tormenta, solo una veintena sobrevivieron en una gabarra que, renqueando hacia el norte por la corriente del canal de Yucatán, arribó a la zona septentrional. Capturados por la tribu maya de los cocome, el capitán y cuatro de sus hombres fueron almorzados por los nativos.

Lo inmortalizó el superviviente clérigo Jerónimo de Aguilar: *«Desta manera anduvimos catorce días, al cabo de los cuales nos echó la corriente, que es allí muy grande y va siempre tras del sol, a esta tierra, a una provincia que se dice Maya. En el derrotero murieron de hambre siete de los nuestros, y viniendo los demás en poder de un cruel señor, sacrificó a Valdivia y a otros cuatro; y ofreciéndolos a sus ídolos, después se los comió, haciendo fiesta, según el uso de la tierra, e yo con otros seis quedamos en caponera, para que estando más gordos, para otra fiesta que venía, solemnizásemos con nuestras carnes su banquete».*

Las oblaciones humanas fueron sempiternas. Los de un rey enemigo, un joven, un niño o una joven virgen se valoraban como destacadas ofrendas a los dioses, que en agradecimiento facturaban lluvia a cántaros, irisaciones azuladas y buenas cosechas. Este raciocinio alcanzó gran impacto en las claves económicas. La sangre era un líquido preciado, fuente de vida, que satisfacía a las deidades. Involucraba una forma efectiva de ejercer el poder con terror. *Mutatis mutandis* sería un precedente o concomitante caso de lo que Maquiavelo (siglo XVI) plasmó en *El príncipe*, donde plantea un dilema para el gobernante: ser amado o ser temido. El antropólogo Marvin Harris aduce como aliciente el escaso aporte de proteínas del ecosistema maya. Sin apenas ganado, su ingesta mayoritaria habría sido vegetal.

Fray Diego de Landa dedica a este asunto el capítulo XXVIII de su *Relación de la cosas de Yucatán*, escrita en 1566. Testimonia que realizaban sacrificios con su propia sangre *«cortándose unas veces las orejas a la redonda, por pedazos, y así las dejaban por señal. Otras veces se agujeraban las mejillas, otras el labio de abajo; otras se sajaban partes de sus cuerpos; otras se agujeraban las lenguas, al soslayo, por los lados, y pasaban por los agujeros unas pajas con grandísimo dolor; otras, se arpaban lo superfluo del miembro vergonzoso dejándolo como las orejas, con lo cual se engañó el historiador general de las Indias cuando dijo que se circuncidaban».*

La descripción continúa con prácticas como apiñarse en el templo y *«puestos en regla se hacían sendos agujeros en los miembros viriles, al soslayo, por el lado, y hechos pasaban toda la mayor cantidad de hilo que podían, quedando así todos ensartados; también untaban con la sangre de todos aquellas partes al demonio, y el que más hacía era tenido por más valiente y sus hijos, desde pequeños, comenzaban a ocuparse en ello y es cosa espantable cuan aficionados eran a ello».* Las mujeres, por su parte, embadurnaban el rostro al demonio con la sangre de aves, animales de la tierra o pescados. A algunos animales les sacaban el corazón y lo ofrecían; a otros, enteros, unos vivos, otros muertos, unos crudos, otros guisados... También se multiplicaban ofrendas como pan y vino u otras viandas.

Diego de Landa señala que para algunas fiestas se sacrificaban animales y *«también por alguna tribulación o necesidad les mandaba el sacerdote o 'chilanes' sacrificar personas y para esto contribuían todos. Algunos daban para que se comprasen esclavos o, por devoción, entregaban a sus hijitos, los cuales eran muy regalados hasta el día y fiesta de sus personas, y muy guardados (para) que no se huyesen o ensuciasen de algún pecado carnal».*

El día fijado para el sacrificio *«juntábanse en el patio del templo y si había (el esclavo) de ser sacrificado a saetazos, desnudábanle en cueros y untábanle el cuerpo de azul (poniéndole) una coroza en la cabeza; y después de echado el demonio, hacía la gente un solemne baile con él, todos con flechas y arcos alrededor del palo y bailando subían en él y atábanle siempre bailando y mirándole todos. Subía el sucio del sacerdote vestido y con una flecha le hería en la parte verenda, fuese mujer u hombre, y sacaba sangre y bajábase y untaba con ella los rostros del demonio; y haciendo cierta señal a los bailadores, ellos, como bailando, pasaban de prisa y por orden le comenzaban a flechar el corazón el cual tenía señalado con una señal blanca; y de esta manera poníanle al punto los pechos como un erizo».*

Cuando se proyectaba extraer el corazón de la víctima, la trasferían embadurnada de azul al patio con gran parafernalia. La colocaban en la grada redonda que era el sacrificadero y después de que el sacerdote y sus oficiales untaban el ara con color añil y echaban al demonio purificando el templo, los chaces tomaban al que iban a inmolar y lo ponían de espaldas en aquella piedra: *«Asíanle de las piernas y brazos que le partían por enmedio. En esto llegaba el sayón nacón con un navajón de piedra y dábale con mucha destreza y crueldad una cuchillada entre las costillas, del lado izquierdo, debajo de la tetilla y acudíale allí luego con la mano y echaba la mano al corazón como rabioso tigre arrancándoselo vivo, y puesto en un plato lo daba al sacerdote, el cual iba muy de prisa y untaba a los ídolos los rostros con aquella sangre fresca».*

Cuando este sacrificio se realizaba en la piedra y grada alta del templo, lanzaban el cadáver a rodar gradas abajo. Al pie de la escalera, otros se ocupaban de desollarlo, salvo manos y pies. En ese instante, *«desnudo el sacerdote, en cueros vivos, se forraba con aquella piel y bailaban con él los demás, y esto era cosa de mucha solemnidad para ellos. A estos sacrificados comúnmente solían enterrar en el patio del templo, o si no, comíanselos repartiendo entre los señores y los que alcanzaban; y las manos y los pies y cabeza eran del sacerdote y oficiales; y a estos sacrificados tenían por santos. Si eran esclavos cautivos en guerra, su señor tomaba los huesos para sacarlos como divisa en los bailes, en señal de victoria. Algunas veces echaban personas vivas en el pozo de Chichenizá creyendo que salían al tercer día aunque nunca más parecían».*

Fray Diego de Landa no dramatizaba. El licenciado Palacio en su relación escribe que el sumo hechicero sacrificaba su lengua y miembro genital en la ceremonia de su investidura y ofrecía la sangre a los ídolos juntando los pies y manos de las imágenes. Para las sementeras, los oficiantes se sacrificaban las orejas y narices, y por ella se introducían cañas largas que luego quemaban ante los ídolos. Otras veces sacaban sangre de la lengua y verga y pedían a sus dioses frutos y que fructificasen las semillas. El gran sacerdote después de frotar con su sangre las estatuas invocaba al demonio. Luego enviaba a sus acólitos para que incitasen a los hombres a que mantuviesen relaciones íntimas con sus mujeres y de allí fuesen a sembrar. El padre Delgado describe meticulosamente el rito de mutilación del pene: tomaban un cincel y un mazo de madera colocándose el que se iba a sacrificar sobre una piedra lisa. Le cortaban su falo en tres partes de dos dedos de ancho mientras recitaban conjuros. La extracción de sangre del cipote formaba parte de rituales de fertilidad. El plasma probablemente simbolizaba el semen divino cuyo fin era para ellos fecundar la tierra.

Hernán Cortés aporta su personal descripción de las prácticas de las que fue testigo ocular. En consonancia con su relato, cada día, antes de empezar a trabajar, encendían el incienso en lo que él califica como mezquitas. El conquistador usa esta expresión porque le recuerdan a los templos del islam que durante siglos habían proliferado en la Península Ibérica. Según Cortés, «*a veces los mayas se sacrifican ellos mismos, se cortan unos la lengua, otros las orejas y también se rajan el cuerpo con cuchillos*». Narra igualmente otra costumbre que tilda de horrible: para pordiosear a sus ídolos, retenían a niñas y niños, mujeres y hombres, les abrían el pecho, les arrancaban el corazón y las entrañas, y quemaban estas vísceras como ofrecimiento sacrificial.

REYES Y REINAS MAYAS

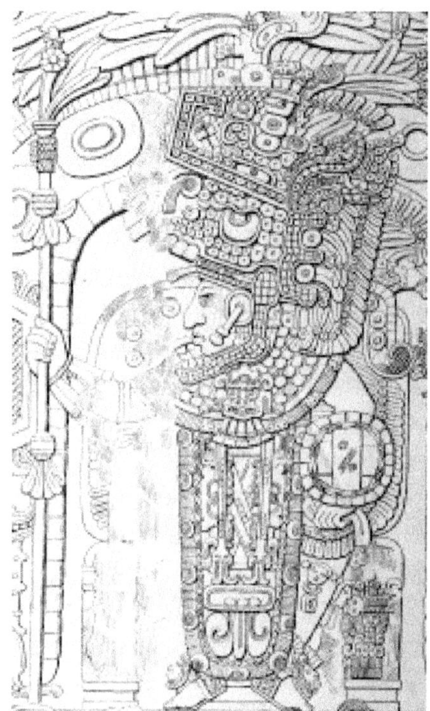

Dibujo de K'inich Janaab' Pakal, una de lo más famosos Ahau de Palenque. Fuente: Wikipedia Commons.

Halach uinic o *halvach uinik* (hombre de hecho, de mando) era la denominación del cargo del máximo dirigente de una jurisdicción maya.

Algunas fuentes identifican a K'inich Janaab' como Pakal o Pakal «el Grande» (23 de marzo de 603 - 31 de agosto de 683), gobernante o señor de B'aakal, cuya sede era Lakam Ha', hoy conocida como la zona arqueológica de Palenque, en el norte de Chiapas (México).

Cada ciudad-estado maya estaba controlada por una dinastía. Ostentaban un poder que generalmente heredaba el primogénito, siempre que no fuese patentemente zonzo. Tanto reyes como reinas mayas quisieron legitimar su poder urbanizando. Tikal I ejemplifica el templo edificado con este fin durante el reinado de Yik'in Chan K'awiil. Más adelante, otro monarca, K'inich Janaab' Pakal, hizo lo propio con el Templo de las Inscripciones en Palenque.

Cuando un soberano moría sin heredero solían desatarse conflictos truculentos. Un caso peculiar fue el de Pakal, rey de Palenque, en el sur de México. Muerto en batalla, invitó a sucederlo a un joven príncipe, de apenas doce años y de una ciudad-estado diferente.

Mujeres en el poder

El sistema dinástico suponía una garantía de persistencia del poder dentro de la familia. Aunque tenía preferencia el varón, hay constancia de mujeres como gobernantes, reinas mayas (*Ajaw*). Así evitaban la extinción de la línea real y preservaban el gobierno dentro del clan.

Despunta el papel de dos monarcas. La primera, la joven reina de Tikal. La Estela 23 muestra la existencia, en el año 511, de una fémina de la realeza. Su periodo gubernamental parece extenderse hasta el 527. Pudo tratarse de una herencia estratégica o simbólica, ya que accedió al trono con seis años. Estos atisbos llevan a pensar que su imperio fue más nominal que ejercido, limitado por consejeros. No se conoce la denominación de esta precoz infanta.

El segundo caso es el de la reina de Palenque. Yohl Iknal fue la primera soberana de aquel enclave, entre los años 583 y 604. Vivió una época azarosa. Afectada su estirpe por derrotas, el rey Kan Balam I murió sin sucesores varones. No está claro si Yohl Iknal era su hija o su hermana. Durante su mandato se multiplicaron los enfrentamientos con Calakmul, y dos décadas después heredó el trono quien se supone que era su hijo, Aj Ne Ohl Mat.

Otros ejemplos remotos conducen hasta Knal Ikal, bisabuela del soberano Pakal el Grande. Esta mujer habría reinado en Palenque, igual que su madre, la señora Zac Kuk, ambas hijas de reyes.

Dinastía (aproximada) de Tikal

Resulta aventurado ofrecer una cronología solvente de consenso. Se recoge la de Simon Martin y Nikolai Grube. Estos autores calculan que la línea dinástica de Tikal, fundada en el siglo I, abarcó 800 años e incluyó al menos treinta y tres gobernantes, de los que identifican veinticuatro. La c (abreviatura de circa), indica fecha aproximada. En cursiva se transcriben posibles denominaciones.

Yax Ehb' Xook   c. 90
Primer Tiburón de Andamio

Jaguar Foliado	c. 292
Tocado de Animal	?
Kinich Ehb'?	
Siyaj Chan K'awiil I	c. 307
Señora Une' B'alam	c. 317
K'inich Muwaan Jol I	? -359
Cráneo de Pájaro, Cráneo emplumado	
Chak Tok Ich'aak I	360-378
Gran garra, Gran garra de jaguar	
Yax Nuun Ayiin I	379-404?
Hocico enrollado, Pico enrollado	
Siyaj Chan K'awiil II	411-456
Cielo Tormentoso	
Kan Chitam	458-c. 486
Jabalí Kan, K'an Ak	
Chak Tok Ich'aak II	c. 486-508
Garra de Jaguar II, Cráneo de garra de jaguar	
Señora de Tikal	c. 511-527?
Cabeza enrollada / Cráneo de Animal I	
Wak Chan K'awiil	537?-562
Pájaro Doble	
Cráneo de animal	c. 593-628
K'inich Muwaan Jol II	c. 628-650
Nuun Ujol Chaak	c. 650-679
Cráneo protector, Nun Bak Chak	
Jasaw Chan K'awiil I	682-734
Gobernante A, Ah Cacao	
Yik'in Chan K'awiil	734-c. 766
Gobernante B, Sol Cielo Lluvia	
Gobernante 28	c. 766-768
Yax Nuun Ayiin II	768-c. 794
Nuun Ujol K'inich	c. 800? 30?
Sol oscuro	>810 31?
Jewel K'awiil	>849 ?
Jasaw Chan K'awiil II	>869 ?

Dinastía (aproximada) de Copán

En el año 426 d. C. el rey K'inich Yax K'uk' Mo' fundó la dinastía de Copán, conformada por dieciséis monarcas que señorearon esta ciudad durante casi 400 años (426-810). Copán, en territorio de Honduras, a una docena de kilómetros de la frontera con Guatemala, ha sido comparada con Alejandría o Atenas.

Como suele ocurrir con este tipo de nomenclatura y cronología, resulta inviable exponer coordenadas irrefutables. Robert Sharer y Loa Traxler brindan esta información:

K'inich Yax K'uk' Mo'	426 – 437
Quetzal Guacamayo	
K'inich Popol Hol	c. 437
Gran Sol	
Nombre desconocido	c. 455
Gobernante 3	
Ku Ix	c. 465
K'altuun Hix, Tuun K'ab' Hix	
Nombre desconocido	c. 476
Gobernante 5	
Muyal Jol	c. 485
Gobernante 6	
B'alam Nehn	504 – 532
Jaguar Espejo, Nenúfar Jaguar	
Wil Ohl K'inich	532 – 551
Cabeza en la Tierra	
Sak-Lu	551 – 553
Gobernante 9	
Tzi-B'alam	553 – 578
Luna Jaguar	
K'ak' Chan Yopaat	578 – 628
B'utz' Chan, Humo Serpiente	
Kak Uti Ha kawil	628 – 695
Humo Jaguar	

Uaxaclajuun Ub'aah K'awiil	695 – 738
18 Conejo	
K'ak' Joplaj Chan K'awiil	738 – 749
Humo Mono	
K'ak' Yipyaj Chan K'awiil	749 – 763
Humo Concha, Humo Ardilla	
Yax Pasaj Chan Yopaat	763–después de 810
Yax Pac, Nueva Madrugada	

Algunos adicionan al final a Ukit Took. Quizá ascendió al trono en el año 822, pero no siempre se le incluye, pues no consta fehacientemente que fuera de Yax Pac.

El fundador, K'inich Yax K'uk' Mo', era originario de Tikal. Se le atribuye introducir la tramoya para jerifaltes que se observaba en otras latitudes. Otro gobernante destacable fue el octavo Wil Ohl K'inich *(Cabeza de la Tierra)*, de quien se sabe más que de sus antecesores: se le atribuyen los templos de Rosalila y Ante.

El número 12, Kak Uti Ha kawil *(Humo Jaguar)*, destaca por sus sesenta y siete años en el trono (628-695) y por su afán expansionista. Progenitor del más relevante, Uaxaclajuun Ub'aah K'awiil *(18 Conejo)*, durante su mandato la población experimentó bonanza, aunque acabó decapitado en Quiriguá, ciudad gemela de Copán. Entre las causas del malestar social se baraja el descontento por el reclamo de una supuesta deuda y, quizá relevante, la rivalidad con quien él mismo había nombrado rey de Quiriguá, que además era pariente suyo, K'ak' Tiliw Chan Yopaat.

Sobre la significación de este percance se ofrecen exégesis antagónicas y verosímiles: fue el efecto de la decadencia que ya padecía Copán o, justo al contrario, la causa que provocó su futuro desmoronamiento. El desalojo de Copán se produjo alrededor del 827. En 1979 se encontró vacía la tumba de 18 Conejo. Había sido saqueada pocos meses después de su inhumación.

Yax Pasaj Chan Yopaat reinó, en fin, en la decadencia de Copán, pero le plugo tratar de pasar a la posteridad con cierta gloria. Como carecía de recursos suficientes por la generalizada recesión, no se preparó ninguna estela, sino el conocido Altar Q, donde figuran los dieciséis soberanos de una saga que con él quedó finiquitada.

Dinastía (aproximada) de Palenque

Similares cautelas se precisan al acotar los nombres y las fechas de la dinastía Palenque. Se propone como referencia el trabajo de Martin y Grube. Palenque fue un centro importante de la civilización maya entre el siglo V y principios del IX. Un período de gloria y catástrofes gobernado por una dinastía que, quizá iniciada por K'uk' Bahlam I, alcanzó su máximo esplendor con Pakal el Grande. Esta es una cronología orientativa:

K'uk' Bahlam I	431 -435
Quetzal Jaguar	
Casper	435 -487
Gasparín	
Butzaj Sak Chiikb	487 -501
Coatí blanco y humeante	
Ahkal Mo' Nahb I	501 -524
Lago de la Tortuga Guacamaya	
K'an Joy Chitam I	529 -565
Pecarí Amarillo Atado	
Ahkal Mo' Nahb II	565 -570
Lago de la Tortuga Guacamaya	
Kan Bahlam I	572 -583
Serpiente Jaguar Radiante	
Yohl Ik'nal	583 - 604
Señora Corazón del Sitio del Viento	
Ajen Yohl Mat	605 - 612
Muwaan Mat	612 - 615
Pakal El Grande	615 - 683
Escudo Solar	
K'inich Kan Bahlam II	684 -702
Jaguar-Serpiente Radiante	

K'inich Kan Joy Chitam II	702 - 720
Pecarí amarillo atado	
K'inich Ahkal Mo'Nahb' III	721 - 736
Lago de la Tortuga	
Guacamaya Radiante	
Upakal K'inich	736 (?)- 750 (?)
Escudo del Dios Sol	
K'inich Kan Bahlam III	751?
Serpiente Jaguar Radiante	
K'inich K'uk' Bahlam II	764 - 783
Quetzal Jaguar Radiante	
Janaab Pakal III	799?
6 Escudo Muerte	

El nombre glífico del presunto fundador de la dinastía, K'uk' Bahlam I, combina los glifos del quetzal (*k'uk'*) y del jaguar (*bahlam*). Aunque en las inscripciones de Palenque aparecen candidatos anteriores al título de fundador, K'uk' Bahlam I es el primero que corresponde históricamente con la fundación de otras raleas del período clásico maya.

Su título, *Señor de Tok Tahn*, corresponde a la sede original de la dinastía, lugar desconocido fuera de la zona central de Palenque, denominada Lakamhá, lugar de las grandes aguas. Según el *Tablero de los Guerreros*, el establecimiento en el Templo XVII, se habría producido el 25 de agosto de 490. Su reinado de cuatro años fue contemporáneo con el período de mayor presencia teotihuacana en el área maya. En un panel del palacio de Palenque aparece inscrito el nombre del Sihyaj K'ahk', jefe militar teotihuacano, que sugiere la influencia de Teotihuacán en la fundación de la dinastía de Palenque, del mismo modo que se involucró con el establecimiento de un nuevo linaje en Tikal, con el entronizado de Siyaj Chan K'awiil II (411-456).

Más allá de la figura de K'uk' Bahlam I, Guillermo Bernal arroja luz sobre la historia dinástica de Palenque, y específicamente de K'inich Janaab' Pakal o Pakal El Grande. El descifrado de la escritura jeroglífica facilita reconstruir de manera moderadamente satisfactoria la historia dinástica de varias capitales mayas del Periodo clásico. Basado en inscripciones de Palenque, aborda la figura de K'inich Janahb' Pakal, gobernante que rigió el señorío local entre el 615 y 683 d. C. Tras un intenso brete, Palenque se transformó en la unidad política más poderosa e influyente de la zona occidental maya y Pakal en figura reverenciada por sus herederos en el trono como paradigma de gobernante.

Pakal nació el 23 de marzo de 603, probablemente en el exilio, ya que en ese lapso (599-612) la ciudad sufrió ataques del señorío de Kan, cuya dinastía dominó una zona del sur de Campeche y Quintana Roo. Eran tiempos de Yohl Ik'nal, fallecida el 4 de noviembre de 604, tras el nacimiento de Pakal II. El 1 de enero de 605 subió al trono Ajen Yohl Mat. El joven heredero gobernó junto con el señor Janahb' Pakal I (abuelo de Pakal II), quien quizá fue su hermano. Este gobierno dual pudo ser una estrategia de la dinastía de Palenque para garantizar la existencia de un líder en períodos VUCA.

El 4 de abril de 611, el señor U K'ay Kan, gobernante de Kan, arremetió de nuevo contra Lakamha'. Ambos murieron en ese mismo año, quizá asesinados. Es posible que la dinastía abandonase Lakamha' y residiese en el exilio. Cuando fallecieron su abuelo Janahb' Pakal I y su tío abuelo Ajen Yohl Mat, K'inich Janahb' Pakal rondaba los nueve años. Vivir su infancia en coyuntura tan convulsa en el señorío de B'aakal marcó el estilo de su liderazgo.

Escisión dinástica

El 19 de octubre de 612 accedió al poder Muwaan Mat. Redoblados embates los obligaron a huir de una ciudad incendiada. En el exilio, la dinastía se escindió. Unos se trasladaron hacia el oeste y establecieron una capital en Tortuguero (Tabasco). Esta facción tuvo al frente a Ik' Muuy Muwaan I. Los dirigentes de Tortuguero utilizaron el tradicional glifo emblema K'uhul B'aakal *Ajaw*, sagrado gobernante de B'aakal, y se autoproclamaron legítimos descendientes de la prosapia y lustre de Palenca. El señor Ik' Muuy Muwaan I llegó a Tortuguero acompañado de su hijo B'ahlam *Ajaw*, alumbrado el 26 de noviembre de 612.

La otra línea dinástica, encabezada por los padres de Pakal, Ix Sak K'uk' y K'an Mo' Hix, retornó a Lakamha' e intentó establecerse de nuevo en la castigada capital. También esta facción se consideró heredera legítima y utilizó el prestigiado título K'uhul B'aakal *Ajaw*. La rivalidad entre ambos grupos se prolongó, conflagraciones incluidas. En este contexto, el 26 de julio de 615, Sak K'uk' y K'an Mo' Hix entronizaron a su hijo, K'inich Janahb' Pakal, de doce años.

Con la proclamación del joven soberano, sus padres buscaban la reconstitución del señorío. Fecha relevante en la nueva etapa fue la llegada a Palenque de su consorte, Tz'ak-b'u *Ajaw*, el 19 de marzo de 626. Pakal contrajo matrimonio con veintitrés años, edad en la que asumió la responsabilidad del Estado. Él mismo dató su primer gran acontecimiento al final de 09.10.00.00.00 1 *Ajaw* 8 K'ayab' (24 de enero de 633). En esa significativa ocasión la dinastía de Palenque reanudó los cultos a las deidades de la tríada divina y comenzó a recibir bienes de piedra de jade.

Dos años después nació su primogénito, K'inich Kan B'ahlam, quien lo sucedió en el trono. K'inich Janahb' Pakal escribió poco sobre lo ocurrido durante los tres lustros siguientes. Menciona la muerte de sus padres, Ix Sak K'uk' y K'an Mo' Hix, sepultados en el Templo Olvidado, localizado fuera del área central, dentro del conjunto habitacional Piedras Bolas. La ubicación en una zona habitada por gente corriente apunta a la unidad que debió de prevalecer entre las progenies subordinadas y la dinastía gobernante, al tiempo que se erigió como símbolo de la restauración del poder señorial. En su tercer decenio (615-644), el reinado de Pakal había conseguido transformaciones sustanciales en Palenque. Fueron treinta años de paz que estimularon el crecimiento, impulsaron actividades productivas, cohesionaron los vínculos de autoridad política y fraguaron la confianza en la dinastía gobernante, sobre todo a través de la reactivación de ceremonias públicas.

Recuperar y consolidar el señorío de Palenque no fue del agrado de la dinastía de Tortuguero, la otra facción escindida del linaje B'aakal. En esos años ascendió B'ahlam *Ajaw*, hijo del líder precursor Ik' Muuy Muwaan I. El nuevo líder se encumbró en 644 y convirtió Tortuguero en la localidad más eminente de los límites occidentales de la región, como se reflejó en la actividad constructora y en los numerosos monumentos esculpidos bajo su amparo. B'ahlam *Ajaw* se mostró beligerante con sus consanguíneos de Lakamha': apenas cuatro meses después de entronizarse, en el mismo 644, atacó la cabecera provincial palencana de Ux Te' K'uh. No sería el único envite contra esa distinguida localidad, de donde era originaria la señora Tz'ak-b'u *Ajaw*, esposa de su oponente y quien poco después dio a luz a otro potencial heredero al trono, Ux-?-Mat (K'inich K'an Joy Chitam). Las hostilidades se enquistaron.

Pakal celebró el segundo final k'atúnico de su reinado el 11 de octubre de 652 (09.11.00.00.00 12 *Ajaw* 8 *Keh*). El soberano ordenó registrar tan augusta fecha en los tableros del Templo de las Inscripciones a modo de recordatorio para la posteridad de este periodo como próspero y abundante de alimentos (brotaron los árboles frutales). La bonanza y la estabilidad se reflejaron en la renovación arquitectónica. Pakal se propuso reconstruir el palacio y ordenó que la antigua plataforma fuera cubierta por un nuevo basamento sobre el que se debían erigir las casas E, C, A y B. También extendió el lado sur del conjunto, donde se urbanizó una amplia área habitacional de tres galerías, hoy conocida como *Los Subterráneos*. Al quedar sepultados los viejos edificios del palacio, el aspecto visual de la ciudad transmitía monumentalidad y brío a un señorío que había superado crisis y estanflaciones pretéritas.

En el año 654 se inauguró el área de *Los Subterráneos*. Poco después se consagró la Casa E y para celebrarlo Pakal mandó labrar allí los *Tableritos* y el *Trono* de los *Subterráneos* y su respaldo, la *Lápida Oval*, que son los primeros monumentos esculpidos de su égida. Este sitial se colocó en la galería oeste de la Casa E, escenario de las entronizaciones de sus herederos. El edificio estuvo relacionado con el *Monstruo Cósmico*, poderosa entidad celeste que encarnaba el movimiento de la Vía Láctea y que ejercía una especie de patronazgo sobre los sagrados gobernantes de B'aakal.

Rivalidad fratricida

Como ocurrió en el Imperio incaico entre los partidarios de Huáscar y los de Atahualpa, los logros de Palenque suscitaban animosidad en los terratenientes de Tortuguero. En 659 Palenque se vio involucrado en un conflicto con señoríos vecinos de la región oriental. Pakal lideró una hueste que penetró en la zona del Bajo Usumacinta, atravesó los señoríos de Pomoná y Piedras Negras, y alcanzó el río San Pedro, donde asaltó la ciudad de Santa Elena, capital del señorío de Wak'aab'-a'. Las tropas palenques capturaron al señor Nu'n U Jol Chaahk, máximo gobernante de Santa Elena; a los señores Sakjaal Itzamnaaj y Ahiin Chan Ahk, dignatarios del señorío de Pomoná; a un noble de la localidad de K'in-a', dependiente del señorío de Piedras Negras, y a los gobernantes locales de Yaxkab' y B'atuun.

Guillermo Bernal sugiere que en esa época estaba germinando una nueva invasión contra Palenque, pergeñada por el señorío de Kan en coalición con los señoríos del área de los ríos Usumacinta y San Pedro Mártir. Parece probable que las invasiones lanzadas por Kan medio siglo antes hubieran partido de allí. En este contexto, la campaña militar de Pakal quedaría enmarcada en un propósito preventivo. Su plan resultó tan exitoso que quizá desbordó el objetivo inicial: la victoria del año 659 fue motivo de celebraciones en Palenque.

Dos años después, Pakal inauguró en 661 la Casa C del palacio, cuyo nombre original fue U Naah Chan *(La Casa del Cielo)*. La grandiosa construcción se dedicó a cuatro deidades patronas de la guerra: B'olon Yookte', una entidad cuyo nombre no se ha descifrado, K'awiil y Yax Chiht K'uh.

Tras las crisis y una serie de humillantes invasiones de finales del siglo VI, lo conseguido por Pakal como estadista y jefe militar contribuyó a su divinización. Su ambicioso programa literario e iconográfico en las fachadas este y oeste de la Casa C fomentó una imagen heroica y victoriosa. El texto de la Escalera Jeroglífica de este edificio fue el eje de este mensaje. Allí dejó esculpido todo lo destacable para él: su nacimiento y entronización, el arranque de los aprietos, marcado por el ataque promovido por Kan en el año 599, y la guerra que, como enconada revancha, encabezó en 659 contra los señoríos de Pomoná, Santa Elena y otras unidades políticas de los ríos Usumacinta y San Pedro Mártir.

Aun con la dificultad de su lectura epigráfica, la inscripción de la escalera permite reconocer la identidad de los principales dignatarios capturados durante la contienda, ya citados. El registro de otros cinco prisioneros en los textos de la fachada oeste de la Casa C apostilla que la dinastía de esa ciudad fue aturdida con singular dureza. Pakal impuso un nuevo equipo directivo, plenamente leal.

También dispuso instalar en el basamento oeste de la Casa C ocho representaciones talladas de prisioneros que, como imágenes pétreas e imperecederas, magnificaron la connotación guerrera del edificio. El soberano celebró el final del *K'atun* 10 *Ajaw* en el verano de 672. Según un texto de los tableros del Templo de las Inscripciones, el *k'atun* (20º aniversario) estuvo regido por una deidad de la muerte y marcó una época de hambrunas, hecatombe y beligerancias.

La señora Tz'ak-b'u *Ajaw*, esposa de Pakal, murió en 672 y fue sepultada en el Templo XIII-sub o de la Reina Roja. Pakal proyectó este sofisticado recinto con tres cámaras funerarias y cinco escalinatas internas para albergar tanto sus restos como los de su esposa. A pesar de ese propósito primigenio, al morir su mujer dirimió construir un edificio mortuorio exclusivo para él: el Templo de las Inscripciones, ubicado en el lado norte del Templo de la Reina Roja hacia el año 680. Pakal rondaba los setenta y siete años.

Un templo para la memoria

El propósito de Pakal era convertir el Templo de las Inscripciones en referente de culto donde recordar a los antepasados de la alcurnia B'aakal. Los pasajes iniciales relatan las entronizaciones y celebraciones de final de *k'atun* (o fracciones de este periodo) de siete antecesores de Pakal. Aunque los tableros del Templo de las Inscripciones contienen la narrativa más extensa del periodo clásico, también abarcan un periodo temporal dilatado: 183 años. No todos los reinados son descritos con la misma extensión y escrupulosidad. Los pasajes dedicados a los antecesores de Pakal constituyen en puridad una introducción histórica a su propio reinado.

K'inich Kan B'ahlam, primogénito y heredero de Pakal, plasmó los pasajes 19 y 20. Narra la muerte de su padre, el 28 de agosto de 683, y un enigmático suceso ocurrido 28 días antes, el 31 de julio. Esta fecha podría significar, quizá, el arranque de su agonía. Pakal fue sepultado en el sarcófago monolítico de la cámara funeraria. Su lápida muestra la escena en la que aparece renaciendo con el árbol frutal genérico al igual que sus antepasados. En la lápida, Pakal aparece representado como el dios K'awiil, patrono de la agricultura, dotado de facultades bienhechoras.

La postura del rey muerto es fetal, anticipo de su renacimiento, y porta una antorcha flamígera, caracterización del numen. Pakal emerge de las fauces de una sierpe del inframundo. Marcando el nivel terrestre, el árbol cruciforme junto con Pakal aparece cruzado por una serpiente de dos cabezas, de cuyas fauces asoman los rostros de K'awiil y del dios Bufón. Posado en la cúspide se halla Itzamnaaj, dios supremo en forma de ave. Los nueve guerreros que, como guardianes figuran en los muros, sostienen escudos decorados con el rostro del dios patrono de la guerra, y cetros que muestran la esfinge de K'awiil. Tales personajes también se significan como los señores de la noche, de los nueve niveles de la región de los muertos. La presencia de K'awiil es constante y opresiva. Las cuatro pilastras centrales del pórtico se decoraron con personajes que cargan a un dios K'awiil con pie serpentino.

Era costumbre colocar una cuenta de jade en la boca del soberano difunto, pues simbolizaba vida y resurrección. Junto a la lemanita añadían maíz molido, ofrenda para nutrir a los dioses.

COMUNICACIÓN EN LA DICTADURA MAYA

«También tienen, ¡oh Dios mío!, innumerables libros». Algo así debió de tronar algún conquistador que se adentró en territorio maya, según el historiador Pedro Mártir. Medio siglo más tarde, Diego de Landa, con la execrable evasiva de la conmoción que podían causar los manuscritos jeroglíficos, erró profundamente: «*Encontramos un gran número de libros (...) y como no contenían nada en lo que no pudieran verse supersticiones y mentiras del demonio, los quemamos todos, lo que lamentaron hasta un grado asombroso y que les causó una gran congoja*». De ese irritante modo se perdieron incontables documentos.

Cuatro códices

De aquella época apenas se conservan los documentos que se trasladaron a Europa. Salieron a la luz en los siglos XVIII y XIX, y llevan los nombres de donde se hallan actualmente: Madrid (112 páginas), Dresde (74), París (24) y Grolier (11). De ellos, redactados en piel de ciervo, proviene lo que hoy conocemos del calendario y la astronomía mayas.

En el Códice de Dresde se encuentran tablas de aritmética que precisan con exactitud a Venus como estrella de la mañana y reflejan una relación matemática importante para la clase sacerdotal: cinco ciclos venusianos de 584 días que equivalen a ocho años de 365 días.

La escritura maya no se recogía solo ni principalmente en aquellos documentos. Merece particular detenimiento el descifrado del código maya empleado en representaciones textuales y gráficas. Miles aparecen en formatos alternativos: tallas, pinturas, estelas, ornamentos, altares, vasijas de cerámica, dinteles y muros de edificios, tumbas, cuevas...

800 signos jeroglíficos

Se calcula en 800 los signos jeroglíficos empleados por los escribas. Cada uno podía aparecer en formatos simples o sofisticados, como perfiles de cabezas o figuras completas de personas, dioses o animales. La combinación formaba palabras o sílabas: un sistema logosilábico con ideogramas, elementos fonéticos, signos determinativos y otros elementos gramaticales, lo que confiere una riqueza equiparable a la faraónica.

Muchos glifos son polisémicos y los escribas disponían de combinaciones disyuntivas para idéntica frase. Esta capacidad, bien empleada, reduce ambigüedades. En ocasiones, los escribas utilizaban una palabra de las dos maneras: con un glifo para un morfema y su equivalente fonético, de modo que se despejara cualquier duda. La claridad, variedad y beldad de los jeroglíficos mayas, que provocan enmudecer de asombro, convierten su escritura en arte comparable a las mejores grafías chinas o japonesas.

MARKETING Y PROPAGANDA

La prioridad en los conjuntos jeroglíficos, sobre todo en el arte monumental, es el marketing de los dirigentes y sus referencias cronológicas. No constan narraciones históricas ni relatos propiamente literarios. Gracias a estas inscripciones conocemos detalles de soberanos como el referido Kak Uti Ha kawil (Humo Jaguar), que murió tras sesenta y siete años en el trono; o seguir la evolución de Ah Cacao, el santo señor del estado de Tikal, desde sus comienzos como pacato celebrante de un rito del calendario hasta su coronación como monarca guerrero cuatro lustros después.

Los únicos datos que perduran se refieren a la clase dirigente, no a la sociedad maya, lo cual subraya la incumbencia de no generalizar realidades exclusivas de entornos selectos, insuficientemente representativos. Destaca el tono autocomplaciente que, explícita o tácitamente, se trasluce. Para David Stuart, *«la capacidad de comprender un texto se basa en una transcripción fonética precisa junto con un grado suficiente de prudencia cuando se intenta interpretar el significado de los antiguos términos mayas. Si utilizamos dicho estándar, yo estimaría generosamente que apenas un 50 % que las inscripciones del periodo clásico pueden leerse de un modo literal».*

CONTINENTE BABEL: CINCO GRUPOS DE DIALECTOS

Existieron hasta 123 etnias y lenguas en la zona. Suelen mencionarse cinco grandes grupos de dialectos, empezando por el maya común. Unas 300.000 personas lo hablan hoy en los estados de

Yucatán y Campeche. Esta lengua fue incardinada en el sur, en Petén, por los itzás tras ser expulsados de Chichén en el siglo XV. A los lacandones actuales, que emplean un dialecto maya, se les considera descendientes de los grupos que hallaron cubículo en los bosques tras la llegada de los españoles.

Un segundo colectivo, los cholo, agrupa ramas con afinidades con el colectivo recién descrito. Estos pueblos se extendían entre Tabasco y Honduras. Los veinticinco mil que habitan al oeste de Palenque y otros núcleos de Chiapas pueden considerarse sus descendientes. En este grupo también se incluye el chontal de Tabasco, hablado por unas viente mil personas en la desembocadura de los ríos Grijalva y Usumacinta.

Los tzeltal se asemejan a los cholo y los mame. Agrupan cuatro dialectos: *tzeltal, tzotzil* o *chamula, chaniabal* y *chuxe.* El cuarto grupo, los mame, incluye dialectos como el *kanxobal, motosintlek, ixil, agwakatek* y el *mame.* Este último se emplea en los confines mexicano-guatemaltecos, aunque dos tercios se han hispanizado, especialmente en Chiapas.

El quinto grupo encierra dialectos que incluyen dos ramas principales. La primera, los quichés, son el pueblo más numeroso de la familia de los mayas. Está ubicado en la región del lago Atitlán (Guatemala). Al norte y al este del citado lago, el *cachiquel* y al sur los *zutdehiles.* La segunda rama comprende a los *cechi,* el *pokoman* y el *pokomchi.*

Todo, en una extensión geográfica de poco más de 300.000 kilómetros cuadrados.

CLAVES ECONÓMICAS

Una página del *Lienzo de Tlaxcala* (siglo XVI) que muestra la conquista de Iximché, conocido como *Cuahtemallan* en náhuatl. Fuente: Wikipedia Commons.

Los mayas ejercían el trueque con pescado, miel, conchas, obsidiana, jade, cerámicas al cacao, plumas o algodón. Sus rutas mercantiles seguían con frecuencia el curso de los ríos, y por supuesto las costas del Golfo de México, el Caribe y el Pacífico.

Conforme se desarrollaron los centros urbanos del Periodo teocrático se produjo un excedente, tanto para intercambiar por productos suntuarios como para sostener a los artesanos especializados y para, como siempre sucede, mejorar el nivel de vida, especialmente de la clase dirigente. El comercio facilitó el descubrimiento de nuevas tierras para la agricultura. Pronto se adoptaron unidades de cambio o monedas. Algunos mercaderes mutaron en nobleza. Los comerciantes se aliaron para penetrar junto con los ejércitos en territorios susceptibles de ser integrados. Ellos a su vez fueron utilizados por los militares como embajadores y soplones, facilitando conquistas.

Los comerciantes de la península de Yucatán llevaban mantas, plumas y otras mercancías a Honduras y regresaban con cacao, mientras que a México (Tenochtitlán) exportaban algodón, cera, miel y sal del litoral norte de Yucatán y de Isla Mujeres.

Algunas canoas medían más de dos metros de ancho, con cabina. Llegaban a embarcarse hasta veinticinco personas junto al flete. Contaban con fogatas que fungían de faros. En las rutas terrestres los mercaderes se guiaban por señales ubicadas en árboles y por mapas dibujados en tela de algodón. También construyeron calzadas de piedra caliza y cubrieron los caminos de grava y un material blanco que se endurecía con la humedad y la presión. El ancho era de unos cuatro metros y medio con una longitud que llegaba hasta los cien kilómetros.

La moneda principal fue el cacao, aunque a veces utilizaban cuchillas de cobre, conchas rojas, hachas de piedra, plumas o piedras. Los mercaderes adoptaron a Ek Chuah por dios tutelar. Se trata de una divinidad negra de labios rojos. Se representa armado con una lanza, reclamando acatamiento.

La mayoría de la población eran campesinos que sostenían a la minoritaria clase dominante. Emplearon el sistema de desmonte y quema para preparar los campos de labranza. También se valían de la irrigación en zonas áridas, levantaban diques y preparaban terrazas. La industria se centraba en la alfarería, cestería y en la fabricación de objetos de piedra tallada y pulida, además del tejido de algodón, la fabricación de papel para códices y de hule para las pelotas de los rituales. Sin olvidar la extracción del apreciado complemento alimenticio en las salinas costeras.

En la urbanización primaba la distribución artística sobre el tránsito y la estética sobre la facilidad de traslación. Más que circular entre edificios, uno se encauza hacia ellos. Se ha comparado sus ciudades con las griegas (siglos VI-II a. C.) de Esparta, Atenas o Corinto, con las italianas (siglo XIII-XV) de Florencia, Venecia o Génova, incluso con los puertos de Hamburgo, Bremen o Lübeck.

Los núcleos poblacionales –repito– lucharon entre sí y nunca afloró un imperio unificado como el inca o el azteca. En su máximo esplendor, la población total alcanzó los veinte millones. Proliferó la atomización territorial y la pugna fustigada por la escasez de alimentos. Cada reino podía recorrerse en no más de tres días. Algunas ciudades llegaron a albergar una densidad de población sorprendente para la época, como El Caracol (hoy Belice) con hasta 180.000 habitantes. Otras urbes notorias fueron Uxmal y Chichén Itzá, en Yucatán, y Copán (Honduras). En Tikal los arqueólogos han contabilizado más de tres mil construcciones vivibles y calculado en más de diez mil las que pueden permanecer bajo tierra. Las extensiones aproximadas eran de 15 km^2 para la zona central, 60 km^2 para la residencial y 130 km^2 para el área metropolitana. Se estima su primera ocupación en torno al 600 a. C. y su máximo apogeo en los siglos V-VII d. C., cuando podría rondar los 55.000 habitantes, coincidiendo con los reinados de Siyaj Chan K'awiil II *(Cielo Tormentoso)* y, especialmente, a partir del 682 con Jasaw Chan K'awiil I *(Ah Cacao)*.

Miguel Rivera enumera doce características de la escultura maya:

1. El bajorrelieve es la técnica preponderante
2. Se emplea el color
3. Máxima atención a luz y sombra
4. Monumentalidad y elocuencia
5. La escultura se inserta en la arquitectura
6. Plétora de signos decorativos
7. Composición abigarrada
8. Inscripciones jeroglíficas y anotaciones cronológicas
9. Minuciosidad y realismo
10. Relevancia de las líneas curvas
11. Convenciones anatómicas rígidas
12. Uso generalizado de la piedra caliza

Cerca del 70 % de la población estaba adscrita a un sector primario rudimentario: desconocían la rueda y no disponían de animales para el arado y la carga. La lluvia caía de forma irregular, a veces en chuzos de punta, y solo durante cinco meses (entre mayo y octubre). Esta inestabilidad climática tornaba imprevisibles las cosechas. La necesidad los espoleó a roturar laderas de agrestes montes, además de otros campos no distintamente fértiles. Las hambrunas estimularon la hostilidad entre ciudades.

EL EJERCICIO DE LA GUERRA

L a imagen pacifista de los mayas es un mito. El ataque de los cocomes a los restos de la embarcación española en 1511 es la punta de iceberg de una hostilidad de largo recorrido. Gráfico por comerse literalmente a cinco náufragos, refleja un espíritu combativo más allá de la legítima defensa. Los murales y dinteles de la zona selvática de Bonampak (México) representan combates cuerpo a cuerpo y la posterior exhibición pública de los prisioneros, algunos finiquitados, sangrando ante el rey Chaan Muan y su corte. También se observan cabezas decapitadas e instrumentos de tortura. La guerra servía para capturar eslavos o individuos que serían inmolados, y también para la expansión tan bienquista por los gobernantes mayas, sobre todo en el periodo clásico. La beligerancia fue endémica en el clásico tardío.

Cientos de retratos de guerreros ataviados con sus galas decoran las columnas de los edificios de Chichén Itzá. En el cenote sagrado se realizaban sacrificios, sobre todo de niños, a quienes se vestía a imagen de los dioses gemelos en ceremonias ligadas al mito de la creación. Esto explicaría el limo color azul, que en la cosmovisión maya representaba lo sagrado, y el dato de que el 80 % de los huesos hallados en el cenote sean de infantes.

El crecimiento de la población acrecentó la competencia por controlar recursos económicos, las rutas comerciales, las tierras para cultivos, etc. Estas circunstancias encajan con el hecho de que las operaciones militares solían producirse durante la estación seca, momento de menor impacto para los agricultores. La guerra se vincula con Venus: con frecuencia el momento del ataque coincidía con la aparición de ese planeta en el cielo vespertino.

La expansión de El Caracol (Belice) durante el declinar del periodo clásico se atribuye a guerras ganadas contra Tikal y Naranjo. Los enfrentamientos que provocaron el éxito de El Caracol fueron, por su exceso, la causa del derrumbe. La ciudad concluyó víctima del estilo de vida que había pergeñado. Ocaso parecido tuvieron Dos Pilas (Guatemala) y otras localidades. Los conflictos entre ellas provocaron o aceleraron meteóricamente el colapso. Dos Pilas, fundada por una rama de la mencionada dinastía de Tikal en 648, se retrajo de la metrópoli, si bien los dos primeros reyes siguieron utilizando el glifo emblema de Tikal. Desde el principio la ciudad independizada apuntó manera de Estado con ansia expansiva: conquistó Itzán, Arroyo de Piedra y Tamarindito.

La estrategia militar no parece sofisticada. Se limitaban a tender emboscadas. Comenzada la operación, recurrían a *lelilís* —gritos de combate— para atemorizar, táctica empleada reincidentemente, como el *rebel yell* de los sudistas en la guerra civil americana, probablemente lo adoptaran de los indios. Para los tambores reclamaban caparazones de tortugas. La indumentaria causaba un efecto amenazador. Las milicias de alto nivel utilizaban trajes de colores fuertes, negros y rojos. El resto de la tropa se pintaba el cuerpo con idénticos tonos.

Los mayas contaban con una minuciosa estratificación. A la cabeza el soberano, quien marchaba con sus atavíos aristocráticos y adornos de plumas y jade en su casco. Acostumbraba a envolverse en piel de jaguar, símbolo de su poderío y presunta protección contra los dardos. El ejército se componía de una mayoría de soldados comunes, los *holcanes*, que recibían una exigua remuneración.

Se protegían con vendas alrededor de los brazos y las piernas, así como con pequeños sacos acolchados con algodón en rama. Los jefes utilizaban morriones de madera con oropeles de pluma. Las armas predilectas eran las lanzas con punta de pedernal, hachas pequeñas de metal, el arco y la flecha. Los arcos siempre eran de una longitud menor al que lo portaba y las saetas, cargadas en un carcaj, eran de caña, punta de pedernal y alcanzaban una longitud de más de un metro.

EL MÁS ALLÁ

Por debajo de la tierra enumeraban nueve inframundos. Cada uno regido por una de las nueve divinidades *bolontiku*, con relevante simbología acuática. El último era el reino de los difuntos, el *Mitnal* o *Xibalba*. En él imperaba *Ah Puch*, señor de la muerte. Creían que cada jornada se producía un fiero enfrentamiento entre el sol diurno y las divinidades infernales. El primero siempre salía victorioso. Tras triunfar, el astro recomenzaba la travesía por el nivel superior.

Las numerosas representaciones de los poderes sobrenaturales combinaban propiedades de hombres y animales. Para comunicarse con las deidades, una amplia casta sacerdotal pululaba en torno a los templos. Su título genérico era *ankin*, el del sol. Los *nacomes* eran los responsables de clavar el cuchillo en el pecho de los sacrificados. Los *chaces* sujetaban a las víctimas. Los *chilanes* interpretaban los textos sagrados y presagiaban el futuro. La condición sacerdotal era hereditaria. Para su labor adivinatoria se servían de alucinógenos.

Los mayas honraban a sus muertos para ayudarlos a realizar el tránsito. La elegancia del enterramiento y de las ceremonias funerarias dependía de la clase social. Se lloraba a los muertos durante jornadas en las que se ayunaba. Los restos eran amortajados. Como se ha señalado, la boca se colmaba con maíz molido y cuentas de jade para que en la otra vida no faltase el condumio. Con frecuencia se enterraban también alanos, cuya función era acompañar al difunto hacia el *Xibalbá*. Los gobernantes eran sepultados bajo un templo. Los campesinos en sus terruños. El pueblo llano bajo la choza. En el caso de los señores del norte de Yucatán eran depositadas en una estatua hueca de madera modelada con los rasgos del difunto.

Se disponían figuras de dioses, objetos que simbolizaban la profesión del inhumado, cerámicas, armas y adornos de obsidiana, jade o concha, así como dientes y uñas de jaguar, caparazones de tortuga o piedras para proteger la cabeza. Los mayas consideraban que el espíritu inmortal afloraba por la coronilla. A los individuos relevantes se les coloreaba el cuerpo con polvo de cinabrio.

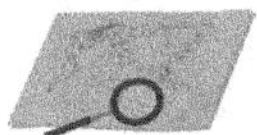

Dibujo por Frederick Catherwood del Cuadrángulo de las Monjas en Uxmal. *Views of Ancient Monuments in Central America, Chiapas, and Yucatan* por Frederick Catherwood, Londres, 1844. Fuente: Wikipedia Commons.

MANAGEMENT Y CLAVES PARA LA DESAPARICIÓN DE UN IMPERIO

El rey Zots Choj Muan. Estela maya en Tonina, Chiapas. Fuente: Shutterstock.

De los cuatro focos de análisis DAFO, el de las debilidades arroja mucha luz y, a diferencia de las amenazas externas, permite centrarse en lo que más depende de uno mismo. Resulta común al desmoronamiento de muchas sociedades la falta de unidad como talón de Aquiles. La relatada escisión dinástica de Palenque confirma esta fragilidad. La división se plasmó visualmente en dos sedes: Tortuguero y Lakamha.

Mucho peso tuvo también en la caída del imperio la carencia de centralización política por la tendencia a la atomización. La tupida red de alianzas funcionó durante un periodo, pero volatilizado el temor servil que fungía de argamasa, la disolución fue rauda.

CONFUNDIR PRECIO Y DIGNIDAD

Aprovechar la debilidad del enemigo supone inteligencia estratégica. Es lo que hicieron los españoles en Yucatán. En frase que suele atribuirse a Napoleón, «*cuando tu enemigo marra es mejor no distraerlo*».

Kant afirma en su *Fundamentación para una ética de las costumbres* que en el reino de los fines todo tiene un precio o una dignidad. Aquello que tiene precio puede ser sustituido por algo equivalente; en cambio, lo que se halla por encima de todo precio, y por tanto no admite nada equivalente, eso tiene una dignidad. No parece que los mayas tuvieran interiorizado este criterio cuando cuantificaban en cien semillas de cacao el precio por un esclavo o al canjear la hija de un cacique por un queso. Qué diferente podría haber sido su devenir histórico si hubieran contado en su época con las ideas desarrolladas por Lynda Gratton, en *Estrategias de capital humano*. Para comprender a las personas, la autora británica propone tres principios clave, de los que deriva nueve capacidades. Este sencillo y enjundioso esquema, esquematizado por Enrique Sueiro en *Brújula directiva*, podría haber evitado la extinción maya:

1. Funcionamos en el tiempo:
    a. Incrementar la visión de largo plazo
    b. Desarrollar capacidades de previsión
    c. Promover mañas estratégicas

2. Buscamos significados:
    a. Desplegar habilidades de diagnóstico
    b. Crear disposiciones sistémicas
    c. Establecer destrezas adaptativas

3. Tenemos alma:
    a. Desenvolver maestría emocional
    b. Instaurar habilidad para producir confianza
    c. El compromiso que sentimos influye en nuestra disposición a dar más de lo estrictamente debido

Dejar de crecer en lo físico y en lo intelectual

Una segunda fragilidad queda manifiesta en Tikal. Los arqueólogos sitúan el declive en el cese de construcciones y estelas fechadas que acotan el periodo. Más allá de lo arquitectónico, empezamos a periclitar o morir cuando dejamos de aportar o crecer, tanto en lo físico, visible o corporal, como en lo intelectual, creativo o espiritual. Este planteamiento subyace en las páginas de *La danza del cambio*, de Peter Senge.

El profesor del MIT y experto de innovación empresarial plantea algo que los dirigentes mayas no supieron: *«Las personas empiezan a polemizar sobre los temas 'que no se discuten' solo cuando desarrollan la reflexión y la capacidad de preguntarse que les permite hablar abiertamente de cuestiones complejas, conflictivas, sin ponerse a la defensiva. Empiezan a ver interdependencias y causas más profundas de los problemas, y a entenderse con ellas, solo cuando desarrollan la capacidad de pensar sistemáticamente. Si las capacidades básicas de aprendizaje son deficientes, hay una restricción fundamental para el cambio sostenido».*

Traición por desmotivación

Un tercer aprendizaje para el *management* emerge de otra debilidad, en este caso de los españoles: la deslealtad o, en sus casos extremos, la traición sin paliativos. Dos ejemplos ya sugeridos. El primero, encarnado por Gonzalo Guerrero. Pasó de estar a punto de ser devorado por los mayas a integrarse en ellos, galvanizado por dos tipos de incentivos: el emocional de hallar su refugio afectivo en una indígena, y el del postín de formar parte de los privilegiados. Gonzalo Guerrero, viejo marino de Palos, fue hacia el sur y se integró en la cultura maya. Tanto es así que llegó a jefe militar del señor Nachan Can, se casó con una mujer de alcurnia, tuvieron tres vástagos... y declinó la oferta de Aguilar para regresar con sus compatriotas. Entre sus motivos parece que su inmersión le había llevado a lucir agujeros añadidos en la nariz, labios y oídos perforados, cara pintada, manos tatuadas, etc. Otro caso es el de Melchor, intérprete indígena que huyó en cuanto se presentó la ocasión. Antes de fugarse colgó sus vestidos europeos en la rama de un árbol para seguir la tradición de sus ancestros.

Mientras Gonzalo tronchó su pasado a cambio de su presente, Melchor renunció a su presente para recobrar su pasado. En una organización no hay casos, sino personas que rezuman optimismo o desencanto. Hernán Cortés y su equipo directivo deberían haber cultivado el pensamiento lateral aplicado por Edward de Bono. De haberlo hecho habrían ejercido la sabiduría de ver más allá de las apariencias. Algo tan innovador como el proyecto descubridor de los españoles requería para su ejecución la capacidad de generar ideas disruptivas, también respecto de las motivaciones de sus colaboradores.

La disculpa de Guerrero fue perentoria: «*Aquí se me trata como cacique y como capitán en caso de conflicto. Vete y que Dios te proteja. En cuanto a mí, tengo el rostro lleno de tatuajes y las orejas agujereadas. ¿Qué pensarían nuestros compatriotas al verme? Mira qué guapos son mis hijos... Déjales, pues, tus perlas y tus abalorios*».

Guerrero se había convertido en maya de alto estatus. Su identificación con ese entorno social le llevó a formar a los soldados mayas con técnicas bélicas españolas. Se convirtió en pieza clave de la resistencia local. Aguilar le considera instigador de un ataque ocurrido en 1517 contra el ejército de Hernández de Córdoba.

El nombre de Gonzalo Guerrero no ocupa altura en el podio de la memoria maya.

Una posible impotencia más de los mayas fue su complejidad y estratificación, características en las antípodas de lo expuesto por Tom Peters cuando identifica principios que guían a las empresas excelentes. *Mutatis mutandis*, cabe aplicar a los mayas la carencia de uno: estructura simple y *staff* reducido en el núcleo central de poder. De haber leído *En busca de la excelencia* o el más reciente *Thriving on Chaos*, habrían aprendido de Peters a surfear en su entorno VUCA y a combinar tres pilares directivos: rumbo, confianza y revulsivo.

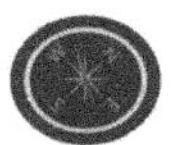

LA LLEGADA DE HERNÁN CORTÉS

Antigua pirámide maya (Templo Kukulcán), Chichén Itza, Yucatán, México. Fuente: Shutterstock.

El primer contacto directo entre mayas y españoles debió producirse en 1511, con el referido incidente de los cocones y el final trágico de los hispanos devorados. Tras el hundimiento del barco, solo una veintena de hombres escapó del naufragio. El relato de Diego de Landa acerca del sacrificio de cinco puntualiza que el líder local estimó que Gonzalo Guerrero, el clérigo Jerónimo de Aguilar y el resto de supervivientes eran demasiado escuchimizados para resultar comestibles. Aun en ese estado consiguieron escapar y caer en manos de otro señor rival del primero y, por lo visto, más compasivo. Entraron a formar parte de sus esclavos.

A ese primer contacto siguieron sucesivas expediciones con sus incursiones correspondientes. En 1517, Francisco Hernández de Córdoba, desde La Habana. En 1518, Juan de Grijalva, Francisco de Montejo y Pedro de Alvarado. En 1519 llegó la expedición de Hernán Cortés con los capitanes Alvarado y Montejo. Atracaron por primera vez en la isla de Cozumel.

Alvarado, pionero en Guatemala

Alvarado, primer lugarteniente de Cortés, inició su incursión hacia el sur con un contingente militar de 300 soldados de infantería, 120 de caballería y un grupo de locales. Se atribuye a uno de sus soldados la siguiente etopeya: *«Tenía unos 34 años cuando vino aquí, era de buena estatura, era bien proporcionado, tenía un semblante alegre y una sonrisa encantadora y, por ser tan hermoso, los indios mexicanos le dieron el nombre de Tonatiuh, que significa el sol».*

Los colonizadores apuntalaron a las facciones más enclenques frente a quienes les tenían acogotados. Los cakchiqueles se unieron a los españoles para la derrota de sus enemigos quichés (1524). Tecum, líder militar quiché derribó el caballo de Alvarado. Un relato legendario cuenta que llevaba plumas de quetzal en brazos y piernas, espejos en el pecho, el semblante y la espalda, así como una corona de oro y piedras preciosas. Al valle se le denominó Quetzaltenengo (el lugar del quetzal) por las plumas de Tecum. La batalla debió de ser tan cruenta que la traducción del nombre del cauce fluvial es río de sangre.

Murieron aquel día alrededor de 3.000 hombres. Narran que, tras la matanza, multitud de quetzales descendieron del cielo y se posaron sobre los maltrechos cubriéndolos con sus alas extendidas. Al remontar el vuelo tenían el pecho empapado de sangre, causa del carmesí brillante de las plumas del tórax de los machos.

El 25 de julio de 1524 Alvarado fijó la primera capital colonial de Guatemala en Iximché (territorio cakchiquel). El beneficio económico resultó sobresaliente, tanto por el oro aportado por los indios como porque empezó a cultivarse en la costa del Pacífico un cacao aromático que gustó mucho a los españoles.

A medida que la conquista progresaba se enviaba a España una parva de joyas. Alberto Durero contempló en Bruselas joyas y objetos de piedra y de plumas ofrecidos a Carlos I. El artista de Núremberg escribió a propósito de lo remitido: *«Entre las mencionadas cosas, todas ellas preciosas, todas ellas valoradas en 100.000 florines, he visto objetos artificiales asombrosos y me he sorprendido y maravillado ante el genio sutil de los hombres de esos países le-*

janos. He visto, entre los objetos enviados al soberano desde el país del oro, un sol hecho en oro, de la anchura de una toesa, una luna hecha de plata, del mismo tamaño, y dos salas llenas de todo tipo de armas ofensivas, corazas, instrumentos arrojadizos maravillosos, trajes exóticos, todo es tan magnífico que es una maravilla ver tanta belleza».

Montejo: veinte años para conquistar Yucatán

En 1527 Francisco de Montejo (1479-1553) inició el proyecto de aprehender Yucatán, objetivo que consiguió casi dos décadas después tras incontables penalidades. Salmantino, llegó con cuatro naves. En apenas seis meses, entre enfermedades y refriegas, su ejército aminoró de 275 a 75 hombres.

Finalizada oficialmente la conquista de Yucatán en 1547, poco después quedó anexionada a México. Parecía entonces que los únicos mayas independientes eran los Itzá, en el Petén central de Guatemala. Algunos locales no encajaron la imposición de convertirse al cristianismo. Durante una misa asesinaron a un sacerdote, varios soldados españoles y noventa coetáneos cristianos.

Pareja suerte corrieron dos dominicos, Jacinto de Vargas y Cristóbal de Prada. Amarrados a sendas cruces de san Andrés, les arrancaron el corazón. Los mártires sumaban en la docena de religiosos que la Orden de Santo Domingo había enviado al nuevo mundo. Resulta admirable el arrojo de las órdenes religiosas por evangelizar. Se produjeron incluso peculiares competiciones entre ellas para ver quién exponía más el pellejo. En el segundo viaje de Pizarro hacia Perú se incorporaron seis religiosos dominicos con el objetivo de fundar provincia de su orden. Los emprendedores predicadores estaban determinados a no dejarse adelantar por los franciscanos, como había acaecido en Nueva España.

En aquellos años se constató de nuevo el fuste de contar con referentes de autoridad moral como pararrayos de la dignidad humana. Fue el caso del papa Pablo III con la promulgación en 1536 de una bula en la que defiende la innegable naturaleza humana de los indígenas.

Resistencia maya desde el núcleo familiar

La cultura española se fue implantando en el Mayab mediante las instituciones coloniales. Demasiados coincidían en que los indios eran sujetos pasivos en el proceso constructor de la nueva sociedad. Trasplantar tanto lo administrativo como lo cultural y religioso era arduo. La marginación alimentó la resistencia, que se focalizó en reivindicar su cultura ancestral. Como colectividad se empeñaron en la tarea de conservar una presente armonía universal. Al abrigo de santos cristianos, los mayas enmascararon los recónditos viejos dioses de la lluvia o del maíz.

La resistencia no siempre fue amigable. Durante la conquista de la península de Yucatán se registraron levantamientos. Ocurrió, por ejemplo, en 1531 en Salamanca de Campeche y en 1533 en Chichén Itzá. La más grave fue la de la provincia de Mérida, donde establecieron una confederación y se produjeron asaltos y saqueos contra la villa de Valladolid.

Destacó por su crueldad el asesinato de los hermanos Juan y Diego Cansino. Murieron asaeteados en una cruz. Sus cadáveres fueron desmembrados para cohibir a los colonos. Los *lacandones* se aliaron con *mopanes* y *acalanes* para extender la guerra a Cobán. Se oponían a la nueva religión, hasta el punto de sacrificar a los cautivos ante la cruz al tiempo que irreverentes se desgañitaban: «*Cristianos, decid a vuestro dios que os defienda*». Sucesivos contingentes de españoles enviados para sofocar revueltas fueron diezmados.

En torno a los años 1580 y 1583 se produjeron intentos de rebelión en la provincia de Campeche. Uno dirigido por Francisco Chi y otro por Andrés Cocom, aspirante a rey maya.

Canek, último soberano maya

Durante la colonia se permitió que la nobleza maya siguiera administrando. Desafortunadamente, el hambre y las epidemias diezmaron la población. En apenas un siglo (1639 y 1736) en Yucatán se redujo en un 40 %. En 1712, los pueblos *tzeltales* y *tzotziles* de las tierras altas de Chiapas se rebelaron y ensayaron una organización política autónoma que se inició con supuestas revelaciones sagradas.

Capitaneados por Jacinto Canek, los mayas de Cisteil (Yucatán) se levantaron en 1761. Como jefe local (*batab*), y con 1500 seguidores, se coronó rey. La represalia fue contundente: la condena a muerte de 500 mayas y el descuartizamiento de Canek mediante caballos. Tras la manumisión, los criollos, con el apoyo de los mestizos, potenciaron una explotación sobre los indígenas muy superior al denunciado paternalismo de los conquistadores. Miles de oriundos fueron mutados en peones, que añoraron entonces la presencia de los españoles.

No fue el único lugar donde serían extrañados los hispanos. En la denominada campaña del desierto, entre 1878 y 1885, más de sesenta años después de la independencia de España, el ejército argentino cargó contra los amerindios, especialmente las etnias *mapuche* y *tehuelche*, en la región de La Pampa y la Patagonia. Un comité científico estimó que el ejército argentino había asesinado o tomado prisioneros a catorce mil de los quince mil indígenas de la zona.

Entre las lamentables afirmaciones que pronuncian algunos indocumentados se incluye la de «*ojalá nos hubieran descubierto los sajones*». Pues bien, en 1812 Hispanoamérica era más boyante que Estados Unidos. El Virreinato de Nueva España (México) fue la región más rica, culta y avanzada, por encima no solo de Estados Unidos, sino también de Europa. México era una ciudad más moderna que Washington o Filadelfia. Lideraba la economía internacional, con rutas que unían China y Japón con Cádiz y Sevilla. Todo iría peor con la salida de los españoles.

Como suele ocurrir, la represión azuza la rebelión. La más conocida de los mayas fue con la Guerra de castas (1847-1855), en Yucatán. Algunos la consideran religiosa, por las circunstancias del culto a la Cruz Parlante y el enfático mesianismo de las disposiciones de la ciudad santa de Chan Santa Cruz (hoy, Felipe Carrillo Puerto). Más o menos controlada en los primeros años del siglo XX, aún en el decenio de 1930 los exploradores o visitantes que se atrevían a penetrar en las hendiduras de los bosques más al este de Yucatán arriesgaban su vida. En 1902 México creó el territorio de Quintana Roo a partir de las inestables provincias orientales.

ENSEÑANZAS PARA EL MANAGEMENT

1. La jerarquía aparece en cualquier grupo humano.
2. Los dirigentes políticos y religiosos suelen pugnar para ver quién gobierna.
3. No hay frutos sin penas, *no pain no gain*.
4. Todas las culturas alientan semejanzas metafóricas para explicar sus orígenes.
5. Una cultura puede ser extraordinariamente avanzada y sutil en ciertos aspectos, al tiempo que brutal y tosca en otros. Es un reflejo de las contradicciones humanas. Dentro de algún tiempo, el aborto y la eutanasia, actualmente aplaudidos por muchos, serán juzgados como inaceptables, como lo fueron en Mesoamérica.
6. Los dirigentes siempre encuentran una espoleta para mejorar sus privilegios.
7. El sistema hereditario acumula censores, pero también acopia motivos razonables para ser defendido.
8. En tiempos parsimoniosos, como de calma chicha, todo el mundo sabe gobernar, o al menos lo parece.
9. En periodos de dificultad se denuncia lo incorrecto y también lo correcto.
10. Dejar rastro de las propias decisiones es lugar común en casi cualquier persona.
11. Hay que informarse antes de opinar: el gobierno de los españoles, con sus contradicciones, fue más beneficioso que la gestión de los criollos y mestizos tras la independencia.
12. Con frecuencia la mitología y la historia se funden.
13. Trabajar con lo pretérito es un modo de ser profeta, porque se acaban proponiendo teorías no siempre verificables.
14. Algunos más que aprender del pasado aplican sus rigideces mentales del presente.

15. Dejarse influir por una leyenda negra que barrea la verdad es una manifestación de incompleta formación. Entre otros muchos principios hay que recordar que el pacifismo no es paz, sino el debilitamiento de todas las causas.

16. También en períodos machistas han destacado mujeres valiosas.

17. Las ideologías bloquean la percepción objetiva de la realidad, pues no parten de lo real, sino que se apalancan torticeramente en lo que definen como real.

18. No existe un único modo de triunfar ni de fracasar.

19. La mezcla de savias suele mejorar el producto final.

20. La *studiositas* (profundizar) da más frutos que la *curiositas* (picotear).

21. La estrategia en el largo plazo suele reclamar tácticas esforzadas en el corto y medio.

CONCLUSIONES

Nos aproximamos al final del recorrido. Hemos aprendido de las gestas de numerosos héroes de cuatro imperios en un suceso que Alejo Carpentier (1904-1980) calificó como «el mayor acontecimiento de la historia de la humanidad». Aunque no es posible mencionar a todos, sí merece unas líneas complementarias el nacionalizado español Fernando de Magallanes, quien tuvo que superar contradicciones como las que generó el cónsul de Portugal en Sevilla, Sebastián Alvares, quien por acotación de Manuel el Afortunado, rey luso, procuró zancadillear hasta lo inaudito los intentos del ya español. Preparando la salida de lo que se convertiría en la primera vuelta al mundo, Alvares mintió denunciando la presencia de una bandera portuguesa donde en realidad solo arbolaba el pabellón del propio Magallanes.

Hay quienes dilapidan su existencia destruyendo o mancillando el esfuerzo ajeno. ¡Qué actual el verso de Nietzsche, *Wohl dem, der jetzt noch Heimat hat*, dichoso quien tiene todavía una patria (un proyecto)! Entonces como ahora, mientras algunos renuevan planchas y refuerzan costillares, atienden a que no falten el alquitrán, pez, cera y estopa; otros viven de intrigas, de cotilleos, refugiándose en envidias malsanas. Como a Cortés y Pizarro, a Magallanes solo podía paralizarlo la muerte, porque sus objetivos los atraían como el más enérgico imán. Su fuerza tenía bastante de obstinación y de temeridad y mucho más de irredenta audacia. Todos ellos ostentaban una insondable veta de ambición por lo incalculable y grabaron su honda huella en la historia.

¡Ay de quienes no creen en las cruzadas o en cualquier otra locura colectiva por el bien de la humanidad! ¡Están condenados a una pertinaz congoja! ¡Ay de quienes carecen de lo que los griegos denominaron *thaumazein*, ese inenarrable sentimiento de asombro ante los espectáculos del mundo!

Algunos, todavía hoy, en vez de instruirse, se relamen las cicatrices de su indigna pequeñez limitándose a murmurar. Tampoco faltan los desconsiderados zalameros. En el caso de Magallanes, Antonio de Pigafetta, quien comenzó así su famoso *Diario: «El capitán general Fernando de Magallanes había resuelto emprender un largo viaje por el Océano, donde los vientos soplan con furor y donde las tempestades son frecuentes. Había resuelto también abrirse un camino que ningún navegante había conocido hasta entonces; pero se guardó bien de dar a conocer este atrevido proyecto, temiendo que se procurase disuadirlo, en vista de los peligros que había de correr y que se desanimasen las tripulaciones».*

En la primera vuelta al mundo, se reglamentó el comportamiento de los implicados. Se incluía una relación correcta con los naturales, intentando la firma de tratados de paz. Cuando la Armada llegase a una tierra desconocida se evitaría que descendieran los oficiales. Debía bajar algún traductor que explicase a los lugareños que no se deseaba provocar su cólera, sino alcanzar pactos comerciales. Se prohibían los disparos de artillería o de espingardas, para no apocar. Se explicitó que debían venerar a las mujeres. Y como detalle de sanidad, se indicó que, al realizar una aguada, no se bebiera durante dos días, salvo algún prisionero, para verificar que no estaba envenenada. Antes de emprender la singladura, Magallanes y todos los tripulantes se confesaron y comulgaron. Surtas ya, se realizó un minucioso registro de las naos para evitar que viajaran mujeres.

Cortés se cocería en reconcomio fruto de la mezcla de su desaforada ambición y de la exuberante burocracia que, rizando el rizo, arrumbaba sus conquistas. Pizarro falleció a manos del hijo de su enemigo con su caterva de calaveras. Magallanes perdió la vida a manos de un grupo de aturullados indígenas, seguidores de Silapulapu, un jefe de escasa preeminencia. Todos ellos han dejado un rastro indeleble en el que seguimos ahondando.

También creyó, y mucho, Juan Sebastián Elcano, español nacido en Guetaria, que culminó la primera vuelta al mundo, casi forzado por las circunstancias. De su profunda fe habla el que anotase en su testamento el deseo de que se celebrasen misas en la iglesia de San Salvador de Guetaria, donde había sido cristianado. No faltaron tampoco en su vida contradicciones. Tuvo que solicitar permiso para hacerse acompañar de dos hombres armados, aspiración que el emperador le otorgó por cédula fechada en Burgos el 20 de mayo de 1524. Al parecer, el motivo por el que temía atentados era que había mantenido amores con María Vidaurreta, con quien había generado una hija. Probablemente quienes acechaban al marino vasco en Valladolid fueran parientes cercanos de aquella muchacha, pues trataban de obligarlo a maridar con ella. En sus últimas voluntades menciona a otras dos mujeres aparte de su madre, una María Fernández Dehernialde, madre de Domingo Elcano, su hijo, «*por cuanto siendo moza virgen la hube*».

De la velocidad de la burocracia habla que, en 1533, siete años después del fallecimiento de Elcano, Catalina del Puerto tuvo pleito con la Real Hacienda para cobrar lo que esta adeudaba a su hijo por los emolumentos que no se le habían pagado. Entre ellos, por el grado de capitán y por la pensión otorgada tras haber dado la vuelta al globo. La solicitud fue resuelta favorablemente para doña Catalina en dos ocasiones, pero nunca llegó a desembolsarse. Por real cédula de la emperatriz se ordenó que se le entregase una cantidad alzada, pero tampoco llegó a efectuarse el abono, pues en 1567, ya con Felipe II en el trono, el bachiller Rodrigo Sánchez de Gaínza, sobrino de Elcano, otorgó poder a favor de Francisco Gaínza para que cobrara lo que se le adeudaba a su tío por servicios aún no retribuidos.

La diferencia entre un prado y una patria es un poeta. Las doctrinas que han mejorado la suerte de la humanidad han surgido, no por azar, en la Europa cristiana. Los cimientos humanistas, impregnados por la predicación del Nazareno, se afianzaron y ahora deben inspirar de nuevo a quienes desean descollar sobre el vacío angustioso de la mayoría. Durante siglos, y es una muestra entre muchas, escasas obras artísticas se han inspirado en hontanares ajenos a los de la religión cristiana.

Es preciso seguir desenmascarando imposturas de ideólogos de baja estofa, magnánima ignorancia y locura banal. Algunos se avergüenzan de sus sublimes antepasados. Un inconsistente volterianismo de rebotica se parapeta en la presunción de laicidad. Sufrimos una ofensiva contra la axiología que determina los sublimes conceptos de persona y libertad predicados por Jesucristo. Padecemos una causa general contra el sentido común.

Como bien señaló Arturo Arnáiz y Freg, *«la conquista de México la hicieron los indios y la independencia los españoles»*. Esa contundente explicación es aplicable a la práctica totalidad del Imperio español, con la única excepción de territorios como Filipinas o Cuba, brutalmente arrebatados por los histriónicos y prepotentes norteamericanos. Su único argumento fue la razón de la fuerza bruta.

Las poblaciones conquistadas pronto se asemejaron a la jerarquía de España, con las lógicas modificaciones. En los virreinatos gobernaban fundamentalmente los españoles nacidos en España. Los criollos fueron cultivando el espíritu de casta que reprochaban a la metrópoli. Nada diferente de lo que han realizado indignos populistas contemporáneos, vocingleros y de poco seso. Los indianos despreciaban a los mestizos y procuraban mantenerlos al margen. Estos a los mulatos, quienes por su sangre en parte blanca se creían superiores a los indios. Más abajo en el escalafón se encontraban los negros y los zambos, mixtura de sangre india y africana. Los criollos fueron desarrollando un anhelo de independencia, que no era otro hontanar que el acaparar el poder que detentaban los españoles nacidos en España. Los encontronazos no faltaron, porque aquellos movimientos políticos fueron sobre todo guerras civiles.

En la Ciudad de México, en 1618, un jesuita criticó con acritud la venta de oficios llevada a cabo por el virrey a favor de criollos. El arzobispo tomó posición a favor del representante español, causa de la irritación del miembro de la Compañía, que acabó en prisión. Al final fue liberado, pero lo acaecido es manifestación —repito— de la convivencia a trancas y barrancas entre los españoles de la metrópoli y los españoles nacidos en América que aspiraban a ocupar las posiciones de poder de sus ancestros europeos.

El desencuentro se incrementó a partir de 1780. A la arrogancia de específicos funcionarios peninsulares, calificados como gachupines, se sumó la exacerbación de los criollos, todo contaminado por el deseo de ambas clases de enriquecerse mediante operaciones comerciales. Pocas décadas más tarde, las polémicas dinásticas de España harían saltar por los aires el *statu quo*.

La mezcla de sangres manifiesta, hasta para los más romos sectarios, que los españoles en absoluto deseaban la aniquilación de los indígenas. Desde España se insistió hasta el hartazgo en la completa equiparación de los diferentes grupos, con idénticos derechos y deberes. Para lograrla se proponía la adopción de la religión católica, la cultura y la lengua española. Esos principios cristalizaron en múltiples exposiciones jurídicas y con específica apostura en las Leyes Nuevas.

Conocedores del poder afrodisíaco que tiene el gobierno, los reyes españoles lo dividieron con profunda sabiduría entre virreyes y audiencias. Unos y otras se controlarían recíprocamente. Obviamente hubo miembros de las audiencias que medraron al igual que determinados virreyes. La debilidad humana no les era ajena. Para mitigar los desmanes, como guinda del periodo del virreinato, entre tres y seis años, se celebraba el juicio de residencia. Se equivocan —eclosionaba Bernal Díaz del Castillo— *«quienes afirman que la Conquista no se hizo por la gloria de Dios, sino por el oro; se hizo por la gloria de Dios y por el oro».*

Para evitar la corrupción se vetó a los miembros de la audiencia calificados de oidores que recibieran dinero fiado, poseer granjas, asistir a bodas o bautizos, admitir presentes de los mercaderes, aceptar dádivas o tomar parte en jolgorios y juegos. Todo esto obligaba también a sus vástagos. Las prohibiciones más punzantes eran las de poseer bienes y la de maridar con personas de la colonia. Si de manera inusitada se les concedía licencia para casarse, se los trasladaba a otra sede. Para evitar la tentación de los sobornos, los oidores percibían altos emolumentos. De las de menor categoría pasaban a las de México, Santa Fe y Lima, consolidándose equipos técnicos de intachable experiencia. Toda esta sistemática procedía de la experiencia de la metrópoli.

Mientras España conquistaba e iniciaba escuelas y universidades, Francia, Inglaterra y Holanda optaron por una incisiva bellaquería. La más implicada en apropiarse de lo ajeno con fútiles, o nulas excusas, fue la segunda. La rivalidad entre Inglaterra y España suele exponerse como una ridícula ristra de fiascos por parte de los españoles. De la mal llamada Armada Invencible (en verdad bautizada como Grande y Felicísima Armada) a la derrota en Trafalgar, pasando por el latrocinio de Gibraltar y Menorca... el errado relato que brilla en el imaginario de los contumaces indocumentados transmite que la potencia católica calcinó edades cabeceando contra un coloso.

Los anglosajones han tiznado que en el intento de asalto a su isla ellos contaban con 226 naves frente a 137 españolas y que solo se perdieron una treintena de las hispanas. Nunca mencionan, por cierto, que Blas de Lezo, en 1741, con seis barcos y dos mil ochocientos españoles defenestró a la flota del almirante Vernon compuesta por casi doscientos —ocho navíos de tres puentes y noventa cañones cada uno; veintiocho navíos de dos puentes y cincuenta piezas artilleras, doce fragatas de cuarenta bocas de fuego, dos bombardas y 130 embarcaciones de transporte de tropas— y veintitrés mil militares británicos. El 13 de marzo de 1741, llegó a las costas de Cartagena de Indias, en el Virreinato de Nueva Granada, la mayor armada invasora que Inglaterra había lanzado contra España. Dirigida por Edward Vernon, su objetivo era apropiarse de la totalidad del Imperio español de ultramar, estrangulando la yugular de la ruta del tesoro americano por Panamá, sometiendo la plaza amurallada, llave de las Antillas, y dirigiéndose hacia Santafé de Bogotá para alcanzar Perú. Esta presunta armada invencible superaba a la de Felipe II y ha sido calificada como la mayor en la historia antes del asalto de las costas de Normandía en la II Guerra Mundial. A pesar de los desencuentros de Blas de Lezo con el farolero, y carente de capacidad estratégica, el virrey Sebastián de Eslava, las tropas británicas y norteamericanas sufrieron una colosal derrota gracias a la pericia del general español y a la arrogancia inglesa. Desafortunadamente, España tardaría en agradecer el hercúleo servicio prestado por Blas de Lezo, mientras que los chanchulleros mequetrefes alabaron desmedidamente a su derrotado almirante, llegando a mentir en su epitafio en la catedral de Westminster. Asevera el falaz texto: «*En Cartagena conquistó hasta donde la fuerza naval pudo llevar la victoria*». Todo para tapar una reputación hecha jirones.

La descomunal jactancia de Vernon le había llevado a vender la piel del oso antes de cazarlo. Envió un barco anticipando la derrota española, que nunca llegó a producirse. Se conservan monedas en las que figura la leyenda: «*La petulancia española humillada por el almirante Vernon*». En el reverso puede observarse a la armada inglesa fondeada en el puerto de Cartagena con otra leyenda cursi que reza: «*Los héroes británicos tomaron Cartagena, abril 1, 1741*». El bochorno no puede ser mayor, pues seis mil mercenarios dejaron su vida ante los menos de mil españoles que defendieron la ciudad. Otros 7.500 quedaron achacosos y cojitrancos a espuertas murieron en su retirada hacia Jamaica. Perdieron seis navíos de tres puentes, trece de dos, cuatro fragatas e innumerables barcos de transporte. Vernon aseguró en misiva a Lezo que regresaría. Se trataba de una fanfarronada más. En Inglaterra se prohibió redactar partes oficiales sobre la batalla y un ominoso silencio sepulcral cubrió el desastre británico. La armada de Felipe II fue derrotada esencialmente por las tormentas del mar del norte. La inglesa por un magnífico mano a mano donde se mostraron las capacidades de unos y otros

Cartagena fue también la ciudad en la que san Pedro Claver, siervo de los negros, dejó una profunda impronta. Sus manos se posaron sobre 300.000 cabezas de sufrientes esclavos llegados entre 1615 y 1650, fechas que marcan su ministerio. Cuidó del alma y del cuerpo, con un ejemplo de vida, paradigma de esplendidez.

Veamos otros buscavidas foráneos. La historia sin tergiversar manifiesta que España e Inglaterra se mantuvieron el pulso y alternaron glorias y penas. La España de los Austrias evidenció tanto en la guerra anglo-española (1585-1604) como en la conflagración con la Inglaterra de Carlos Estuardo de 1625 que los ejércitos españoles superaban a los falazmente invictos británicos.

Las expediciones corsarias de Inglaterra, auspiciadas por la Corona contra las posesiones españolas en América, fueron frecuentes en el siglo XVI. Los saqueos a Santo Domingo o Cartagena de Indias por parte de Francis Drake y de su mentor, John Hawkins, son conocidos, pero no tanto su faceta como esclavistas y genocidas de poblaciones indefensas. Eran pomposos, petulantes, campanudos, ostentosos y endiosados. No habían heredado ni una brizna de la cuarta parte del coraje de sus ancestros que detuvieron a los romanos. Sus espurias majestades, disfrazadas de postiza suntuosidad y arrogantes maneras, eran tramoya sin otro objeto que esconder la abisal miopía de catetos perillanes o, más bien, ramplones forajidos.

Entre 1567 y 1568, Drake y Hawkins saquearon con seis buques puertos chicos y amuraron con designios malignos naves mercantes, violando la paz entre Felipe II e Isabel I, notoria avalista de bucaneros. La flotilla acudió al fuerte de San Juan de Ulúa para acometer reparaciones y adquirir víveres de cara a su regreso a Europa. Haciéndose pasar por la armada española, compelieron al virrey Martín Enríquez de Almansa a entregarles matelotaje, sobre todo tasajo. Cuando llegó a Veracruz la auténtica armada, cuatro navíos filibusteros zozobraron y quinientos tripulantes fueron abatidos. Drake y su pariente forajido huyeron con el rabo entre las piernas.

Tras el fracasado intento de Felipe II por invadir Inglaterra, la reina Isabel proclamó que la península española permanecía indefensa. En 1589 ordenó al hampón Drake pilotar la conocida como contraarmada. La aventura inglesa acabó en hecatombe. La campaña costó la muerte o deserción del 75 % de los más de 18.000 hombres que componían la flota. Con más de ciento cincuenta buques ingleses y holandeses quedaron *in albis* tanto en su intento por conquistar La Coruña, donde se hizo célebre la irreductible María Pita, como en una invasión a Lisboa, cuya población no se alzó contra la presunta opresión española, según las erradas previsiones de los cuatreros de la reina.

El 16 de junio de 1589, Drake ordenó la retirada. El resto de la campaña, en torno a las Azores, tan solo refrendó la agonía de la expedición y finiquitó la ya de por sí penosa reputación de Drake. Sir Francis Drake, ensalzado a ese título por la descocada monarca, quedó fuera del mando durante más de un lustro. Su oportunidad de resarcirse llegó cuando la cleptómana inglesa volvió a confiar en él hacia 1595. La nueva depredación arrancó mal. En contra de la opinión de Hawkins, comandante de la flota, Drake atacó las Canarias para abastecerse sobre espaldas ajenas antes de aproar al Caribe. Calculaba el forajido tomar Las Palmas –apenas mil civiles podían aprestarse a las armas en la isla española– en cuestión de cuatro horas, pero el desembarco fue rechazado. Con cuarenta bajas mortales y copiosos con ablaciones, los cuatreros juzgaron inútil gastar más soldados en algo que desacertadamente presupuestaron andadero.

En Puerto Rico, los españoles los recibieron con cinco embarcaciones apuntando sus cañones. Las garrapatas se retiraron cuando una descarga penetró en la cámara de Drake. El jefe de la flota salió ileso, pero dos oficiales fallecieron. Los ingleses lanzaron un ataque masivo con barcazas para tratar de quemar las fragatas. La jornada finalizó con cuatrocientos advenedizos británicos muertos.

Tras descartar Cartagena de Indias, la flota forajida formada por seis galeones y otra veintena de embarcaciones se trasladó a Panamá, donde Drake decretó un doble ataque, por tierra y por mar. Otros cuatrocientos pagaron con su vida. Desmoralizado, desidioso y enfermo de disentería, Francis Drake buscó presas a la desesperada. El 27 de enero de 1596, fondeada la flota en la entrada de Portobelo, el charrán reclamó que le pusieran su panoplia para morir como un soldado. Falleció la madrugada siguiente y su cuerpo fue lanzado al mar dentro de un ataúd de plomo, en contra de su voluntad de ser enterrado en tierra firme. Su hermano Thomas y su sobrino Jonas Bodenham, ambos del mismo jaez, se enfrentaron a cara de perro por las pertenencias del corsario.

El siglo XVII no fue tampoco el de Inglaterra. Bajo el protectorado de Oliver Cronwell, Inglaterra y España entraron de nuevo en conflicto a causa de la rivalidad comercial y el envío de una descomunal flota británica con el perverso objetivo de destruir el imperio católico. El 26 de diciembre de 1654 zarpó de Portsmouth la *Western Design*, expedición de dieciocho navíos de guerra y veinte de transporte bajo el mando de William Penn, con 2.500 soldados de infantería. La meta era ocupar una o varias islas y apoderarse de la flota española. En Barbados reclutaron otros cinco mil hombres. El 23 de abril de 1655 desembarcaron a cuarenta kilómetros de Santo Domingo y avanzaron hacia La Española, cuya bravía guardia, encabezada por el gobernador Bernardino de Meneses, forzó a los atacantes a retirarse. Tras este revés, la expedición marchó contra la vecina Jamaica. Los escasos defensores dejaron que los ingleses se desmarcasen en sus puestos. Los arteros se escabulleron a Inglaterra cada uno por su lado, donde tras probarse que habían sido hueros fantaseadores fueron imputados.

En el verano del mismo año, el almirante inglés Robert Blake mantuvo bloqueado con una armada de veintiocho navíos el estrecho de Gibraltar, con la esperanza de pillar desprevenidos a quienes regresaban a Cádiz. Advertidos, los españoles invernaron en el Caribe. El delincuente Blake regresó con las manos vacías. Un año después la suerte favorecería al cuatrero en una de las escasas capturas que sufrió la flota de Indias.

En Canarias y durante tres días, una escuadra británica compuesta por nueve quillas del contralmirante Horacio Nelson trató de tomar el puerto de Santa Cruz de Tenerife en julio de 1797. El objetivo era usar Tenerife como lanzadera para invadir luego el resto del archipiélago. El feriante depredador Nelson, con sus navíos de guerra y 3.700 soldados, intentó en vano superar las defensas, en las que bregaban 1.600 españoles, incluyendo integrantes de las milicias, pescadores, labradores y artesanos. El caudillo, Antonio Gutiérrez, frenó en la madrugada del 25 de julio un desembarco que les costó doscientos treinta y tres muertos y ciento diez heridos a los asaltantes. Nelson perdió su brazo derecho. Las bajas españolas fueron veinticuatro muertos. La batalla fue maquillada por los mostrencos gacetilleros británicos para no emborronar el mito del victorioso Nelson.

El 16 de febrero de 1797, una escuadra británica botada por Henry Harvey llegó a la isla de Trinidad, que capituló. Harvey aproó a otras posiciones. El 17 de abril de 1797 se presentaron ante Puerto Rico, cuyas defensas eran superiores, pero, al haber reforzado La Española, la guarnición estaba en mínimos.

El gobernador de la isla, Ramón de Castro y Gutiérrez, contaba con 4.000 efectivos, la mayoría milicianos y reclutas. Un exiguo contingente de franceses aportó su granito de arena. Los británicos descendieron en la playa de Cangrejos y se predispusieron al asedio de San Juan. El fuego de los castillos y los ataques de las lanchas cañoneras, innovación del mallorquín Antonio Barceló, obligaron a los ingleses a retirarse. La infantería británica fue rechazada al intentar tomar el puente de San Antonio.

La situación se estancó a causa de la supina estulticia de los asaltantes. Tuvieron que lidiar con el acorralamiento de las milicias y la dificultad de hincar el diente al sistema defensivo de San Juan, que databa de tiempos de Felipe II. El 29 de abril, los españoles atacaron en tromba las posiciones británicas. Abercromby tuvo que replegarse, desatendiendo artillería, municiones y tropas.

La alianza de la Francia de Napoleón y la España de Godoy surgida tras el Tratado de San Ildefonso devino en el penoso fiasco de Trafalgar. Menos conocidos son otros episodios, como el fallido ataque inglés a Ferrol, registrado los días 25 y 26 de agosto de 1800. La fuerza británica, al mando del almirante Warren y el general Pulteney, contaba con 15.000 hombres. La mayor parte de los efectivos desembarcaron en la playa de Doniños y cerca del arenal de San Jorge, tras acercarse a la costa con pabellón francés.

El teniente general Juan Joaquín Moreno envió fuerzas de tierra y de infantería de marina, que concatenadas a los vecinos de Serantes, A Graña y Doniños, se enfrentaron a los invasores. Las tropas españolas se encontraban en inferioridad. Los primeros combates favorecieron a la gavilla de facinerosos. Al alborear el 26, el mariscal de campo Conde de Donadío tomó posiciones desde Serantes a Valón cortando el acceso a Ferrol por el norte. A pesar del empuje de Donadío tuvieron que replegarse hacia Ferrol. La batalla parecía decantarse hacia el lado británico.

Hacia el mediodía, la indecisión del general Pulteney precipitó la renqueante retirada tras dejarse unos mil doscientos hombres. El mando británico había previsto una operación que enarcara las cejas al enemigo y que se saldara con escasas bajas. En octubre de ese mismo año una escuadra se presentó en aguas de Cádiz, pero desistió.

El uso torticero del lenguaje ha sido una constante en muchos países que se han esforzado por denigrar a España y a la Iglesia católica, realidades que han sido fusionadas en una única diana. La acción de los españoles al castigar a disidentes religiosos se ha calificado de fanatismo, intolerancia y motivo de decadencia. Cuando ingleses, holandeses, belgas, italianos o franceses han hecho lo mismo, se ha calificado su obrar como arrojo para unificar la nación, para salvaguardarla de traidores y conspiraciones foráneas. El asesinato de indios por españoles ha sido siempre atrocidad y exterminación, pero cuando los anglosajones asenderearon atrozmente a los irlandeses rematándolos por millares y degollándolos tras haberse rendido, se ha tildado esta monstruosidad como la única solución al problema irlandés, con terminología idéntica a la empleada por los nazis en su reunión de Wansee.

El envío de oro y plata a España por parte de los conquistadores ha sido calificado por los anglosajones como sórdida explotación, pero la actuación de sus lores sanguijuelas era una muestra de heroísmo de patriotas. Y la carrera por el oro de California fue nada más y nada menos, según sus pazguatos cronistas, que la piedra angular de una futura gran nación. Únicamente Goebbels mejoró la hipocresía.

Algunas honrosas excepciones han tenido, todo hay que decirlo. Lesley Byrd Simpson escribió con audaz sinceridad: «*Considero que la capacidad media de los virreyes de Nueva España (México) era tanta, que ningún país, a mi juicio, fue más afortunado con sus gobernantes. Nueva España tuvo muchas cosas en su contra, pero disfrutó una larga vida (300 años) de relativa paz, estabilidad y prosperidad, en marcado contraste con las pendencieras naciones de Europa. Algunos de los hombres que hicieron esto posible, merecen ser conocidos*».

Ronald Syme lo explicó así: «*A pesar de las desventajas geográficas y de las distancias, España fue capaz de mantener sus extensos dominios durante tres siglos, y les dio el sello indeleble de su lenguaje, pensamiento e instituciones. Esa hazaña merece más honor del que comúnmente se le ha otorgado y una más profunda investigación*».

En muchas ocasiones, solo la pelusa y el rédito político pueden explicar el empeño de embadurnar con reiteradas falsedades. Ya lo anticipó Cervantes: «*¡Oh envidia, raíz de infinitos males y carcoma de las virtudes! Todos los vicios, Sancho, traen no sé qué de deleite consigo; pero el de la envidia no trae sino disgustos con más rencores y rabias*». Como bien expresara Goethe: «*Todo dogma es gris, pero el árbol de la vida es verde*».

Las calumnias han procedido con frecuencia –reitero– de quienes odian a España por su fusión con la religión católica. Ha trascendido a la evangelización de América. El ventarrón de farsas se centuplicó en la guerra de España.

Es conocida la capacidad de los mal llamados revolucionarios para la propaganda embaucadora. En 1936 existían en España ciento cuarenta y seis diarios antirreligiosos, muchos cáusticos como *El socialista*, *El Pueblo* o *El Crisol*, que aplaudieron en 1931 la quema de conventos. *El Crisol* denunció falsamente que existían polvorines en iglesias y monasterios. *El Heraldo de Madrid* difundió la falsedad de que los frailes disparaban desde los campanarios.

En la edición del 1 de agosto de 1936, *Solidaridad Obrera* sacaba en portada una foto de cinco religiosos con fusiles parapetados tras un cañón. ¡Eran milicianos ensotanados! El pie de la foto mentía: «*Los representantes de Dios en la Tierra también emplean las armas. En un pueblo de Cataluña (no indicaba cuál), esos frailes hicieron frente al Pueblo*». La imagen fue recogida por *La Vanguardia* (edición del 14 de mayo de 1937), y en la actualidad se puede encontrar como si fuera verdadera.

Revisar la prensa revolucionaria permite detectar, y detestar, la pérfida tergiversación para enervar a los gregarios. *La Humanitat* del 21 de agosto del 36 explica esta fantástica historia: «*Al medio día del 19 de julio los frailes del convento del Sagrado Corazón de la Avenida Padre Claret —Barcelona— dispararon contra los milicianos. A consecuencia de ello cayeron muertos algunos ciudadanos, entre ellos una anciana*». Prosigue la crónica afirmando que los frailes apuntaron a un zigzagueante automóvil en el que iba una enfermera, no honestaron siquiera su uniforme y «*la chica y cuatro milicianos resultaron muertos*». Estas alucinaciones periodísticas son tan indignas como patrañeras.

Rob Stradling, catedrático emérito de la Universidad de Gales, ha hablado de la barbarie del otro como una de las mejores armas de la propaganda de guerra: «*Todo el mundo cree en las atrocidades del enemigo y en absoluto las de su propio bando, y siempre sin molestarse en examinar los datos*».

Un hervidero de triviales afirma que solo los nacionales emplearon los bombardeos sobre ciudades como arma de guerra. En realidad los republicanos recurrieron masiva y sistemáticamente a ese avieso avío de guerra. Oviedo, Granada, Zaragoza y Sevilla padecieron más de cuatrocientos ataques, a los que deben sumarse los ataques a Pamplona, Huesca, Toledo, Teruel, Talavera, Córdoba, Cáceres, Salamanca, Segovia, Burgos... y un intento fallido sobre Vitoria. Solo la capital de Asturias sufrió más de doscientos ataques durante el asedio.

No hubo ninguna megápolis en la España nacional libre de los ataques de la calificada como La Gloriosa. La aviación del Frente Popular inauguró el bombardeo de ciudades de la retaguardia enemigas, que no eran objetivos militares. Señala Stardling que, tras Guernica, «*todo quedó excusado por el eufemismo de represalia ante las llamadas atrocidades del enemigo*».

Cuando en el verano de 1938 la Sociedad de Naciones solicitó a ambos bandos informes sobre ataques, se enviaron averiguaciones cargando las tintas. Burgos, sede del Gobierno de Franco, denunció dos mil cien ataques aislados que produjeron diecinueve mil bajas, entre muertos y heridos, en no combatientes, una cifra algo inflada. Los republicanos mintieron más. Negrín habló de veinticinco mil niños muertos en mil cincuenta y cuatro ataques nacionales.

De todos los bombardeos, el más conocido es el de Guernica. Muchos ignoran, reitero, que en 1938 Cabra tenía unos 20.000 habitantes. El 7 de noviembre, hacia las 7:31 horas de la mañana, tres aviones soviéticos Katiuska SB-2, que habían despegado del campo de aviación de Los Guerreros en Fuente Álamo de Murcia, bombardearon la pequeña población, que carecía de interés militar.

Los Katiuska masacraron esa localidad como parte de la estrategia de la aviación republicana de arrasar pueblos de retaguardia de la zona nacional para aterrorizar a los civiles. El ataque causó 86 muertos y 117 acabaron con costurones, ni un solo militar. Fueron exterminados mujeres, niños y ancianos, pues los varones en edad militar estaban en las trincheras.

Los autores del bombardeo, en su parte de guerra del 7 de noviembre, indicaban únicamente que se batió el objetivo, omitiendo referencia al objetivo o a las consecuencias: *«A las 7,27 despegaron tres B. K. para efectuar un servicio de reconocimiento y bombardeo de Cabra. Se batió el objetivo eficazmente observándose las explosiones en el centro del pueblo. Se obtuvieron fotografías del frente reconocido. No se observó caza enemigo ni se les hostilizó con fuego antiaéreo, tomando tierra todos los aparatos sin novedad (AHEA. Sig. A 168, documento 54. Parte de operaciones del 7 de noviembre de 1938).* Para el Gobierno republicano era una práctica habitual. Los nacionales informaron así del ataque a Cabra: *«La aviación roja, huyendo de los encuentros aéreos que tantas pérdidas le cuesta y alejándose de todo objetivo militar, lleva varios días dedicada a batir pueblos civiles de la zona nacional, lo más alejados posible de las actividades militares y desde los que les es fácil la huida».*

El fundador del PSOE, Pablo Iglesias, vomitó ante el Parlamento el 7-VII-1910, imprecando a Antonio Maura, presidente del

Gobierno legalmente constituido: «*El partido al que yo represento aspira a concluir con los antagonismos sociales, a establecer la solidaridad humana y esta aspiración lleva consigo la supresión de la Magistratura, la supresión de la Iglesia, la supresión del Ejército... Hemos llegado al extremo de considerar que antes de que su señoría suba al poder debemos llegar hasta el atentado personal*».

No tardó mucho en cumplirse su amenaza. Quince días más tarde, Maura sufrió un atentado en la estación de Barcelona a la que llegaba en tren procedente de Madrid. Manuel Posa Roca efectuó dos disparos. La jornada sucesiva se formuló una protesta en el Congreso a la que, como es obvio, Iglesias no se sumó.

El más completo y descarnado discípulo de Pablo Iglesias fue Francisco Largo Caballero, el Lenin español, que llegó a ser presidente del Gobierno del 4-IX-1936 al 17-V-1937. Bramó: «*Quiero decirles a las derechas que si triunfan tendremos que ir a la Guerra Civil declarada. La democracia es incompatible con el socialismo. Vamos hacia la revolución social, mucho dudo que se pueda conseguir el triunfo dentro de la legalidad y en tal caso habrá que obtenerlo por la violencia. Tenemos que luchar, como sea, hasta que en las torres y en los edificios oficiales ondee no la bandera tricolor de una república burguesa, sino la bandera roja de la revolución socialista*». Nada sabían estos dos autócratas ni de democracia ni de respeto al pensamiento ajeno ni de libertad.

España ha sido magnánima cuando ha contado con un objetivo común y no se ha perdido en los meandros inicuos provocados en tantas ocasiones por politicastros de baja estofa. Concluyo, en fin, con una de las incontables noticias positivas que se encuentran en la memoria de nuestra gloriosa historia: en 1907, el ingeniero español Mónico Sánchez (1880-1961) inventó un aparato de rayos X portátil, de menos de diez kilos, que salvó innumerables vidas en la Primera Guerra Mundial. Fue empleado en numerosos hospitales tanto en Europa como en América. El mismo inventor fue también pionero de la telefonía sin hilos. ¿Cuántos han oído hablar de él? Porque en España, tan acostumbrada a fustigarse, confundiendo la razonable autocrítica con la autodestrucción no hemos sido capaces de promover un marketing histórico como el de los anglosajones. Pensemos en cómo se ha tratado en el cine nuestra Conquista, con películas casi siempre babiecas y bobaliconas.

España no fue grande por los funcionarios de Sevilla o Cádiz, sino por la audacia de los aventureros que arriesgaron vidas y hacienda por descubrir nuevos mundos allende el horizonte. Frente a pseudo alboradas fruto de paparruchas emanadas por mindundis baladís, valga la redundancia, España prospera cuando se multiplica el afán de su gente por contribuir con munificencia emprendedora al bien colectivo.

Para demasiados sigue siendo válida la condena orteguiana: *«no sabemos lo que nos pasa y eso es lo que nos pasa»*. Al margen de esa fórmula pesimista, que da grima, cabe señalar que el camino se hace al andar, para quien brega a diario en pro de sus compatriotas, sin detenerse ante la insolvencia de quienes solo saben rechistar o esperar con bobería a que otros les resuelvan la papeleta.

Schlegel afirmó que un historiador es como un profeta al revés. Algo de perogrullo contiene esa afirmación. Tratemos entonces de serlo, con sinceridad, de proyectos válidos y no de quiméricas malaventuras. Queda pendiente, en cualquier caso, una clara palinodia de quienes han desairado la hazaña española —no exenta, como todo gran suceso, de complejidades—, a la vez que han ensalzado desbarros foráneos. Quede aquí el recuerdo de quienes, con la mirada puesta en el horizonte, en el magnético oeste, mientras recitaban oraciones y soñaban con El Dorado, partieron a un destino sibilino, trufado de incertidumbres, pero también de promesas, en una de las mayores epopeyas, con aciertos y errores, de la humanidad. Muchos fallecieron en el intento. Bien podrían haber afirmado con palabras de Catón: *«A medida que me acerco a la muerte, me siento como un hombre que se aproxima a puerto después de un largo viaje. Me parece que veo tierra en lontananza»*. Para la mayoría, hombres de profunda fe, la aspiración era en realidad el Cielo. Concluimos ya. Hasta el vitriólico anticatólico Edward Gibbon clamó una y otra vez que incluso el más destacado de los imperios surge del conflicto y sacrifica a las minorías para proporcionar felicidad y sentido a la mayoría en el presente y el futuro.

EPÍLOGO

uando escribí el ensayo *Management español: el sabio discreto. Análisis de Javier Fernández Aguado y su teoría de buen gobierno*, releí a fondo la práctica totalidad de la extensa bibliografía que el pensador español ha generado en las últimas tres décadas. Me llamó la atención gratamente que en el prólogo de uno de sus libros –*Management a través del cine* (Wolters Kluwer, 2009)–, José Aguilar, profundo conocedor del pensamiento de Fernández Aguado, estableciera un paralelismo con Julián Marías.

Me ha venido a la cabeza esa semejanza, pues son efectivamente múltiples los elementos que asimilan a estos dos intelectuales. Para empezar, ambos han desarrollado su pensamiento al margen del mundo universitario, aunque hayan interactuado con múltiples universidades europeas y americanas en distintos momentos de sus carreras profesionales.

Por lo que al contenido de este libro se refiere, narra Julián Marías en sus memorias que, en cierta ocasión, impartiendo una conferencia en el *Osterreichisches Collegium*, sito en Alphbach (Austria), un asistente de origen mexicano le objetó que la América de lengua española era inferior frente a la colonizada por los anglosajones. Julián Marías le respondió, con su habitual aplomo, que precisamente en Nueva España se había generado la mayor concentración de arte y esplendor jamás conocida por un país conquistador, y mencionó el libro de Humblot, escrito precisamente al final del virreinato. Anécdotas análogas las ha vivido Fernández Aguado en Panamá, Colombia o México.

Julián Marías recordaba que las universidades de México y Lima precedieron ochenta y cinco años a Harvard, y nada más y nada menos que ciento cincuenta a Yale. La imprenta desembarcó también primero en la América hispana, y la comparación es aún más ventajosa si se refiere a la arquitectura o a la pintura. El subdesarrollo de aquellas áreas es posterior y debida a los dirigentes de los pueblos ya independizados. Los hechos deben datarse.

El profesor Fernández Aguado detalla, amplía y documenta afirmaciones paralelas a lo largo del profundo texto que el lector tiene entre las manos. En esta investigación no hay meras opiniones, sino datos contrastados que permiten luego sacar conclusiones que no son fruto de tergiversaciones ideológicas populistas o simplonas, valga la redundancia, sino de testimonios precisos.

El encuentro de cuatro culturas es un alarde de conocimiento a la vez que de capacidad divulgativa. Sin ignorar los comportamientos espurios de algunos ancestros, Fernández Aguado huye de los grotescos clichés impuestos por gacetilleros anglosajones o galos, apalancados en autores tan radicalizados y superficiales como el inquieto dominico Bartolomé de las Casas o el traidorzuelo secretario de Felipe II, Antonio Pérez.

Al igual que en *2000 años liderando equipos* (Kolima, 2020), Fernández Aguado descubre sucesos que han permanecido velados, quizá también por miedo a que críticos ayunos de estudio profieran simplezas contra quienes exponen la verdad sin ambages.

En su investigación sobre el *management* de la Iglesia católica y de múltiples organizaciones surgidas en su entorno, Fernández Aguado recordó que la mayor parte de las mejores mentes de las sucesivas épocas tras el nacimiento de Cristo se acercaron a la Iglesia católica sin complejos ni amedrentamientos. Ahora nos hace reflexionar sobre las imponentes aportaciones realizadas por los aventureros españoles. Sin obviar limitaciones comportamentales fruto de la lujuria y de la codicia, no disiparon, sin embargo, el norte de la evangelización y la mejora de aquellas personas que habitaban en el continente americano.

Las civilizaciones azteca, maya e inca de forma principal, pero también las innumerables culturas y tribus que se desarrollaron en la América precolombina, desfilan ante nuestros ojos con luces y sombras, con objetividad. Frente al afán de autoflagelación de incontables españoles, más cuerdos en otras cuestiones, Fernández

Aguado, sin encubrir yerros, expone con franqueza las notabilísimas aportaciones de los viajeros que, imbuidos de fe en el Resucitado, se jugaron la vida en aquella epopeya, que con justicia ha sido calificada la más relevante de la historia de la humanidad.

Confío en que los lectores hayan disfrutado al menos tanto como yo lo he hecho. En este libro nos encontramos ante un gran erudito cosmopolita, como bien fuera definido en la obra *Pensadores españoles universales* (LEO). Fernández Aguado escribe con una visión amplia y una perspectiva luminosa paredaña con la que impregna la obra de Julián Marías.

Cuatro elementos más los unen: la fidelidad a la verdad, el amor a España, la admiración por Juan Pablo II y la profunda creencia en una vida trascedente. Otras equivalencias podrían detallarse, en fin, en la vida de ambos, pues si Julián Marías tropezó con la burocracia académica por motivos políticos, Fernández Aguado ha sufrido en sus carnes, al igual que Marías, el pinchazo de mediocres que en vez de envidiar deberían afanarse por emular. Ambos, en fin, encontraron a la mujer ideal –Dolores Franco en un caso, Marta de la Torre en el otro–, compañeras afectivas y eficaces.

Algo les diferencia: Julián Marías se encuentra ya en el Olimpo y Fernández Aguado sigue bregando por proporcionar conocimiento digerible, positivo y retador a sus contemporáneos.

RICARDO HERNÁNDEZ GARCÍA

AGRADECIMIENTOS

Son muchas las personas a las que debo reconocimiento. En primer término a mi esposa Marta y a mis hijos Sofía y Enrique, que han acompañado el desarrollo de esta investigación con igual o mayor ilusión que las precedentes. Marta, además, ha leído el libro y me ha sugerido mejoras que he asumido en la práctica totalidad.

Isidro Fainé, Àngel Font, Jesús Nemesio Arroyo, Adela Molina, Marina Teixidò, Juan Antonio García Fermosel, de Fundación la Caixa, han facilitado mi investigación, cada uno desde sus específicas responsabilidades. La Cátedra de Management de la Fundación en el IE ha sido palanca imprescindible.

Marco Giarratana, Fabrizio Salvador, Marco Trombetta y Arelí Castrejón, del IE, han prestado su colaboración con sumo gusto.

Sergio Casquet, Rafael Esparza y Enrique Sueiro son extraordinarios profesionales con quienes he podido contrastar mis reflexiones y hallazgos. Sus aportaciones, tras leer el libro, me han resultado de gran utilidad.

Cecilia Chiy (CEO de EUCIM), Ricardo Hernández García (CEO de HGBS), José María López Rodríguez (CEO de CEDERED) y Josep Capell (CEO de CEINSA) han apoyado la estupenda edición de este volumen. Se lo agradezco de corazón.

Marta Prieto, Carolina Hernández, Rocío Aguilar y el resto del equipo de Kolima han dado lo mejor de sí mismos, como ya hicieron con *2000 años liderando equipos*. Componen un excepcional grupo humano con el que trabajar es siempre un placer.

En América acopio, en fin, innumerables buenos amigos. Entre ellos, Erika Bauer, Pilar Moncayo, Laura Elena Galvache, Rogelio Leal, Luis Rico, Iván Céspedes, Víctor Hugo Malagón, Rodrigo Jordán, Cristóbal Gaggero, Christian Santos, Nicolás Alejandro Szlagowski, Richard Ruiz, Hugo Esquinca, Miguel Ángel Laporta, José

Antonio Lebrija, Alejandro Salvador Julián de la Garza, Alejandro Guzmán Stefanin, Nelson Ríos, Nelson Padua..., con quienes procuro charlar personalmente cada vez que viajo por sus países.

El libro pretende también ser un homenaje a Marcelo Eduardo Servat, quien, durante años hasta su fallecimiento en 2021, alentó mis investigaciones.

GLOSARIOS DE TÉRMINOS

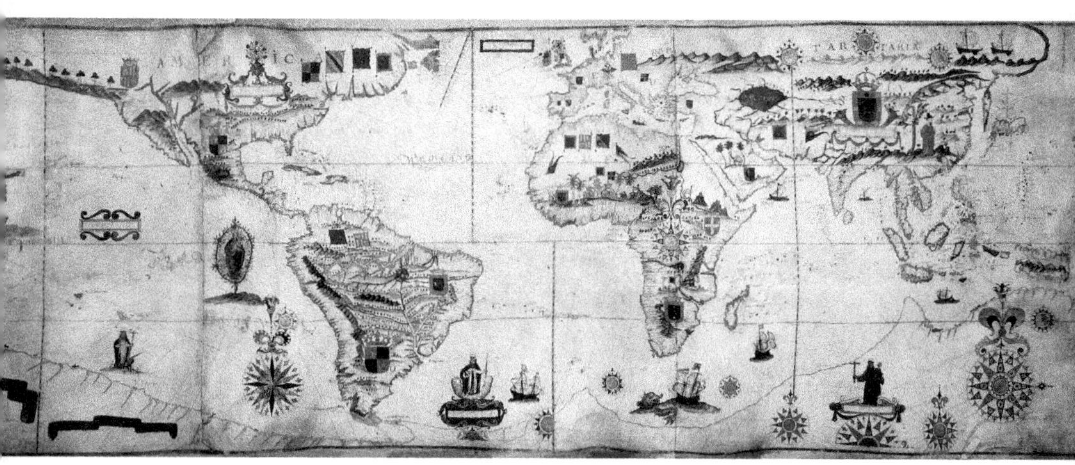

TÉRMINOS AZTECAS

- Azteca: miembro del pueblo amerindio que, establecido en el Altiplano de México, creó uno de los mayores imperios precolombinos en el siglo XIV y el primer tercio del siglo XV.

- *Calmécac*: escuelas en las que residían los hijos de los nobles entre los siete y los quince años. Desde el macabro ritual de entrada se hería o golpeaba a los muchachos para acostumbrarlos a soportar las cuitas.

- *Calpulli*: unidad grupal compleja en las sociedades nahuas. Estaba compuesto por linajes presuntamente emparentados entre sí por algún antepasado común, generalmente un dios tribal. Varios *calpulli* integraban un barrio y solían especializarse en alguna actividad profesional. En Tenochtitlán, la división se hacía en cuatro sectores: Atzacualco, Teopan, Moyotla y Cuepopan. En cada uno, se contaban hasta cinco *calpulli*, sumando un total de veinte para la ciudad. Los *calpulli* solían dividirse en calles o *tlaxilacalli*.

- *Calpullec*: dirigente electo en un *calpulli*.

- *Cihuacóatl*: diosa con forma de mujer serpiente.

- *Coacalco*: panteón donde habitaban los dioses de las ciudades que los mexicas invadían. Formaba parte del eclecticismo religioso que les caracterizó.

- Códice Magliabecchiano: fue redactado durante en el periodo colonial temprano. Sus poco más de noventa páginas son un glosario de elementos religiosos y cosmológicos. Muestra los nombres de los veinte días del calendario religioso de 18 meses que forma parte del ciclo de cincuenta y dos años azteca. También expone las deidades, ritos, vestidos y creencias cosmológicas.

- *Chichimeca*: tribus nómadas del norte tras la caída de Tula. Eran equivalentes a los bárbaros en la antigua Grecia.

- *Chicome Coatl*: diosa de la agricultura, manifestación de la divina madre, que propiciaba las buenas y simbólicas cosechas.

- *Cihuacóatl*: divinidad femenina azteca de la Tierra. Es la recolectora de almas. Se considerada la protectora de las mujeres fallecidas al dar a luz. Fue empleado en la sociedad azteca para referirse al jefe de los ejércitos. Era el segundo en importancia en la estructura política, semejante a un primer ministro.

- *Chimalacalli*: barcas y también la armada mexica.

- *Chinampa* (del náhuatl, *chinamitl*): método de expansión del terreno cultivable mediante balsas cubiertas con tierra.

- *Cuatequil*: servicio de trabajo equivalente al mita incaico.

- *Huey tlatoani*: del náhuatl *huy* (grande) y *tlahtoni* (orador): gran orador. Máximo gobernante, con responsabilidades militares y religiosas.

- *Huitzilopochtli*: principal deidad mexica, asimilada con el sol. Era paralela al Marte de los romanos. Teóricamente corriente, aunque sabelotodo y audaz. Etimológicamente significa colibrí (*huitzilin*) zurdo (*opochtli*), el guerrero resucitado del sur, porque es el lado izquierdo del mundo y los guerreros resucitan en el cuerpo tenue y resplandeciente del colibrí.

- Juicio de residencia: revisión a la que se sometía la actuación de cualquier oficial de la corona al término de su mandato o en otro momento por causas graves. Su objetivo era regular la actuación de los funcionarios y permitir que oportunamente y en su lugar de residencia, de ahí el nombre, se juzgaran a las autoridades. El juez lo publicitaba durante dos meses para que todos los agraviados interviniesen. El juicio se prolongaba hasta un máximo de medio año. El magistrado podía ser recusado. Concluidas las informaciones, se remitían al Consejo de indias que dictaba sentencia y lo ultimaba.

- *Macehualli* (o *macehualtin*, en plural): la clase social que estaba jerárquicamente por encima de los esclavos y por debajo de los nobles. Los *macehualtin* rendían servicio militar, estaban sometidos a tributación y trabajaban en obras colectivas. Como los esclavos, también podían poseer bienes, casarse con personas libres y engendrar hijos. Poseían una parcela de tierra siempre que la cultivasen. Sus hijos podían heredar si la trabajaban. No podían enajenarla, pues eran usufructuarios.

- Mesoamérica: región cultural del continente americano que incluye la mitad meridional de México y los territorios de las actuales Guatemala, El Salvador, Belice, Nicaragua, Costa Rica y occidente hondureño.

- *Mictlán*: Mictlantecutli, señor del infierno, era el dios de la muerte y del reino de la maldad y las sombras. Allí acudían las almas de los hombres tras la muerte. Se le representaba como un horrible monstruo, con enorme boca en la que caían los espíritus.

- *Mixcoatl*: dios de la guerra.

- *Náhuatl*: dialecto nahua hablado en México en época de la conquista. Cuenta con gran riqueza verbal y lexical.

- *Pipiltin*: nobleza cuya descendencia se remontaba a los toltecas. Poseían tierras y esclavos para trabajarlas. Los sacerdotes de mayor rango, nunca considerados clerigalla, y los guerreros de categoría superior formaban parte de los *pipiltin*.

- *Pochtecas*: comerciantes. Gracias a ellos, mercados como el de Tlatelolco recibían productos incluso de Guatemala.

- *Quachtli*: pieza de tela, cuyo múltiplo era la carga de veinte piezas de tela. Los servicios prestados se abonaban generalmente en especie.

- *Quetzalcóatl*: divinidad de diversos pueblos nahuas establecidos en época precolombina en México, Yucatán, Guatemala, El Salvador y Nicaragua. En ella convergen las imágenes de distintas divinidades. En el caso de Guatemala, los *kiches* lo nominaban Gucumatz. En el Yucatán le nombraban Kukulcán. Este legendario señor de los toltecas, que rechazaba la práctica sacrificial, emigró hacia el este para fundar la ciudad de Chichén Itzá (Yucatán). Desapareció por donde emerge el sol con el voto de retornar.

- *Tecuhtli*: hombre que disponía de un título que le consentía ejercer funciones como las del juez o inspector de tributos.

- *Tenochtitlán*: capital del Imperio azteca. Fue fundada por los aztecas hacia 1325 en una isla del lago de Texcoco. Al ser territorio de los *tepanecas* de Azcapotzalco, los primeros habitantes mexicas tuvieron que pagar tributos para establecerse. De ahí acumularon experiencia para su política tributaria posterior.

- *Telpochcalli* (en náhuatl, casa de los mancebos): centros en los que se educaba a los jóvenes del pueblo azteca, a partir de los quince años, para servir a su comunidad y para la guerra. Se encontraban en cada barrio o *calpulli*.

- *Teotlachco*: juego de pelota.

- *Tezpanecas*: confederación de tribus que habitaban localidades en torno al lago de Texcoco. Cada asentamiento indica la etimología de su denominación, poseía su propia casa general o *tecpan*.

- *Ticitl*: médicos indígenas prehispánicos.

- *Tlacatéccatl*: título equivalente a general en el Ejército azteca.

- *Tlaloc*: dios de la lluvia y la humedad. Como las cosechas dependían del clima concentraba alta importancia.

- *Tlalocan*: paraíso circunvecino a dos volcanes al oriente del valle de México. Allí habitaba *Tlaloc* y *Chalchiuhtlicue*.

- *Tlaltecuhtli*: el señor de la tierra; *tlalli*, tierra; *tecuhtli*, señor. Deidad del periodo postclásico (1200-1519). Su culto se extendía además de a los mexicas a otros pueblos de cultura náhutl.

- *Tlalxicco*: el ombligo de la Tierra era el infierno de los aztecas. Lo situaban en el norte y lo caracterizaban por hambre, desolación y muerte. Quienes allí eran condenados se aburrían en un sucederse del tiempo en bagatelas sin sentido alguno.

- *Tlamacazqui*: sacerdote principal del templo de Huitzilopochtli.

- *Tlatlacotin*: esclavos. Podían llegar a comprar su libertad.

- *Tlatoani* (del náhuatl, *tlahtoani*, quien habla, orador): término empleado por algunos pueblos en mesoamérica para designar a los gobernantes de los *atepetl* o ciudades. Eran elegidos por los *pipiltin* (nobles) de entre una familia o dinastía gobernante. A los *tlatoanis* responsables de varios *altepetl* (como el caso de los mexicas) se les denominaba *huey* tlahtoani, gran orador.

- *Tlatocan*: consejo tribal.

- *Tlazolteotl*: divinidad de la inmundicia, erradicaba los pecados, que eran como excrementos. Otorgaba el perdón por las faltas. Los enamorados le rendían culto, porque borraba, entre otras, las debilidades de la sangre. Se confesaban con ella, la devoradora de los pecados. El único que podía ser transmisor era el *tlapuhqui*, ante quien el penitente se presentaba con acatamiento.

- *Tzompanco*: lugar para colocar cráneos de los sacrificados a los dioses.

- *Xipe Totec:* dios desollado. Era el de la resurrección de la naturaleza, generador de las flores en primavera. También del pulque, de la embriaguez, del abotargamiento. Semejante a Baco. Su celebración consistía en el sanguinolento festín del *Tlacaxipehualiztli*: muchos hombres eran desollados en esos días, los brujos se recubrían son pieles ajenas y bailaban frenéticamente durante horas.

- *Xiquipilli*: veinte *zontli*. Unidad de medida.

- *Xiuhtecutli*: señor del fuego y del año; en la mitología azteca representaba la divinidad del fuego y señor del tiempo. Se le sacrificaban víctimas humanas, que eran arrojadas al fuego. Cuando estaban medio quemadas se les arrancaba el corazón.

- *Xolotl*: divinidad prehispánica, doble (gemelo) de Quetzalcóatl en su estancia en el inframundo para los toltecas y encargado de acompañar al Sol para los aztecas.

- *Zontli*: cuatrocientos granos de cacao. Unidad de medida.

TÉRMINOS INCAS

- *Aclla*: escogida.

- *Acllahuasis*: edificios residenciales de las *acllas*, es decir, mujeres especializadas en actividades productivas, particularmente en la textilería y preparación de chicha. Estaban obligadas a prestar servicios laborales al Estado.

- *Amantas*: funcionarios encargados de documentar la historia.

- *Ancosanaymaci*: copero o servidor de copas del soberano.

- *Apus*: espíritus de las montañas.

- *Ayllus*: comunidades que trabajaban determinados territorios de los que se alimentaban.

- *Ayni*: trabajo de los integrantes útiles del *ayllu* que se caracterizaba por el denuedo colectivo, aplicado habitualmente a la agricultura, en beneficio de la comunidad.

- *Cachasca*: embajador.

- *Cápac apo inca*: gran señor hijo del sol.

- *Cápac inca*: poderoso, rico en virtudes y armas de guerra.

- *Cápac ñan*: sistema vial.

- *Capullana*: gobernanta o mujer de estatus privilegiado.

- *Chakana*: puente a lo alto, quizá el símbolo más importante de la cultura andina. Figura geométrica en forma de escaleras de cuatro lados. Sus peldaños tienen forma simétrica, con un círculo en la parte central y dividido en dos para significar la dualidad. Las puntas son las cuatro divisiones del Tahuantinsuyo. La chakana simboliza también la relación con la madre tierra (Pachamama).

- *Chapac*: espía.

- *Chasqui*: mensajero o emisario.

- *Chicha*: bebidas derivadas principalmente de la fermentación no destilada del maíz.

- *Chunca*: convocatoria masiva de miembros útiles del *ayllu* para construir, rehabilitar o derribar algo de modo urgente en beneficio de la comunidad.

- *Collana*: selectos.

- *Coricancha*: templo dorado. Principal lugar de culto incaico.

- *Coya*: la esposa oficial del rey.

- *Curaca*: jefe de un *ayllu*.

- *Hatunrunas*: individuos de edad que constituía gran parte de la población: ganaderos, artesanos, agricultores, pescadores, etc.

- *Huaca* o *guaca*: del quechua *uaca*, dios de la casa. Sepulcro de los antiguos indios, principalmente de Bolivia y Perú. Se encuentran a menudo objetos de valor.

- *Huillac Uma* o *huillachumu*: hechicero supremo encargado de coronar al nuevo *Sapay Inca*. Era equivalente al papa para los católicos.

- *Huiracocha* o *Viracocha*: dios creador.

- *Hurin Cusco* y *Hanan Cusco*: bandos en que se dividió la dinastía real. Los cinco primeros gobernantes pertenecieron a Hurin, parte baja del Cuzco. Los gobernantes en esta dinastía fueron Manco Capac, Sinchi Roca, Lluqui Yupanqui, Mayta Capac y Capac Yupanqui. La dinastía Hanan Cusco correspondía a la parte alta de la ciudad. Sus gobernantes fueron: Inca Roca, Yawuar, Huaca, Huiracocha, Pachacútec. Túpac Inca Yupanqui, Huayna Cápac, Huáscar Atahualpa y Manco Cápac II. Durante esta dinastía se produjo una expansión.

- *Inti*: la deidad del sol.

- *Mascaipacha*: especie de corona y único símbolo de poder que otorgaba al sapa inca los títulos de gobernador del Cusco e inca del Tahuantinsuyo.

- *Malqui*: momia.

- *Minca*: trabajos en tierras o rebaños en beneficio del estado y la religión.

- Mita: faena reservada a varones de entre 25 y 50 años, *distribuidos* en turnos sucesivos de unos tres meses. Era una especie de servicio militar, pero enfocado a la construcción y el mantenimiento de infraestructuras, incluidos los refugios y almacenes de las rutas que unían las ciudades.

- *Ñustas*: nombre quechua para las reinas o princesas.

- *Orejones*: nobles. Así calificados por los enormes apéndices acuñados al emplear pendientes desmesurados.

- *Pachamama*: madre tierra.

- *Palla*: princesa casada. El Inca Garcilaso de la Vega refiere que la colla era la esposa del inca, la *ñusta* era la hija principal del inca y las hijas menores del inca al casarse tomaban el nombre de pallas.

- *Panaca*: familia formada por toda la descendencia de un monarca, excluyendo al hijo que sucedía en el mando.

- *Pantanacuy* o *pantanaco*: matrimonio de prueba.

- *Pihuichuri*: príncipe.

- *Quipus*: sistema preincaico que se adaptó para la contabilidad tributaria y otros relatos. Consistía en un cañamazo grueso y horizontal de la que colgaban cuerdas delgadas y verticales que, a su vez, llevaban nudos de diversos tipos y colores, además de otros cabos menores.

- *Runa*: personas de edad.

- *Runa simi*: traducible como idioma de la chusma, era una forma de denominar el quechua.

- *Sapa inca*: el solo señor o inca único.

- *Servinacuy*: matrimonio a prueba. En este periodo se practicaba el sexo e incluso se podía tener hijos. Si culminaba en ruptura, los hijos iban de regreso a su hogar materno. Fue reprimido por la iglesia como se demuestra en el catecismo que redactó el jesuita Pablo Joseph de Arriaga, por orden del Concilio Provincial de Lima en 1582.

- *Sinchi*: guerrero.

- *Spondylus* o *mullus*: concha marina que los incas valoraban como el oro. En algunas regiones constituían la moneda habitual.

- *Tahuantinsuyu*: extensión completa del imperio inca que aglutina cuatro territorios o suyos: *Chinchaisuyo*, el más importante, situado al noroeste de Cuzco; *Collasuyo*, el más extenso, al sureste; *Antisuyo*, el menor, al noreste y más allá de los Andes; y *Contisuyo*, al suroeste de la capital.

- *Tambos* o *tampus*: albergues o alojamientos temporales con fines administrativos o militares.

- *Tartana*: ajedrez inca.

- *Tocapo*: jarcia de cuadrados con decoración geométrica, generalmente policromos, que aparecen tejidos o bordados en textiles, pintados en vasijas. Algunos consideran este sistema como escritura.

- *Ushnu*: andas o litera móvil para transportar el soberano.

- *Yanacona*: esclava.

- *Yachanacuy*: de *yacha-nacuy*, lugar donde se aprende a juntarse, a ser pareja, a conocerse.

- *Yachayhuasi*: Casa del Saber.

TÉRMINOS MAYAS

- *Ahaucan*: Señor serpiente o sumo sacerdote, al frente del estamento clerical.

- *Ahkim*: sacerdotes que ayudaban al *ahaucan*, sumo sacerdote.

- *Ah leloob*: delegados de los gobernadores que les ayudaban a asegurar el puntual pago de los feudatarios.

- *Almehenoob*: aquellos que tienen un padre y una madre, nobleza maya, cuyos títulos eran hereditarios.

- *Altar Q*: altar que ordenó construir el último de los dieciséis soberanos de la dinastía de Copán.

- *Bacabs*: los cuatro dioses que, de pie en las esquinas de la tierra, sostuvieron el cielo durante el diluvio.

- *Balam*: tigre.

- *Balché*: bebida de aguamiel que oscila entre 4º y 14º de alcohol.

- *Batab*: jefe local.

- Cacao: semillas que usaban para crear su deliciosa bebida de cacao, también conocida como agua amarga.

- Calendario de cuenta larga: escrito en formato de columna siguiendo la lectura de los diferentes glifos, signos grabados, escritos o pintados de la escritura maya, cuenta los días desde la fecha mítica de la creación maya, el 11 de agosto de 3114 a. C.

- *Calendario Haab*: se aproxima al año solar y consta de 19 meses: 18 llamados *uinal*, de 20 días, y uno de cinco, el *Wayeb*. Por tanto, 18 x 20 + 5 = 365 días.

- *Calendario Tzolk'in*: no dividido en meses, sino en sucesión de glifos de

20 días en combinación con los números 1 al 13, de manera que se producen 260 jornadas únicas. Su duración coincide con los nueve ciclos lunares y con el tiempo de preñez de los humanos.

- Calendario Rueda Calendárica: sistema de contar el tiempo que entrelaza los calendarios *Haab* y *Tzolk'in*.

- *Cenote*: pozo para sonsacar reservas de agua fresca y llevar a cabo rituales de sacrificio.

- *Cocomes*: tribu maya conocida como los del linaje de la paloma torcaz.

- Códice de Dresde: ubicado en Alemania, es uno de los libros más antiguos sobre América. Suma 78 páginas con información acerca de rituales, cálculos y movimientos de Venus.

- Contador: oficio de personas específicamente capacitadas para contar el tiempo del calendario sagrado maya.

- Corazón del Cielo o Huracán: nombres que se adjudican al dios hacedor.

- *Chaac*: dios de la lluvia, de la fertilidad y del trueno para los mayas *yucatecos*, equivalente al *Tláloc* de la cultura náhuatl. Los mayas quiché de Guatemala lo llamaban *Tohil*.

- *Chaces*: los cuatro asistentes que ayudaban a los nigrománticos encargados de los sacrificios humanos.

- Chamanismo: práctica espiritual en mesoamérica. Durante el trance, un chamán aseguraba practicar la adivinación y la sanación.

- *Chan*: serpiente.

- *Chichén Itzá*: ciudad maya, boca del pozo de los *itzaes*, en alusión al cenote situado al norte de la pirámide y considerado sagrado, además de fuente de agua dulce esencial para aquella ciudad.

- *Chilam*: sacerdotes especializados en auspicios.

- Dioses Gemelos: Hunahpú y Xbalanqué, personajes centrales de la historia de la creación maya y ancestros de los gobernantes.

- Estela: losa o columna vertical de piedra, frecuentemente usada como lápida. Generalmente contenían inscripciones conmemorativas.

- *Haab*: calendario. Medía el tiempo en ciclos de 365 días.

- *Halach uinic, Halvach Uinik, Halachninic* o *Alach Uinic*: hombre de hecho, hombre de mando; denominación del cargo del máximo dirigente o jefe de una ciudad-estado.

- *Hunahpú* y *Xbalanqué*: dioses gemelos protagonistas de la leyenda que cuenta que fueron los únicos que tras descender a *Xibalbá* consiguieron burlar a los nueve señores de la noche y zafarse del inframundo.

- *Huipil*: vestido femenino tradicional.

- *K'awiil*: dios patrono de la agricultura.

- *Ki*: planta sagrada del Yucatán.

- *K'inich Yax K'uk' Mo'*: fundador y primer soberano de la dinastía de Copán.

- *Kukulcán*: equivalente al Quetzalcoatl azteca. Su culto se extendió desde Chichén Itzá durante el periodo tolteca.

- *Itzamnaaj*: dios supremo, creador de todo cuanto existe. Su nombre alude a un mundo formado por reptiles bicéfalos, uno en cada rumbo del universo. Se le personificó como un anciano y su residencia era celestial.

- *Libro de Chilam Balam*: crónica maya de Yucatán que relata varias creaciones, una de las cuales concluyó con un diluvio.

- Maíz: alimento básico. El dios del maíz fue una de las deidades más importantes.

- *May*: venadillo.

- *Milpa*: campo cultivado en los claros de la selva, antes quemados.

- *Nacom*: jefe militar.

- Península de Yucatán: región en el sureste de México donde se desarrolló parte de la civilización maya, especialmente en el periodo posclásico.

- *Pentacoob*: esclavos.

- *Popol Vuh*: historia de la creación del mundo que pasó de generación en generación. Fue registrada por la cultura maya Quiché, que vivió en la región de la actual Guatemala.

- *Quiriguá*: ciudad considerada gemela de Copán, en la que fue asesinado el soberano 18 Conejo, señero de la dinastía.

- *Serpiente Emplumada Soberana*: nombre del dios con el que la deidad creadora compartió sus turbaciones previas a la creación.

- *Uinal*: mes de 20 días en el calendario *Haab*.

- *Uk*: piojo.

- *Wayeb*: mes de cinco días en el calendario *Haab*.

- *Xibalbá*: mundo de pestilencia y putrefacción en el que gobernaban los nueve Señores de la Noche. A este lugar caía el sol en su crepúsculo para afrontar los peligros nocturnos y resurgir al amanecer para emprender su jornada diurna por los niveles celestiales. Los soberanos muertos también caían al abismo. A diferencia de los mayas corrientes, la élite dirigente conseguía sortear el mal trago de *Xibalbá*.

- *Yohl Iknal*: primera reina maya de Palenque, entre los años 583 y 604.

- *Yum*: padre, quien rige la familia.

MAPAS DE LOS IMPERIOS
AZTECA, INCA Y MAYA

IMPERIO AZTECA

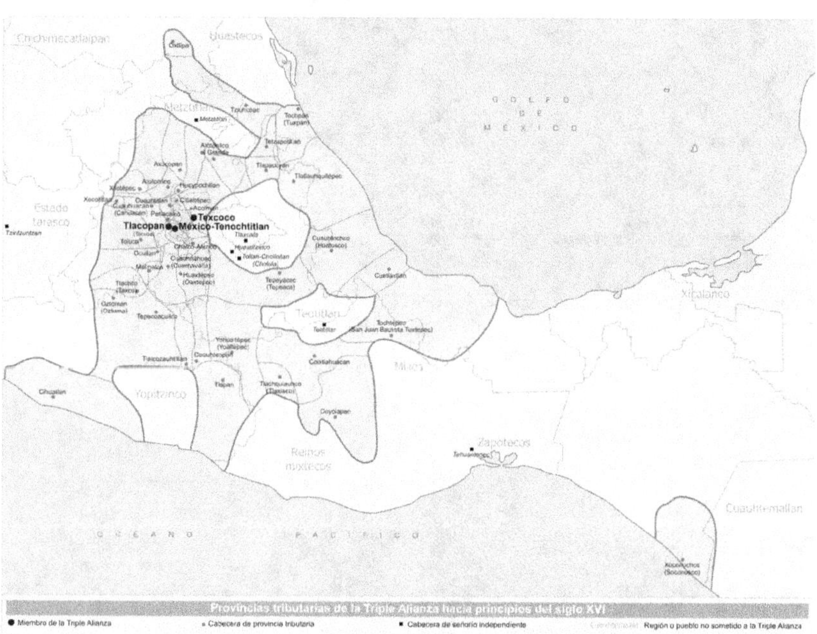

Provincias tributarias de la Triple Alianza antes de la llegada de los españoles. Basado en María del Carmen Solanes Carraro y Enrique Vela Ramírez, *Atlas del México prehispánico*, edición especial número 5 de Arqueología Mexicana, julio de 2000, México. Autor: Yavidaxiu. Fuente: Wikipedia Commons.

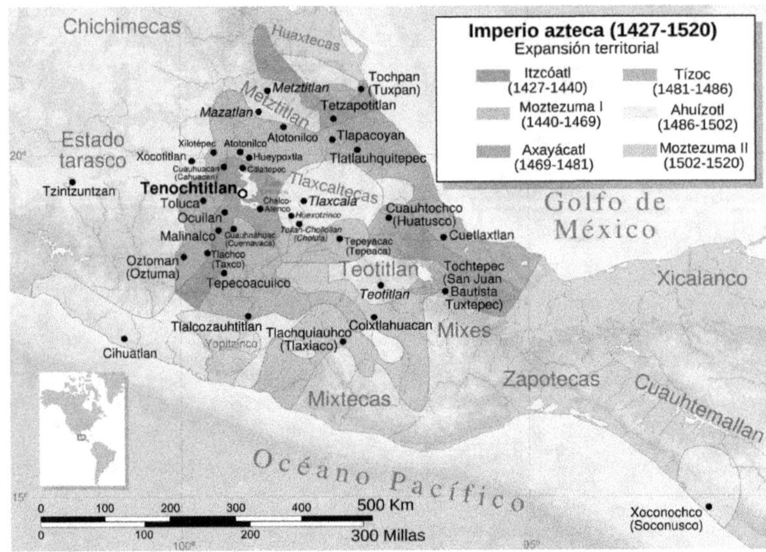

Expansión territorial azteca. Autor: Kaidor. Fuente: Wikipedia Commons.

Imperio Inca

Mapa del Imperio incaico: Chinchaysuyo (en rojo), Collasuyo (en azul), Antisuyo (en verde) y Contisuyo (en amarillo). Fuente: Wikipedia Commons.

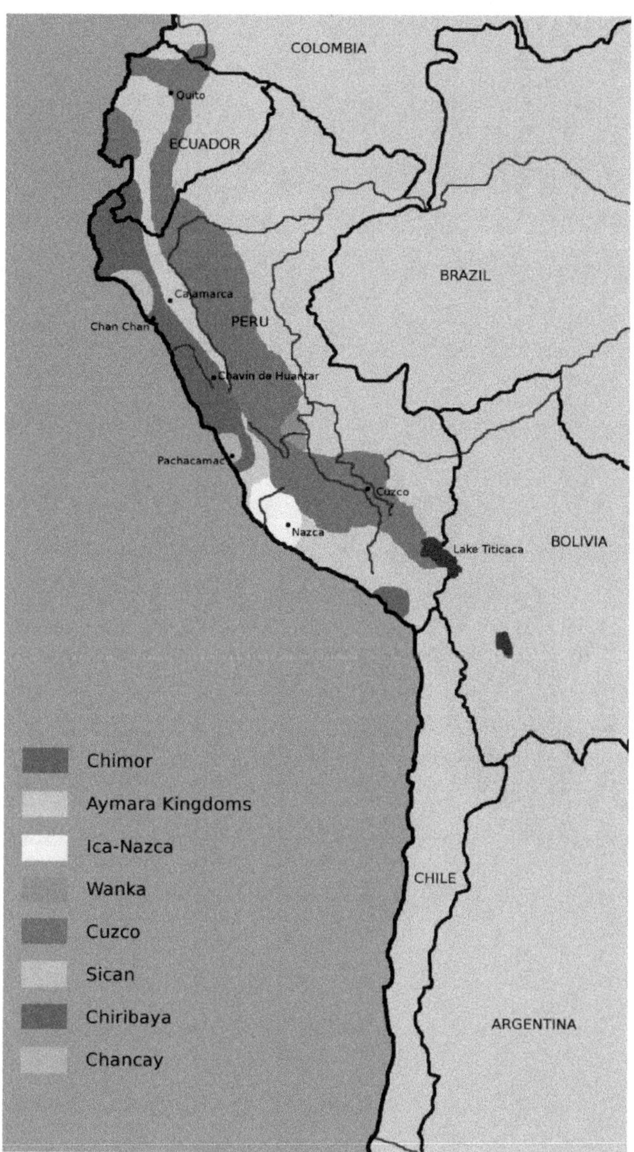

Mapa de la expansión del Imperio inca y el reino de Cuzco con Topa Inca Yupanqui (1471-1493). Fuente: Wikipedia Commons.

Imperio Maya

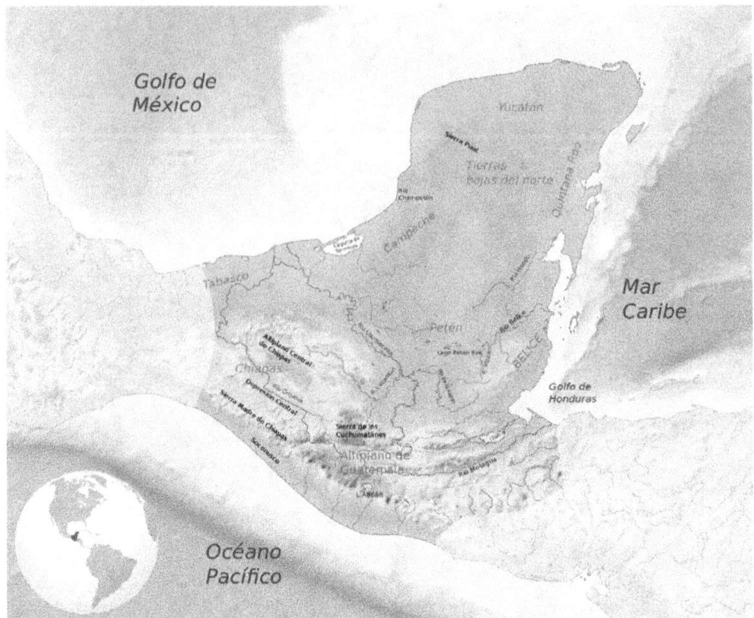

Mapa de la expansión territorial máxima de Imperio maya. Autor: Fuente: Simon Burchell; transcripción de topónimos al español: Dodecaedro. Wikipedia Commons.

ANEXO

Ordenanzas reales para el buen regimiento y tratamiento de los indios

- Leyes de Burgos, 1512
- Ordenanzas de 1513, declarando y moderando las de Burgos de 1512
- Requerimiento que se ha de leer a los indios (1513)
- Instrucciones de Carlos V a Felipe II (Palamós, 4 de mayo de 1543)

Puede descargarse la información completa con ayuda de este código QR:

BIBLIOGRAFÍA

- ANÓNIMO (1992): *Pizarro*, Labor.

- AA. VV. (2009, 6ª impre.): *Nueva historia mínima de México*, El Colegio de México.

- AA.VV. (2014): *Huacos*, Cesce.

- AA.VV. (s/a): *La América precolombina*, Instituto Gallach.

- AGUILAR, Fray Francisco de (1954): *Relación breve de la conquista de la Nueva España*, 1560, Porrúa, 1954.

- ALCINA, José (2006): *Los aztecas*, Historia 16.

- ANCONADA, E. (1917): *Historia de Yucatán*, Barcelona, 4 vol.

- ANNEQUIN, Guy (1985): *Los mayas*, Club internacional del libro.

- AZNÁREZ, Carlos y NORMA, Néstor (editores) (1992): *500 años después. ¿Descubrimiento o genocidio?*, Nuer ediciones.

- BECEIRO GARCÍA, Juan Luis (1994): *La mentira histórica desvelada*, Ejearte.

- BETANZOS, Juan de (1987): *Suma y narración de los incas*, Atlas.

- BLACK, Edwin (2012): *IBM and the Holocaust: The Strategic Alliance Between Nazi Germany and America's Most Powerful Corporation*, Dialog Press.

- BLAZQUEZ MIGUEL, Juan (1988): *La Inquisición*, Penthalon.

- BUTTERFIELD, Marvin E. (1955): *Jerónimo de Aguilar. Conquistador*, Tuscalosa.

- CABEZA DE VACA, Alvar Núñez (2018): *Naufragios*, Letras Hispánicas.

- CARIDI, Giuseppe (2014): *Carlos III. Un gran rey reformador en Nápoles y España*, La Esfera de los libros.

- CASAS, fray Bartolomé de las (1982): *Brevísima relación de la destrucción de las Indias*, Cátedra.

- CERVERA, Marco Antonio (2007): *El armamento entre los mexicas*, CSIC.

- CÉSPEDES DEL CASTILLO, Guillermo (1986): *América hispánica (1492-1898)*, Labor.

- CLAISE, Guy (1992): *Hernán Cortés*, Labor.

- COLÓN, Hernando (s/f): *Historia del Almirante*, Instituto Gallach.

- CONTRERAS, Jaime y HENNINGSEN, Gustav (1977): *El banco de datos del Santo Oficio. Las relaciones de causas de la Inquisición española*, 1997.

- CORTÉS, Hernán (1993): *Cartas de relación, ed., introducción y notas de Ángel Delgado Gómez*, Castalia, Madrid.

- COSSIO DEL POMAR, Felipe (1980): *El mundo de los incas*, Fondo de Cultura Económica.

- CUÉ, Ramón (1988): *Mi Cristo roto*, Ribadeneyra.

- CHAUNU, Pierre (1984): *Conquista y explotación de los nuevos mundos*, Nuevo Clio.

- DAVIES, Nigel (2006): *The ancient kingdoms of Mexico*, Londres.

- DAY, George S. y SCHOEMAKER, Paul J. H. (2006): *Visión periférica*, Deusto.

- DE AGUILAR Y DE CÓRDOBA, Diego (1990): *El Marañón*, Atlas.

- DIAZ DEL CASTILLO, Bernal (2014): *La verdadera historia de la conquista de la Nueva España*, Galaxia Gutenberg.

- DEL BUSTO D., José Antonio (1983): *Perú incaico*, Librería Studium.

- DISSELHOFF, H.D. (1985): *El imperio de los incas y las primitivas culturas indias de los países andinos*, Orbis.

- DUBRON, Marion (2015): *Les Chevaux et les cavaliers de la conquête: memoire, sensibilites et techniques*, en RÍOS SALOMA, Martín (2015): El mundo de los conquistadores, Silex.

- DURÁN, fray Diego (1967): *Historia de las Indias de Nueva España*, Editorial Porrúa.

- EICHHOLZ, Juan Carlos (2014): *Adaptive Capacity*, LID.

- ESPINO LÓPEZ, Antonio (2021) *Vencer o morir. Una historia militar de la conquista de México*, Desperta Ferro.

- EYZAGUIRRE, Jaime (1946): *Ventura de Pedro de Valdivia*, Espasa.

- FERNÁNDEZ AGUADO, Javier (2020): *2000 años liderando equipos*, Kolima.

- FERNÁNDEZ ÁLVAREZ, Manuel (2003): *Isabel la Católica*, Espasa Calpe.

- FERNÁNDEZ ÁLVAREZ, Manuel ((2008): *La gran aventura de Cristóbal Colón*, Espasa.

- FERNÁNDEZ MARTÍN, Luis (1991): *Hernando Pizarro en el Castillo de la Mota*, 1991.

- FERRER BENIMELI, José Antonio (2013): *El obispo Palafox y los jesuitas*, Mensajero.

- FERRO, Marc (2005): *El libro negro del colonialismo*, La esfera de los libros.

- GAMERO ESPARZA, Carlos (2005): *La sexualidad en el Perú pre-colombino: Kamasutra indiano*, Revista de Comunicación Vivat Academia.

- GARCÍA CÁRCEL, Ricardo y MATEO BRETOS, Lourdes (1990): *La leyenda negra*, El Sol.

- GARCILASO DE LA VEGA, Inca (2003) *Comentarios reales; La Florida del Inca*, Espasa.

- GIBSON, Charles (1964): *The Aztecs under Spanish Rule: A History of the Indians of the Valley or Mexico*, 1519-1810, Stanford University Press.

- GIL ALBARRACÍN, Antonio (2006): *Estrategias espaciales de las órdenes mendicantes*, en Scripta Nova, Revista Electrónica de Geografía y Ciencias sociales, Universidad de Barcelona.

- GONZÁLEZ GARCÍA, Pedro (1995): *Archivo general de Indias*, Lunwerg.

- GOODNO, James B. (1991): *The Philippines: land of broken promises*, Zed Books.

- GRUZINSKI, Serge (2011): *El destino del Imperio azteca*, Blume.

- GULLO, Marcelo (2021): *Madre Patria*, Espasa.

- HERNÁNDEZ, Aitor (2017): Ku Klux Klan: *El brazo armado del partido demócrata*, CreateSpace Independent Publishing Platform

- HERNÁNDEZ, Francisco (1959) *Historia Natural de la Nueva España*, 4 v., UNAM.

- HOLBACH (2012): Etocracia. *El gobierno fundado en la moral*, Laetoli.

- IBÁÑEZ, Alberto G. (2018): *La leyenda negra. Historia del odio a España*, Almuzara.

- INCA GARCILASO DE LA VEGA. (1985ª) *Comentarios reales I.* Caracas. Fundación biblioteca Ayacucho. (1985b): *Comentarios reales II.* Caracas. Fundación biblioteca Ayacucho.

- JUDERÍAS, Julián (1917, 3ª edic.,): *La leyenda negra*, Araluce.

- KOWI, Ariruma (2019): Inti Raymi. *La fiesta sagrada de los Kichwa Runa*, Boletín Informativo Spandylus, Universidad Andina Simón Bolívar.

- KRICKEBERG, Walter (1961): *Las antiguas culturas mexicanas*, Fondo de Cultura Económica.

- LANDA, Diego de (2017): *Relación de las cosas del Yucatán*, Alianza.

- LANNING, EDWARD P. (1967): *Peru before the Incas*, Prentice-Hall.

- LAVALLE, Bernard (2005): *Francisco Pizarro y la Conquista del Imperio inca*, Espasa.

- LEÓN-PORTILLA, Miguel (2006) (Introducción, selección y notas): *Visión de los vencidos. Relaciones indígenas de la Conquista*, Universidad Nacional Autónoma de México.

- LEVY, Buddy (2010): *Conquistador*, Debate.

- LIVI BACCI, Massimo (2006): *Los estragos de la Conquista. Quebranto y declive de los indios de América*, Crítica.

- LUCENA, Manuel (2003): *Juan Sebastián Elcano*, Ariel.

- LLORENTE, Juan Antonio (1967): *La Inquisición y los españoles*, Ciencia Nueva.

- MACQUARRIE, Kim (2013): *The Last Days of the Incas*, Inkaterra.

- MARAÑÓN, Gregorio (1948): *Antonio Pérez, dos volúmenes*, Espasa-Calpe.

- MARCILLY, Jean (1985): *La civilización azteca*, Club internacional del libro.

- MARMONDE, Carlos (1986): *José de San Martín*, Historia 16.

- MARTÍNEZ, José Luis (1972): *Nezahualcóyotl. Vida y obra*, Fondo de Cultura Económica.

- MARTÍNEZ, José Luis (1992): *Hernán Cortés*, Fondo de Cultura Económica.

- MARTÍNEZ CERECEDA, José Luis (1995): *Autoridades en los Andes: los atributos del señor*, Pontificia Universidad Católica del Perú.

- MARTÍNEZ HOYOS, Francisco (2014): *Breve historia de Hernán Cortés*, Nowtilus.

- MARTÍNEZ HOYOS, Francisco (2018): *El indigenismo. Desde 1492 hasta la actualidad*, Cátedra.

- MARTÍNEZ MARTÍNEZ, María del Carmen (2013): Veracruz 1519: *Los hombres de Cortés*, Universidad de León.

- MARTÍNEZ MARTÍNEZ, María del Carmen y MAYER, Alicia (coords.) (2016): *Miradas sobre Hernán Cortés*, Tiempo Emulado.

- MATAMORO, Blas (1986): Lope de Aguirre. *La aventura de El Dorado*, Historia 16.

- MIRA CABALLOS, Esteban (2012): *Hernando de Soto. El conquistador de las tres Américas*, Fundación Obra Pía de los Pizarro.

- MIRALLES, Juan (2004): *Hernán Cortés, inventor de México*, Tusquets.

- MORENO JERIA, Rodrigo (2016): *Cristóbal Colón, el emprendedor. Una historia en clave de negocios*, EY.

- MORLEY, Sylvanus (1972): *La civilización maya*, Fondo de Cultura Económica.

- MURGA, José Luis (1979): *Rebeldes a la república*, Ariel.

- MURRA, John V. (1975): *Formaciones económicas y políticas del mundo andino*, Instituto de Estudios Peruanos. (1978) *La organización económica del Estado inca*, Siglo XXI.

- MURUA, Martín de (1987): *Historia general del Perú. De los orígenes al último inca*, Cambio 92.

- NICOLLE, David (2011): *La caída de Constantinopla*, Osprey.

- OLIVARES, Ángela (2005): *Santa Rosa de Lima*, Edimat

- ONDEGARDO, Polo de (1990): *El mundo de los incas*, Historia 16.

- ORTEGA Y GASSET, José (2010): *La rebelión de las masas. El tema de nuestro tiempo*, El País.

- PEASE GARCÍA-YRIGOYEN, Franklin (2007): *Los incas*, Pontificia Universidad Católica del Perú.

- PÉREZ, Joseph (2002): *Crónica de la Inquisición en España*, Ediciones Martínez Roca.

- PÉREZ HENARES, Antonio (2020): *Cabeza de Vaca*, Penguin.

- PLEJANOV, Jorge (1974): *El papel del individuo en la historia*, Grijalbo.

- POSE REGUEIRO, Luis (2020): *Cristóbal Colón. Primer evangelizador de América*, Universo de Letras.

- POTTER, David (2017): *Los emperadores de Roma*, Pasado & presente.

- POWELL, Philip W. (1972): *Árbol del odio*, José Porrúa Turanzas.

- PRESCOTT, William H. (1969): *La fine dell'Impero azteco*, Crémille.

- REVENGA, Juan Diego (2017): *La organización política y la administración del Imperio inca*, Universidad de Valladolid.

- RÍOS SALOMA, Rodrigo (editor, 2015): *El mundo de los conquistadores*, Silex Ediciones.

- RIVERA DORADO, Miguel (2018): *Los mayas*, Alianza.

- ROCA BAREA, María Elvira (2016): *Imperiofobia y leyenda negra*, Siruela.

- ROJAS, José Luis de (1987): *La conquista de México de Francisco López de Gómara*, Edición, introducción y notas, Crónica de América de Historia 16.

- ROJAS, José Luis de (2017): *Cambiar para que nada cambie. La nobleza indígena en la Nueva España*, SB.

- ROJAS DONAT, Luis (1999): *«Derecho político y derecho natural en América. La junta de Burgos y el requerimiento (1512)»*, en Revista de Derecho, Criminiología y Ciencias Penales, nº 1 /123-137).

- ROSTWORWSKI, María (1988): *Historia del Tahuantinsuyo*, Instituto de Estudios Peruanos. (2007): *Estructuras andinas del poder: ideología religiosa y política*, Instituto de Estudios Peruanos.

- RUIZ LHUILLIER, A. (1963): *La civilización de los antiguos mayas*, INAH, México.

- SANCHEZ-CASTAÑER, Francisco (1988): *D. Juan de Palafox. Virrey de Nueva España*, Fundación Universitaria Española.

- SÁNCHES ZORRILL, Manuel y ZAVALETA CHIMBOR, David: *«El proceso penal en la época incaica: diferencias entre cumplimiento de penas y juicios divinos»*, en Revista jurídica Unam, volumen XXXI, enero-junio, 2015

- SANTILLANA, Julián I. (1999): *Historia del Perú: Los estados panandinos wari y Tiahuanaco*, Editorial Lexus.

- SARMIENTO DE GAMBOA, Pedro (2001): *Historia de los incas*, Miraguano.

- SERRA, Fray Junípero; CRESPÍ, Fray Juan (2011): *Diario de la expedición de Fray Junípero Serra desde la Misión de Loreto a San Diego en 1769* (Viajes y Costumbres), Miraguano.

- SHARER, Robert (1999): *La civilización maya*, Fondo de Cultura Económica.

- SOUSTELLE, Jacques (1983): *La vida cotidiana de los aztecas en vísperas de la Conquista*, Fondo de Cultura Económica.

- SPENCE, Lewis (2000): *Incas, Mayas & Aztecas*, Edimat.

- STEIN, Stanley J.; STEIN, Barbara (1990): *El apogeo del Imperio: España y la Nueva España en la época de Carlos III*, 1759-1789, Crítica.

- STEPHEN, James (1883): *A History of the Criminal Law in England*, Mcmillan.

- STINGL, Miroslav (2007): *El Imperio de los incas: esplendor y decadencia de los hijos del Sol*, Losada.

- SULLIVAN, William (1996): *El secreto de los incas*, Grijalbo.

- THOMAS, Hugh (2000): *La conquista de México*, Planeta.

- THOMPSON, J. Eric S. (1970): *Maya History and Religion*, University of Oklahoma Press.

- TOSCANO, Salvador (1953): *Cuauhtémoc*, Fondo de Cultura Económica.

- THOMPSON, Eric (2003): *Grandeza y decadencia de los mayas*, Fondo de Cultura Económica.

- VALLA, Jean-Claude (1985): *Los incas*, Club Internacional del libro.

- VARGAS LLOSA, Álvaro (2003): *La mestiza de Pizarro*, Aguilar.

- VÁZQUEZ, Germán (1987): *Antonio de Mendoza*, Historia 16.

- VÉLEZ, Iván (2018): *Sobre la leyenda negra*, Encuentro.

- VICTORIA, Pablo (2005): *El día que España derrotó a Inglaterra. De cómo Blas de Lezo, tuerto, manco y cojo, venció en Cartagena de Indias a la otra Armada invencible*, Áltera.

- VIDAL, César (2002): *Lincoln*, Acento.

- VILLAGUTIERRE SOTOMAYOR, Juan de (1985): *Historia de la conquista de la provincia de El Itzá*, Condumex.

- VILLANUEVA-SOTOMAYOR, Julio R. (2000): *El Perú en los tiempos modernos*, Empresa Periodística Nacional.

- VITORIA, Francisco de (2007): *Sobre el poder civil; Sobre los indios; Sobre el derecho de la guerra*, Tecnos.

- VON HAGE, Victor W. (1961): *El Imperio de los incas*, Diana.

- WALKER, Charles (2015, 2ª edi.): *La rebelión Tupac Amaru*, Instituto de Estudios Peruanos-IEP.

- ZUIDEMA, R. Tom (1991): *Civilización inca en Cuzco*, Fondo de Cultura Económica.

- ZUNZUNEGUI, Juan Miguel (2020): *Hernán Cortés. Encuentro y conquista*, Grijalbo Mondadori.

- ZWEIG, Stefan (2005): *Magallanes. El hombre y gesta*, Debate.

www.ingramcontent.com/pod-product-compliance
Lightning Source LLC
LaVergne TN
LVHW051253200726
843510LV00010B/1104